全国教育科学“十二五”规划2012年度教育部重点课题“开放大学学分银行功能及建构研究”（编号：DIA120274）基金项目资助

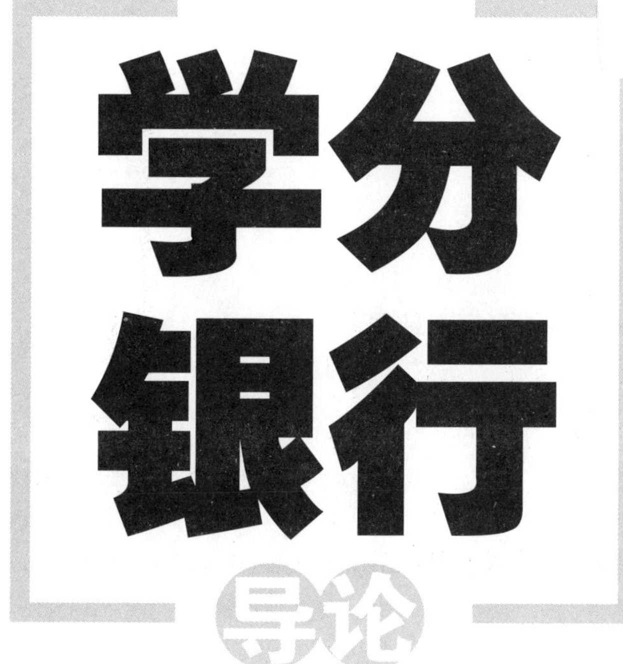

黄霖　江颖／著

四川大学出版社

责任编辑：许　奕
责任校对：张伊伊
封面设计：墨创文化
责任印制：王　炜

图书在版编目（CIP）数据

学分银行导论 / 黄霖，江颖著. —成都：四川大学出版社，2016.11
ISBN 978-7-5690-0056-6

Ⅰ. ①学…　Ⅱ. ①黄…　②江…　Ⅲ. ①高等学校－学分制－研究－中国　Ⅳ. ①G642.471

中国版本图书馆 CIP 数据核字（2016）第 263149 号

书名　**学分银行导论**

著　　者　黄　霖　江　颖
出　　版　四川大学出版社
地　　址　成都市一环路南一段 24 号（610065）
发　　行　四川大学出版社
书　　号　ISBN 978-7-5690-0056-6
印　　刷　郫县犀浦印刷厂
成品尺寸　185 mm×260 mm
印　　张　20.5
字　　数　497 千字
版　　次　2016 年 11 月第 1 版
印　　次　2016 年 11 月第 1 次印刷
定　　价　55.00 元

◆读者邮购本书，请与本社发行科联系。
电话：(028)85408408/(028)85401670/
(028)85408023　邮政编码：610065
◆本社图书如有印装质量问题，请寄回出版社调换。
◆网址：http://www.scupress.net

序

21世纪是知识经济时代，知识就是力量，学历就是竞争力，人们更加追求高层次的学历文凭。这促进了高等和中等学历教育的蓬勃发展，使我国很快成为高等教育第一大国。

20世纪末以来，以信息技术、生物技术、纳米技术为代表的新技术的发展日新月异，这迫使人们必须不断更新知识；经济的多元化和人才的流动，彻底改变了从前那种一个人一生只从事一种工作的局面，甚至所从事的工作往往不是学校所学的内容。正因如此，在高校学历教育快速发展的同时，多种形式的成人继续教育也获得了快速发展。随着教育信息技术的发展，成人继续教育也从过去传统的函授学院、夜大学发展到广播电视大学，进一步发展到利用多媒体和互联网的网络教育，高等教育自学考试也从开办辅导班发展到利用网络辅导自学。

现在，我国为了尽快实现经济转型升级、建设创新型国家，在加强世界一流大学和一流学科建设的同时，也更加重视各层次、各类型高等教育的发展，其中也包括多层次、多形式的成人继续教育的发展，着力提高全民科技文化素质。2002年5月，国务院颁布《2002—2005年全国人才队伍建设规划纲要》，指出："开展创建'学习型组织''学习型社区''学习型城市'活动，促进学习型社会的形成。"转变社会风气，建设学习型社会，实现终身教育，决不能停留在一般性宣传或号召上，必须采取行之有效的措施和激励政策。改革开放后，正是由于各用人单位在进人、用人和晋升等方面更加重视学历要求，才刺激人们刻苦学习，追求高等教育文凭，使高等学历教育获得快速发展。美国纽约市教育局为推动中小学教师在岗继续学习，一方面规定了中小学教师的入门条件是具有学士学位和教师资格证书，另一方面采用了刺激教师继续学习的薪酬制度，即规定新教师的起点工资由其入门时的学位（学士、硕士或博士）决定，此后随着教龄增加和进修学分的增加而增加，当积累到一定学分，原来只有学士学位的可获得硕士学位，依此类推。这种方法刺激了新教师在完成教学任务的同时，坚持进修课程，逐步获得硕士甚至博士学位。随着教师知识面的扩大，教学的效果也更好。

为了实现人才强国、建设创新型国家，2010年7月，教育部颁布了《国家中长期教育改革和发展规划纲要（2010—2020年）》（以下简称《纲要》），目标是建设世界教育强国。《纲要》中除明确规定了基础教育和高等教育的发展目标和举措外，还明确提出要"加快发展继续教育。……搭建终身学习'立交桥'，促进各级各类教育纵向衔接、横向沟通，提供多次选择机会，满足个人多样化的学习和发展需要。……建立继续教育学分积累与转换制度，实现不同类型学习成果的学分互认和衔接。……建立学习成果认证体系，建立'学分银行'制度等"，使"学历教育和非学历教育协调发展，职业教育和普通教育相互沟通，职前教育和职后教育有效衔接”。2010 年 10 月，国务院办公厅印发《关于开展国家教育体制改革试点的通知》（国办发〔2010〕48 号），全面启动国家教育体制改革试点工作，其中提出要建立“学分银行”制度。

学者从不同角度阐述学分银行（Credit Bank）的概念，众说纷纭，尚无统一定论。目前较为主流的看法是：“学分银行”是一种以学分为计量单位，实施认证、存储、转换等基本功能的学习成果管理系统或制度。它经营的不是货币而是学分。各种类型的学习成果，只要经过学分银行的认证，均可被接纳为正规的学习成果，并以学分的形式存储起来。所以，学分银行是推动、刺激人们坚持学习、创建学习型社会的有效抓手。

以“互联网+”和“物联网”为代表的网络技术和多媒体技术为学分银行的操作和运行奠定了技术基础。现代信息技术的充分利用，一是扩大了教育在满足社会各种需求方面的灵活性，降低教育成本，提高教育系统的内部和外部效率；二是使建设学习型社会和全民终身教育具有了实现的可能性；三是可以方便地在课程编排上实现多样化、综合化、积木式、模块式，为学生自主选择与自行编制课程搭建平台，使教学的个别化、个性化、自主性成为可能；四是在教学管理上可以使学籍管理、电子档案变得更加规范化、制度化、条理化，为灵活的入学制度奠定基础；五是在教育资源上，教育技术能够为学习者提供丰富的共享资源，使更大范围的跨校选课成为可能，也可进一步推动中国大学视频公开课和 MOOC 等资源的广泛利用；六是学习者在学习之后，可以避免其学习成果在不同机构之间的认可障碍，极大地降低学习成本，也能使人们继续学习的学分积累有了技术平台的保障，使不同机构之间的学分转换变得更加容易和便捷，并且能够实现迅速的查询和兑换，从而实现终身学习。正因如此，国外和国内部分城市在学分银行的建设和应用上积极开展了实践。

正是在上述时代背景下，四川广播电视大学课题组的同志于 2012 年 12 月承担了全国教育科学“十二五”规划教育部重点课题“开放大学学分银行功能及建构研究”（DIA120274）。经过三年多时间的探索与研究，形成了本书。全书共十二章。作者梳理了学分银行建立的理论基础，既有心理学、教育学方面的理论基础，也包括经济学、社会学、管理学、系统科学等方面的理论基础。并且对学习成果、学分、学分制、学分银行等诸多重要名词术语进行了概念界定。在理论的指导下，对英国、欧盟、南非、澳大利亚、韩国、日本、美国等国家和地区进行了国际比较研究，总结了经验与启示。课题组还在四川省进行了学习者对学分银行功能看法的实证调查，并对调查数据进行了多维度的统计与分析，这对进一步开展深度研究具有参考价值。课题组从学分银行与不同对象关系的视角，把学分银行的功能划分为宏观功能、基本功能、扩展功能，这一研究方法颇有新意。从建构原则、组织建构、制度建构、信息化服务平台等维度来研究和论述学分银行的建构也颇具匠心。作者还分别对学分银行的认证标准、管理制度、认证服务、认证质量保证等重大问题进行了专章论述，重点突出，详略得当。作者还收集整理了国内六家学分银行的实践案例以供读者参考。最后，作者提出了目前学分银行建设中的问题与困难，以期引起研究者的注意和实践者的重视，从而开展进一步的深入研究。

综观全书，谋篇布局得当，结构合理，条理层次清晰，内容丰富，材料翔实，观点新颖，论证清楚，论述有力，引注规范。书中不少内容反映了作者的具有创新意义的研究工作。成果具有较强的学术性，对学分银行的建设实践无疑具有一定的指导意义。

学分银行是新生事物，对其功能的认识有一个逐步深入的过程，对其建设也有一个逐渐推进和发展的过程，这同时也是一个在实践中需要不断深入研究、探索和完善的课题。希望《学分银行导论》的问世，能够起到抛砖引玉的作用，引起越来越多研究者的注意和兴趣；也期待本书能对决策者有所帮助，对实践者有一定的参考指导作用。

是为序。

卢铁城

2016 年 6 月 10 日

目　录

第一章　概述

第一节　问题的提出

21 世纪是一个正在发生着巨大变革的时代。以信息技术为主要标志的科学技术的高速发展和知识经济的兴起，正深刻改变着人类社会的生产方式和生活方式，改变着各国经济和社会发展的进程。在终身教育和学习型社会背景下破除传统知识界限，提高运用和创造知识的能力，越来越成为推动经济和社会发展、促进人类文明进步和人的全面发展的决定性因素。

随着教育理念的进步与革新，世界各国都在探索和创设一种与自身政治、经济体制相匹配的教育环境，使教育突破学历与非学历之间的界限、突破培养方式与学习方法之间的边界、突破课程设置与教学内容之间的隔阂，使之能最大限度地满足社会和学习者的需求。在这样的时代背景下，学分银行应运而生。

一、学分银行产生的理念背景

（一）终身教育思潮的涌现

终身教育思想自古有之，然而从古到今，终身教育的理念都很零散，缺乏系统性和整合性。具有现代意味的终身教育思想萌生于 19 世纪末 20 世纪初，而它作为一种教育思想被正式提出则是在 20 世纪 60 年代中期。

20 世纪 60 年代，世界进入了“知识爆炸”时代，现代科技在社会生产中发挥着越来越大的作用，给教育发展带来了许多新课题。联合国教科文组织及其他教育机构大力推广终身教育理念，使终身教育成为一种影响很大的教育思潮，在世界各国广泛传播。1965 年，在法国巴黎召开了“第三届促进成人教育国际委员会”会议，成人教育家保罗·朗格朗（Paul Lengrand）在会上首次提出“终身教育”概念，他要求“社会要为人的一生提供教育（学习）的机会”“各级各类教育的实施必须协调和统和”，建立一个新的教育体系，使教育从纵向方面贯穿人的一生，从横向方面连接社会的各个侧面，使今后的教育在每个人需要的时刻，随时都能以最好的方式提供必要的知识技能。在此基础上，他于 1970 年出版了《终身教育引论》（*An Introduction of Lifelong Education*），进一步明确阐述了终身教育思想，为终身教育思想提出了初步的理论模型和框架基础。朗格朗的终身教育思想成为现代终身教育思想形成的标志。

1972 年，在日本东京召开了第三次国际成人教育会议，国际教育发展委员会向联合国提交了一份《富尔报告》，该报告后以《学会生存——教育世界的今天和明天》（*Learning to be—The World of Education Today and Tomorrow*）为名出版。报告认为，当代教育面临的危机、挑战和面向未来的重大主题，是终身教育的理念和走向学习型社会的目标，并进一步明确了“学习型社会”和“终身学习”的概念，认为人类社会正在走向学习型社会，每个人必须终身不断地学习，才能适应科学技术发展和社会变革。报告发布以后，终身教育理念在世界范围内得以认可与推广，进入了一个新的历史阶段。

1985年，在法国巴黎举行第四次国际成人教育会议，会上明确提出了学习权的概念和范围，为终身教育向终身学习的转变奠定了理论基础，从此以后，终身学习的概念也广泛流传开来。1994年，在意大利罗马召开的“首届终身学习大会”对终身学习进行了表述：“终身学习通过不断支持过程来发挥人类的潜能，激励并使人们有权利去获得他们终身所需的全部知识、价值、技能与理解，并在任何任务、情况和环境中有信心、有创造性和愉快地应用它们。”这个定义强调了学习者个体的学习权利，强调对学习内容、过程、方法的选择，注重自我选择和自我完善。“终身学习”概念的提出，是对“终身教育”的补充，它更强调学习的形态和学习的自主性，是对个体学习方式的肯定。

20世纪90年代开始，随着信息社会、网络社会的发展，终身教育出现新的发展和内容，期间召开了一系列国际性的教育会议。国际21世纪教育委员会于1996年向联合国教科文组织提交了报告——《教育——财富蕴藏其中》（*Learning*：*The Treasure Within*）。该报告对“终身教育”的内涵作了全面、深入的分析和阐述，主张“把与生命有共同外延并已扩展到社会各个方面的这种连续性教育称为‘终身教育’”，并明确指出，“终身教育是进入21世纪的关键所在”；在未来，“人的整个一生都是学习时间，而每一类知识都能丰富和影响其他知识”。这一报告是终身教育思想作为一系列的思潮形成体系的重要标志，也使终身教育思想向主流教育指导思想转化。

步入21世纪后，社会变革加剧，知识更新呈现几何倍增，科技发展日新月异，终身教育已由最初的“思潮”或“理念”逐步转化为教育实践。众多国家把推动和落实终身教育理念作为本国构建国民教育体系的重要战略目标，甚至在一些国家和地区，终身教育成为其制定教育政策、推进教育改革与发展的指导思想和价值选择。此时人们意识到，仅仅靠学校获得的知识和技能已难以应对走入社会时所遇到的问题。经济的多元化改变了从前那种一个人一生只从事一种工作的局面，就算是正式从事某种职业的人，也不可能一劳永逸。也就是说，大多数人都需要不断延伸个人的受教育年限，给自己充电，进行终身学习，才能适应社会。

作为当代影响最大、流传最广、最具有生命力的一种教育思潮，终身教育对教育界产生了深远影响，它是现行教育制度的超越和升华。究竟何为终身教育？北京国际城市发展研究所的研究认为：“终身教育包括从生命运动的一开始到最后结束这段时间的不断发展，也包括了在教育发展过程中的各个点与连续的各个阶段之间的紧密而有机的内在联系。”（北京国际城市发展研究所，2002）① 学者王春晓认为：“终身教育应该是人的一生中所接受的各种形式的所有教育的总和，它能同时整合不同类型的教育资源，将已经存在的各种教育活动围绕人的生命发展轨迹重新梳理和整合，从而形成纵横交错、跨阶段沟通的系统的体系。”（王春晓，2012）② 学者周宇等人认为，它是一个“统一的连续不断的过程，目标为建立一个学习化社会，重点在于培养个体获取知识的能力”，包括全部“正规的（Formal）”“非正规的（non-Formal）”及“非正式的（Informal）”学习在内的，是一种综合和统一的理念（周宇等，2012）。③

为了实现这样的愿景，需要建立一个“立交桥”，沟通学校教育与校外教育，正规学习与非正规学习、非正式学习。但在很长一段时间里，传统的教育思想认为，非正规学习、非正式学习属于“非教育”，不属于正统教育体系，因此人们仍将“教育”的认识局限于正规学校教育，将非正规学习和非正式学习排除在外。事实上，非正规学习和非正式学习确实起到了教育的作用，它们的功能和价值并没有得到应有的重视。

由此推演出了这样的问题：正规学习、非正规学习以及非正式学习如果真的综合统一起来，对不同教育形式取得的学习成果应当如何测评或认证？据国际劳工组织2010 年发布的《国家资格框架的实施和影响：16 个国家的研究报告》统计，世界上已有一百多个国家正在开发或已经实施了某种类型的资格框架，目的是帮助人们理解资格（学位、证书和基于经验的学习成果），向用人单位提供未来劳动者所具备的能力的信息。通过资格框架、资格标准或课程单元标准，逐步形成学习成果转换和积累制度，打通教育、培训和就业之间的通道，建立起资格等值认可、学分转换、互认与积累制度（王立科，2013）。④ 国外近 20 年来对此也进行了一定的探索和实践，如欧盟的终身学习资格框架和学分转换、澳大利亚的资格框架、韩国的学分银行制度。各国和地区认证实践的发展呈现出不同特征和水平，但都取得了相应成果。

学分银行的诞生正是受终身教育思潮和正规、非正规与非正式学习结合的理念影响，为民众提供开放的、多样的教育机会，打通各级各类教育间的壁垒，实现教育的横向沟通与纵向衔接，促进学习者在不同类型或层次的教育机构间的转移。可以说，学分银行是实现终身教育理念的践行者，它的制度设计、体系构建更是以终身教育思想为指导方针，进而为学习者提供多次选择机会，满足个人多样化的学习和发展需要，为其成长和发展打通通道。

（二）学习型社会理念的确立

当前，世界正步入一个以创新为主要驱动力的知识经济时代，建立学习型社会已成为经济和教育发展的主流，也成为一个社会实现民主化的重要基础。为增强国家的综合国力与国际竞争力，满足人们对教育的需求，很多国家纷纷将建设学习型社会作为发展目标，争取竞争优势，以立于不败之地。

有关学习型社会的构想一直在发展。1968 年，美国教育家赫钦斯出版《学习型社

---

① 北京国际城市发展研究所．学习型社区［M］．北京：中国时代经济出版社，2002.

② 王春晓．“学分银行”对学生学习方式影响的研究［D］．重庆：西南大学硕士学位论文，2012.

③ 周宇，等．构建湖南省终身教育体系战略研究［M］．长沙：湖南大学出版社，2012.

④ 王立科．从理念到实践：我国“学分银行”制度建设的模式与策略选择［J］．中国高教研究，2013，11.

会》。他以古希腊的雅典城为例，说明什么是学习化社会，指出："世事变化太快，人人非继续学习不可，而且空闲时间的增多，使继续学习教育的实施不发生困难。"1972年，联合国教科文组织向全世界提出了"向学习型社会迈进"的口号。近40年来，世界各国热烈响应，深入研究学习型社会理论，不断践行学习型组织创建，并呈现出风起云涌的良好态势。例如，美国在20世纪80年代提出由学历社会向学习型社会过渡，并形成遍布全美的类似于学习型组织载体的社区学院和公司大学；英国在20世纪90年代初提出"学习型社会"的概念，1982年2月又发表绿皮书提出"学习型时代"，开展了系列活动，创建社会化学习体系——产业大学，下设分布广泛的学习中心，政府进行投资，资助学习者创建"个人学习账户"，形成政府、雇主、学习者个人共同投资的格局；新加坡提出创建"学习型新加坡"的口号。政府拨款，致力于把社区建成"既是生活的场所，又是学习的场所"。社区根据不同年龄层次人群的要求，组织许多"各适其需"的学习活动和学习课程；日本开展具有特色的学习型社会创建活动，如大阪市的三圈构思，居住圈——家庭所在社区建成学习型社区，工作圈——工作所在单位建成学习型单位，学习圈——学习所在学校建成学习型学校，通过三个圈，每个市民每时每刻都处在学习型组织之中（学习型组织建设研究子课题组，2010）。①

中国作为一个文明古国，终身学习思想自古恒有。荀子在《劝学篇》中说："吾尝终日而思矣，不如须臾之所学也。"教育家陶行知认为："学习是获取人类知识、经验、文化的手段，一个人从出生到生命的终结须臾也离不开学习。"到了20世纪90年代初，中国民间导入"学习型社会"一词，后以政府名义在2001年5月的亚太经合组织人力资源能力建设高峰会议上正式提出"构筑终身教育体系，建设学习型社会"。2002年5月，国务院颁布《2002—2005年全国人才队伍建设规划纲要》，指出："开展创建'学习型组织''学习型社区''学习型城市'活动，促进学习型社会的形成。"2002年11月，中国共产党第十六次全国代表大会明确提出，把"形成全民学习、终身学习的学习型社会，促进人的全面发展"作为建设小康社会的重要目标，为终身学习体系和学习型社会的建设注入了新的强大动力。此后，国内不少地区和行业开始了积极建设学习型城市、学习型组织、学习型社区和学习型企业的探索。创建学习型社会已在我国各地区和城市如火如荼地开展起来。

就现实情况而言，我国有7.58亿从业劳动者、2亿左右需要转移的农业劳动者、数以千万计新增加的劳动者、转岗和再就业人员以及1.4亿老龄人口。他们对各种培训和学习存在着强烈的需求，广大社会成员特别是从业劳动者必须进行继续培训和继续教育（郝克明，2012）。②《国家中长期教育改革和发展规划纲要（2010—2020年）》（以下简称《纲要》）提出，到2020年，基本实现教育现代化，基本形成学习型社会，进入人力资源强国行列……新增劳动力平均受教育年限从12.4年提高到13.5年；主要劳动年龄人口平均受教育年限从9.5年提高到11.2年，其中接受高等教育的比例达到20%以

① 学习型组织建设研究子课题组．学习型组织建设研究［A］．学习型社会建设研究课题组．学习型社会建设的理论与实践［C］．北京：高等教育出版社，2010.

② 郝克明．跨进学习型社会——建设终身学习体系和学习型社会的研究［M］．长沙：湖南大学出版社，2012.

上，具有高等教育文化程度的人数比 2009 年翻一番。[①] 这说明我国对学习型社会的建设已确立了具体目标和任务：人们必须不断学习和更新知识、能力，才能达到社会需要的素质；人们必须进行工作岗位转换和流动，才能具备适应和应变能力，进行创造和革新。这种发展趋势对传统的教育体系、模式、内容和方法提出了巨大挑战，也呼唤着新的教育体系的建立和教育模式、内容和方法的改革。

那么，何为学习型社会？英国经济和社会委员会（ESRC）将学习型社会定义为："所有公民可以获得高质量的普通教育和合适的职业培训；在获得一份相称的工作（或一系列工作）的同时，在其一生中继续参加教育和培训工作。学习化社会将优秀和公平结合起来，并且会为其所有的公民提供知识、理解力、技能方面的训练，从而促使国家经济的繁荣和更多方面的发展。"由此可见，学习化社会既包括了有关将教育与经济相联系的职业考虑，又含有将教育与个人、社会的发展相联系的生活质量问题。学分银行正是在鼓励人们不间断学习的理念下诞生的学习成果管理系统或制度。它将学校教育、行业（企业）教育、社会教育、网络教育等现代教育形式囊括在内，促进各级各类学校和各类教育培训机构及公共文化设施等的整合，将人们的学习成果以学分的形式进行积累，并转换成学分。不管是何种岗位、何种类型的学习成果，只要经过学分银行的认证，均被接纳为正规的学习成果。这使得学习型社会的基础更加厚实，人们在终身教育中学习的兴趣更加浓厚。

（三）教育民主化的需要

自第二次世界大战以来，民主在很大程度上成为评判一个社会进步的标志。可以说，民主的观念已经成为现代社会的核心观念之一，民主化的进程在世界的不同角落和地区逐步推进。作为一种泛社会性的潮流和趋势，民主对当代教育领域产生了巨大冲击。富尔在《学会生存》中就教育民主化诉求产生的社会因素说道："有些国家在经济上的要求，有些国家在意识形态方面的目标，世界许多地方的民主解放运动以及在某些情况下甚至对社会不安定的恐惧等，都使人民强烈要求教育更加民主化。"教育民主化在一个国家内部主要体现为不同群体受教育权的差异，教育领域也必须通过制度变革来尽可能实现民主化的理想。

教育民主化是人类价值的基本尺度，也是衡量一个社会公正程度的基本标准。其内涵包含四个重点：第一，人即目的。人受教育的最终目标是个体自由和谐地发展，教育民主化的目的是发展全面的人，使人的身心达到最大的和谐与完美。第二，受教育权利平等原则。受教育权利是相对于政治上、经济上的平等权利，只有尊重每一个个体的基本人权与自由发展，才符合教育平等的原则。第三，教育机会均等原则。其包括教育起点的平等、教育过程的平等、教育资源的平等和教育结果的平等等多方面含义。《教育——财富蕴含其中》指出："机会均等原则对所有致力于各个方面逐步确立终身教育的人来说是一项主要标准。社会从一开始就担保在每个人的一生中，为其提供均等的就学和随后培训的机会，不管他受教育的道路是多么迂回曲折。"这实际上也暗示教育过

① 国家中长期教育改革和发展规划纲要（2010—2020 年）全文［EB/OL］. http://www.china.com.cn/policy/txt/2010-03/01/content_19492625_2.htm. 2010-03-01.

程和教育结果的平等对实现教育民主化的重要意义和作用。第四，差别性对待原则。由于受教育者个人的天赋、机会与机遇不同，教育最终会产生不同的结果。因此，要实现教育平等应予以每个个体不同的教育待遇。在当前社会，绝大部分国家通常都重视教育起点的平等，通过开展义务教育来达到教育民主化。但是，义务教育之后的教育就开始出现差异，不同环境、不同智力的学习者最终会获得不同的教育结果和学业成就，也为每个人带来不同的社会地位和经济差别。这种际遇往往成为社会不平等和动荡的根源，不同的国家已经意识到这一问题，在对待不同环境和智力造成差别性学业成就的学习者身上开始开展不同的教育，以及沟通不同的教育方式、类型和层次，给予学习者更多的机会以便其能有上升的社会通道。有调查结果显示：受教育越多，就越想接受教育。无论发达国家还是发展中国家，这种趋势都十分明显。这种学习欲望的增强对基础教育后的教育提出了挑战，要求社会能提供相应的学习环境和氛围，满足人类日益高涨的学习需求。要实现教育民主和平等，必须从空间上发动社会各方面的力量，营造良好的教育氛围和环境；在时间上则延长教育的年限，为成人阶段的教育提供多元化的教育形式，通过终身教育的模式来实现和满足教育民主化的需求。

教育民主化的需求直接推动了学分银行的产生，学分银行为那些不能接受普通高等教育的人提供了提高自身素质、重新塑造未来的机会。只有通过教育民主化才能使利益公平分配，学分银行能使教育持续人的一生，排除财富、性别、年龄等方面的差别。所以学分银行通过连续性的教育消除机会的不平等，促进社会公平正义。学分银行给予劳动者可以在职业生涯发展中继续向上和向前的学习机会，以及实现其学习成果的认证和转化。劳动者能够将这些学习成果存入学分银行，终身有效，在一生当中的某个时间兑换，使这些学习成果获得认证和认可。正如某位学者所说：“教育一旦成为一个连续不断的过程，人们对成功与失败的看法也就不同了。如果一个人在他一生受教育的过程中在某个年龄和某个阶段失败了，他还会有很多机会。他再也不会终身被驱逐到失败的深渊中去了。”

二、学分银行产生的资源背景

从全球整个社会经济的发展来看，有限的资源和日益膨胀的人口是一对长期存在的矛盾，而从中国的社会经济来看，其也将长期处于资源匮乏和众多人口需求的矛盾之中。2015 年年底，我国为缓解进入老龄化社会带来的负面效应，全面放开人口二胎生育政策。生育政策的放开，必将在一定阶段内带来一定数量的相对数量人口增长，对于我国并未增加的资源来说，这部分人口的增加和原有的基数相加带来的矛盾将会更加突出。其中，资源的有限性包括教育资源的有限性，从硬件来说，教育机构、教育房舍、教育设备等将会进一步变得缺乏。从软件来说，师资力量、课程内容、教材编排将会面临更大的挑战，教育资源的有限性和将来学习者需求的无限性会产生无可避免的矛盾。

随着教育民主化的日益推进，全体社会实现普通中等教育的普及已不是梦想，人们对高等教育的需求更加强烈。据联合国教科文组织统计，“高等教育过去 25 年中的主要发展是数量上的扩充”。面对日益扩大的高等教育人群，原本就匮乏的教育资源越发显得紧张。我国高等学校从 1998 年开始扩招，但扩招后软硬件设施不充足，导致高等教育资源全面吃紧，师资力量严重不足。按照1998年的统计，全国高校专任教师与学生的师生比为1∶8.37；到了2000年，全国高校师生比为1∶12.02；2005年全国高校师生比为1∶15.80；2012年全国高校师生比为1∶16.43；[①] 2015年全国高校师生比为1∶17.73。[②] 可见，到目前为止，我国普通高校的教师资源仍相当紧张，特别是在高校中的某些课程（主要是基础课程与热门课程），百人以上的班并不少见。“至于仪器设备套数不够，教室、实验室间数不够，更是全国高校的普遍问题。”（邓澳利，2007）[③] 成人高校的情况也不容乐观，据教育部统计数据，1998年全国成人高校专任教师与学生的师生比为1∶12.5；2000年师生比为1∶11.97；2005年师生比为1∶51.71；2012年师生比为1∶292.83，[④] 2015年师生比为1∶210.58。[⑤] 尽管其中包含了对师生比要求较低的远程教育，但我国成人高校的师生比在国际上仍然属于低水平。从对普通高校和成人高校师生比的年份比较可以看出，到目前为止，我国的高等教育资源紧张，因此，资源的有限性和需求的无限性产生了矛盾，必须通过一定的途径来解决，即教育资源需要合理优化配置。

在发达国家，企业、社区公共组织（如教会等）、劳动工会、政治团体、工商业界等民间社会力量都热衷于终身教育，把高等学历教育、职业教育、非正式教育等各种教育资源打通，用多种复合型的教育资源替代单一的教育资源，使学校资源和社会资源合为一体，实现共享。这成为这些国家和地区推行终身教育、实现学习型社会的重要策略。发达国家中学校教育与非正式教育的关系，从以往各自封闭的独立个体转为合作互助的伙伴。在彼此互助的过程中，通过广泛调动社会的学习资源，将教育由学校扩展至大社会，让课程及教学与丰富的社会资源相结合，将学习紧密地带进家中，引入培训中，通过信息与通讯科技设备，提供更多终身教育机会。比如，美国以社区学院为特色的社会教育、日本公民馆等机构开展的社会教育、英国扎根于社区的扩充教育学院、北欧各国的民众学校所实施的社会教育等，都是具有世界意义的依靠社会资源促进终身教育发展的典型代表。

要使有限的教育资源满足人民群众日益增长的无限学习需求，就要求我们必须把有限的资源进行合理配置和优化，以实现学校资源共享。那么，从中找出一种途径——学分银行，作为中介机构或运行机制成为共享载体，搭建终身教育体系。学分银行是终身教育体系中重要的一部分，借助银行的经营方式，实现学分的存储和兑换，打破高校间的壁垒，加强高校、社会资源共建共享，盘活教育资源，提高教育资源的利用率。同时，也避免了成人学习者的重复学习，提升了经费的使用效率，使成人的学习成果获得

① 中华人民共和国教育部教育统计数据［EB/OL］. http://www.moe.gov.cn/publicfiles/business/htmlfiles/moe/s7567/index.html.

② 中华人民共和国教育部. 2015年全国教育事业发展统计公报［EB/OL］. http://www.moe.gov.cn/srcsite/A03/s180/moe_633/201607/t20160706_270976.html. 2016-07-06.

③ 邓澳利.“学分银行”制度研究［D］. 长沙：湖南大学硕士论文，2007.

④ 中华人民共和国教育部教育统计数据［EB/OL］. http://www.moe.gov.cn/publicfiles/business/htmlfiles/moe/s7567/index.html.

⑤ 中华人民共和国教育部. 2015年全国教育事业发展统计公报［EB/OL］. http://www.moe.gov.cn/srcsite/A03/s180/moe_633/201607/t20160706_270976.html. 2016-07-06.

更为公正的社会认同。

三、学分银行产生的技术背景

多媒体技术和网络技术等的发展进步，正改变着人类的生产和生活方式，人类文明由此被提升到一个新的形态。在教育领域，教育信息技术作为传递教育思想、教育内容等最富有生命力的手段，对世界各国的教育体制、教学模式和教育观念的变革产生了极为重要的影响，而且这种影响还处在不断扩大和深化的过程中。

教育信息化始于西方发达国家。20 世纪 90 年代中期之后，教育信息化日渐成为全球各国教育争相运用的手段，并且这种趋势还在不断扩大，从远程教育到普通教育，从高等教育到初等教育，信息化程度越来越深，范围越来越广，技术越来越精。在这方面，不得不提及美国，它在教育信息化的技术变革过程中扮演着极为重要的角色。美国人的信息意识和创新能力很强，在信息技术发展方面始终走在世界前列，一直致力于推动国际教育信息技术的发展。美国是最早研制出计算机的国家，也是率先进行计算机辅助教学的国家，在许多国家尚不知计算机为何物的 20 世纪 60 年代，美国的教育信息化进程就拉开了序幕。1983 年，美国信息学家霍顿（Horton）认为教育部门应开展信息素质教育，以提高人们对联机数据库、通信服务、电子邮件、数据分析以及图书馆网的使用能力；1996 年，美国教育部制定了国家统一的培训策略，不但重视信息理论教育和以计算机为主的现代化技术的训练，而且更注重信息处理和检索的综合能力的培养。随着微型计算机的进一步普及，更多的计算机进入了欧盟、日本等发达国家的校园。德国于 1984 年利用执行多年的信息教育实验计划，来观察研究信息素质教育在学校、教师、学生、社会文化各方面的影响，并评估将信息科技引入学校的效果；到了 20 世纪 90 年代，信息科技基础教育成为所有中学学生的必修科目，教育目标主要是培养学生将信息科技应用于日常生活中的能力。在日本，文部省于 1986 年开始着手促进电脑在中小学的应用，地方教育当局负责教师训练的任务；1989 年，日本教育部规定在小学和中学都要开展信息素质教育，并且利用计算机和多媒体改进教学，加强信息道德教育。进入 21 世纪之后，世界各国政府重新调整教育政策，重设适应信息时代的教育目标，其中包括许多发展中国家，已经普遍使用尖端信息通讯技术，并以迅猛的速度发展。目前，许多国家已经完成了教育信息化战略目标的制定和系统框架战略性的构建，包括建立信息网络体系、发展信息化产业基础、形成社会支持系统等。

我国的教育信息化大约启动于 20 世纪 70 年代末、80 年代初。1982 年，我国开始在中小学开展信息技术教育，但均以教授计算机的基本操作为主，基本上未涉及信息基础知识教育的内容。1999 年，国务院召开了第三次全国教育工作会议，明确提出“要重视培养学生收集处理信息的能力、获取知识的能力、分析和解决问题的能力”。经过近 30 年的发展，我国的教育信息技术已经进入了快速发展阶段，基本上进入社会的各个层面与各种机构，在各类校园人群中，运用教育信息技术实施教学和考试已较为普遍，各个阶层的学习者已经逐渐适应了信息化授课与自学的方式，近两年出现的大规模的网络公开课——慕课（MOOC），就是教育信息化推广的最好例证。信息技术在教育中的推广给教育带来了一场革命，使人的学习方式发生了根本的变化。在这一过程中，教育管理也面临着新课题和新挑战：信息技术日臻成熟导致教学成本不断降低，以网络为媒介的学习型社会正在形成。人们学习和教育方式的变革，将会把全中国推进到一个崭新的全民教育、个性化教育和终身教育的时代。

目前，以“互联网+”和“物联网”为代表的、以网络技术和多媒体技术为核心的信息技术已经发展成熟，“泛在学习”的观念已进一步向大众普及，这为学分银行的操作和运行奠定了技术基础。首先，通过现代信息技术，能够增加教育满足社会各种需求的灵活性，降低教育成本，提高教育系统的内部和外部效率。其次，通过现代信息技术，为“使未能接受教育者接受教育”和使全民终身教育成为现实创造了新的可能性。再次，通过现代信息技术，可以很方便地在课程编排上实现多样化、综合化、积木式、模块式，为学生自主选择与自行编制课程搭建平台，使教学的个别化、个性化、自主性成为可能。在教学管理上，通过使用学籍管理系统、电子档案，可以促使学校变得更加规范化、制度化、条理化，为灵活的入学制度奠定基础。在教育资源上，教育技术能够为学习者提供丰富的共享资源，使更大范围的跨校选课成为可能。最后，通过现代信息技术，可以避免学习者在学习之后，其学习成果在不同机构之间的认可障碍问题，极大地降低学习成本；也能使人们继续学习的学分积累有了技术平台的保障，使学分转换变得更加容易和便捷，并能迅速查询和兑换，从而实现终身学习的可能。

四、学分银行产生的战略背景

（一）各国战略举措

在终身学习的背景之下，许多国家都把建立学分银行作为将终身教育理念转变为实践的一种切实可行的措施大力推广。

欧盟从20世纪90年代以来，积极致力于终身教育的发展，在终身学习政策的制定、发展以及实施方面成效显著。1993年至1995年，欧盟陆续发表三份与终身学习发展有关的白皮书，并于2000年10月提出《终身学习备忘录》，为资格框架的搭建、学分的转换签订协议。

英国于1981年发表《一个新的培训动议：行动方案》；1985年，成立一个专门的工作小组，对当时职业教育的发展状况进行分析并据此发布《年轻人的教育和培训》绿皮书；1986年，英国教育科学部和就业部联合发表了《共同工作：教育和培训》白皮书，确定了以“能力标准”作为国家就业行为目标，为此白皮书建议成立国家职业资格委员会来制定一种更为合理的职业资格标准；1988年12月，政府发表白皮书《九十年代的就业》；1991年5月，英国政府发布白皮书《21世纪的教育与训练》，公布国家资格框架，规定各类证书在国家资格框架内相互融通；1998年2月，英国政府发布《学习的时代》（*The Learning Age*）绿皮书，提出了建立个人学习账户（Individual Learning Accounts）、成立产业大学（University for Industry）、进行资格改革、提高基本技能、开展工作场所学习以及地区合作等新举措；1999年，英国教育与就业部发布《学会成功》（*Learning to Succeed*）白皮书，计划建立一个全国、地区和地方的计划、组织和投资体制；2000年，颁布《学习与技能法》（*Learning and Skill ACT*2000），旨在迈向学习型社会，积极推进终身学习。

加拿大在1994年8月30日举行的教育工作会议上，提出一项行动计划，认为应该设置一个目标日期承认高等教育学生的学分在加拿大范围内能够被广泛认可。1994年9月，来自加拿大社区学院协会（ACCC）、加拿大大学和学院协会、加拿大学生联合会（CFS）和加拿大大学教师协会（CAUT）的代表共同建议由加拿大教育部优先发布一份文件，实施学分在加拿大各省和地区转换的政策。

新西兰于1989年在《教育法》修正案中提出建立新西兰资格署（NZQA），为国家资格框架（NQF）的提出和完善提供法律依据；1990年，成立新西兰资格署，为NQF提供了机构保障；1991年，提出NQF；2001年，NQF拓展为十个级别；2010年，新西兰资格框架（NZQA）确立，取代NQF，并颁布操作指南。

南非国会于1995年颁布了《南非资格署法》，正式实施国家资格框架；2008年，南非对国家资格框架进行修订，国会颁布《国家资格框架法》，明确指出南非国家资格框架是由教育部批准的在质量保障体系下的整合的国家资格证书制度，包括资格的分类、注册、发布和透明化。

韩国于1994年提出了“新教育构想”的十大课题，其中一条是“建设一个人人终身都可以进行学习的社会，保证国民可以根据自己的意愿在工作单位和学校间自由地进出，放宽对入学和休学的限制，允许在校内改变所学专业”；1995年，总统委员会提出构建新的教育体系、促进开放的终身学习社会的建设的构想，学分银行制度（CBS）就是该项改革的重要内容之一；1997年1月13日，韩国政府颁布试行《学分认证相关法律》，正式宣告学分银行制在韩国诞生。

日本根据文部科学省发布的政策，将学习成果认证、积累与转换制度命名为“校外学习的学分认定制度”。1998年，该制度将认定的内容扩大，规定学生在普通高等学校、职业技术学校、社会教育培训机构等获得的学习成果，以及学生参加志愿者活动、就业实习、文化及体育相关的活动获得的学习成果，都能够通过学分认定转变为相应的学分。

展望全球，欧盟、英国、加拿大、新西兰、南非、韩国、日本等发达国家和地区，都在致力于制定和推出各类政策和文件支持学分的互认和转化，搭建各种类型的资格框架，借以建立起能够沟通各类教育形式和教育级别的学分银行，致力于支持每一个社会公民的终身学习活动。

（二）我国的战略决策

2010年7月，中共中央、国务院印发《国家中长期教育改革和发展规划纲要（2010—2020年）》（中发〔2010〕12号），明确提出要“发展继续教育，建立继续教育学分积累和转换制度，实现不同类型学习成果的学分互认和衔接，搭建终身学习‘立交桥’，促进各级各类教育纵向衔接、横向沟通，满足学习者个性化、多样化的学习和发展需要”，以及使“学历教育和非学历教育协调发展，职业教育和普通教育相互沟通，职前教育和职后教育有效衔接”[①]。有关学分银行建设的政策导向与实践目标在国内引

① http://www.moe.edu.cn/publicfiles/business/htmlfiles/moe/moe_838/201008/93704.html[EB/OL]. 2010-07-29.

起了广泛反响，短短几年内全国各地掀起了一股争相创设学分银行的“风潮”。

2010年10月，国务院办公厅印发《关于开展国家教育体制改革试点的通知》（国办发〔2010〕48号），全面启动国家教育体制改革试点工作，其中在人才培养模式改革中，提出建立学分银行制度。我国学分银行建设由此拉开序幕，如何运行成为其关键。①

2012年2月，教育部《关于加快发展继续教育的若干意见》中提出要“建立学习成果认证、积累和转换制度。成立国家继续教育学习成果认证委员会，研究建立各类继续教育学习成果认证、学分积累和转换的‘学分银行’制度，有计划、分步骤地推进不同类型继续教育间的学分积累与转换工作”②。

2013年12月，教育部《关于印发〈刘延东副总理在首届国际学习型城市大会开幕式上的讲话〉的通知》中提出，由于我国国民教育体系日趋健全，为学习型社会建设奠定了坚实的基础。经过十多年的发展，中国已有近百个城市启动学习型城市建设，探索出了富有中国特色的途径和措施；构建终身学习“立交桥”制度体系，促进学历教育和非学历教育协调发展、职业教育与普通教育相互沟通、职前教育与职后教育有效衔接，探索学分银行制度，实现学习成果互认转换。③

2014年3月教育部办公厅、农业部办公厅印发《中等职业学校新型职业农民培养方案》（教职成厅〔2014〕1号），提出：“在各地积累经验建立区域性学分银行后，国家将出台统一规范，逐步建立全国性农民学分银行，搭建专业间、学校间、地区间以及学历教育与非学历继续教育间的农民职业教育立交桥。”④

2014年6月，教育部职业教育与成人教育司起草《教育部关于推进学习成果积累与转换工作的指导意见》征求意见稿，提出要在“各类学校（机构）逐步实行学分制；职业院校建立中高职学习成果的衔接与互认机制；普通高校要积极开展学分互认；各类继续教育机构之间要建立学习成果互认的机制；各类学校（机构）要建设学习者终身学习成果档案”。这说明办学分银行，依托全国庞大的教育系统网络，使多类型、多数量学生群体，是发挥其服务社会功能的重要举措，也是完善终身教育体系和保障学习者学习权利与自由的重要举措。

2016年1月21日，教育部在《教育部关于办好开放大学的意见》（教职成〔2016〕2号）中进一步提出学分银行的建设意见，要“建立个人终身学习电子档案，主要存储个人信息、学习经历、学习成果及转换记录等信息。完善档案管理，一人一档、终身有效，经授权后可供用人单位、教育机构查询使用。加快学习成果认定，制定学分转换标准，对学习者在正规教育和非正规教育过程中获得的学分、证书、工作和生活经验及技能等进行认定，确定学分，实现学习成果转换。主动沟通高校、行业、企业和用人单位，通过协议或联盟等方式，推进相互之间学习成果的互认。探索建立学分银行，将学

① http://www.gov.cn/zwgk/2011-01/12/content_1783332.htm. 2011-01-12.

② http://www.moe.gov.cn/publicfiles/business/htmlfiles/moe/s6197/201202/131092.html. 2012-02-27.

③ 教育部关于印发《刘延东副总理在首届国际学习型城市大会开幕式上的讲话》的通知［EB/OL］. http://www.moe.edu.cn/publicfiles/business/htmlfiles/moe/s3865/201312/xxgk_161338.html. 2013-12-19.

④ http://www.gov.cn/xinwen/2014-04/03/content_2652543.htm. 2014-04-03.

习者的各类学习成果转换成学分进行存储，实现不同类型学习成果的转换，为学习者申请相关学历证书、学位证书、毕业证书、资格证书等提供依据”①。

此外，地方政府也开始制定政策，鼓励学分银行积极发展，如上海市制定《上海市中长期教育改革和发展规划纲要（2010—2020年）》，提出“促进全日制与非全日制教育的衔接和融合，建立‘学分银行’，实施学分互认”；并且提出“逐步实行职业培训模块可叠加的‘学分银行’制度，推进学历证书与职业资格证书并重的双证培养模式”②。江苏省教育厅印发《终身教育学分银行管理办法（试行）》，正式规定建立“江苏省终身教育学分银行”，“江苏常驻居民及外来人员，可将存储在学分银行账户里的学分‘兑换’成相应学历”。

可以说，在国家近年来的各项教育政策中，提出“构建学分银行”“搭建终身学习立交桥”“实现学习成果互认转换”，实际上都是一种含义，它们均与建设学分银行紧密相关。政策的出台，有利于学历继续教育与非学历继续教育的沟通衔接，有利于对个体的非正式学习和正式学习等不同学习成果进行认证，有利于促进学习者在各级各类教育机构之间的学分互认与转换，搭建终身学习“立交桥”，有利于建立对个体的非正规与非正式学习和经验认可的机制和实施策略。

第二节　学分银行研究述评

一、国外相关研究

学分银行（credit bank）一词最早由韩国于1995年提出。由于概念出现较晚，在西方国家的文献中，直接与“credit bank”相关的文献并不多，但有与其相关或相似意义的个人学习账户（Individual Learning Accounts）、欧洲学分转换系统（European Credit Transfer System，ECTS）、资格框架或资历架构（QCF）以及学分转换的基础——先前学习成果认定（Recognition of Prior Learning）等文献。

（一）学分银行的功能

在论述学分银行的功能方面，罗伯森·戴维（Robertson David，1997）提出了学分银行能修正英国高等教育中资金关系和学习机制的功能；利用学习银行（Learning Bank）能够平衡财政管理，创造以学分为主的学习体系，并通过个体学习账户的弹性，提升学习基金中的合伙关系。③

克鲁兹·科莫（Guruz Kemal，2011）通过对全球知识经济背景下高等教育与国际

① 中华人民共和国教育部. 教育部关于办好开放大学的意见［EB/OL］. http://www.moe.edu.cn/srcsite/A07/moe_726/201602/t20160202_229322.html. 2016-01-21.

② 上海市中长期教育改革和发展规划纲要（2010—2020年）［EB/OL］. http://www.shanghai.gov.cn/shanghai/node2314/node2315/node4411/userobject21ai442103.html. 2010-09-14.

③ Robertson David. The Learning Bank: Rethinking the Funding of Relationships in British Higher Education［J］. Higher Education Review, v29 n2 p17-33 Spr 1997.

学生的流动性研究，提出 ECTS 对国际学生流动和国内学生选拔所起的作用。

波力斯卡·芭芭拉（Politynska Barbara，2012）等人从学分银行的隐形功能出发，对欧洲老年医学训练项目进行研究，发现过去 10 年来项目的多样化和学历的多层次性造成了这一职业项目开展的困扰，因此提出要利用学分转换体系的认证和转换功能，建立欧洲老年医学训练质量框架体系，引入学分转换体系提升其透明性、可比性与可移植性。①

同样利用此体系的还有梵文利·厄斯特（Valveny Ernest，2012）、贾库·斯文·瑞特娃（Jakku Sihvonen Ritva，2012）和卢琴斯卡娅·达瑞（Luchinskaya Daria，2011）等人分别在西班牙、芬兰、爱沙尼亚、俄罗斯和乌克兰实施的于 1999 年开始的《博洛尼亚宣言》（*Bologna Declaration*）中的种种教育或培训项目。②③④

这些教育项目均无一例外地采用了 ECTS 的学分兑换与认证功能来实现多样化、多标准的统一。

（二）学分银行建构

在学分银行建构方面，韩国教育改革委员会 1995 年开展了一项调研，最后形成一份名为《关于促进开放式终身教育》的报告，标志着韩国学分银行制度及其体系的建立。报告中试图建立一个被普遍认可的授权的“第三方机构”，这个机构可以通过学分互认和互换，实现韩国高等正规教育和非正规教育的沟通和衔接。之后学者的研究重心由实现普通教育学分转移认证的主题转移到对学分银行整个系统的研究，更重要的是将重点由普通高等教育转向了终身教育。

韩国的崔昌浩（2011）认为，学分银行不仅具备确认、汇集、转换、记录以及验证的功能，还具有依据不同的学科领域和不同的政策，随时进行“储存”和“恢复”的功能，以避免学分的过期失效。同时，他提出建构学分银行流程和管理体制的建议，包括从小规模项目做起、规避项目初始阶段的复杂性、充分了解和尊重政府部门、寻求盟友、避免过度集权、寻求在项目发展的每一环节上建立防止舞弊和操纵行为的机制等。⑤

韩国的朴仁钟（2011）认为，韩国学分银行的成功发展主要依赖于与教育机构的合作、灵活的课程、多样的学习项目开发和先前学习成果的认定。韩国的学分银行制可以称为学分累积制度，其重点是强调学分的累积与认证。其功能实现的途径遵循着学分银行运行的内在轨迹，即学分获取—学分累积—学分认证和兑换。其整个系统构成可以分

---

① Politynska Barbara. Quality Assurance in Gerontological and Geriatric Training Programs: The European Case [J]. Gerontology & Geriatrics Education, v33 n1 p39－54 2012.

② Valveny Ernest. Adaptation of a Computer Programming Course to the ESHE Requirements: Evaluation Five Years Later [J]. European Journal of Engineering Education, v37 n3 p243－254 2012.

③ Jakku－Sihvonen Ritva. Teacher Education Curricula after the Bologna Process－A Comparative Analysis of Written Curricula in Finland and Estonia [J]. Scandinavian Journal of Educational Research, v56 n3 p261－275 2012.

④ Luchinskaya Daria. The Bologna Process Policy Implementation in Russia and Ukraine: Similarities and Differences [J]. European Educational Research Journal, v10 n1 p21－33 2011.

⑤ 崔昌浩．通往明日之路：学分银行之机遇与挑战 [J]．开放教育研究，2012，1.

为组织管理部分以及银行运行系统部分。①

（三）学分转换系统

欧盟委员会的官方文件是欧洲学分转换系统的最初研究，之后欧盟所资助的一系列项目研究报告开始关注 ECTS，如“高等教育调整”“终身教育视野下欧洲学分转换系统是否允许学分累积和互换”等项目。随着欧洲学分转换系统的实施，学者开始关注其运行，主要集中在：一是对 ECTS 系统的反思与调查研究，二是对这一系统的内涵还有功能拓展的可行性分析。

英国学者安东尼·约翰·维克斯（2011）对 ECTS 系统进行介绍，论述转换与累积学分体系在 49 个国家和地区发挥的作用，以及存在的学分含金量问题、学分互认管理主体问题等。②

荷兰的赫曼·博世（2011）认为，实现学分认证转换，重要的是依托课程，它在本质上是一系列对课程水平和内容的宽泛要求，而非具体必修课程清单。基于 ECTS 提出学分互认制度需要的四个关键要素：学习时间、学习成果、课程复杂性和先前学习成果的认定，以及加强大学联盟的必需条件，包括公共的课程框架、评级系统和质量保障系统等。③

美国由于高等教育管理体制的特殊性，其学分银行模式以社区学院与其他教育机构的学分协议的形式出现，主要目的是实现各类教育的学分衔接：高中教育与大学教育的衔接、社区教育与大学教育的衔接、社区教育与其他教育的衔接。

（四）先前学习认定

先前学习认定是学分银行开展的基础，涉及对学习成果的认定，只有对除正规学习成果之外的各种非正规和非正式学习成果进行认定之后，才能通过学分银行进行学分转换。因此，国外对先前学习成果认定的研究相对更多，主要以美国、澳大利亚、加拿大等国家为代表。

1. 先前学习认定的定义

美国学者托马斯（Thoinas. A，2000）在《先前学习认定：无声的变革》（*Prior learning assessment*：*The quiet revolution*）一文中指出，先前学习是检验、评估与认证成人学习者在经验性与非正式学习而非正规教育中所获得的知识、技能的实践活动。④

---

① Park Injong. Lifelong Learning Society and Academic Credit Bank System in Korea [A]. “Credit Bank” and “Lifelong Learning” Distance Education Teachers, Scientific and Cultural Organization (UNESCO) East Asia International Workshop Series Report [C]. 2011.

② Anthony John Vickers. European Credit Recognition System: A System of Transformation and Accumulation [A]. “Credit Bank” and “Lifelong Learning” Distance Education Teachers, Scientific and Cultural Organization (UNESCO) East Asia International Workshop Series Report [C]. 2011.

③ Herman Bosch. Promote Student Exchanges by Credit Transfer and the Previous Study [A]. “Credit Bank” and “Lifelong Learning” Distance Education Teachers, Scientific and Cultural Organization (UNESCO) East Asia International Workshop Series Report [C]. 2011.

④ Thomas. A. Prior Learning Assessment: The Quiet Revolution [M]. Handbook of Adult and Continuing Education. San Francisco: Jossey Bass. 2000.

加拿大成人教育中心在 2006 年出版的《先前学习认定手册》（*Prior Learning Assessment and Recognition Manual*）中认为，先前学习认定是包含对人们从正规与非正规学习中获取的所有知识与能力的认定、证明、评估与认证的过程。①

澳大利亚国家培训署（Australia National Training Authority，ANTA）对先前学习认定的界定是：对现有能力的认定，不考虑学习是如何、何时、何地进行的（马捷，2012）。②

2. 先前学习认定的理论研究

爱沙尼亚学者昂·沃克（Aune Valk，2009）讨论了在欧盟教育政策大背景下，先前经验学习的评估与认证在欧盟各成员国的高等教育中被当作一项政策目标，选取法国、英国、挪威、爱沙尼亚四国进行案例比较分析，从系统角度总结了先前经验学习应用的阻碍与推力。③

荷兰学者尤斯登·布利克（D. Joosten－Ten Brinke，2009）等对荷兰 S 开放大学成人学习者入学先前学习认定的自我评估环节进行探究，从评估方法以及评估方法的信效度等方面切入，正反两方面论证作为先前学习认定的环节之一的自我评估是否具有可行性。④ 同时，尤斯登等学者在另一篇文章《先前学习评估与认证程序质量：设计的影响》（*The Quality of Procedures to Assess and Credit Prior Learning*：*Implications for Design*）中分析与描述了先前学习认定的特征与质量标准二者之间的关系，指出认定程序中存在重复、质量标准关联性不强等问题，并就先前学习认定标准的制定提出建议，认为有必要加强对先前学习认定的实证研究，建立相关机制保障先前学习认定的实施效果。

综观国际近年来对学分银行的研究方向发现，国外研究多依托本国或区域已开展的学分银行案例为基础，对运作中的经验或实践予以介绍或反思，比较注重案例研究、学分转换与认证、效果评估、先前经验评价和先前学习认定的具体实施操作，这也与国际学分银行发展相对成熟有一定的关系。同时，这对于我国学分银行进入实践层面的运作有一定借鉴意义。

二、国内相关研究

（一）学分银行文献数量与类型分析

1. 文献数量

以“学分银行”“学习成果认证”“学习成果转换”“学习成果认定”“学习成果评价”等相关研究为关键词进行检索，发现国内的研究最早始于 2003 年，同时，期刊和

---

① Adult Learning Centre. Prior Learning Assessment & Recognition (PLAR) Manual [M]. Adult Learning and Literacy：Manitoba，Canada. 2005，1.

② 马捷. 欧盟成人学习成果认证政策研究——以非正式与非正规学习为例 [D]. 北京：首都师范大学硕士学位论文，2012.

③ Aune Valk. Recognition of Prior and Experiential Learning in European Universities [J]. Assessment in Education：Principles，Policy and Practice，2009.

④ D. Joosten-Ten Brinke，D. M. Asluijsmans，W. M. Gjochems. Self-assessment in University Assessment of Prior Learning Procedures [J]. Journal of Lifelong Education，2009，1.

报刊对学分银行的关注度一直较高，但热潮出现在2005年之后，尤其在近两年，其研究呈现井喷之势，且有逐年递增的趋势。比如2010年之前，期刊文献累计有49篇，而到了2012年年末，学分银行的文献累计已达119篇；2010年以后的报刊报道有466篇，图书、学位论文和会议论文也基本呈现增长趋势。

2. 文献类型

对研究机构和研究者进行分类统计，发现大部分文献主要刊载在职业技术教育和成人教育类期刊上，且主要以基础理论研究为主，研究地域和研究者所在的机构集中在江、浙、京、沪一带。这说明我国学分银行的发展仍处于基础摸索阶段，并未真正开展大规模实践探索，地域也主要局限在经济发达地区，方向主要为终身教育和职业教育。

对报刊报道进行分类统计，发现地方媒体对学分银行的关注度远高于中央媒体，内容主要以不同机构和区域开展学分银行的报道为主，包括普通高校、高职院、开放大学、社区和企业等。可以看出，目前区域和行业对学分银行的诉求大于建立大一统的国家层面的学分银行，主要关注点聚焦在地区、院校和机构（行业）层面。

图书主要以散于各章节的形式，概论似地对学分银行加以介绍，或根据不同的研究领域对学分银行作出设计构想，也有根据实践运作总结出来的经验，如《上海普通高校成人高等教育认定非学历证书的指导手册》和《终身学习体系学分银行的原理与技术》。学位论文和会议论文则主要集中在对学分银行实施理论的探讨。

（二）不同视角下的学分银行研究焦点分析

学分银行的研究呈现出四种视角（如图1－1所示）：比较研究视角、理论研究视角、战略政策研究视角和实践研究视角。学者从不同的视野对学分银行焦点进行分析和探索，共同促进学分银行的发展。同时，这四种视角下的研究也彼此紧密联系，呈现出循环向前的态势：通过对高职教育领域的学分互通探索和成人教育领域学分制改革构想等理论研究以及对国外学分银行的比较研究，引起政策制定部门（机构、区域教育行政部门等）的关注，开展政策可行性和必要性研究，学分银行实践也在以上研究的基础上得以实施。当然，比较研究一直都是研究者关注的焦点，并且将长久持续。战略政策研究和实践研究绝大部分出现在近年，说明了前期的理论研究和比较研究对学分银行的政策研究和实践探究具有重要的指引作用。

1. 比较研究视角下的学分银行

由于我国学分银行建设起步比其他国家晚，在制度构建和改革方面尚不成熟，因此，汲取与借鉴当代国际学分银行建设的经验显得尤为必要。在研究过程中，国内研究者均注意将国际经验与国内实际情况结合起来，对部分国家及国际组织在学分银行建设与运作过程中的一些做法进行了仔细梳理和深入分析，并对其成功和不足之处进行了客观分析。2003—2012年，我国学者对韩国学分银行（CBS）的经验、欧洲学分转换系统（ECTS）及加拿大先前学习认定（PLAR）实践等进行了大量研究。

在西方国家学分认定与转换体系研究方面，陈娟从微观管理制度视角入手（2007），对欧洲ECTS中学分、课业负荷量、分级等级三个要素特征进行分析，并对保障制度开展需要的信息包裹和课程目录、学习协议和成绩记录单等主要文件也进行了探究。王宏等人（2012）基于政策分析的视角，认为多层治理结构体系、多元化政策保障和拓展

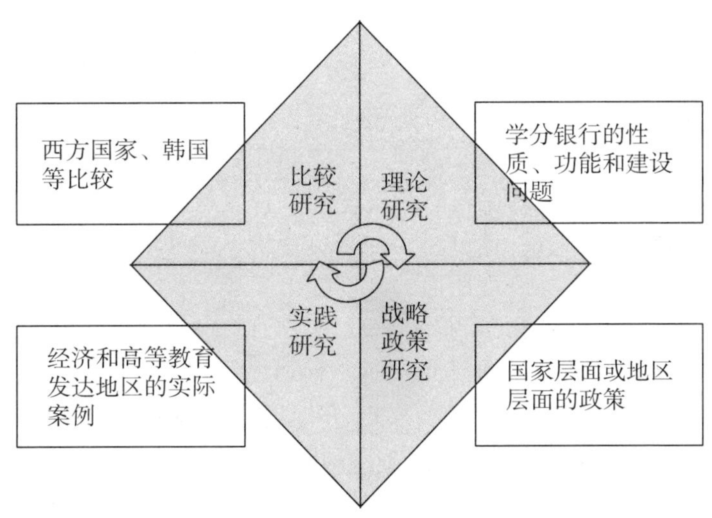

图 1－1 学分银行研究的不同视角

性政策推进了 ECTS 的可持续发展。杜社玲（2010）介绍了欧洲另一种学分转移与认定系统——ECVET，这是职业教育与培训中采用的一种学分计量系统，适用于对非正式学习获得的经验与能力进行学习效果计量。殷双绪（2012）从案例角度对加拿大汤姆逊大学先前学习评价实践进行了详细研究，对其中的先前学习评价方式、评价制度、组织与人员等研究得较为透彻。

最早对韩国学分银行进行研究的是杨黎明（2005）。他重点介绍了学分银行运作特色中的注册与学分认证、学位颁发、教育项目鉴定、学生服务系统、课程标准和教学大纲等内容。覃兵等人（2009）介绍了韩国学分银行中学员通过修得学分认证的学习课程、学分认证的考试和取得行业资格三种方式来获取学分认证，以及学分银行制的学位授予。还有研究者从建构方面提出了学分银行的不足和完善意见，例如：崔昌浩（2011）认为学分银行不仅具备确认、汇集、转换、记录以及验证功能，还具有依据不同的学科领域和不同政策，随时进行“储存”和“恢复”的功能，以避免学分的过期失效；同时，他提出建构学分银行流程和管理体制的建议，例如从小规模项目做起、充分了解和尊重政府部门、寻求盟友、在每一环节上建立防止舞弊和操纵行为的机制等。吴韶华（2012）从教育的负向功能视角反观韩国学分银行，针对其表现出的培养人才特色体现不足、社会认可度低、产生社会结构性失业、强化追求文凭的功利主义行为、社会教育机构被学分银行认定后质量下降等负向功能，反思我国开展学分银行时应注意的问题，包括在管理过程中建立标准化学分查询系统、配套使用学分绩点和证书类别、定期评估督察被认定的教育机构等。

王迎等人（2012）则采用“6W 分析方法”，对欧盟、英国、澳大利亚、加拿大、美国、韩国等的学分银行的建设主体、适用范围、建设核心内容、学习成果认证、学分积累与转换和相关组织架构从不同维度、不同层面进行系统分析和细化研究。

对国外学分银行进行研究的优点：可以直接借鉴其经验，避免今后走弯路，但在移植这些经验的同时也很可能会复制它的实践困境。因此，必须关注我国学分银行构建过程中的政治、经济、文化背景和学习者的诉求，紧紧根植于本土实际情况，取其精华，设计出适合中国发展现状的学分银行制度。

2. 战略政策研究视角下的学分银行

对学分银行的政策研究较晚，研究者多半来自国家或地方教育行政机关，通常以较为宏观的视野看待制度建设、宏观管理模式等问题，对学分银行的建设起方向性的指导和启示作用。其中，具有代表性的是教育部国家教育发展研究中心的郝克明（2012）对学分银行教育管理模式的研究。他分析了在当代背景下终身学习与学分银行教育管理模式所承载的战略任务，从国家管理层面的高度提出了建立我国学分银行的若干思考和建议。上海市教育科学研究院的杨黎明（2009）从政府战略规划角度提出上海市学分银行创建的框架设想、远期目标和近期目标。浙江省慈溪市教育局的彭飞龙（2009，2011）从创建学习型城市和构建终身教育体系入手，提出适合区域经济社会发展水平的终身教育模式，探索区域性市民学分银行的实现方式和运作模式。同时，也有学者对法律政策保障制度作出了一定研究：胡泽民等人（2012）认为学分银行需得到相应的政策保障制度的支撑，明确规定学分银行的合法性和相应的权利和义务，才能确保学分银行的顺利实施，如制定《关于申请加入学分银行建设体系的管理办法》《课程标准化制度》《关于学分兑换的管理办法》《学分银行管理制度》等。赵红宇（2012）认为除了法律法规保障外，还要划拨专项经费，给予财政支持，通过必要的行政手段推动各级各类教育机构积极参与学分银行的建设。

3. 理论研究视角下的学分银行

学分银行的理论研究涉及范围很广，归纳起来，主要聚焦于厘清学分银行的三大问题：性质、功能和建设，而学分银行的建设问题是探讨的重中之重。建设学分银行需要细致的需求分析，因此，我国学者比较偏重于对学分银行功能分析基础上的建设问题进行探讨：综合探究学分银行的功能，以此为方法和工具，为建设的后续环节提供支持，包括管理系统中的组织架构和管理模式等研究。在分析中发现，不同的研究者虽有不同的研究侧重点，但总体来说，基本遵循了一种树形拓展的研究范式，如图 1－2 所示。

（1）学分银行的性质。

研究者通常认为在不同的语境和视角下，学分银行具有不同的性质，主要为三种：制度、教育管理模式和机构。在政府部门眼中，朱祖林（2012）经过研究，发现《教育规划纲要》《国务院办公厅关于开展国家教育体制改革试点的通知》《上海市中长期教育改革和发展规划纲要（2010—2020 年）》等政策文本语境中的学分银行，被界定的性质为主要是面向继续教育的学分累积与转换制度。在教育机构等研究者眼中，学分银行通常被看作一种教育管理模式，通过完善的组织机构、严格的质量标准和高效的运行方式，促进成人教育、远程教育或职业教育等学历认证和资格认证的沟通与衔接。康乃美等人（2009）认为，学分银行是一种选课制体系、资源共享平台和学分互认转换机制构成的管理模式。郝克明（2012）和赵宇红（2012）认为，学分银行是模拟和借鉴银行系统的运行基本原理，对学分进行存储、转换与兑换的教育管理机制和管理模式。在新闻媒体和普通民众的眼中，学分银行通常被视作一种独立运作的认证机构，认为它具备和银行一样的存、贷、兑功能，能够满足个人终身学习的需要。但是，从学分银行的主流研究来看，研究者基本认同学分银行是一种教育管理模式，且绝大部分研究都是以教育管理模式为基础开展起来的，这也成为之后有关学分银行组织机构研究和运行管理研究的前提。

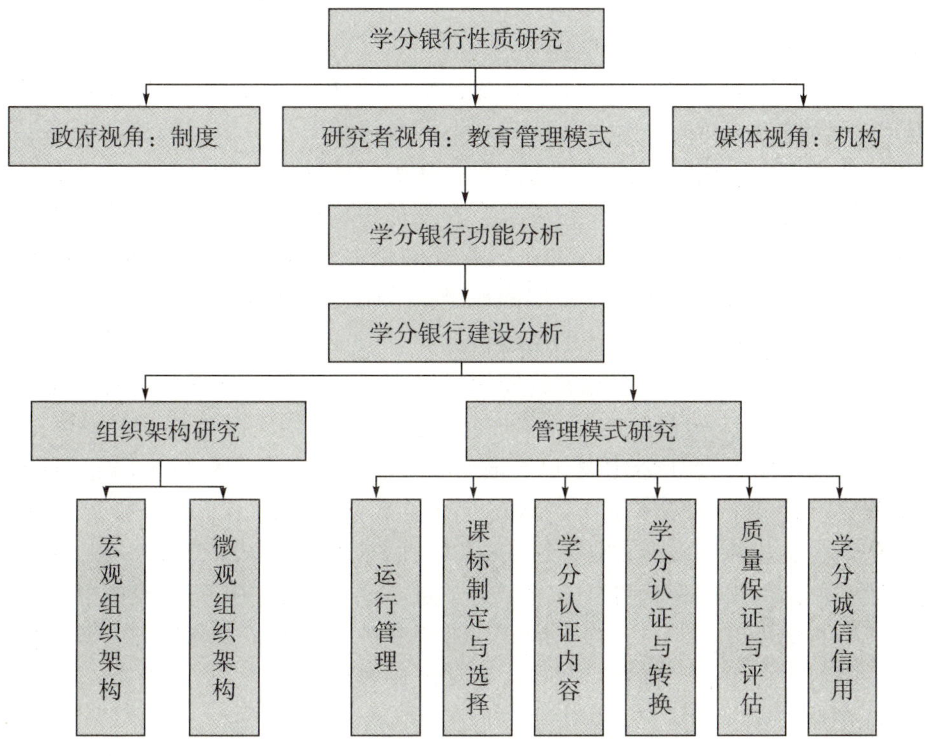

图1—2　理论研究视角下学分银行的研究范式

（2）学分银行的功能。

学分银行的功能是指学分银行整体与外部环境相互作用和相互联系时表现出来的特性和能力，它决定着学分银行行为的内外因素及相互关系，进而影响外部运行方式，成为其中的构成要素。2005年，熊惠平最早提出学分银行应具备现代银行的存储、信贷、汇兑等基本功能，据此衍伸出学分银行的存分机制、贷分机制、兑分机制的内在运行轨迹，并提出应沿着学分获取—学分存储—学分借贷—学分认定—学分兑换的技术路线渐次深化和发展。康乃美（2006）认为，学分银行具备零存整取、通兑、监管功能。汤书波（2011）分别从学习者运行主线（学分获取和学分消费）、学分授予机构运行主线（资质申请和学分授予）、学分管理中心运行主线（资质审核和消费审核）来设计开放教育学分银行的功能和运行机制。彭飞龙（2012）认为，终身教育登记，学习成果认证，学分存储积累，学分兑换、折旧、借贷，学习档案查询是学分银行应该定位的功能。

综观各研究者所论，基本都认为学分银行的功能与银行功能大同小异，或者直接借鉴银行的本体功能套用至学分银行，研究者对运行过程中的不同功能要素以不同的视角作出了深入探究和论述，因而形成较为完善的功能体系研究。但目前仍有一些研究难点存在：如学分银行是否具备银行的借贷功能，研究者对此基本都避而不谈或谈之泛泛；学分银行是否具备外在衍伸功能，对此的研究尚未涉及。

（3）学分银行的建设。

·组织架构

功能和结构对立统一和相互联系，学分银行的功能会决定和作用于组织架构的建设，组织架构是功能实现和发挥的基础，因此，研究者对学分银行体系的组织架构研究颇多。其主要分为宏观层面的组织架构体系搭建和微观层面的组织架构设计。张润芝等人（2012）基于“国家统筹”和“校际自发”两条途径对学分银行的建设提出了宏观层面和微观层面的方案。宏观层面途径主要是指从国家或地区出发进行的自上而下的、较大范围的实践。通过建立国务院学位委员会和其他协调机构，组建各类职业技能鉴定部门和依托各级各类教育行政部门，建立职业资格相关评审机构和学术资格相关评审机构，再进一步细化至各个学校。微观层面途径指从学校之间出发进行的由小范围逐渐到大范围的实践，包括学习成果认证的层级指标、学习成果认证的规则、学分积累与转换的规则、学分积累与转换四个组建架构模块。宏观组织架构设计的代表研究还有杨敏等人（2011）通过SWOT分析法构架出具有运行操作价值的上海市终身教育学分银行组织架构，即上海市学习型社会建设与终身教育促进委员会下所辖的学分银行指导委员会，由学分银行管理中心具体运作，形成专家委员会或工作小组监督指导下的学历教育、职业培训、文化休闲教育评估认证部，以及信息服务部和综合管理部的学分银行组织机构。微观层面的组织架构设计主要侧重于对不同机构学分银行体系内部不同系统的设计，其研究有汤书波（2011）提出的开放教育学分银行系统总体设计方案，包括学分授予机构、学分管理中心、用户三大系统架构的服务性模块。

·运行管理

运行管理关系到学分银行的正常运行和有效维护，包括管理制度和信息服务制度的建立。涉及管理制度的有：黄欣等人（2011）以上海为例，设计出一套市、区县、街道（社区）组成的三级运行管理机制。市级层面负责出台与学分银行制度建设有关的细则、标准和管理系统的总体开发与维护；区县层面建立负责本行政区域内学分银行制度执行的机构，具体落实各项制度并根据本区域的实际情况制定补充办法；街道及社区层面设立专门负责学分银行日常“积分”管理工作的事务处理机构，全面受理学分银行制度实施过程中的各项事务。有关信息服务系统平台制度的研究有赵宇红（2012）对学分银行信息服务系统制度的构想：学分银行信息服务平台能实现相关政策制度与信息的发布、学习者个人学习账户的建立、学习成果的录入、相关材料的下载和提交、学分认定、学分积累、学分转换、学位申请等功能，并随时提供咨询、指导等支持服务。

·课程标准制定与选择

课程标准制定涉及学历教育的课程认定标准体系和非学历教育的课程认定标准体系，是学分银行制度设计中的逻辑起点，进行标准化设计，才能实现各类教育课程的沟通。杨黎明（2007）根据职业教育教学质量要求，提出要对专业进行标准化建设和梳理，形成专门化方向、主干专业、大类专业系列；进行课程标准化建设和梳理，合并同类项，形成必修课程、选修课程系列。

课程选择基于学分银行具有的高灵活性和开放性的特点，特别对于当中的学历教育和学历认证来说，搭建适宜的课程平台和开设丰富多样类型的课程，不仅是学分银行的核心要素，而且是学习者在课程平台上进行灵活和多样选择的前提条件。王家钧（2003）最早介绍了远程教育中课程超市的建立方法和结构。他对公共基础课、选修课的模块以及专业课结构框架模块进行了详细的阐述，指出专业课的结构设计应遵循适用性、专业出口多方向、特色突出、更新及时等原则。郭青春（2010）提出搭建开放教育课程平台，以课程为基本单元，分层次设置模块化课程，实现从低到高各学历层次的课程相互衔接，岗位培训和职业资格证书教育等多种类型的非学历教育课程（项目）与学历教育课程互认。学生在课程平台上可以自主选课，通过终审学习累积学分，按自己的现实需要分阶段获取课程结业证书以及各种层次的学历证书。

·认证内容

确立认证内容关系到学分银行服务的范围和面对的群体，即学习成果的分类将会决定最终学分能否被纳入学分银行，是否获得认定和转化。因此，对认证内容的分类和学习成果的认定是管理模式中的一项重要内容。但是，目前研究者对认证内容和学习成果的界定研究还比较少，只有少数学者在文献中略有提及。

李惠康（2012）将学分银行学分划分为 A、B、C 三种类型：A 类学分为学历教育学分，B 类学分为职业培训学分，C 类学分为文化休闲教育学分。彭飞龙（2012）认为，在一般学分、标准学分和有效学分基础上应该认证的学习成果包括学历文凭证书，职业资格、职业技能等级证书，课程学习证明或课程考试合格证明，文化、体育、艺术等各类专题培训的学习证明或培训合格证书，其他学习证明。可以看出，对学分银行应当认证的内容，研究者几乎持有相同的观点，即学分银行的内容覆盖非常广泛。

·学分累积、认证和转换（兑换）

学分的累积、认证和转换是整个学分银行的核心，它有效地保证了学分银行的科学运作和学习者的学习成果收益。有了学分累积、认证和转换机制，不同类型的院校（培训）的不同课程才能有机联系起来，教育“立交桥”才有可能建立。

在学分累积研究方面，程士沙（2011）作出关于学分累积制度的设想：学分获取主要针对在学分银行系统完成注册的学员，在学历教育中每学完一门课程即可获得一定的学分。学分存储主要针对学历教育的学生，在学分银行系统的选课中心选课后，通过一定的考试检测，经评卷、统分、录入等程序操作，将课程的最终分数反应在学习者的学习账户中，合格则相应地获取该门课程的学分，完成存储。学分累积同银行的运行程序类似，但其累积由学分银行系统的管理中心完成，体现系统的服务性。

在学分认证方面，杨黎明（2007）提出了制度构想，认为学分互认的形式有全部认可和部分认可两种；学分互认主要依据双方课程中的相同知识点（技能点）的多少，一般不考虑课程的名称和课程数是否相同。同时，他还提到教育计划规定之外的某些课程（如培训），可按规定或经过鉴定最终折合成毕业所需的有效学分的问题。程千（2012）提出学分银行的认证制度同时应具备承认外部学习成果和为外部承认其学习成果的功能。一方面，承认外部学习成果应经历“学分获得资格测试”，转换成学分的同时限制认证比例以保证学习效果；另一方面，使学生未来的学习经历更灵活地具备被认证功能，可以给一部分未完成学习的学生颁发“部分培训证明”，作为鉴别一个人已经完成的学科层次或获得的能力水平的依据，为进一步学习深造提供学分。

在学分转换（兑换）方面，汤书波（2011）对学分银行的转换模块进行了研究。他认为学分兑换要制定好非标准学分兑换成标准学分、标准学分兑换为有效学分的规则。其中，对非标准学分兑换为标准学分中的同级别、低级别和高级别学分作了较为详细的规定和示例。彭飞龙（2012）提出学分兑换必须设置学分当量替换标准，通过学习层次、学习内容、学习难度、学习时长等相关性数理统计，进行相关折算。而对于学分的转换则要以统一化的方式设计好学分认定评价标准，其中包括在同一层次级别的学历与非学历学分之间的认定转换和学历学分之间的认定转换，不同层次级别课程学分校级之间的认定，此类认定与转换仅限于部分课程学分认定。

·质量的保证与评估制度

学分银行中的学分通过认证兑换之后，需要有一定的衡量功能来测试学分的真正质量，这对学生的各种学习质量进行监督及控制起到综合保障作用。康乃美（2006）提出要建立学分银行评估制度，定期对各学校的学分银行进行评估，通过评估调整不同级别学分银行之间的通兑系数，严肃查处违规操作的学分银行，保证学分银行体制健康运行。邓澳利（2007）认为，知识随着时间的变化可能失效，在学分银行制度下，学分也可能存在失效或贬值的问题。因此，保证学分的有效性非常重要，应该对学分银行内部的学分进行重新评估。建立学分评估制度一方面能对存储的学分进行有效性审查，另一方面也能对学生学习质量的监督与控制起保障作用，还可以避免因机构之间互不信任导致的学分不认可问题，使学生二次重复学习。

·学分诚信信用

建立学分银行诚信信用制度也是维护学分银行运行的保障，因此，程士沙（2011）提出要建立学分银行诚信信用制度，包括学员自身诚信、签发机构诚信、认定机构诚信等组成的诚信制度体系。

4. 实践研究视角下的学分银行

我国近年来以区域为中心开展了一些学分银行实践，不同的群体以不同的视角对这些实践作了一定的研究、总结或报道。总的来说，研究者主要从理论视角总结学分银行实践开展后的经验；而新闻媒体则主要从用户视角报道学分银行为学习型社会发展和个人终身学习带来的利处（见表1—1）。

表1—1　我国学分银行实践探索研究内容

时间	开展区域	研究内容	实施主体	实施手段	认证范围	实施效果
2006—2010年	北京市	北京市成人高等职业教育学分银行计划项目	北京市总工会职工大学和北京市教委、燕化公司	学分累积、学分当量替换、弹性学习	北京市职工大学和部分企业内部	招收10个班次373名学员，86名学员拿到大专文凭

续表1－1

时间	开展区域	研究内容	实施主体	实施手段	认证范围	实施效果
2008—2011 年	上海市	上海市普通高校成人高等教育学分银行研究与实践课题	上海市成人教育协会院校专业委员会	成立认证非学历证书专家队伍，制定认证工作程序	上海普通成人高校内部及之间	形成 15 个专业非学历证书认定表，认证证书近 200 余种，应用于上海普通高校成人高教教务管理
2008 年	浙江省慈溪市	慈溪市“市民学分银行”	慈溪市政府	开设 12000 多种课程，进行课程、群体、层次分类，开发网上和网下学习数字管理体系	慈溪市范围	市民通过在线学习、社区讲座或考试获得学分，积累到一定程度获得相应证书，或折抵现金消费
2009 年	京沪杭地区	一流大学人才培养合作与交流协议书	京沪杭“985”高校	互认交换生的成绩和学分	京沪杭“985”高校之间	培养创新优秀拔尖人才
2011 年	江苏省	江苏技术师范学院学分银行试点项目	江苏技术师范学院	以获取的职业资格证书、创新发明专利折算学分	江苏技术师范学院	学生获取创新学分或拓展学分，替代学分，获得毕业文凭
2011 年	北京市西城区	终身学习成果认证制度	北京市西城区政府	鼓励面授学习和课程考试换取学分，将学分存储在学习账户中	北京市西城区范围	获得学费减免、升学就业、社区服务优先及商品和服务优惠等奖励
2012 年	上海市	上海市终身教育学分银行	上海市教育委员会主办和管理，委托上海开放大学运行	先在普通高校试点，进一步推广到全市所有高校。制定 30 个专业、423 个资格证书的学分转换标准，21 个标准专业规则（9 个本科、12 个专科）、609 门标准课程（非最新数据）	面向全体上海市民，开展继续教育学习成果认定、积累和转换	逾 41 万名学习者在学分银行中开设账户，存放 94 万余条学习成绩；学历教育开户者近 20 万，转换学分达 10 万分（非最新数据）
2012 年	陕西省	陕西高等继续教育学分银行院校公约	陕西 17 所普通高校继续教育机构	统一高等继续教育不同办学形式的入学资格、课程设置和教学质量标准，实现学分互认、积累和转换	陕西 17 所普通高校继续教育机构内部及之间	促进优质教学资源跨校、跨专业共享

续表1－1

时间	开展区域	研究内容	实施主体	实施手段	认证范围	实施效果
2012 年	陕西省	大唐灞桥热电厂工会学分银行项目	大唐灞桥热电厂	推行企业内学分银行，鼓励工人参加劳动竞赛、岗位培训，获得相应积分并累计，记录在个人账户中，兑换奖励	大唐灞桥热电厂内部	激发参与热情，提升生产效率
2012 年	深圳市	深圳电大学分银行项目	深圳电大	取得深圳职业技术学院、深圳信息职业技术学院专科毕业证，对之前在校学习成果进行认证，对接专业涵盖多个热门专业	深圳电大内部	认定的开放教育学分累积达到一定程度，次年一次性减免学费若干
2012 年	北京市	国家开放大学学分银行	国家开放大学	设计学习成果框架等级通用指标，建立认证单元标准，确立学分转换规则，搭建信息平台，面向学历教育学习成果、非学历教育学习成果以及无一定形式的学习成果的转换	国家开放大学学习成果认证中心	在全国 30 个省（市、区）、17 个行业建立 47 个学习成果认证分中心（认证点），创建近 3 万个非学历学生学习账户，建立 40 万官兵学习账户，开展“课程置换”和“双证融通”试点（非最新数据）
2013 年	江苏省	江苏省终身教育学分银行	江苏省教育厅主管，委托江苏开放大学运行	制定学分认定标准和转换标准，推进个人终身学习卡制度	江苏开放大学在籍学习者	学历教育开户人数达 1 万余人，非学历教育注册用户达 8 万多人（非最新数据）

从以上研究者提到的实践进展来看，我国的学分银行开展得并不算广泛，实施的区域主要集中在经济和高等教育发达的区域，如北京、上海、江苏、广东、深圳、陕西和浙江慈溪等地；实施的主体主要为地方政府、社区、企业和部分高校的联合。虽然有一定的基础和经验，但仍未破除教育资源重复、各自为政的局面，要实现真正的教育资源共享，学分银行需要进一步整合。

三、国内外研究对我国学分银行研究的启示

（一）实践研究和反思研究将成为下一步研究的重点

当前绝大部分研究仍停留在理论探索和“空想”阶段，而且范围主要集中在小部分区域，这对整个学分银行研究要向深度和广度拓展来说，是一大缺陷。随着《国家中长期教育改革和发展规划纲要（2010—2012年）》的发布，国家明确了建立学习成果认证体系和学分银行，我国各种类型的学分银行研究必将在不同领域广泛积极地开展：如国家开放大学于2013年4月27日召集了20余家行业部委企业参与国家继续教育学习成果认证、积累与转换制度实践项目标准制定路径及方法研讨会，并发布《认证标准制定指导手册》（第一版），目的是通过建立学习成果框架和基于框架的认证标准，为不同类型的学习成果之间的转换提供基准参照。同时，开展“国家继续教育学习成果认证、积累与转换制度的研究与实践”，确定天津广播电视大学、辽宁广播电视大学等13所电大为国家开放大学学习成果认证分中心（认证点）首批试点建设单位。由此可以看出，下一步研究的重点必然随着学分银行的广泛开展而进入到实践研究阶段。

同时，学分银行实践中体现出来的问题和缺陷也将吸引研究者的注意，从而展开反思研究。如英国的个人学习账户已实施多年，在鼓励学习者和雇员终身学习方面取得了卓越的效果，但在个人学习账户运行十多年之后，研究者开始反思其运行过程中出现的诈骗、政府投资不足和信任危机等问题（Schuetze & Hans，2007）（Bill Lee，2010）①②。当学分银行开始蓬勃发展，知识也会不断更新，面对学分的贬值率和有效期，在今后的研究中，可以从知识更新的角度来设计学分银行的功能与效用。

（二）加强对先前学习成果内容和认证标准的研究

尽管当前有少量机构已制定出具体的学历教育和非学历教育成果认证实施框架，但相互之间仍存在很大的差别，没有统一的质量定位，也没有统一的标准，开展的区域也不广泛，这主要由学分银行实施机构的多样化、认证专家认知的差异性和开展领域的多样性所致。其中，还存在一些问题：第一，如何构建不同层级学历教育之间学习成果及学分的衔接关系？如何构建不同领域（学历教育、非学历教育）之间的学习成果及学分的转换关系？需要什么样的机制来相互认可？对此研究者并未真正着力探究。第二，对于需要被认可的先前正式学习成果和非正式学习成果的内容维度，以及维度之间的相互关系和区别，如何建立各维度的认证标准（知识、技能、能力、素质维度），可供操作的认证学习成果的各维度标准体系在研究中鲜有涉及。

因此，下一步的学分银行的研究应加强对先前学习成果内容、认证标准制定以及资历框架搭建的关注，可以从以下几方面着手：

（1）对学习成果类别划分和内容维度划分的研究。

由于学分银行中所涉及的教育类型众多、课程数量巨大、教学标准不同和质量标准

---

① Schuetze，Hans. Individual Learning Accounts and other models of financing lifelong learning ［J］. International Journal of Lifelong Education，2007，26（1）.

② Bill Lee. The individual learning account experiment in the UK：A conjunctural crisis? ［J］. Critical Perspectives on Accounting，2010，21（1）.

不同，有必要对学历教育和非学历教育的先前学习成果的类别与层次进行划分，这样才能明确要认证的学习成果的范围。

（2）建立各维度的认证标准和指标（如知识、技能、能力、素质维度）。

建立科学、合理、有效的认证标准和指标，才能使学分银行真正进入实际操作阶段而非空谈。

（3）搭建资历架构系统（资格框架）和制定明确质量认证标准。

资历框架和标准等级的确立对于学分银行的运作有着重要的规范和指导作用。2013年3月，中国香港举行了资历架构国际会议。会议共同探讨了世界各国和地区在跨界的资历架构与质量保证方面的经验，对它的系统研究，将是我国终身教育“立交桥”改革发展、制度建设的重要目标。值得注意的是，由于不同的教育领域存在不同的资历架构系统（资格框架），对学习成果和学分的要求不同，它们之间的转换和认可也是将来研究者可能会涉及的研究难点。

（三）关注学分银行的学分通兑、互认和机构互通问题

研究者认为，学分银行主要在职业院校、普通高校成人和继续教育学院、开放大学、自学考试机构以及企业培训机构中开展，这说明学分银行的实施主体和认证机构多样化，在不同服务领域内建立不同的学分银行是发展的趋势。建立多样化、多类型、立体化的学分银行必然涉及不同机构之间在实施学分通兑、学分折算、学分转换或认证时的利益关系，以及通兑和互认过程中系数制定涉及的范围和难度。但迄今为止，在有关认知层面和操作层面的文献中，研究者并未对此加以探究。此外国内的学分银行是否有面向国际的视野，是否像欧盟共同体一样开展境外合作，对此目前的研究也未有涉及。

因此，可以着力于对学分互认和机构互通展开研究。已有学者就此问题提出了自己的见解。袁松鹤（2013）将整个社会的各级各类教育（机构）纳入终身学习“立交桥”下，认为终身学习“立交桥”好比一套特有的“交通系统”，学分转换、积累和兑换是其核心内容之一，将学习成果以学分进行计量，更有利于学习成果的互认。只要遵守“交通系统”中的进出规则，就能实现学分的转换。① 此外，充分借用银行与银行之间的合作与汇兑等功能，研究学分设立标准与折算率，也许是解决学分互认和机构互通难题的方法之一。

（四）加大对学分银行体制障碍和管理制度的研究

学分银行的推行，意味着原来以学习机构管理为基础的定量管理将会变成以单个学习者为主体的变量管理。就是说，一个地区有多少学习者，就会有相应数量的学籍管理档案及选课方式。但让学分银行机构自己给自己做认证，很难获得广泛的社会认同。因此，它的成功推行依赖管理体制的深层次变革，政府主管部门的整体规划、运作推进和相应的制度保障。目前，我国的各领域和各层级之间的教育体系并没有实现真正融通，体系之间的体制壁垒和利益机制鸿沟难以跨越，必须破除体制障碍，学分银行才能深入开展。没有整体大环境的支撑，学分银行永远只能在小范围内自娱自乐。

在此基础上，还必须对学分银行的相关管理制度进行研究。如朱祖林（2012）所

① 袁松鹤．搭建终身学习“立交桥”的四个关键问题［J］．现代远程教育研究，2013，3.

言，院校内部的学分管理制度、跨校协调机构的沟通协商机制等，都是学分银行制度建设应考虑的要素。而相对于院校内部的学分管理而言，院校间的学分互认、转换增加了很多额外环节、额外工作和额外费用，其管理幅度很容易超限，从而造成管理效率下降、制度运行成本加大。[①] 深入进行学分银行管理制度研究，才能促进其实践开展。

第三节　研究的目的、意义、内容、方法以及思路与框架

一、研究目的

其一，对学分银行的理论基础和相关概念进行探究，了解其产生背景和渊源，厘清概念边界和事物界限，使学分银行制度或管理模式能够在理论和概念的基础上合理科学地构建。

其二，通过国际比较研究，了解当前国内的学分银行建设存在的不足之处和需要借鉴之处，为学分银行的具体实践提供一些可操作性的建议。

其三，对不同层面和不同群体对学分银行的需求进行调查，结合之前的文献分析，探究学分银行在学习型社会中承载的宏观、基本以及扩展功能。

其四，对学分银行的管理制度进行原则上的设计，对运行机制和组织进行框架搭建，对认证标准、认证服务体系、信息管理及查询系统和扩展服务模式进行构想设计，对学分银行管理制度与质量保证体系等进行探究，并进一步指出当前学分银行建设存在的问题、对策和建议，并进行未来有关功能的构想与展望。

二、研究意义

其一，突破当前我国学分银行建设处于分散化、区域化和经验化的困境，从国家层面到地方层面的管理体系以及长久以来在继续学历教育与高职教育中实施学分沟通和转换的实践经验，通过需求调查、内在功能和运行机制等探究，实现学历教育、职业教育和非学历继续教育之间的沟通转换，促进人人皆学、时时能学、处处可学的学习型社会的形成，满足个人多样化学习和持续发展的需要，并为其进一步的发展奠定基础。

其二，期望在学习型社会背景下以微知著，推进学习成果积累与转换机制，促进各级各类教育沟通衔接，拓宽终身教育渠道，减低学习者的准入门槛，增加学习的灵活性与自由度，满足学习者多样化的终身学习需求，并找到建立终身学习体系和制度的“突破口”。

其三，期望为将来建立各种类型的学分银行提供经验和借鉴，调动学习者的积极性，促进教育公平与民主，提高国民素质和受教育程度，建设学习型社会，实现人人都能成才的教育梦想。

---

① 朱祖林．“学分银行”的多视角观察与若干思考——基于文献的内容分析［EB/OL］．http://www.crtvu.edu.cn/ddsx/file.php?id=14194．2012－10－08．

其四，期望通过学分银行研究，提高学习者的边际收益，提高整个社会的人力资本，保证中国在人口红利逐渐萎缩的情况下，人口素质得到进一步提升，人口红利得以继续成为我国经济社会发展的引擎。

三、研究内容

（一）学分银行举办的必要性与必然性、相关概念的界定以及学分银行的定位

论述我国当前举办学分银行的条件、基础、必要性与必然性。对学分、学分制、银行、学分银行以及功能等核心概念进行解析，探究学分制与学分银行的关系，厘清概念内涵及外延，为之后的研究划定边界。对不同类型的学分银行在社会中扮演的角色和承担的任务进行基本分类，并对本研究的学分银行作出社会角色定位和教育角色定位。

（二）学分银行的比较借鉴和实践案例

通过比较，总结经验，发现不足。对国内外学分银行的开展情况进行比较研究，国外包括英国资格和学分框架、欧洲学分积累和转换制度、南非国家资格框架、澳大利亚资格框架、韩国学分银行制度、香港资历架构等的探究；国内包括对国家开放大学学分银行、上海市终身教育学分银行、浙江省慈溪市的“市民学分银行”、广东省终身教育学分银行、江苏省终身教育学分银行等较具代表性的学分银行认证与转换实践案例的研究与介绍。通过比较这些学分银行的功能结构、制度建设、管理体制、内容对象，形成借鉴结论，为本研究的学分银行功能及建构提供经验参考。

（三）学分银行功能的需求调查

采取问卷方法进行学分银行功能的需求调查，通过实证调查，了解学习者群体对学分银行功能和使命期待的范围和内容，根据需求，进一步设计和完善学分银行的功能，并在建构中得以体现或改善。

（四）学分银行的功能探究

本研究结合实际案例的运作，按照一定的研究方法对学分银行的功能进行适当分类。

1. 探究学分银行的宏观功能

在学分银行理念的指导下，探讨学分银行应呈现的宏观功能——即学分银行作为一个社会组织，在社会中所起的作用，如学习型社会建设的助推器、终身教育体系建设的重要抓手、引导和激励学习的引擎、学习成果纵向衔接和横向沟通的“立交桥”等。

2. 探究学分银行的基本功能

结合实证调查所得出的来自外部的需求结论以及教育机构内部体现出的教学管理运行和制度结构，学分银行的基本功能包含注册功能、认证功能、存储（积累）功能、转换功能、兑换功能等，对未来学分银行应具备的具体功能进行构想和设计，同时提出保障学分银行顺利实施的措施。

3. 探究学分银行的扩展功能

学分银行的扩展功能包括查询功能（学分查询、信息查询）、发展帮助（个人职业生涯发展）、咨询功能（为政府、组织、机构等）、选课功能、定制服务（具有标签的学习套餐等）、引导功能（培训机构、教学改革）等。

4. 探究学分银行的贷分功能

贷分功能是学分银行中一项看起来不可或缺的功能。本研究通过论证，探讨学分银行实现贷分功能的可行性。

（五）学分银行的建构设计

（1）制度架构设计：主要是对学分银行的法规制度、管理制度（机构认证标准）和运行制度进行设计。

（2）组织架构设计：主要是对学分银行的领导决策机构、运行机构进行设计。

（3）认证服务体系建构设计：主要对学分银行的认证服务的概念界定、流程、能力、质量、组织体系、从业人员及培训、文化的凝练等进行设计。

（4）学习者学习账户与终身学习档案设计。

（5）学分银行的信息管理及查询系统和扩展服务模式探究与讨论。

（六）学分银行认证标准体系的研究

学分银行认证标准体系包括学习成果认证标准制度、机构认证标准制度、证书和学位审核与授予制度等，其重点是对学习成果认证标准制度的探讨。

1. 标准的概念

对学分银行的标准及标准体系，标准在学分银行中的意义、地位与作用，标准体系的逻辑层次、国家标准、学校标准与机构标准进行研究。

2. 学习成果的认证标准

对不同类型教育培训机构进行层次划分，确定学分银行与之合作或提供服务的范围和对象；对学历教育和非学历教育中的先前学习成果的类别与层次进行划分，明确要认证的学习成果的范围；研究并确立要认证的先前学习成果的内容维度，探讨这些维度之间的相互关系和区别，建立各维度的认证标准（如知识、技能、能力、素质维度等），重在研究可供操作的认证学习成果的各维度标准体系。上述内容最终均以制度或正式协议的形式确立下来，并以具体学科专业课程为例，深入进行学分认证和兑换研究，为学分银行的正常运行提供基础保障和支撑。

3. 资格框架研究

资格框架研究包括资格与标准、资格框架、重要性、必要性、导向性、等级、等级说明（分维度）、类型、领域等。

4. 认证单元标准体系

认证单元标准体系包括认证范围、开发主体、基本原则、认证单元及划分原则、认证标准的重要性、认证标准的开发、认证单元标准说明、认证程序等。

（七）学分银行的管理制度

学分银行作为一个系统工程，机制复杂，该研究将对学分银行的组织机构和管理系统架构进行构想与设计，使学分银行成为各类学习成果交流和汇聚的的规范化载体。同时在研究中将对其信息网络服务系统有一定的涉及。其中包括学分银行管理办法、学习者注册建档须知、员工服务守则、认证标准制定工作规范、学习成果认证工作规范、学分积累工作规范、学分转换工作规范、学分银行档案管理办法等。

（八）学分银行认证服务

对学分银行认证服务进行设计，包括认证服务的概念与特性、认证服务的基本法则、认证服务的流程、认证服务的能力、认证服务的质量、认证服务的组织体系、认证服务从业人员要求、认证服务文化等。

（九）学习成果认证的质量保证

学习成果认证的质量保证包括质量保证的难点、质量保证的制度依赖、质量保证的基本规则、标准体系的科学性、权威性与公信力、认证机构的资质保证、认证人员的素质保证、质量保证的监管体系、质量保证的机制与对策、质量的文化保障等。

四、研究方法

综合运用教育学、社会学、经济学、统计学等多种学科的分析方法和手段，采取多角度、多层次的研究思路，实行理论研究与实地调研相结合、实证分析与规范分析相结合、定量分析与定性分析相结合、静态分析与动态分析相结合，较为全面系统地研究学分银行的相关问题。

（1）比较研究法：对国内外或地区开展学分银行的典型情况进行横向比较分析，了解现状，加以借鉴。

（2）文献研究法：广泛查阅大量有关终身教育、学习型社会、成人教育、职业教育、非学历培训、资格框架、学习成果认证、学分认定与转换和职业资格认证等方面的书籍、期刊和报纸的资料，通过文献对国内外有关学分银行功能及构建进行研究，并研究其支撑理论。

（3）实践案例研究法：透过案例来了解学分银行的实践，分析其成因和沿革，展开现实的横向对比和借鉴，从不同区域、不同类型的学分银行的发展角度来思考如何开展学分银行建设，并发现不足，加以改进。

（4）调查研究法：调查不同学习者群体对学分银行功能的需求，并运用统计工具对调查数据进行分析，发现其中的诉求和需要。

五、研究思路与框架

（一）研究思路

遵循“理论分析—实证调查—明晰功能—设计建构”的逻辑思路展开。

其一，在分析终身教育发展趋势的背景下，明晰学分制和学分银行、先前学习成果认定与学分银行、学分认定与转换和学分银行、资格框架与学分银行之间的内在必然联系，界定核心概念，并对国内外相关文献进行梳理，以理论阐释学分银行存在的必要性。此为研究开展的铺垫。

其二，对国外开展学分银行的情况进行比较分析，以国内学分银行建设为案例进行经验总结，在此基础上发现不足，作为研究的基础。

其三，对学分银行功能进行需求调查，明晰开放大学学分银行的功能。

其四，对学分银行进行设计建构，包括组织、平台、认证服务体系、信息管理及查询系统、扩展服务模式、认证标准体系和管理制度等，对学分银行进行构想和展望。

（二）研究框架

研究框架如图 1—3 所示。

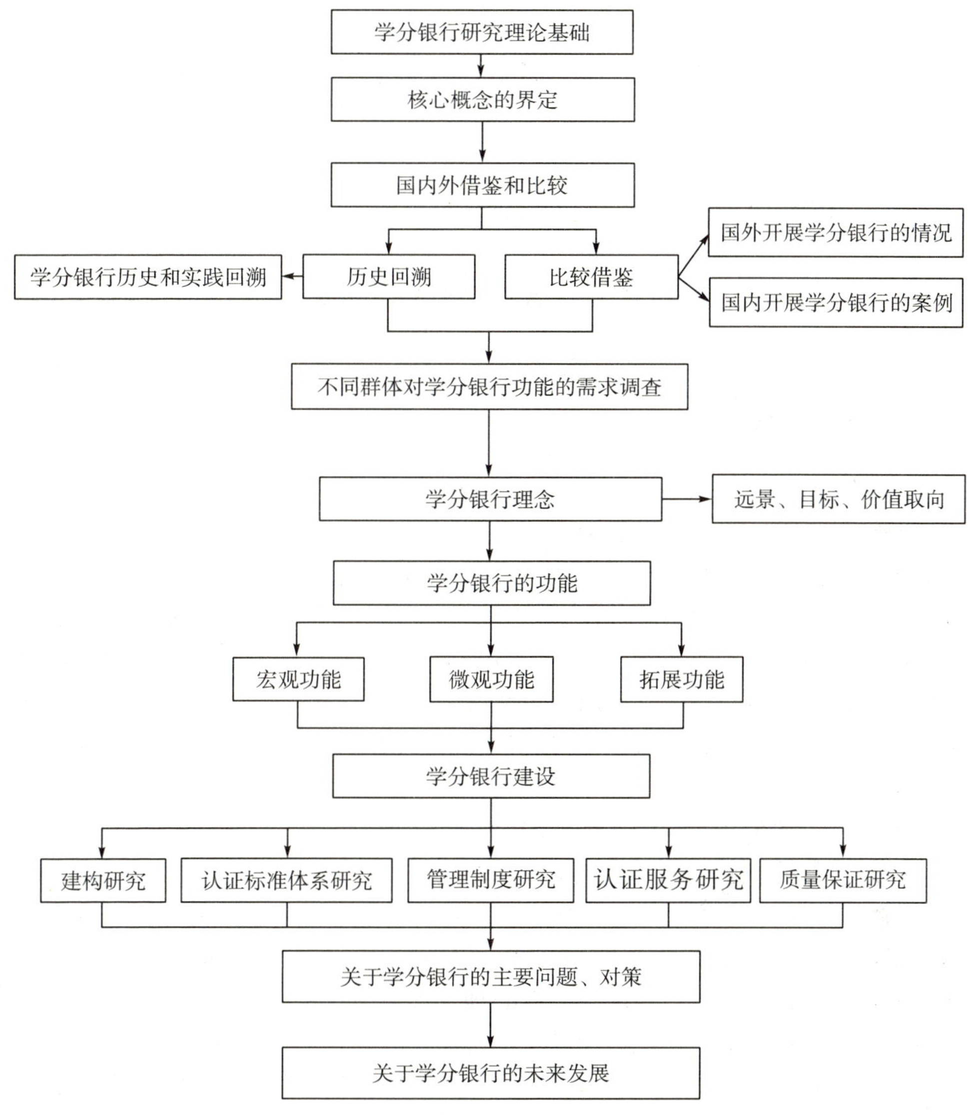

图 1—3　学分银行建设研究框架

第二章　学分银行的理论基础

第一节　心理学理论基础

一、人本主义理论

人本主义心理学是20世纪五六十年代在美国兴起的一种心理学思潮，于七八十年代迅速发展，其主要代表人物是罗杰斯（C. R. Rogers）。人本主义的学习与教学观深刻地影响了世界范围内的教育改革，被称为心理学界的“第三种力量”。罗杰斯认为，人类具有天生的学习愿望和潜能，这是一种值得信赖的心理倾向，它们可以在合适的条件下释放出来。当学生了解到学习内容与自身需要相关时，学习的积极性最容易激发，在一种具有心理安全感的环境下可以更好地学习。教育的任务不是教学生知识，也不是教学生如何学习知识，而是要为学生提供学习的手段，至于应当如何学习，则应当由学生自己决定。

以“人性为本位”是人本主义理论的核心，认为人性本善，向上求善、自我实现是人的必然趋向，其最基本的价值取向是寻求实现“完整的人”的发展。突出人的主体地位，“自我”以及自我实现是人本主义理论的核心概念。从教育目的来讲，强调促进人个性的发展，培养有个性的人；从教育内容来讲，要求设置全面的教育内容，注重完善人格的养成；在课程设计上，强调学习者心理发展与教材结构逻辑的吻合、情感领域与认知领域的整合、相关学科在经验指导下的综合。传统教育注重人的认知领域的发展，强调知识的传授和能力的培养；而人本主义教育则强调情意的教育价值，认为教学认知目标的实现也要仰仗情意的发展。总体来看，该种理论主张应当把人作为一个整体来研究，应从人的直接经验和内部感受来了解人的心理，强调人的本性、尊严、理想和兴趣等内容，并认为人的自我实现和为了实现目标而进行的创造才是人的行为决定因素。这一理论从全人教育的视角阐释了学习者整个人的成长历程，以发展人性；注重启发学习者的经验和创造潜能，引导其结合认知和经验，肯定自我，进而自我实现。

人本主义着重研究如何为学习者创造一个良好的环境，让其从自己的角度感知世界，发展出对世界的理解，达到自我实现的最高境界。学分银行的产生顺应了人本主义关注人、强调人、理解人的本义，成为人本主义精神的最佳诠释。第一，它有助于学习者顺应自己的情感、动机等内在倾向，实现自我需要，完成自我发挥，以人性化的学习制度和管理模式来发展和增强学习者的自我潜能。第二，强调学习者的中心地位，人本主义背景下的学分银行为学习者提供宽松、自由的学习氛围，允许学习者随时、随处选择自己感兴趣的内容学习，在学分银行的规则框架下体现的自由和自主学习精神，最终成就学习型社会理想中的“完人”（Whole Person）或“功能完善者”（Fully Functioning Person）。以人本主义理论为基础建立的学分银行，不仅重视学习者的学习成果，更为学习者在学习过程中创造一种和谐的条件，使其向学习终极目标奋斗。比如，为每个学习者建立个人化和个性化的终身学习档案，鼓励社会成员通过各种形式的学习累积学分，搭建终身教育“立交桥”，促进终身教育体系的形成。

二、多元智力理论

自1905年法国心理学家比奈和西蒙编制出第一张智力测验量表（Binet-Simon Scale）起，以强调语言和数理逻辑能力为核心的传统单一智力测验一直统治着心理、教育乃至社会领域，直到1983年，美国哈佛大学的心理学教授霍华德·加德纳（Howard Gardner）出版了《智力的结构：多元智力理论》一书，提出了“多元智力”学说。他通过大量的心理学实验数据和实例观察分析，认为人类至少存在7种智力，即语言智力（Linguistic Intelligence）、数学逻辑智力（Logical-Mathematical Intelligence）、空间智力（Spacial Intelligence）、音乐智力（Musical Intelligence）、身体运动智力（Bodily-Kinesthetic Intelligence）、人际关系智力（Interpersonal Intelligence）、自我认识智力（Intrapersonal Intelligence），后经不断扩充，又增加了博物学家智力（Naturalist Intelligence）、精神智力（Spiritual Intelligence）和存在智力（Existential Intelligence）三种。多元智力理论的核心教育思想是：人的才能是多元的，教育的起点不在于学习者原先有多么聪明，而在于通过对智力的发现来扩大学习的内容领域和知识的表征形式，进而充分发掘出一个人身上隐藏着的巨大潜力；每一种智力在人认识世界和改造世界的过程中都发挥着巨大的作用，具有同等的重要性。

多元智力理论因此成为学分银行起源的基础支撑，也成为学分银行得以产生的必要条件。第一，有助于转变长久以来的传统教育观，使学分银行认证的范围大大拓展。过去人们对学习成果的认定绝大部分局限在以知识型为主的学历教育内容上，而对职业技术培训、文化休闲娱乐等非学历教育的成就并不重视。学分银行认定的内容五花八门，包罗万象，以开阔思维承认学习的多样性。根据学生的智能组合，让学习者能以自己的方式来理解知识和建构自己对事物的认识，保障人的性格和智慧的全面合理发展。这实际上就促进了人的多样化平等发展，也能使人们的成就达到相对平等的发展结果。第二，有助于形成多样化的学习观，使参加学分银行的学习者能够最大限度地发挥自己的优势。参加学分银行的学习者在智力领域有差异，水平有高低，学习程度不同，也就是说，有各自的智力特点、学习类型和发展方向。在多元智力理论基础上建立起来的学分银行，为学习者提供了机会，使其可以以自我为中心建构出最适合自己的优势学习领域，扬长避短，发挥自己个性。一方面，满足自身的兴趣，促进特长的发展；另一方面，通过学分银行的存储、转换和认证，可以使自己的特殊能力和爱好得到认可，保障了教育的公平。第三，有助于树立合理的教育评价观，使学分银行成为真正沟通不同类型和层次教育的“立交桥”。人与人之间的差别不在于个体智能是高还是低，而在于每个人的智能组合不同。因此，并非所有的学习者都要采用相同的方法学习，社会和学校应承认每个人都有其独特的学习方式，也应该采用独特的评价方式来评价其学习成果。过去我们的教育培养目标多集中在对学习者的学业成绩的评价上，但忽略了空间、动觉、艺术和人际关系等其他能力的评价。多元智力理论为学分银行提供了科学的、公正的评价观，不再用传统意义的一把尺子来衡量某种特质，而用更加多元的眼光来看待不同的成就，尊重学习者智力发展的多样性。

三、需求层次理论

（一）需求层次论

亚伯拉罕·马斯洛（Abraham Harold Maslow）的需求层次理论（Hierarchy of Needs Theory）是当代最为著名的动机理论。他提出，每个人都有五个层次的需求：生理需求、安全需求、社会需求、尊重需求和自我实现需求。其中，生理需求、安全需求属于基本保障层次，属于较低层次的需求；社会需求、尊重需求和自我实现需求属于较高层次的需求。较低层次的需求主要通过外部使人得到满足，较高层次的需求主要通过内部使人得到满足。

需求层次理论根据对人性的理解，着重突出了人类是永远有所要求的动物，其需要取决于已经得到了什么，还缺少什么。它从社会文化系统出发，对人的需要进行分类，通过提供一种满足需要的框架，寻求对对象的引领效应。在学分银行中设立资格框架，将学历和学位的认定分成不同的层级，每个层级都对应着劳动者在职业生涯中所处的不同水平和经验，类似于需求层次理论中人的不同层次的需求。当劳动者处于资格框架中的较低层级时，绝大部分仅为满足自身生存需要，比如获得一份刚刚能养活自己的工作，仅仅能满足生理和安全需求。要改变这种状况，在满足最基本的需求之后，必须有进一步的追求，当社会提供了衡量整个社会产业技术水平的平均衡量基准——资格框架之后，劳动者有了参照物和追求目标，对于更高层次的知识和技能水平的需求就产生了。劳动者希望通过进一步学习，获取更好的职业、地位和薪酬。而当劳动者跨入资格框架的中级以上层级时，从学历、学位到经验已经具有了较大的优势，这时从经济到社会地位上来说，没有了压力，部分劳动者则希望通过资格框架中的最高层级标准，实现自我，得到名誉、威信和高度评价。

需求层次理论对于支撑学分银行中的资格框架起到重要作用。它满足人的需求，一种似本能（Instinctoid）的需求，需求的层次越高，其表现和满足越依赖外部条件，而且，需求存在多样性、相对性和可变性，对成就、名誉的渴望和自我实现的需要不是每个人都一定能达到或是必须达成的，能实现的毕竟是少数人，它容易受到压抑、控制和更改，还容易受到文化环境规范、自身潜力的限制等。尽管如此，资格框架仍然尽可能为社会的每个劳动者建立一个重要的衡量基准，树立不同等级的价值目标，为个人潜能和价值的发挥提供外部条件，驱动人们奋发向上，鼓励人们不断攀升，引领劳动者追求成就，实现自我，提高整个社会的人力资源素质。

（二）后天需要理论

戴维·麦克莱兰（McClelland，David）等人提出了后天需要理论（Acquired

Needs Theory)。该理论认为主要有三种后天的（而不是先天的）需求推动人们从事工作。后天需要理论认为，在人的一生中，有些需要是靠后天获得的。换句话说，人们不是生来就有这些需要的，而是通过生活经验的学习产生。有三种需要研究得最多：

（1）成就需要（Need for Achievement），指渴望完成困难的事情、获得某种高的成功标准、掌握复杂的工作以及超过别人。

（2）权力需要（Need for Power），即渴望影响和控制他人、为他人负责以及拥有高于他人的职权的权威。

（3）归属需要（Need for Affiliation），即渴望结成紧密的个人关系、回避冲突以及建立亲密的友谊。

对于劳动者来说，学分银行的资格框架是实现成就需要、权力需要和归属需要的重要途径。首先，高成就需求者追求的是个人成就感，他们喜欢自己的目标具有适度的挑战性，渴望把事情做得比以前更完美或更高效，资格框架中的层级正是满足这些高成就需求劳动者的最佳途径。资格框架可以使劳动者在学习过程中体会到独立处理问题的乐趣，发挥出潜在的能力，并从中得到学习效果的及时、明确的反馈，从而了解自己是否有所进步，进而设立具有适度挑战性的目标进一步攀升。可以通过培训激发员工的成就需要。权力需要者则在资格框架中通过认证、学习，获取更高的社会地位和认可，最终获得影响和控制他人的驱动力，通过后天的学习认证使社会地位上升，赢取竞争性和地位取向的工作环境。归属需要者可以在资格框架每一级的学习过程中寻求被他人喜爱和接纳，比如获得友谊、结交朋友，这也是许多职后学习者进入成人院校学习和期望学习成果获得认可的重要原因，能够通过人与人之间的沟通和理解获得自我满足和需要。

四、激励理论

（一）目标设置理论

在现代管理心理学理论中，E. A. 洛克（Edwin Locke）提出的目标设置理论（Goal-Setting Theory）认为，具体的工作目标会提高工作绩效。首先，努力实现某个目标是工作动机的一个主要来源。许多关于目标设置的研究结果已经表明：具体的、富有挑战性的目标是极为有效的激励力量，目标本身的具体性是一种内在的推动力。同样，困难的目标一旦被人们接受，将会比容易的目标导致更高的工作绩效。

因此，学分银行的设立起到的作用是显而易见的，因为根据目标设置理论，为了达到目标而工作的愿望是工作动机的主要源泉之一。愿望，即对具体且困难的目标的清晰阐述，是一种有力的激励力量。在适当的条件下，它可产生更高的工作绩效。作为激励力量，学分银行中资格框架的每一个层级无疑是针对劳动学习者的具体而又有挑战性的目标，它具有极强的优越性，激发学习者的成就动机。同时，目标设置理论还提出了重要的一项，通过反馈以了解实现目标中的工作水平，反馈也具有激励作用。学分银行对劳动学习者的学习成果和学习经历的认证，即是一种反馈。如果学习者通过了认证，获取了在等级中的学位和证书，必将受到激励，在今后的学习中表现更佳，攀登更高的层级，获取更高的成就、地位以及尊重。

（二）期望理论

维克多·弗罗姆（Victor H. Vroom）提出的期望理论（Expectancy Theory）认为，如果个体预期某种行为会带来某种特定的结果，而且该结果对自己具有吸引力，那么该个体会采取这种行为。该理论包括以下三个变量或三种关系：

（1）期望，或者努力—绩效联系，是个体认为通过一定程度的努力可以达到某种工作绩效的可能性。如需要付出多大努力才能达到某一绩效水平？是否真能达到这一绩效水平？概率有多大？

（2）手段，或者绩效—奖励联系，是个体相信达到一定绩效水平即可获得理想奖励的可能性。当个体达到这一绩效水平后，会得到什么样的奖赏？

（3）效价，或奖励—个人目标的联系，是从工作中可以获得的结果或奖励对个体的重要程度。效价同时考虑该个体的目标和需求。如这一奖赏能否满足个人的目标？吸引力有多大？

期望理论通过三种关系强调报酬和奖励，因而，必须相信组织给予个体的奖励正是该个体所需要的。此外，期望理论还强调被期望的行为，个体是否知道组织对他们的期望是什么以及组织会如何评估他们？最后，期望理论关注人们的感知，个体对工作绩效、奖励和目标的感知（而不是客观情况本身）决定了他们的动机（努力程度）。① 因此，也形成了学分银行的理论基础，即劳动者在职业生涯发展中，通过努力学习，能够获得绩效，在获得绩效的同时，获取公平公正的奖励，而奖励最终和个人的职业生涯目标紧密相连。在学分银行中的学习和认证是个体所需要的，也是个体最终的期盼。尽管期望理论的基础是自我利益，但在学习型社会中，双向期望也是期望理论的重要核心精神：即劳动者所在的工作组织也是期望他们不断地学习和进取，并且根据具有权威性质的学分银行来评价劳动者的学习所得与成果，个人也通过感知组织对他们的期望和目标的存在而加强自身努力，形成良好的学习氛围。

五、隐性知识理论

隐性知识是英国哲学家迈克尔·波兰尼（Michael Polanyi）在1958年于哲学领域提出的概念。他在对人类知识的哪些方面依赖于信仰的考查中，偶然发现这样一个事实，即信仰的因素是知识的隐性部分所固有的。在他的专著《个人知识》（*Personal Knowledge*）和《隐性方面》（*The Tacit Dimension*）中，他认为："人类的知识有两种。通常被描述为知识的，即以书面文字、图表和数学公式加以表述的，只是一种类型的知识。而未被表述的知识，像我们在做某事的行动中所拥有的知识，是另一种知识。"他把前者称为显性知识（Explicit Knowledge），而将后者称为隐性知识（Tacit Knowledge）。按照波兰尼的理解，显性知识是能够被人类以一定符码系统（最典型的是语言，也包括数学公式、各类图表、盲文、手势语、旗语等符号形式）加以完整表述的知识。隐性知识和显性知识相对，是指建立在个人经验基础之上，知道却难以言述的

① 斯蒂芬·P·罗宾斯．李原等译．管理学［M］．中国人民大学出版社，2012．

知识。[①] 隐性知识和显性知识相对，是指那种建立在个人经验基础之上，知道但难以言述的知识。自波兰尼提出这两类知识形态的分类之后，隐性知识的存在和意义逐渐引起世人的关注。后来一些学者如卡尼格尔（Robert. Kanigel）、贝车（Tony. Becher）、克拉克（Burton. R. Clark）等相继在其著作中对隐性知识如何产生、如何传播、如何获得和怎样起作用作了分析和阐述。日本学者野中郁次郎（Ikujiro Nonaka）和竹内广孝（Takenchi）在《知识创造的公司》(The Knowledge creating Company）一书中提出，组织知识理论的基石（Cornerstone）是“知识转化”（Knowledge Conversion）——隐性（显性）知识怎样转化到显性（隐性）知识的概念。对隐性知识的研究也开始侧重于如何促使隐性知识向显性知识转化，达到对隐性知识的共享。

经过学者的探讨，发现隐性知识在知识客体中占据主导地位，约占知识总量的80%以上。如果把人们头脑中的知识比作一座冰山的话，那隐性知识就是这座冰山隐藏海中的部分，而这座冰山露出海面的小部分则是显性知识。根据方华等人（2004）综合各家的观点，认为隐性知识具有以下特质：①高度个人化的知识；②具有难于流动性；③通过经验获得；④是一种无意识的认知能力。

另外，根据是否容易表达，隐性知识被划分为四个方面（江新等，2005）：①基于身体的隐性知识（Body－Based Tacit Knowledge)，植根于人类身体机能的运用或对工具的使用；②基于言语的隐性知识（Linguistry－Based Tacit Knowledge)，指通过言语（包括肢体语言）过程所产生和运用的隐性知识；③基于认知个体元认知的隐性知识，是基于个体元认知的隐性知识，体现为个体的心智模式、解决问题的方法、直觉、情感等方面；④基于社会文化的隐性知识，相对于个体的元认知，种族、历史、社会意识形态所形成的社会大环境以及个体所处的组织环境都会对个体的“信息认知与再生”模型产生重大且深远的影响。

在学分银行中进行认证和转换的学习者，除了从正式教育中获得的显性知识外，还拥有大量的隐性知识，这些隐性知识绝大部分都是通过非正式学习获得的。有研究结果表明（张伟平等，2006)，非正式学习达到个体在工作中学习需要的70%左右，而通过非正式学习获得的隐性知识占到个体知识结构的80%。[②] 非正式学习达到个体在工作中学习需要的70%左右，而通过非正式学习获得的隐性知识占到个体知识结构的80%。这部分知识绝大部分属于技术方面或者说是身体方面的隐性知识，隐藏于个人的知识结构当中，具有十分重要的价值。在知识时代，个体的隐性知识尤其是专业研究方面的隐性知识在个人进行创造性活动的过程中起着关键作用，对人的发展起支配作用，也决定着个体的成功。在21世纪，人们需要逐渐将聚集在显性知识领域的注意力转移到对隐性知识资源的关注上，提高个人的价值和创新能力。一方面，需要充分利用现代信息技术手段，促进隐性知识的流动；另一方面，需要构建合适的学习成果认证层级和维度激励机制促使隐性知识向显性知识转化，得到社会的认可和赞同。但由于隐性知识存在转移障碍，必须依赖“知识管理”来消除负面影响，因此，学分银行应运而生，隐性知识

① 隐性知识［EB/OL］. http://baike.baidu.com/view/68045.htm?fr=aladdin. 2014－09.

② 张伟平，马培峰. 非正式学习中个人隐性知识的构建［J］. 湘潭师范学院学报（社会科学版），2007，11.

理论也成为学分银行进行“知识管理”和“知识转移”的重要理论基础。

六、学习动机理论

“动机”（Motivation）一词源于拉丁语“Movere”，原意是移动、推动或引起活动。现代心理学将动机定义为：“指引个体活动，维持已引起的活动，并指引该活动朝向某一目标的心理倾向。”动机有三大功能：激发功能、指向功能、维持功能。所谓学习动机是指直接推动学生进行学习的一种内部动力，是激励和指引学生进行学习的一种需要。学习动机问题受到古今中外哲学家和教育学家的广泛重视，主要有以下几种流派。

（一）人本主义学习动机理论

学习的教育作用是帮助学生心理成长，主要取决于学生能否把他对自己的知觉和学习的知识的知觉联系在一起。当学生认为学习是有意义的和有价值的，所学内容符合自身成长的需要，并且自己有能力学习，才会维持强烈的学习动机。

（二）行为主义学习动机理论

学习行为是由内驱力激起的，内驱力则因生理上的需求而产生。个体表现出某一行为后获得需求上的满足，就会强化并保留该行为。无论是桑代克（Thorndike，1898）所陈述的效果律，还是斯金纳提出的各种强化程式及行为塑造技术（B. F. Skinner，1938），都是基于这一理论假设的。

（三）成就动机学习理论

代表学者有默里、麦克里兰、阿特金森等人。默里（H. A. Murray）提出，成就动机是一种“克服障碍，施展才能，力求尽好尽快地解决某一难题。而学习的内在推动力量，即对成就的追求”。麦克里兰（D. C. McClelland，1965）和阿特金森（J. W. Atkinson）继承了默里的理论，并发展为成就动机论。麦克莱兰的成就动机理论被称为情绪激发理论。他认为，成就动机是一个人人格中非常稳定的特质，当情境能引起这些愉快的体验时，就能激发个体的成就动机。他指出，成就动机得分高的人比得分低的人能取得更优良的成绩。阿特金森建立了成就动机的期待—价值理论，即个体既要相信有达到结果的可能性，又要认为结果是有价值的，此时，个体才有动力从事任务。[①]

（四）自我决定学习动机理论

美国心理学家迪赛·爱德华（Deci Edward L.）和瑞恩·理查德（Ryan Richard M.）等人提出的自我决定理论认为，学习者在充分认识自己的需要和环境后，能对自己的学习行为作出决定。这种潜能可以引导学习者从事自己感兴趣的学习活动，且有益于学习者自我调节能力和学习能力的发展。随着研究的不断深入，自我决定理论现在发展出了三个分支理论：①基本心理需要理论，每个学习者都有基本的需要，主要表现为自主需要、能力需要和归属需要；②认知评价理论，主要探讨社会环境因素对内在动机的影响；③因果定向理论，分为自我定向、控制定向和非个人定向。

按照上述学习动机理论，探索学习者的学习动机问题，就是要为学习者创设学习情境，提供学习指导和支持服务，引导学习者学会学习，变被动接受知识为主动建构知

---

① 彭琼 王謦可. 学习动机理论综述［J］. 社会心理科学，2013，05.

识。学分银行的建立依赖学习动机理论：①学分银行以培养成人的学习需要为理念，注重引导成人学习者在个人需要与社会需要之间进行合理的调适，以期尽可能达到两者之间的平衡。②提供可满足成人认证学习成果的多样化的资历或资格方式，在成人产生学习需要的关键时刻成功地激发成人的学习动机。③有助于支持学分银行对学习者学习结果的强化，发展有效的、持续的反馈评价体系，对学习结果的及时而正确的反馈，使学习者在学习之后能获得持续的效能感，引导学习者处于一种愉悦、轻松的学习状态中，从而提高学分银行的运作能力。④使学分银行尊重学生学习动机的差异。一方面坚持实事求是的原则，帮助学习者确立合理、科学的学习目标；另一方面，尽量给不同水平的学习者提供与动机匹配的合适选择，让各层次的学习者都有自己的学习方向。

七、建构主义理论

作为一种学习的哲学，建构主义理论至少可以追溯到18世纪文艺复兴时代意大利的哲学家詹巴蒂斯塔·维柯（Giambattista Vico）身上。他曾指出，人们只能清晰地理解自己建构的一切。德国哲学家康德（Kant）则对理性主义与经验主义进行综合，认为人在建构与创造世界的同时建构与创造自身。从20世纪开始，建构主义逐渐成为当代最具影响力的教育理论之一。瑞士的皮亚杰（J. Piaget）创建个人建构主义，认为个体通过“同化”与“顺应”这两种形式来构建认知结构：当个体能用现有图式去同化新信息时，即处于一种平衡的认知状态；而当现有图式不能同化新信息时，个体会采用修改或创造新图式（顺应）的方法寻找新的平衡。个体在“平衡—不平衡—新的平衡”循环中得到不断丰富、提高和发展。维果斯基（Lev Vygotsky）创立文化历史发展理论，形成社会建构主义，认为个体的学习在一定的历史、社会文化背景下进行，社会可以对个体的学习发展起到重要的支持和促进作用。格拉塞斯菲尔德（E. V. Glasersfeld）则创建了激进建构主义，认为知识由个体的心理建构构成。学习者从经验中构建知识，旨在为经验建立起秩序。学习者不应被看成知识的被动接受者，而是知识的主动建构者。进入21世纪后，我国中山大学的王竹立（2011，2012）根据网络时代知识碎片化和自身多年实践的思考，提出了一种新的学习理论——新建构主义。他认为，当前人类学习面临两大挑战，一是信息超载，二是知识碎片化。与过往经典建构主义中主要对已有知识理解和运用意义建构不同，新建构主义主张进行网络时代的知识创新和学习创新，[①] 因而提出了“零存整取”的学习策略和建构个性化知识体系两大选择原则，以及包容性思考的概念。[②] 他将网络视为虚拟知识银行，实现化零为整、知识创新的目标。[③] 总的来说，无论何种流派的建构主义，都通过对人与内外世界关系的论释，启迪探索人类学习机制，强调主体的主动性、社会性和情境性，获得对人与知识关系的新的理解。

建构主义理所当然成为学分银行研究者、实施者和参与者的理论基础。学分银行实

① 王竹立．新建构主义的理论体系和创新实践［J］．远程教育杂志，2012，6.

② 王竹立．关联主义与新建构主义：从连通到创新［J］．远程教育杂志，2011，5.

③ 王竹立．新建构主义：网络时代的学习理论［J］．远程教育杂志，2011，2.

施者必须强调始终以学习者为中心，重视每个人经验背景的丰富性和差异性，强调学习者对知识的主动探索、主动发现和对所学知识意义的建构。同时，学分银行处于一定的社会文化背景之下，需要学分银行实施者和参与者共同双向参与建构、共促发展。尊重学习者在学分银行中构建自己的知识体系、学习成果的方式，增进与学习者之间的合作，理解学习者的学习方式，对话、互动和沟通必不可少。学分银行参与者在网络时代学习，面对知识的分割与不连续，学习者一方面要根据自己的经验和所需构建适合自身的知识体系，另一方面必须有一套合适而科学的知识管理策略，这样才能适应学分银行中零星的知识存储和整块的成果兑换，而新建构主义适用于指导结构松散知识的学习和非正式的学习，正是帮助学习者将碎片化的知识组合成全新知识体系的基本思维方法。这种方法同样能够横向迁移，适用于学习者将知识存储于学分银行中的管理行为和策略引导。

第二节　教育学理论基础

一、人的全面发展思想

“人的全面发展”是古往今来人们的一个永恒的理想和追求，在本质上要求人们不断追求完善、和谐、丰富。一方面，它是人性的内在向往和本能的自然追求；另一方面，它也是社会进步和发展的外在要求。社会的发展性、全面性、丰富性、流动性以及现代生产技术的革命性，决定了人的发展将逐步走向全面和丰富。

在人类早期的社会活动中，人们就朦胧地意识到自身潜力的存在，萌发了对人的和谐发展的追求。孔子提出“六艺”的要求：礼、乐、射、御、书、数，就是想培养“智、仁、勇”全面发展的人。古希腊重视完人教育，其理想的完人是在理性支配下，身心都得到健康发展的人。柏拉图在《理想国》中提出了体育、智育、德育的思想，认为人在理性指导下，身心应得到全面发展，达到美、智、仁、勇。亚里士多德认为，社会是自我完善的唯一途径，人应该智、德、体全面发展。14—16 世纪文艺复兴时期，人文主义教育家根据新兴资产阶级的需要，继承和丰富了古希腊身心和谐发展的教育思想，提出培养全面人的教育目标。裴斯塔洛齐主张通过教育与劳动结合，促使人的一切天赋能力和力量的全面和谐发展。圣西门则提出：“我终生的全部劳动目的，就是为一切社会成员创造最广泛的可能来发展他们的才能。”近代教育思想的代表人物卢梭提出身心两健、自由发展的自然人思想，在《爱弥儿》一书中他憧憬：“爱弥儿是一个接受广泛的职业技术教育，不仅能自食其力，而且精通多种技能，适应于各种职业，并能担任任何职位的‘完人’。”19 世纪时，马克思继承和发展了前人关于人的全面发展的思想，在《1844 年哲学经济学手稿》中提出：“在共产主义社会中，每个人都能得到自由而全面的发展；每个人的自由而全面的发展是这一社会的价值原则和目标；每个人的自由而全面的发展和一切人的发展是一致的。”第二次世界大战后，西方一些专家学者也探讨过人的全面发展问题。美国著名文化人类学家和社会心理学家英格尔斯提出了现代人应具备的12种品质和特征，有一定参考价值。我国改革开放以后，人的问题开始得到关注，人的价值、人的主体性等问题逐渐成为讨论的热点，人的全面发展作为价值理想也被提出，如人的全面发展的内涵、人的全面发展的实质以及实现途径、人的全面发展与素质教育的关系、人的全面发展层次性等。

每一个时代都有每一个时代对“全面发展”的不同理解，每一个人也可以有对“全面发展”的不同追求，但其实质相同，即不断完善自己，不断接近这个目标，直至生命的终结。什么是人的全面发展？学者丁祥艳（2009）认为，在哲学视野中，人的全面发展实质上是人从必然王国向自由王国的过渡，强调人的社会化程度，即把握自然和社会的发展规律并用以指导自己的实践。[①] 学者亢安毅（2003）认为，在教育视野中，人的全面发展主要包括个人的能力的全面发展，主要指人的体力、智力、自然力、创造力、社会能力、现实能力及各种潜能的发展。因此，人的全面发展的内涵界定的重点和核心并不是“人”或“全面”，而是“发展”。[②]

概言之，人的全面发展，一是人的能力发展的全面性，即全面发展自己的体力和智力、自然力和社会力、潜力和现实能力。二是人的活动发展的全面性。不仅从事体力劳动，而且从事脑力劳动，每个人可以根据自己的先天禀赋和兴趣爱好自由地参加各种活动。三是人的需要发展的全面性。人们可以随着活动的发展形成丰富合理的需要体系，既可以有递进性，也可以有层次性，还可以依据低层次发展自我需要。四是人的社会关系发展的全面性。人的全面发展表示经济、政治、法律、文化、伦理、宗教等关系的形成，个人在社会各领域、各层次的交往越全面，社会关系就发展得越充分，其物质交往变得越频繁，精神交往变得越丰富。一言以蔽之，人的全面发展，就是需要人的潜力和能力的充分提高、活动的充分扩展、合理需要的充分满足、社会关系的充分展开。

人的全面发展思想存在了上千年，要求人们不停地追求自身的完善，达到精神的和谐。人是发展的，发展要求是全面的，知识是动态的，教育永远都在通往最终目的的路上，永远都在过程中。现实中，人终身学习和不断发展的可能性却往往因许多因素制约而不能实现。因此这种思想也间接成为学分银行建立的思想指引，学分银行本身也是实现这一理想的最重要的场所，它可以实现人们在学校教育之外的学习成果的认证，以此达到培养全面发展的人；为社会民众提供广泛而多元的学习成果转换机会，激发他们终身学习的欲望，唤醒他们沉睡的潜力，使他们学会自我发展、自我完善并成为和谐发展的人。

二、终身教育思想

终身教育思想源远流长，在我国古代早有“吾生有涯，学也无涯”的观念，在西方，荷马、苏格拉底、柏拉图和亚里士多德等人也提出过类似于终身教育的思想。进入近代后，英国教育家耶克斯利（B. A. Yeaxlee）于1929年出版了世界上第一本终身教育专著《终身教育》。该书的核心思想是：学校教育仅是教育过程的开始，应把各种

① 丁祥艳. 马克思主义人的全面发展观的时代诠释［J］. 理论月刊，2009，1.

② 亢安毅. 人的全面发展问题的研究综述［J］. 求实，2003，6.

教育统一起来，将教育看成真正贯穿于人的一生的活动。真正体系化、概念化的终身教育思想则出现在1965年法国成人教育家保罗·郎格朗（Paul. Lengrand）提出的终身教育观中。他在《终身教育入门》中指出："终身教育应是人的一生中持续不断的过程，应该在每个人需要的时候以最好的方式向其提供必要的知识和技能。"1968年，赫钦斯（R. M. Hutchins）在《学习型社会》中提出："每个人必须终身学习，学习型社会是一种充满闲暇与自由时间的社会，这为每个人的终身学习提供了条件。"1994年，欧洲终身学习促进会在罗马召开的"首届终身学习大会"上提出："终身教育通过不断的支持过程来发挥人类的潜能，激励并使人们有权利去获得他们终身所需的全部知识、价值、技能与理解，并在任何任务、情况和环境中有信心、有创造性和愉快地应用它们。"从此，终身教育思想在国际社会传播开来，并逐渐成为一种主流教育思潮。近年来，有关终身教育的思想探讨达到高峰，其标志是1996年联合国的报告《教育——财富蕴藏其中》提出终身教育概念。在我国的《国家中长期教育改革和发展规划纲要（2010—2020年）》中，聚焦于国民教育体系更加完善、终身教育体系基本建成两大任务，也是终身教育思想的具体体现。

学分银行的出现，深化了终身教育思想的内涵，也使终身教育思想得以具体化。它是一个国家构建终身教育体系、大力发展继续教育、提高人力资源水平、增强国家核心竞争力的重要战略举措。同时，作为一个学习型社会必需且必要长久存在下去的学习成果管理系统或管理制度，只有在终身教育理念的观照下，学分银行才能实现长远发展，终身教育思想为学分银行的长久持续存在与发展提供了愿景保障。第一，终身教育思想背景下的学分银行能体现社会公平。传统的教育将人们受教育的时间固化至某一阶段，一旦错过，再也不能接受教育，无形中剥夺了人们生而应有的教育权。而建立学分银行，可以将人们的学习机会和受教育机会无限延展，连接学分银行的教育机构和各类培训机构，使人们在任何时候都能参与学习，并将自己的学习成果存入学分银行，通过存储、转换、兑换、认证自己的学习成果，当教育无法实现起点公平时，学分银行无疑保障了教育的机会公平和过程公平。第二，终身教育思想背景下的学分银行能培养学习者的终身学习意识和可持续发展能力，把人们当前的发展与未来的发展结合起来，以未来发展的可能性作为当前发展的前提，以长远的眼光看待教育，从而实现个人价值最大化。第三，终身教育思想背景下的学分银行能促进社会的和谐发展。学分银行可以成为社会成员终身学习的中转站和暂息处，为学习者的学历提升、技能培训和继续教育提供学分存储，缓解学习时间与工作时间的冲突。学习者在人一生中的任何时间都可以利用自己之前的学习成果得到一定的认证或认可，通过学分银行的运行，提高知识的利用率和流转率，提升职业能力和技能水平，丰富社会文化内涵。

三、信息素养教育理论

"信息素养"（Information Literacy）是以创新发展为特色的美国率先提出的概念，最早是1974年美国信息产业协会主席保罗·泽考斯基（Paul Zurkowski）给美国图书馆和信息科学委员会（NCLTS）提交的一份报告当中提到了"信息素养"一词。他把信息素养定义为："利用大量信息工具的技术和技能。"这一概念迅速成为世界图书馆界、教育界、商业领域研究的热点问题。到了20世纪80年代，信息素养的内涵进一步扩展和明确，不仅包括各种信息技术和技能，还涉及个体对待信息的态度、对信息价值的评价与判断、对信息合理与准确的利用、信息的接受与评估等。90年代，“信息素养”一词正式被美国教育资源信息中心（Education Resources Information Center，ERIC）数据库纳入索引词典，标志着其得到确认。在全球图书馆学领域、教育学领域和商业领域中，信息素养教育已成为热点研究问题。1992年，多厄（Doyle）在《信息素养全美论坛的终结报告》中指出：“一个具有信息素养的人，能够认识到精确的、完整的信息是作出合理决策的基础。”进入21世纪后，美国的信息素养教育由理论进一步向实践迈进，主要呈现出四个特点：①有专门的机构和组织；②开放与合作；③促进学校教育改革；④注重实效，获得了广泛的参与和支持。2002年，美国路易斯维尔大学图书馆馆长汉纳罗尔·瑞达（Hannaford B. Rader）提出信息素质的内涵包括图书馆素质、媒体素质、计算机素质、因特网素质、研究素质和批判性思考能力。2003年9月，由美国图书情报委员会（NCLIS）和国家信息论坛组织召开的联合国信息素养专家会议发表《布拉格宣言：走向信息素养社会》（*The Prague education: Towards Information Literate Society*），并为信息素养下定义：“信息素质包括信息意识（个人对信息的关注和主动意识自身的信息需求）和信息能力（即为发现、解决实际工作和生活中的问题而鉴别、查找、评价信息，以及组织信息，有效地创造、使用和交流信息的能力）的要求。”三十多年来，世界各国诸多专家对信息素养教育的探索和研究从未间断，尤其是美国，在信息素养研究方面做出了巨大贡献，以致1973年至2011年以英文出版的关于信息素养教育的书籍达5000多种，当中绝大多数是出版于美国的。

我国开展信息素养教育最早可追溯到20世纪80年代中期，信息素养教育的研究从20世纪90年代中后期逐渐多起来。当前，国内教育界、图书馆情报界的专家学者关于网络信息素养教育的构成的讨论一直在继续，比较有代表的观点（何奎，2012）是两点论和三点论。所谓两点论，认为网络信息素养教育内容包括网络信息意识教育、网络信息能力教育；所谓三点论，认为网络信息素养教育内容包括网络信息意识教育、网络信息能力教育、网络信息道德教育。[①]

可以说，信息素养是一种适应信息社会要求的基本能力，它与个人的能力素质如基本学习技能（读、写、算）、创新思维能力、人际交往与合作精神以及实践能力等等同，均属于同一层次的某个方面。随着信息化时代的降临，各种信息技术迅猛发展，信息资源数量呈几何级数般激增，每个人在其学习、工作、研究及生活等各方面面临着巨大的信息选择，尤其是有用信息的选择和运用。信息素养使人们拥有信息知识、信息意识、信息能力和信息道德，促进学习者全面发展、终身学习，同时人人参与并利用资源。信息素养已成为信息时代每个公民必须具备的基本素质，学分银行正是依托信息素养教育理论的大力开展，使整个社会具有了高度发达的信息素养和意识，个人逐渐拥有了熟练操作信息技术的能力，有了这样的软实力，建立在网络和信息交流基础上的学分银行才能得以顺利实施。

① 何奎．大学生网络信息素养教育研究［D］．兰州：兰州理工大学硕士论文，2012.

四、创新教育理论

“创新理论”最早起源于经济学领域，20世纪初，美籍奥地利经济学家熊彼特（J. A. Schumpeter）首次将“创新”视为经济增长的内在变量，后又在其《经济发展理论》（1912）一书中提出了“创新理论”。熊彼得及其后继者的理论构成了现代创新研究的基础，也是国家创新体系（NIS）的研究起点。20世纪中后期，整个世界跨入了知识经济时代，面向知识经济时代的国家创新体系，其主要功能是知识创新、技术创新、知识传播和知识应用。例如，美国是世界上最大的知识创新原产地之一，自1946年以来，诺贝尔奖获奖人数占据了世界的一半。西方世界一些最主要的科技成果，60%是由美国首先研制成功的，70%在美国率先应用。从国家繁荣层面上来说，创新是知识经济的核心灵魂，是知识经济发展的强劲动力。从民族兴盛程度上来说，创新是一个民族、一个社会文明发展程度和立于竞争不败之地的标志。要培养具有创新能力的人才，离不开教育。第二次世界大战后，创新教育取得了实质性的进展：1950年，美国心理学家吉尔福特（J. P. Guilford）发表了著名的“创造性”演讲，在西方发达国家引起了强烈的反响；芝加哥大学首先制定了创造力的测验；苏联在20世纪60年代开始了“创造性教学体系”研究；1988年，美国心理学家斯腾伯格（R. J. Sternberg）提出“创造力三维模型理论”，并与洛巴特提出“创造力多用理论”。联合国教科文组织更于20世纪末提出了“21世纪教育的战略性思路与行动建议”，在《教育——财富蕴藏其中》中表述为：“教育的使命是使每个人（无例外地）发展自己的才能和创造性潜力。”因此，各个国家开始前所未有地重视教育的创新，将创新教育体系视作科技竞争力的具体表现和国家创新能力的基本保证。我国学者周鸿（2001）认为创新教育结合创新理论，将教育和创造力与创造发明的心理研究联系在一起，产生新的或重新组合的或再次发现的知识引进教育系统，融入教育理论体系中，即构建创新教育模式。① 赵尚松（2005）认为创新教育的界定有两种：一是培养创新人才的教育，二是一种教育思想或教育理念。综合后认为创新教育就是使整个教育过程被赋予创新的特征，并以此为教育基础，达到培养创新人才和实现人的全面发展的目的的教育。②

在这种教育理论体系的指引下，学分银行这一新鲜事物得以产生；而创新教育的理论更成为学分银行发展的愿景。学分银行的出现为整个教育体系带来了变更和革新，使人们对教育尤其是高等教育功能进行了重新审视和定位，以全新的视角追求教育发展价值，特别是运用创新教育的理论，使学分银行借鉴传统银行的存储、信贷、汇兑等基本功能，并衍伸出学分银行的存分机制、贷分机制、兑分机制等内在管理机制。可以说，学分银行以学习成果为导向、累积和转换学分、沟通和衔接不同的学习成果，正是现代教育不断创新、不断开拓、不断满足人们需要的产物，同时，学分银行也必须依赖创新教育的理论和实践，更上一层楼。

---

① 周鸿．创新教育学［M］．成都：四川大学出版社，2001．

② 赵尚松．近年来“创新教育”研究综述［J］．巢湖学院学报，2005，1．

第三节 经济学理论基础

一、人力资本理论

人力资本理论最早可追溯到亚当·斯密（Adam Smith）。他在1776年出版的《国富论》中，把“社会上一切人民学到的有用的才能”视为“固定资本”。亚当·斯密认为：“工人增进的熟练程度，可和便利劳动、节省劳动的机器和工具同样看作固定资本。学习的时候固然要花费一笔费用，但这种费用可以得到偿还，赚取利润。”这是对人力资本理论最早的诠释。到了20世纪40年代，德国经济学家弗里德里希·李斯特（Friedrich List）在《政治经济学的国民体系》一书中区分了“物质资本”与“精神资本”这两个概念，并强调教育、科学对经济发展的促进作用。1935年，美国经济学家沃尔什（Walsh）在《人力资本观》中正式提出“人力资本”（Human Capital）的概念，从个人教育费用和个人收益的比较来计算教育的经济效益。20世纪60年代，人力资本理论逐步完善，美国经济学家西奥多·W. 舒尔茨（Theodore. W. Schultz）在长期从事的农业经济研究中发现，落后的农业国家农民收入低下，而工业发达的国家农民收入较高，劳动者的收入高低与劳动者的智力、技能很有关系。其后他在《人力资本投资》一书中正式宣告人力资本理论的诞生，人力资本逐渐形成了理论体系并成为一种学说。舒尔茨认为，人力资本主要是指凝集在劳动者身上的知识、技能及其所表现出来的劳动能力。人力是社会进步的决定性原因，一国人力资本存量越大，人力资源质量（人口受教育程度、科技文化水平和生产能力）越高，其国内的人均产出或劳动生产率就越高。贝克尔是另一位人力资本理论的创始人，他同样认为教育是解释一国经济增长的重要因素，提出了人力资本投资—收益的均衡模型，强调“教育和培训是人力资本最重要的投资”，“受过较高教育的人的收入几乎总是要高于平均收入”。后来，雅各布·明塞尔（Jacob Mincer）在1958年发表了《人力资本投资与个人收入分配》一文，首次建立了个人收入分析与其接受培训量之间关系的经济数学模型。人力资本作为内生变量引入到经济理论中，并通过定量模型加以考察，各国研究者在此基础上可以根据本国经济数据，建立相应模型，对人力资本在经济增长中的作用进行分析和测算。

总的来说，经过分析，学者（马永霞，2004）总结出人力资本理论的核心思想如下：

（1）现代经济已不同于传统经济，除了相应的资本和自然资源外，劳动者的知识、技术及能力已成为现代经济增长的决定因素。

（2）突出教育具有生产性功能，认为教育能提高劳动生产率，提升人们处理经济条件变化从而驾驭经济发展的能力。

（3）阐明教育与现代化经济增长的内在互动关系和一般规律，教育投资的收益率高于物力投资的收益率。

（4）投资于教育可以得到较高的经济回报，个人教育投资是个人获得较高收入的最佳途径，这样社会的收入分配也相应地趋于平等。[①]

因此，人力资本也理所当然地成为学分银行建立的基础之一。

其一，人力资源政策可以加快人力资本投入的增长速度，增加各界对学分银行的重视，加大学分银行基础的建设，提升人力的素质和加大对人力的培训。

其二，人力资本的投入可以促进“收入均等化”，具有稳定社会的功效。而建立学分银行能够极大地补充全日制学校教育的不足，促使人人能够终身学习、终身培训。这对于提高社会整体素质和平均社会财富有极大的功用，同时也能稳定社会发展，缓解社会财产分配不均衡带来的矛盾。

其三，人力资本理论能引导社会及政府提高教育系统运作效率，加强劳动力培训及迁移，对少数精英追加投资。这也是学分银行发挥提升普通劳动者整体水平和促进技术型人才培养层次上移的功能之一。

其四，人力资本理论有助于促进产业结构的调整。一个国家的产业结构状况与经济发展密切相关，产业结构必须符合经济发展的需求。人力资本的提高是经济结构调整的根本驱动力，这种驱动力可以在学分银行的运作中体现出来，因为学分银行在转换学习成果和学分时具有一定的导向性，比如偏重于某种新兴产业的学习成果的转化，因而，可以促使该产业劳动质量的提高和科学技术的进步，也可以促使大规模的劳动力从劳动密集型产业中游离出来，转向该新兴产业。

其五，关注教育成本及其未来收益，促进各类教育之间的竞争。邓泽军（2007）认为，人力资本理论通过比较教育的成本与收益，计算教育的回报率。教育作为一种重要的生产性投资，能够带来比成本更多的经济收益，并且不同类型教育的经济收益存在差别。这一理论观点促使人们更加重视教育过程的经济因素，更多地考虑教育的经济回报。[②] 通过发挥学分银行的作用，既可以有效整合学历教育的资源存量，也有助于积极发展成人教育及非学历教育与培训，使得各类教育和学习者在自身发展中不得不关注教育的成本和未来收益，促进各类教育之间的竞争。

二、新制度经济学

近年来，以罗纳德·科斯（Coase·R）为代表的西方新制度经济学在中国得到了广泛的传播，特别是新制度经济学的理论对中国的现实教育体制改革具有很强的解释力。“从某种意义上讲，制度经济学在本质上是一种关于制度变革的理论。新制度经济学阐明，制度变革本身是有成本的，成功的改革应是成本最低的改革。”（马永霞，2004）[③] 所以寻求一种既要变革又要维护各方利益的改革方式，成为改革的一项非常重要的内容。

新制度经济学在教育经济领域研究的一个重要走向是：把新制度经济学作为理论基础，从新制度经济学中挖掘出与教育活动的不同层面之间的联系。迄今为止，其研究是

① 马永霞．教育经济学理论基础的拓展——从人力资本理论到新制度经济学［J］．教育与经济，2004，2.

② 邓泽军．略论人力资本理论与我国教育市场的建设［J］．中国市场，2007，39.

③ 马永霞．教育经济学理论基础的拓展——从人力资本理论到新制度经济学［J］．教育与经济，2004，2.

将产权理论引入教育领域，对我国教育资源配置效率与公平问题进行制度分析。

（一）衍生出准公共产品特性

美国著名经济学家道格拉斯·诺思曾提出一个重要论点，即经济增长的关键在于制度因素。一种提供适当的个人刺激的有效制度是促进经济增长的决定性因素。他认为，如果一个社会没有实现经济增长，那就是没有从制度方面去保证创新活动的行为主体应该得到最低限度的报偿或好处。依据这一观点，从制度的角度分析我国教育的发展轨迹，尤其是分析学分银行这一新鲜事物发展的事实，能看到制度变迁的效应及力量。学分银行是一种对整个社会教育资源的优化配置，因为学分银行是一种产生于传统教育的非垄断的准公共产品，是由政府主导、社会教育机构参与的服务性产品，既具有公益性，又具有营利性。经济学分析证明，准公共产品因有一定的效用外溢性，不能完全由市场提供，应由政府参与提供。按照这一原理，作为准公共物品的教育应该由政府和市场共同提供。就此层面而言，学分银行既受政府控制又受市场推进，因此，以学分银行为代表的教育制度创新是以市场竞争机制的引入为特征的教育制度创新，它能够使多元的教育主体之间模糊的产权关系趋于明晰。

（二）平衡政府和市场在教育领域的关系

有学者（许杰等，2005）早就提出："我国政府在教育职能上存在的主要问题是社会管理者职能错位、资金供应者职能不到位、教育生产者职能越位、各级政府职能划分没有很好定位。"因此，平衡政府与市场是其中的关键。鉴于我国教育制度长期存在"以政府为主导"的路径依赖，当政府进行职能转变和教育制度创新时，政府和市场应该各负其责。以效率和效益为目标，转换政府的教育职能，同时应当保证教育的公益性。总之，建立学分银行，正是要打破这种政府职能错位，未发挥市场灵敏性机制的僵局。通过以市场机制的引入为核心的教育制度创新，突破各种利益框架和体制壁垒，明晰人力资本专业化生产的产权关系，加大对人力资本的投资力度，将我国庞大的人力资源存量转变为人力资本巨大优势，保证我国经济增长的可持续发展。

（三）实现社会资源的优化配置

新制度经济学对于学分银行的重要理论意义在于：学分银行在有限的教育人力、物力和信息资源前，能发挥重大的作用，它对改变学校的教学效益观、改革学校的办学机制、优化资源配置起到一定的指引作用，使人们更加重视教育特别是高等教育系统在人才投入—产出方面的边际效益，如何用最省的成本培养出最合格的人才。而学分银行正是这种效益观的产物，它的产业化、公益化和营利性的特点，将学习成果在转化过程中变成一种类似于产品的流通物（仅限于在自身职业生涯中的流通），并收取一定的费用以维持整个系统的运行，进而能优化整个社会的富余资源，避免人才的流失和浪费，也能够提高人才整体素质。

第四节　社会学理论基础

一、教育公平理论

教育公平作为人类社会古老的理念之一，对促进教育发展起着非常重要的作用。孔子主张“有教无类”，亚里士多德强调自由民主的教育权利，这些都成为教育公平的源头和根基。而近代西方民主主义学派和功能论学派对教育公平理论的发展也起到推广作用：在杜威等民主主义学派看来，民主主义社会的教育具有三大功能，即整合、平等、发展。学者翁文艳（2000）认为，“教育被看成是延续社会生命和促进个人心灵发展与道德发展的工具，被认为具有使贫富两大极端平等化的功能。功能主义学派强调教育对个体的社会化功能和社会选拔功能，以及教育对维持社会生存与稳定所起的积极作用，教育为所有有能力和意愿的人提供发展个体心智技能的机会，可以提高学校教育使经济机会平等。”[①] 教育公平理论的发展历程和学派学说表明，教育能够帮助弱者摆脱困境，给人提供向上流动的机会，改善人的生存状态，减少社会不公平。

教育公平理论有其丰富的内涵和表征，涉及教育机会的均等、教育起点的均等、教育质量的均等、教育过程的均等、教育结果的均等、教育资源分配的均等、选择机会的均等、能力分配的均等诸多方面。随着我国高等教育事业的改革和发展，实现高等教育大众化，需要接受高等教育学习者的数量在大幅增加，因此，学分银行在教育公平理论的支撑下得以产生：第一，教育机会的均等。高等教育与社会直接连接，个人的学习成就是未来进入社会的分层依据，较高的学习成就能使个人获得理想的职业。学分银行确保每一个人都有接受教育的可能性，使来自于不同地域、不同种族、不同经济地位、不同家庭出身和文化背景的学习者拥有向上攀升、追求职业生涯终端的机会，是教育公平的体现。第二，教育过程的均等。要求学分银行政策确保每位应接受教育的公民在事实上能够接受教育，使得权利上的平等落实到事实上的平等。第三，教育质量的均等。这是公平价值在教育领域的最高要求，学分银行则体现为每位公民享受同等质量的教育服务。第四，教育资源分配的均等。美国著名哲学家约翰·罗尔斯（John Rawls）提出补偿教育原则，对最少受惠者偏爱，尽力想通过某种补偿或再分配使一个社会的所有成员都处于平等地位，以此来减少不利群体在接受教育方面乃至社会方面的不公正。进而减少社会的不公正。学分银行有利于教育资源的合理分配，将其集中再分配，用于帮助因各种原因未受高等教育的弱势群体获取优秀教育资源，获得学习成果的承认，获取教育证书。

学分银行的出现，为满足人类的教育公平愿望提供了可能。此种教育管理模式能够构建为成千上万的学习者提供更具人性化的远程教育公共支持服务体系，使每个人能够有向更高层次迈进和更高通道流动的机会，也使每个人能够利用接受教育的机会改善自

---

① 翁文艳．西方教育公平理论述评［J］．教育科学，2000，02.

己的经济待遇和社会地位，同时，使整个社会能够更加和谐与稳定，减少动荡因素。教育公平理论正是其中的重要支撑基础之一。

二、职业生涯发展理论

人的一生，除睡眠休息时间外，有70%以上的时间做着与职业相关的事情，因此职业成功是人生成功的关键。"生涯"一词，在英文"Career"中有人生经历、生活道路、专业、事业等含义，有广义和狭义之分，但其核心内容还是职业问题，即狭义的"生涯"，定义为"人们从事职业生活的时期"。（胡伟国，2010）[①] 职业生涯由早期职业辅导运动发展而来，起源于美国20世纪中叶，舒伯提出了个人生涯发展的五个时期（成长、探索、建立、维持和衰退），标志着职业辅导转变为生涯辅导。随着生涯辅导的推进，1971年，美国联邦教育署署长马兰德（Marland）博士正式提出以"生涯教育"为标志的美国运动，他认为"所有的教育都是生涯教育"。后来，布里兰奇·A. 赖特（Bridget. A. Wright）撰著《成功的职业生涯规划》一书，标志着职业生涯发展理论的确立。

一些著名职业管理学家通过对职业生涯发展过程的研究，发现并总结了理论和规律，以下几种为比较有影响的职业生涯发展理论。

（一）格林豪斯的职业生涯发展阶段理论

格林豪斯（Greenhaus）的研究侧重于不同年龄段职业生涯发展所面临的主要任务，并以此为依据将职业生涯发展划分为五个阶段：

（1）职业准备阶段（0～18岁）。这一阶段的主要任务是：发展职业想象力，培养职业兴趣和能力，对职业进行评估和选择，接受必需的职业教育和培训。

（2）进入组织阶段（19～25岁）。这一阶段的主要任务是：在劳动力市场上，尽量选择一种合适的、较为满意的职业，并在一个理想的组织中获得一个职位。

（3）职业生涯初期（26～40岁）。这一阶段的主要任务是：融入组织，逐步适应职业工作、职业技术，不断学习。

（4）职业生涯中期（41～55岁）。这一阶段的主要任务是：努力工作，力争有所成就；同时对早期职业生涯重新评估，以便强化或转换自己的职业。

（5）职业生涯后期（56岁至退休）。这一阶段的主要任务是：继续保持已有的职业成就，成为一名良师，维护自尊，准备引退。

（二）施恩的职业锚理论

美国麻省理工学院著名的职业指导专家埃德加·H. 施恩（Edgae. H. Schein）教授提出了职业锚理论。所谓职业锚，又称职业定位。锚是船只停泊定位用的铁制器具，"职业锚"实际就是人们选择和发展自己的职业时所围绕的中心。宋斌等人（2009）认为："职业锚强调个人能力、动机和价值观三方面的相互作用与整合，是个人同工作环境互动作用的产物，在实际工作中表现为不断调整。"[②] 职业锚在一个人的工作生命

① 胡伟国. 大学生职业生涯发展指导［M］. 杭州：浙江大学出版社，2010.

② 宋斌，闵军. 国外职业生涯发展理论综述［J］. 求实. 2009，1.

周期和组织事业发展过程中发挥着重要的功能作用：①有针对性地对员工职业发展设置可行的、有效的、顺畅的职业渠道；②增长工作经验和职业技能；③为员工奠定中后期工作的基础。尽管与职业生涯发展阶段理论存在差异，但都隐含共同的基本假设：处在相同职业生涯阶段的群体寻求满足自己与工作相关的需求的方式是相似的。职业者初进入职业组织，工作态度和习惯必须良好，并且要不断学习，提升技能，创造出好的绩效，这样才有可能获得组织的认可；到了中期之后，员工会寻求培训、职业转换来突破职业瓶颈，达到职业巅峰。

职业生涯发展理论成为学分银行的理论基础。该理论对学分银行引导学习者的职业生涯产生一定影响：因为职业生涯早期的员工群体关注的是立业和提高个人成就，相比其他职业生涯阶段的员工又显示出工作满意度、组织承诺、绩效水平低、离职倾向高的特点。因此对这一阶段的学习者，学分银行应通过资格框架等级的建立帮助职业者确立目标，通过学习成果的累积和认证持续提升学历水平，进而衍伸出一系列有序的职业认证活动；为职业者设立具有挑战性的学习成果认证目标和及时的反馈机制，帮助那些已经具备一定能力的职业者提高个人成就感，产生对所从事职业的兴趣；构建现实、灵活又个性化的职业生涯通道，满足组织对人才的需求以及个人自身发展的需求。只有这样，才能使学习者增加对工作的满意度，增进对组织的忠诚，产生较高绩效，增进社会的稳定。

第五节　管理学理论基础

一、学习型组织理论

学习型组织（Learning Organization）最初的构想源于美国麻省理工学院佛瑞斯特（Forrester）教授。他运用系统动力学原理，构想出了一种未来企业组织的理想形态，即层次扁平化、组织信息化、结构开放化，这种组织关系的最大特点是：员工和领导之间由从属关系转为工作伙伴关系，不断学习，不断调整结构关系。作为后继者，彼得·圣吉（Peter M. Senge）致力于研究以系统动力学为基础的更理想的组织。他用了近十年的时间对数千家企业进行研究和案例分析，在其著作《第五项修炼——学习型组织的艺术与实务》中提出了学习型组织的概念，即面临剧烈变革的外在环境，组织应不断自我再造，以维持竞争力。学习型组织应保持一种弥漫于整个组织的学习气氛，充分发挥员工的创造性思维能力，同时具备有机的、高度柔性的、扁平的、符合人性的、能持续发展的特点。彼得·圣吉提出了建立学习型组织的“五项修炼”模型：①建立共同愿景（Building Shared Vision），经过相互沟通的组织成员都真心追求的愿景，为组织的学习提供焦点和能量；②团队学习（Team Learning），每一团体中各成员进行“深度会谈”与“讨论”，相互影响；③改变心智模式（Improve Mental Models），人们通过不断地学习弥补自己心智的缺陷；④自我超越（Personal Mastery），组织中的每一成员都要看清现状与自己愿景间的距离，产生出“创造性张力”，能动地改变现状而达到愿景；

⑤系统思考（System Thinking），从整体出发来分析问题，分析关键问题，透过现象分析问题。迈克尔·马奎特（2003）根据上述的修炼技术，认为学习型组织呈现出五个特征：有一个人人赞同的共同构想；在解决和工作中，抛弃旧的思维方式与常规程序；作为相互关系系统的一部分，成员对所有的组织过程、活动、功能和环境的相互作用进行思考；人们之间坦率地相互沟通；人们为实现组织的共同构想一起工作。[①]

结合学习型组织的理论内涵，人们发现学分银行天然具有学习型组织的特质。随着知识经济迅速崛起，对社会、学习者的知识构建及运用都提出了严峻挑战，可持续发展战略、终身学习成为当代社会的理念，并积极向每一个企业以及群体组织渗透。学分银行的开展满足了这种应时的需要，它引导学习者在工作中规划和完善自己的职业成长路线，在工作中学习，在学习中工作，学习最终成为工作新的形式，实现自我超越，提升人生价值。学分银行也重视组织成员的合作学习和群体智力（组织智力）的开发。团队是最基本的学习单位，这样一来，可以利用团体的学习能力和竞争氛围激发个人的潜能和积极性。学分银行也是一个团体性的无边界学习组织，在这个组织中，学习、思考和创新是停不下来的一件事情。学分银行引导组织通过对系统环境的观察，在观念、制度、方法及管理等方面不断改革与创新，加强学分银行管理者与参与学分银行的学习者之间的沟通与渗透，突破组织极限，从而避免陷入“路径依赖”的旋涡里去，获得更多的新鲜生命力，适应社会进步的需求。在学分银行的资历框架设定中，也应该充分利用垂直无边界和水平无边界的行为，增进纵向学历层次与横向教育类型之间的沟通。

二、系统论

系统的概念来源于人类的长期社会实践，人类很早就有了系统思想的萌芽，主要表现为对整体、组织、结构、等级等概念的认识，这是古代朴素的系统思想。到了 19 世纪上半叶，自然科学取得了许多重大的成就，特别是能量转化、细胞和进化论的发现，使人类对自然过程是相互联系的认识有了很大的提高，并逐步形成了专门的科学——系统论（System Theory）。系统论是研究现实系统或可能系统的一般规律和性质的理论，它的出现彻底改变了人们的思维方式。一般来说，系统都具有以下的特征：集合性、相关性、层次性、整体性、目的性、环境适应性。系统具有环境性，其结构、状态、属性、行为等或多或少都与环境相关，绝不存在没有环境的系统，同样的元素在不同环境中必须按照不同方式整合，形成不同的结构，甚至元素的性质也随着环境的变化而有所变化。系统与环境相互作用、相互联系，彼此交换物质、能量与信息，因此，系统既有封闭性，也有开放性，两者对立又统一。系统的功能由元素、结构与环境三者共同决定，体现出一个系统与外界环境之间的物质、能量和信息的输入与输出的转换关系。随着系统的发展，系统论体系逐步形成和完善，其包括一般系统论、控制论、信息论、协同学理论等。

（一）一般系统论（General System Theory）

一般系统论产生于 1937 年，提出者是贝塔朗菲（Von bertalanffy），其来源于机体

① 迈克尔·马奎特. 创建学习型组织五要素［M］. 北京：机械工业出版社，2003.

论，是一种与机械论相对立的生物学理论。贝塔朗菲强调整体与局部、局部与局部、整体与外部环境之间的有机联系，提出三个基本观点：①系统观点。一切有机体都是一个整体（系统），这个整体是由部分结合而成，其特性和功能不只是各部分特性和功能的简单相加的总和。②动态观点。一切有机体都处于积极的运动状态，有机体之所以能处于活动状态并保持活力，是由于系统与环境不断进行物质与能量的交换。③等级观点。生物系统层次分明、等级森严，通过各层次组合，形成越来越高级的系统。

（二）控制论（Cybernetics）

控制论是 20 世纪 40 年代末形成的一门科学，由美国数学家诺伯特·维纳（Norbert Wiener）提出。控制论是研究系统调节与控制的一般规律的科学，是多学科相互渗透的产物。其主要研究系统的状态、功能和行为，调节和控制系统稳定地、最优地趋达目标。主要内容包括：①最优控制理论；②自适应、自学习和自组织系统理论，即对其进行预测而去控制的一种方式；③模糊理论，用来解决一些不确定的问题；④大系统理论，主要以规模庞大、结构复杂、目标多样、功能综合、因素繁多的各种大系统自动化问题作为研究对象。

（三）信息论（A Theory of Communication）

信息论由美国科学家香农（C. E. Shannon）于 1948 年提出，以通信系统的模型为对象，以概率论和数理统计为工具，从量的方面描述了信息的传输和提取等问题。信息论分为狭义信息论和广义信息论。广义信息论的研究领域包括机器、生物、人类和社会等系统，研究如何计量、提取、变换、传递、存贮和控制各种系统信息，从而提高人类认识和改造客观世界的能力。

（四）协同学理论（Synergetics）

创始人为德国著名理论物理学家赫尔曼·哈肯（Harmann Haken）。协同学强调协同效应，在复杂大系统内，各子系统的协同行为产生超越各要素自身的单独作用，从而形成整个系统的统一作用和联合作用。自组织原理是协同学理论的核心，反映了复杂系统在演化过程中，如何通过内部诸要素的自行主动协同来达到宏观有序的客观规律。

系统论对学分银行的运行及构建有很强的理论指导意义。

1. 学分银行与一般系统论

首先，学分银行是一个有机整体，是一个精密运行的系统，在输入给学分银行系统一定的物质、能量和信息后，经过转换，才能产生质量高、门类全、数量多的人才。其次，学分银行的资历框架是一个由低到高的层级系统，在这个系统中，有最低的职业教育转换层次，最高的能达到博士教育转换层次，这样的组合是符合系统论中的森严的等级次序的。但是这并不代表学分银行没有上升的通道与途径，系统论正是倡导系统中的物质与元素可以动态流动与交换。

2. 学分银行与控制论

采用控制论，可以预测功能复杂、规模庞大的学分银行的发展与规模，调节与控制学分银行系统以最优化的方式达到目标。

3. 学分银行与信息论

系统论要求在建立学分银行时采取开放的思维方式，学分银行不是封闭的内循环系统，而是一个与社会、环境密切相关的外循环系统，只有通过信息交换，不断吸纳新鲜的技术、理念，才能保持学分银行的鲜活性。

4. 学分银行与协同学理论

学分银行中的要素多样，非常复杂，这就要求必须采用协同的方式使内部变得有序，这样才能发挥最大限度的效用。

三、人际关系理论

人际关系理论（Human Relations Theory）于20世纪20年代由美国哈佛大学心理学家梅奥（George Elton Mayo）等人创立，最初的目的是试图在管理中通过改善工作条件与环境等外在因素，找到提高劳动生产率的途径。最为著名的是霍桑试验（The Hawthorne Studies），研究组织中的人的行为。该试验长达八年，分为四个阶段：照明试验、继电器装配工人小组试验、大规模访谈和对接线板接线工作室的研究。结果发现：影响生产效率的根本因素不是工作条件，而是工人自身。在决定工人工作效率的因素中，团体的安全感和融洽性比奖励来得更重要，工人更愿意在为团体所接受的环境中工作。霍桑试验的研究结果与传统管理理论的对人的假设大不相同，表明了人的行为受人际关系的影响更深更远，绝不仅仅受工资的刺激，社会和心理因素是其中的重要因素。人际关系理论的主要观点：①工人是“社会人”而不是“经济人”，人们的行为并不完全受金钱控制，还有来自于社会方面和心理方面的动机，包括友情、安全感、归属感和受人尊敬感等。②企业中存在着正式组织和非正式组织。正式组织的作用是明确规定各成员的相互关系和职责范围，非正式组织的作用是维护其成员的共同利益、共同价值观念、行为准则和道德规范。③提高工人的满意度是新的领导能力产生的基础。高的满意度能提高生产效率，它来源于个人需求的有效满足，既有物质需求方面，也有精神需求方面。

学分银行不仅是一座横向沟通与纵向连接的“立交桥”，也是一个社交沟通平台，在这个平台中，人是动力之源，没有了人群，一切都变得毫无意义。非正式组织是学分银行应该构建起来的组织结构，对于满足人的心理需求和精神需求也起着重要作用，因为社会上的人每一个都不是孤立存在的，而是集体中的一员，他们的行为很大程度上受到集体中其他个体的影响。人与人交往是为了交流有关认识性、情绪性、评价性的信息而相互作用的过程，当他们进入学分银行以后，不知不觉会受到这座平台以及平台中其他人的影响，不但有正面的影响，还有负面的影响，双方在这一过程中不仅实现学业的目标，还对观念、思想、兴趣、心境、性格等产生相互影响。因此，人际关系理论对于学分银行构建的作用在于：增加每个学习者的主人翁责任感和个人成就感，将他们的个人目标和学分银行的运行目标结合起来，从而激发出学习者和学分银行管理者更大的工作热情，发挥其主观能动性和创造性。此外，让学习者在学分转换等追求目标的效率逻辑与人际沟通感情逻辑之间寻求到一种动态平衡，发挥学分银行的协同效应和增加学分银行的凝聚力，重视和理解每一个学习者，重视沟通、交往和归属的需要，培养共同的价值观，最大限度地发挥个人的潜能。

四、权变理论

权变理论（Contingency Theory）的研究始于20世纪60年代，并于70年代逐渐形成体系，目的是应对企业面临的瞬息万变的外部环境，代表人物有费德勒（Fred Fiedler）、琼·伍德沃德（Joan Woodward）、豪斯（R. J. Howse）等人，代表内容是组织结构权变模式、领导权变理论和组织行为中的人性理论。“权变”一词有“随具体情境而变”或“依具体情况而定的意思”，该理论的核心是力图研究组织的各子系统内部和各子系统之间的相互关系，以及组织和它所处的环境之间的联系，并确定这种变数的关系类型和结构类型。权变理论认为，每个组织都有自己的内在要素和外在环境，它们的条件各不相同，因而，在管理中并不存在普适的原则和方法，必须根据组织所处的环境和内部条件的发展随机应变，产生有效的应变策略。内部环境主要包括组织结构、决策程序以及技术等，外部条件包括经济、政治、法律等，内部环境的变量与外部环境的变量是相互联系的，管理者要对环境和组织的内部情况进行分类，选择适当的方式方法进行管理（诺斯豪斯. 王力行译，2003）。[①] 因此，权变理论的中心思想：①组织作为一个开放系统，应该从系统的相互关系和动态活动中考察和建立一个在一定条件下最佳的组织结构的关系类型。②组织的活动是在不断变动的条件下以反馈形式趋向组织目标的过程。必须依据组织的外在目标和外部条件，依势而行，依势而动，采取灵活的管理方式。③管理的功效体现在管理活动和组织各要素之间的相互作用，因此，必须根据组织的各要素的关系类型以及各要素与管理活动之间相互作用的一定函数关系来确定不同的管理方式。

权变理论对学分银行具有极强的理论借鉴意义：权变理论为学分银行提供开阔的视角，因为学分银行运行与管理时，不可能有一套放之四海而皆准的、完全通用的最优模式，必须要找到符合它生存和发展的特殊环境，才能行之有效。中国国土广袤，各地的情况不同，每一个地区都有自身的特点，学分银行应该根据各地区环境的不同设计不同的运行制度，在学分的转换标准、制度管理等硬性指标之外，应该把组织设计成柔性而非刚性的系统，使其具有更多的灵活性与适应性，有效处理各项具体管理业务。

五、质量管理理论

20世纪初纪，为了应对机器化大生产给产品质量带来的缺陷，美国管理学家泰罗（M. W. Taylor）提出“科学管理理论”，创立“泰勒制度”，强调科学分工，将计划和执行分开，在执行中进行检查和监督，这是质量管理事后检验阶段的开始。20世纪20年代，贝尔电话实验室的休哈特（W. A. Shewhart）提出用数理统计的方法解决大规模产品质量管理的问题，预防不合格品的大量生产，标志着质量管理由事后检验阶段进入到统计质量控制阶段。到了20世纪50年代，费根堡姆（A. V. Feigenbaum）和朱兰（J. M. Juran）首先提出了全面质量管理（Total Quality Management，TQM）的概念。在六七十年代，戴明（W. Edwards Deming）提出品质经营的重要

① 诺斯豪斯. 王力行译. 卓越领导力：十种经典领导模式［M］. 中国轻工业出版社，2003.

性，其理念包括 PDCA 循环（Plan→Do→Check→Action）。为了解决质量问题，PDCA 循环中的四个阶段还可以划分为八个步骤：①分析现状，找出存在的质量问题；②分析产生质量问题的各种原因或影响因素；③找出影响质量的主要因素；④针对影响质量的主要因素，提出计划，制定措施；⑤执行计划，落实措施；⑥检查计划的实施情况；⑦总结经验，巩固成绩，工作结果标准化；⑧提出尚未解决的问题，转入下一个循环。（顾培忠，2008）这标志着质量管理由统计质量控制阶段进入全面质量管理阶段。同一时期，朱兰也从系统的角度出发，提出了管理是不断改进工作的论点，建立了质量三元论，包括质量计划、质量控制和质量改进。在 20 世纪 80 年代，世界各国开始启用国际标准化组织的 ISO9000 标准，并提出“以顾客为导向”的售后服务理念，标志着全面质量管理的重点由制造阶段向设计和售后服务两侧延伸。1987 年，摩托罗拉公司首倡六西格玛管理。六西格玛（6σ）本意是用统计学上非常小的标准差来表示产品质量的稳定性和零缺陷，即用于测量每百万次操作中所犯差错的计量单位。差错次数越少，质量越高。但实际上它是一整套管理体系和方法，也标志着质量管理中的事后检验向事先预防的进一步发展。

质量管理理论对于学分银行的建立意义重大。作为资格框架和学习成果转换机构，学分银行无疑是系统的有机体，在运行过程中应该关注以下几点：

（1）注重整个流程的控制，建立有效的学分银行质量体系。全面质量管理理论要求注重整个运行过程的控制，包括前馈控制、事中控制和反馈控制。学分银行也应该将整个流程作为重点关注对象，在每一步都进行控制。比如在前馈控制中，制定严格的转换标准，对学习成果进行严格审核；在事中控制中，规范操作流程，预防弊端的发生；在反馈控制中，调查学习者的满意度以及通过外界第三方机构对整个学分银行进行评估与审核。

（2）以用户的满意为关注焦点。学分银行的用户是广大的学习者和学习机构，必须重视用户的体验，识别用户的质量要求，一切以用户的需要为先，学分银行才能抵达质量的顶峰。

第六节　小结

任何一种事物的产生都应有其原因，学分银行作为一种制度，其绝非凭空而出或一时的奇思妙想，而是有深厚的背景和渊源。学分银行是多学科的社会多元价值观下催生的产物，起源于心理学和教育学的理论，从培养全面发展的人入手，强调以学习者为中心，满足学习者的需求，激发学习动机，实现终身学习需要，再到经济学、社会学、管理学对学分银行构建的理论指导意义，实现资源优化配置，达到教育公平，促进社会和谐稳定，构建健康运作的、开放的学分银行系统。在这些理论的基础上，学分银行能够更完善，更加满足社会学习者的需要，尽快构建终身学习型社会。以下为学分银行理论对学分银行的作用，见表 2－1。

表 2—1　学分银行理论对学分银行的作用

理论基础	支撑理论	具体理论	作用
心理学	人本主义理论		强调学习者的中心地位，实现自我需要
	多元智力理论		转变传统教育观和学习观，树立科学评价观
	需求层次理论	需求层次论	满足学习者不同层次的需求
		后天需要论	满足学习者不同类型的需求
	激励理论	目标设置理论	设立挑战目标，激发学习动机
		期望理论	通过奖励目标促使学习者努力
	隐性知识理论		学分银行促使非正式学习成果向正式学习成果转化，实现知识管理
	学习动机理论		学分银行尊重学生学习动机的差异，据此提供多样化的认证方式
	建构主义理论		强调与学习者共同双向参与建构、共促发展
教育学	人的全面发展思想		培养自由“和谐”全面发展的人
	终身教育思想		培养学习者的终身学习意识和可持续发展能力
	信息素养教育理论		通过学分银行，提升学习者的信息素养，实现个性全面发展
	创新教育理论		学分银行使整个教育体系以全新的视角追求发展价值
经济学	人力资本理论		提高教育系统的运作效率，加强劳动力培训及迁移，促进产业结构调整
	新制度经济学		解释了学分银行的准公共产品特性，实现教育资源优化配置
社会学	教育公平理论		满足人类的教育公平愿望，促进和谐与稳定
	职业生涯发展理论	格林豪斯的职业生涯发展阶段理论	学分银行可以为学习者设立具有挑战性的学习成果认证目标和及时的反馈机制，帮助学习者提高个人成就感
		施恩的职业锚理论	

续表2－1

理论基础	支撑理论	具体理论	作用
管理学	学习型组织理论		学分银行是学习型组织，重视成员的合作学习和群体智力开发
	系统论		学分银行是有机整体，调节控制，开放交换，协同作业
	人际关系理论		学分银行是社交沟通平台，促进学习者的人际交往
	权变理论		学分银行应根据各地环境设计不同的运行制度
	质量管理理论		以学习者满意为焦点，建立有效的学分银行质量体系

第三章　学分银行的相关概念

第一节　学习成果

一、学习成果的概念及本书界定

学习成果是一个大概念，因其指向的领域、层级、范围不同而内涵各异。自1979年美国学者艾斯纳（Eisner E. W）最先提出“学习成果”（Learning Outcome）这一术语以来，在教育领域里，“学习成果”已作为一种专用术语，备受各国教育理论工作者、教师和管理者的广泛关注，是当今教育领域中的热点问题之一。（陈清洲，2011）① 学习成果涉及学校、专业与学习者个体等多个层面，还包括学习者的学习经历和各种结果，不同阶段学习成果的增值与变化，以及社会乃至家庭提供的“学习”与“成果”环境等，学习者分阶段学习的各种学习结果包括设计或反映学校教育目的、教学目标、教学过程的内容及学习者取得的成绩，只能构成一个宽泛的学习成果范围。（康曙光，2013）② 正如尤厄尔（Ewell Peter T.）所说，尚“无法”给出一个既“包罗万象”又“严格区分”的关于学习成果的概念界定。

（一）词典中的“学习成果”释义

《现代汉语词典》中对“学习成果”的解释是：“收获的果实。常用于指工作或事业方面的成就；还有另一重意思为学习、工作、劳动上的成效和成绩。”

《教育大辞典》将“学习成果”解释为：“作为结果，指由经验或练习引起的个体在能力或倾向方面的变化；作为过程，指个体获得这种变化的过程，与成熟、适应、疲劳、药物等引起的变化的不同点是：第一，能相对持久保持，而非短暂保持；第二，由后天的经验或练习引起，不包含由生理成熟引起的变化。”“‘学习成果’亦称‘学习结果’，人们通过学习所获得的可以实现人的各种行为的能力。”

根据词典的定义，不难得出，“学习”本身既可以作为结果，也可以作为过程。“学习成果”强调“结果”，指人们通过学习所获得的可以实现人的各种行为的能力。

（二）普通教育语境中的“学习成果”释义

美国学者艾斯纳（Eisner E. W.）认为：“学习成果本质上是指在以某种形式参与

---

① 陈清洲. 实现我国成人高教学习成果互认的探索［J］. 河北师范大学学报：教育科学版，2011，5.

② 康曙光. 学习成果认定初探［J］. 教育理论与实践，2013，03.

之后获得的结果，不管是有意的还是无意的。”此后，随着建构主义学习理论的成熟和教学范式转向以学生为中心，“学习成果”这一术语逐渐成为教育领域的高频词汇。比如，美国教育评价标准联合委员会（Joint Committee on Standards for Educational Evaluation）认为：“学生学习成果是对学生特定学习的期望，即学生在特定的学习、发展及表现等方面将会获得的各种结果。也就是说，学生学习成果描述了我们对学生学习的期待——学生在完成课程、专业等学习或取得学位之后，应该知道什么、理解什么，以及运用所学知识能够做些什么。”珍尼特·富尔克斯（Janet Finks）认为：“学生学习成果是指学生在完成一门课程或专业学习后可能学会做些什么。学生学习成果既描述了我们服务和教学的目标，又表达了通过我们的努力学生所能取得的成绩。”具体而言，学生学习成果是期望学生在经过学习后应该取得的具体的、可测量的目标和结果。欧洲的博洛尼亚进程使用“学习成果”一词描述课程、培养方案、资格等的目标是预期学生所能取得的成果，“学习成果陈述了经历一段时间的学习后，预期学生所了解、理解和/或展示的”。这表明了学习成果是对学习结果的明确断言，是从学生的角度描述其完成学业后，在知识、技能、能力与态度等方面的综合表现。尤厄尔认为：“不管是广义学习成果还是狭义学习成果，都要反映学生学习行为对个体的发展有何影响，而这些影响在学习行为发生之前是不存在的。”因此，“学生学习成果通常应该指学生完成专业学习后所达到的能力水平”。

在国内教育界的探讨中，黄海涛（2010）对学习成果的内涵进行了深入的研究，认为高校“学生学习成果”的核心含义是：学生经过某种学习后，知识、技能、态度和情感以及习得的能力得以增长，这种增长是具体的、可测量的。他认为，在狭义上，学生学习成果至少包括三个层面的含义：①通过某一门课程的学习，学生学到了什么；②通过所在专业的系统训练，学生的专业技能有何提高；③通过接受大学四年本科教育（获得学士学位），学生获得哪些经验。[①] 程葆青（2012）认为：“学习成果是指学习者通过学习活动所了解的知识或掌握的能力及表现出的态度或行为。”[②]

在普通教育语境中，陈清洲（2011）认为学习成果概念的表述有广义和狭义之分。广义的表述侧重于“成果”，从学校层面分析整体学生或某类群体学生的科研、就业、考研或职业变动、经济收入等行为表现，考量学生学习成果的“产出”；狭义的表述侧重于“学习”，学生学习成果可以界定为学生在参与特定的一系列学习后获得的某水平的知识、技能和能力。[③] 相较而言，国外研究者和组织更注重对学习结果的定义，而国内研究者比较偏重对能力获得的阐述。

（三）终身教育语境中的“学习成果”释义

学习成果远远不应仅被定义于普通教育领域中，欧洲理事会裴舍尔（Purser）认为：“对于学习成果来说，重要的是一种观念的认同……因此对学生或研究生不再问你获得了什么学位而是你获得学位后能做什么，它将更多联系劳动力市场，更有利于灵活

① 黄海涛. 美国高等教育中的学生学习成果评估研究［D］. 南京：南京师范大学学位论文，2010.

② 程葆青. 学习成果理论在美国旅游教育质量认证中的实践及其启示［J］. 学习与探索，2012，4.

③ 陈清洲. 实现我国成人高教学习成果互认的探索［J］. 河北师范大学学报：教育科学版，2011，5.

考虑终身学习、非传统学习和其他形式的非正规教育。”它还应包含非正式学习成果、经验和经历等。王迎（2012）在《先前学习认定的理论与实践》一书中认为，学习成果是指学习完成后呈现出来的能够表现出一定学习成就的东西，可以是报告、实物模型、产品，也可以是课堂笔记、作业、练习或者测试结果，还可以是培训证书和资格证书，此外，还可以是隐性的成果表现形式，如经历、经验。无论怎样，学习成果是可以用学习结果的形式表述的。学习结果是指学生习得的知识和经验，或者学习者在学习过程结束后知道了什么、理解了什么、能做什么。① 李光等人（2014）认为，终身学习下的学习成果是指学习者在经过一段时间的学习之后，完成特定学习任务获得的或者经过测试能够表现出来的知识、技能和能力体系。可以看出，在终身教育语境下，以学习成果的形式判断个体学习情况能使学习者获得的教育资格和条件更符合市场的需求，关注学习成果而非关注在何处取得这些成果，使教育制度呈现更加开放的特征，增强学习者学习的自主性。②

诸多有关学习成果界定的研究结果表明，学习成果是一个看似简单而实际上内涵丰富的概念，主要含义包括：①学习成果的概念既可广义又可狭义，是学生参与学习活动后获得的“结果或产出”；②学习成果的内容十分广泛，包括了认知、技能和情感等；③学生的学习成果更加强调知识应用能力；④学习成果要便于测量和评估，因为它反映的是学习增值情况。

结合我国的教育状况及发展任务和学分银行的研究，我们可以在学分银行的学习成果认证与转换语境的关照下，有所侧重地考察“学习成果”核心概念的每个部分及其关系，从而全面解读学分银行学习成果的含义。综上所述，本课题所论之“学习成果”可界定为：学习者在完成特定的学习任务后表现出来的某一水平的知识、技能和能力的总和。其获得的知识、技能和能力可能有不同的来源，如可以通过学习某课程获得知识和技能，可以经过系统专业训练增长业务理论和改进专门技能，还可以通过工作经验和社会经历获得专业的增长。“特定的学习任务”的表现形式可概括为课程、项目与活动，如以课程为表现形式的学校教育学习任务；以职业培训科目为表现形式的非正规教育学习任务；其他学术性或职业性的，反映个体专长、能力和实践经验的活动。

二、学习成果类型划分

一直以来，人们对学习成果的种类都十分关注。第二次世界大战期间，心理学家被征调入伍用行为主义学习理论来指导军事人员的训练，但发现效果并不理想。后来人们认识到，人类的学习极其复杂，如果想利用学习论原理来改进教学，必须首先研究学习类型。这种认识对于学分银行来说，具有十分重要的启示意义：学习成果的认定必须关注学习成果类型，必须能够区分不同的学习成果并且用清晰的语言表述。但是，现实中研究者和实践者总是习惯地将对普通教育或职业教育学习成果的理解理所当然地“搬”到学分银行中，并且认为是合理和科学的。殊不知，学分银行的学习成果代表着一个人

---

① 王迎．先前学习认定的理论与实践［M］．北京：中央广播电视大学出版社，2012.

② 李光，赵建英．终身学习视野下非正规学习成果认证研究［J］．河北大学成人教育学院学报，2014，2.

一生的各种形式教育所得，并非可以从原有的研究或实践中照搬。而之前的学分银行研究对学习成果的划分往往过于浅显，流于表面，在类型上存在逻辑层次不一和领域混杂的问题，此种划分未必科学。因此，必须对学分银行的先前学习成果进行认知方式、类别与层次的划分，明确学分银行要认证的学习成果范围，才能“按图索骥”地按照一定的标准和规定给予学分。

（一）按学习者心理认知方式划分

以心理认知方式来划分学习成果，可以说是十分丰富的，各家自成一言。20 世纪 60 年代，美国著名的学习与教学心理学家加涅（Gagne. R. M）对学习结果进行了分类，他在《学习的条件和教学论》中将人类学习成果分为五类：①言语信息——是任何学科学习的基础。学生具有的可用信息被储存在记忆中，需要时能迅速回忆起要点。②智力技能——是人类具有的独特能力，即使用符号（语言、数字和其他符号）对外界环境作出反应并同其他人进行交流，是人们对客观世界记忆和思考的主要方法。由于心理过程的复杂程度不同，可分类为鉴别、具体概念掌握、定义（抽象）概念掌握、规则掌握和解决问题。③认知策略——是学生掌握自己的学习、记忆和思维的一种能力，是学生在分析、解决新问题的过程中起选择、指导作用的内部组织技能，对学生思维的质量和效率起着重要作用。④运动技能——是反映人们为完成某一有目的动作，其肢体骨、肌肉运动动作的速度、准确性、力度及动作执行中的平衡性方面的能力。⑤态度——是影响个人对某物、某人、某事进行选择的内部状态。一个人对某事物的态度可以由他在各种环境下对这一事物的选择频率来表明。为便于学习成果的测量和成果属性的梳理，EC2000 项目组对尼克斯（Nichols）根据的学习成果认知、态度、行为三因素与布鲁姆（Bloom）的教育目标分类学进行了归类。布鲁姆分类学基于认知领域的六个层次：知识、理解、应用、分析、综合、评价，除认知的这些层次外，项目组增加了 Krathwoh（价值）的内容。在此基础上项目组设计了一个学习成果属性框架：学习成果由知识、理解、应用、分析、综合、评价、价值七个基本元素构成。七个成果元素分为认知的、行为的、态度的三类，其中，认知类包括知识、理解两个元素，行为类包括应用、分析、综合和评价四个元素，态度类包括价值这一个元素。但此研究成果还不具备对教育管理和教学活动的真正的指导作用。因为上述对学习成果的描述和分类还过于宽泛，不具有操作性。如何测量学习成果是教育管理和教学活动的一个重要内容。为此，项目组引用麦克贝斯（McBeath）相关的行为动词表述七个学习成果元素属性的研究成果，这使得学习成果测量变得可行而容易。另外，EC2000 项目组将十一项学习成果按成果属性框架进一步细化，形成十一个细化了的成果系列。欧盟在 1999 年开始的“博洛尼亚进程”中使用学习成果建立学科领域标杆，并将学习成果描述成知识与理解、认知技能、实际应用技能和学生的自主性等，即学生知道了什么、理解了什么以及会做什么，用知识、技能和能力要素来描述学习结果。美国教育评价标准联合委员会（Joint Committee on Standards for Educational Evaluation）认为，学习成果通常包括知识与理解力（认知）、实际技能（技能）、态度与价值观（情感）及个体行为（Gullickson. R，2003）。珍妮特·富尔克斯（ Janet FuIKs）提出学习成果包含知识（认知的）、技能（行为的）、态度（情感的）三大内涵。在国外的实践中，对学习成果类型的划分主要以各个国家建立的资格框架中的等级标准描述为主：爱尔兰国家资格框架从知识、专门知识和技能、能力三个维度定义学习成果，这三个维度进一步分解成八个次级维度。英国英格兰国家资格框架的水平描述包含智力能力和品质、过程以及责任三个维度；英国的苏格兰学分和资格框架等级标准从五个维度对学习结果进行描述：①知识和理解力，主要以学科为基础；②实践，指运用知识和理解力；③通用认知技能，如评价、批判性分析能力等；④沟通表达、计算能力和信息技术技能；⑤自主性、责任感及同他人一起工作。芬兰国家资格框架从五个维度界定每一等级标准：①知识；②工作方法和应用（技能）；③责任感、管理和创业精神；④评价；⑤终身学习和关键能力。南非2010年的国家资格框架等级描述中，十个等级标准采用分段描述，资格1至4级的描述使用了应用能力和学习的自主性两个维度，5至10级则细化为知识范围，知识素养，方法和程序，问题解决，伦理和专业实践，存取、处理和管理信息，产生和传送传递信息，背景和系统，学习的管理，责任感等维度。澳大利亚资格框架把学习结果分类统一成三个维度，即知识、技能和知识和技能的应用。

我国教育心理学家冯忠良（2000）根据教育传递给学生的经验内容，将学习成果分为三类：知识学习成果、技能学习成果（心智技能和操作技能）、社会规范学习成果。[①] 牟子颖（2012）认为学习成果应具有知识（knowledge）、能力（skill）和素质（attitudes）的描述。知识是对学习标的的内容有基本的记忆、理解，以及高层次的分析、评判或创新等运用。知识目标分为记忆、理解、应用、分析、评监、创作六大层次。能力是指在知识的基础上，通过有组织的反复练习，使学生实际完成某项任务的能力。能力目标分为观察、准备、模仿、表现、熟练、创造六大层次。素质是学生对于一门学科的兴趣、态度，以及对此领域的赏析和内涵价值观的内化与养成。素质目标分为接受、反应、评估、组织、形塑品格五大层次。[②] 当然，以上的划分更多基于成人阶段之前的正规学习和非正规学习而言，偏重于学习者身心发展的特点。而我国劳动和社会保障部（2012）的职业鉴定考核学习成果更关注劳动者内部心理认知的方式，为了反映劳动者完成工作任务的内涵和质量，将技能划分为特定技能、通用技能和核心技能几大块。这些技能中蕴含着学术知识内容以及生产技能、交际合作能力、创新能力、处理问题能力等一系列能力，在一定程度上是劳动者学习成果的体现。[③]

从中外的学习成果分类可见，尽管标准描述和语言表述不同，研究者将学习分为认知、动作技能和情感态度三个领域。在认知学习领域采用知识（陈述性知识）、智慧技能（程序性知识）和认知策略（素质）三分的形式，这几乎已成共识，也是大多数学习成果分类系统遵循的框架，这对学分银行学习成果指标体系的划分有一定借鉴意义，也为学分银行学分的认定起到一定的标准导向和指导作用。如果运用到学分银行学习成果划分中，我们可以从知识、技能、认知策略（素质）和情感方面考虑。在知识方面，强调知识的学习，包括学习知识时的感知和理解等；在技能方面，主要指动作的、心智的

① 冯忠良．教育心理学［M］．北京：人民教育出版社，2000．

② 牟子颖．有效构建学生学习成果评价机制的探讨［J］．中国市场，2012，52．

③ 国家职业分类大典和职业资格工作委员会．中华人民共和国职业分类大典［Z］．北京：中国劳动社会保障出版社，2012．

技能和熟练程度，是一种外显的能力；在认知策略（素质）方面，强调对知识的分析、运用和创造，是一种潜在的对事物的综合性认知能力或倾向，比如经验和经历就是一种隐性能力和隐性成果表现形式，这与心智技能有一定的重合；在情感方面，特别强调学习者的自主性、责任感、态度、价值观和责任心。但需要注意的是，由于是学习成果类型的划分必定会涉及对其的认证，就必须采用一定的手段和方式测评出来。知识和技能较容易测量，能用外显的指标表示；认知策略（素质）和情感却具有内隐性，难以在短期内显现出来或用一定的指标评价，因此在对学习成果类型认定的时候，从可操作性上讲，认知策略（素质）和情感不太容易被划分为学习成果中的一类，但是考虑到知识、技能、认知策略（素质）和情感四个方面均有可能彼此包含、彼此融汇、彼此交叉，认知策略（素质）可以用心智性的智慧技能指标替代测量，本课题暂且就用认知学术知识类、技能类两大维度来描述学习成果，而技能下面又细分为动作技能成果和智慧技能成果，至于采用何种测评手段，则是需要进一步研究的问题。

（二）按学习反映的领域划分

就学习反映的领域来说，它包罗万象，十分宽泛。在学习型社会背景和学分银行认定所有一切可以认定的学习成果理念指导下，难以作出非常严格的区分。而目前在成人教育领域中，各国普遍采用的学习成果认证方法主要分为两类：一类是面向学历教育正式学习成果的评价与认证；另一类是面向非学历教育、非正规、非正式学习成果的评价、认可与认证。比如在欧洲的“博洛尼亚进程”中，将学习成果的学习领域分为由授权机构颁发的学位、文凭和其他证书的学历教育成果，以及证实学习者已成功地完成某种学习的非学历教育证明。上海终身教育学分银行将认证的学分分为学历教育学分、职业培训学分和文化休闲教育学分三种。江苏省教育厅印发的《江苏省终身教育学分银行管理办法（试行）》中规定学分银行的学分包括学历教育学分和非学历教育学分。映射到学分银行对学习成果的分类和认可时，通常划分为学历教育成果和非学历教育成果，只不过这种分类过于宽泛，不利于运行中的具体操作。在划分学习成果时，所反映的领域主要是指它的教育类型产生的不同成果。正式学习成果是指学习者有意识接受的结构化的、有明确教学设计的学习成果，一般由学校这样的教育机构提供。这类学习本身通常就附带有比较明确的评价方法，学习过程结束时即实施相应的评价与认证，并通过证书或者学分之类的形式表现学习成果，涵盖了普通中学教育、中职教育、高职高专教育、本科教育、研究生教育等形式。非正式学习成果是对申请者通过非在校学习而取得的知识和具备的技能的认可并转换为学分银行的学分。这种学习与学习者自身的工作经历相关联，评价学习成果还要考虑其工作经历，但评价重点应该放在从工作经历中获得的知识、技能或能力上，不以取得学历文凭为主，取而代之的是各种合格证书或学习证明。此外，除了有资质的教育机构能够产生一定的学习成果外，也不能忽略某些有资质的认证机构颁发出来的专利证书、等级证书、资历认证或技能证书之类的其他学习成果，或是已被公众认可的成果等。因此，许多研究者根据学习反映的领域对学习成果进行了划分。例如彭飞龙（2011）认为应该认证的学习成果包括学历文凭证书，职业资格、职业技能等级证书，课程学习证明或课程考试合格证明，各类专题培训的学习证明或培训合格证书，其他学习证明。[1] 程千（2012）提出将学习成果分为学历教育学习成果（正规学校学历学位证书和课程证明）、非学历教育学习成果（培训机构证书和从业资格培训证书）以及工作经验、发明专利、奖项和工作经历等。[2] 王迎（2011）则提出，可以对不同类型的先前经验进行认证，包括基于工作本位的先前经验认证和基于无报酬工作的先前经验认证。[3] 由此看出，对于学分银行应当认证的内容，研究者持有各种不同的观点，说明学分银行的内容覆盖广泛。

要运用学习成果理论指导学分银行的体系搭建，首先必须能够区分不同的学习成果并且能用清晰的语言对它们进行表述。在现实中划分存在的问题是，学历教育经过多年的实践，其中的学习成果已经过大家的公认，争议较小；但是非学历、非正规、非正式的学习成果包含广泛、形式多样，且是隐性的，与正规学历教育成果的呈现方式不同，极不容易达成一致认同，如果不在学分银行学分认定机制建立之前确定类型，最后易陷入标准不清、争吵不休的混乱局面，或是让学分银行在运行过程中滋生某些腐败或“钻空子”现象，这对整个社会来说是一种资源浪费，对学分银行机构来说是一种名誉损毁，对学习者来说是一种积极性的挫伤。因此，有必要在初期将学历教育部分和非学历教育部分的学习成果严格分开。对学习成果的辨别是进行认可的第一个环节，例如在葡萄牙，国家质量控制部门颁布了相关的学习成果辨别指导性文件，以帮助评估者对技能以及其他各种学习成果进行辨别和评估。如果按照学习反映的领域进行划分的话，在学历教育部分，可以分为学历文凭类、学位证书类、课程证明类（部分培训证明）、考试证明类的学习成果；在非学历教育部分，可以分为资格证书类、技能证书类、等级证书类、培训证书类、专利证书类、获奖证书类、学习证明类、已成成果类（科研报告、著作、设计、经历经验等）等的学习成果。

（三）按学习成果反映的层次划分

就学习成果反映的层次来说，它可以是一种标准体系的层次化。由于教育层次的不同，学习成果所体现的内容和难易程度也有所不同。对学分银行来说，将来能转化和认可的学习成果主要集中在部分中等教育（高中阶段教育和中职教育）以及全部的高等教育（高职高专教育、本科教育和研究生教育）中。对于如何反映出学习成果的层级，国际通行的做法是搭建资历框架（Qualifications Framework，QF），也就是对学习结果进行层次划分，在学习结果的通用指标体系基础上，建立各个资格（学历资格、职业资格）所需的学分范围（包括学习结果层次）及相应的课程单元，确立资格框架。目前，各国政府尤其是西方发达国家，为确保教育及培训机构开办的课程能得到素质保证及行业的认可，纷纷设立资历框架，制定不同行业的课程内容、学习模式及学习成果指标，协助行业、雇主及雇员，使之能够清晰地知道课程的定位、所获取资历的认可及素质保证的情况，以及资历所达到的级别水平，实现终身学习、提升人员素质的目的。这样的资历架构已分别在欧盟、澳大利亚等 142 个国家和地区建立起来，包括欧洲资格框架

① 彭飞龙．全民学习与终身学习之学分银行的构建模式——以慈溪为例［J］．中国成人教育，2011，1.

② 程千．学分银行“学习成果认证”方法研究［J］．湖南广播电视大学学报，2012，1.

③ 王迎．非正式学习成果认定的研究与实践［J］．中国电化教育，2011，1.

（European Qualifications Framework）、英国资格与学分框架（The Qualification and Credit Framework）、苏格兰资格框架（Scottish Qualifications Framework）、东盟资历参考框架（ASEAN Qualifications Reference Framework）、南非资格框架（Qualifications Frameworks of the Southern African Development Community）、亚太经济区资格框架（Qualifications Frameworks across APEC Economics）、澳大利亚通用指标体系（Australian Quality Training Framework）等，并呈现出跨国、跨地区的国际化趋势。其中，欧盟设定了1～8级的资格框架，适用于职业教育和高等教育领域；澳大利亚通用指标体系基于学习结果的通用指标总共有15个级别，每个学习结果对应一个资格类型。

资历架构搭建的学历等级能够反映出学习成果的层次，既包含了普通正规学术教育，也包含了职业教育和继续教育，通过建立行业培训咨询委员会和资历级别通用指标，制定能力标准说明，描述每个行业的晋升路径，实施先前学习经验认可，利用严格且标准化的指标反映学习成果的不同级别和难易程度。可以说，分层次地制定学习成果反映标准，是满足全社会教育、培训和考核的不同需要，提高学习成果标准的适用性和开放性的重要方法。因此，如果学习成果按照层次来分类的话，在我国可以由中等教育开始，参考国外的通用资格框构，将学习成果的层次粗略划分为：1级，中普中职教育文凭/证书；2级，高职高专教育文凭/证书；3级，本科教育学士学位/文凭；4级，研究生教育硕士学位/文凭；5级，研究生教育博士学位/文凭。至于具体的内部层次，尚可以进一步探讨。

三、学习成果维度和标准

学习成果类型的划分是一个极其复杂的问题，至今都没有一条准绳可以将其精准地刻画出来，如果分别按照不同认知方式、领域和层次进行划分，只能对学习类型建立某种领域和标准的粗略构想。在现实中，可以将三种方式结合起来认证学习成果，形成一种相互融通和彼此汇合的架构。这种架构横向分类、纵向分层，是一种纵横交叠、相辅相成的立体系统。首先在纵向上，以教育层次对学习成果进行等级划分，建立资历架构；其次在横向上，对每个层级的学习成果的学习领域进行分类；最后每种学习领域中的学习成果按照学习者的心理认知方式进行通用指标的确立，各学科或行业再根据自身的需要制定对知识和技能的具体要求，对劳动者的水平进行考核（如图3－1所示）。

四、学习成果评价

在普通教育当中，学习成果评价通常是指“以学生学习成果为评价对象进行价值判断的过程”。通过评价，判断教师教学的质量水平，发现问题，从而采取措施改进教学，激发学生的学习积极性。评定学生学习成果的考试和测定要有较高的质量指标，要进行信度、效度、难度、区分度等质量分析。测试内容要有利于全面衡量学生知识技能的广度、深度和熟练程度，有利于考查学生运用知识于实际的能力。（陶西平主编，1998）①

① 陶西平主编. 教育评价辞典［Z］. 北京师范大学出版社，1998.

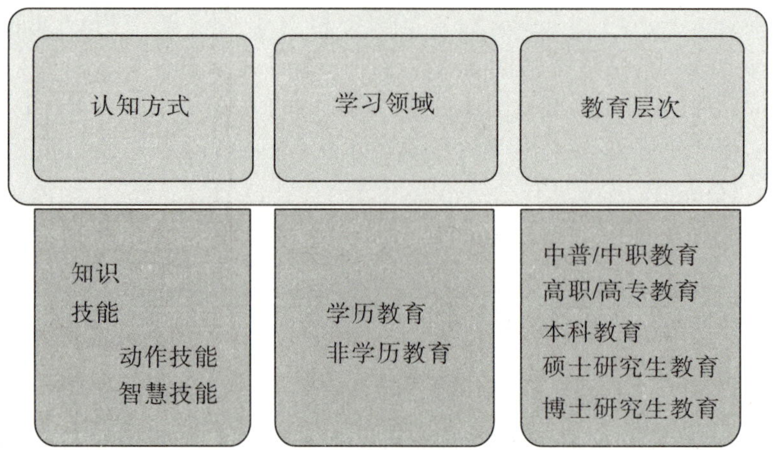

图 3－1 学习成果类型架构预想

对于继续教育和终身教育来说，要对学习成果进行评价，其实也可以借鉴当前普通教育当中通行的一些做法。

（一）评价原则

对于正式学习成果评价而言，王丽丽等人（2014）认为其原则应遵循以下几点：①从制定明确的教育宗旨与目标开始，清楚地列出学生在校时应达成的学习成果目标与标准；②反映学习多层级化、整合性的长期性表现；③兼顾学习成果及其相关学习历程；④要有学校各方人员参与；⑤要在一个能够受到接纳、支持并能得到适当资源的环境中推进；⑥评价工具必须具有高标准的测量效度与信度。①

而对于非正式学习成果评价而言，可以借鉴 2004 年 5 月欧盟提出的非正式学习成果认证的原则：尊重个体的隐私；保证进入验证程序的公平性以及公正地对待；利益相关者应该建立验证体系；体系中应包括个体指导和咨询的机制；体系应得到质量保障的支撑；验证过程、程序和标准必须公平、透明，有质量保障；体系必须尊重利益相关者的合法利益，寻求均衡地参与；验证过程必须公平，避免利益冲突；评估人员的专业能力必须得到保障。

学分银行中的学习成果主要针对非正式学习的学习成果，但也包含诸多正式学习的学习成果，因此，对于这些不同类型的学习成果的评价应该有自身遵循的主要原则。根据李林曙（2013）、高洁（2014）、王金金（2014）等一些学者对正式学习成果和非正式学习成果评价原则的描述，本课题总结出以下几条：②③④

1. 公平公正原则

公平公正是学习成果认证工作的前提，形成相应的工作态度，研制非正式学习成果认证标准，制定相应的认证规则，规范非正式学习成果认证的程序和方法，客观地呈现学习信息，真实反映学习效果，使认证结果不受相关因素干扰，真正体现公平公正。

① 王丽丽，温恒福．大学生学习成果评估研究［J］．教育评论，2014，5.

② 李林曙，高洁，付建军．非正式学习成果认证的原则与方法研究［J］．天津电大学报，2013，2.

③ 高洁，付建军，孙旭．非正式学习成果认证探析［J］．远程教育杂志，2014，4.

④ 王金金．关于非正式学习成果认证标准的相关研究［J］．山东农业工程学院学报，2014，2.

2. 质量第一原则

将质量放在突出重要的位置，清晰地认识到，学习成果特别是许多非知识性的成果具有隐性、潜在和非常规等特点，在操作过程中容易出现随意和人为操控现象，引发社会对其认证质量的特别关注。因此，一方面，在严格遵循权威发布的认证标准的同时，要注意不同类型成果之间是否有可比性；另一方面，认证人员本身应具有该领域较高的专业水准和专业能力，这样才能对学习成果进行认证。

3. 标准为先原则

认证标准是学分银行学习成果认证工作的基础，只有在内容界定、单元划分、学分含量等各种基础标准和认证工作程序、认证方法手段、服务标准规范等建立健全的情况下，"公平公正、质量第一"才有了落脚点和基本保障。因此，在正式开展学习成果认证工作之前，必须首先开展认证标准体系的制定，并采取切实有效的措施，确保认证标准体系的科学性、合理性与权威性。

4. 公开透明原则

公开透明是学分银行评价非正式学习成果应该秉持和坚守的基本准则，也是各利益相关方的共同诉求。学习成果认证的标准、规范、评价方式、过程等相关内容应向社会公众公开，过程资讯和信息及时发布，认证结果按时通知学习者本人。

5. 自愿原则

对非正式学习成果进行认证，属于学习者个人行为，应该由学习者自主决定是否参加认证，认证多少学习成果。所以，应以自愿参加为原则。

6. 同步监控原则

在非正式学习成果的认证过程中，始终坚持监督评估与认证过程同步，建立起认证质量不断改善和提高的长效机制，确保认证机构能自律，认证过程有监控，认证效果有评估，认证工作可持续改进。

7. 渐进原则

非正式学习成果涉及范围广泛，表现形式多样。因此，在实施过程中要逐步推进，初期划定小范围试点，从简单的、容易进行认证的学习成果开始，然后再推广。

8. 保护学习者隐私的原则

参与非正式学习成果认证的学习者多是具有一定生活和工作经历的成年人，因此，要充分尊重个人意愿，保护学习者的隐私和权利。

9. 认证过程简单化原则

认证的程序和手续应尽量简洁，以免学习者面对繁杂的程序和手续望而却步。

10. 有效期原则

非正式学习成果的评价与认证具有时效性，评价与认证结果在一定期限内有效。超过有效期需经相关认证机构进行再次评价、认证。

11. 多样性原则

非正式学习成果的形式多样，因此，在认证范围上应涵盖各级各类学习领域。

（二）设置科学合理的评价信度、效度、区分度

对学习成果的认证，最重要的环节就是在成果认证与资格授予之间设立参照点，那

就是标准。这种标准必须科学合理地评价信效度、区分度，成为学习成果与学分之间沟通的桥梁，使各种类型的学习成果得以转换成正规教育的有效学分。

1. 认证标准应与正式学习成果评价对等但有所区分

学分银行中的学习成果认证有两类，一类是面向正式学习成果的认证，另一类是面向非正规、非正式学习成果的认证。其中，非正规、非正式学习成果的认证标准要有与同等正式教育学习成果的评价标准相同水平的衡量内容，或者说应该是相当或对等的。所以，学分银行学习成果认证标准要建立在一定科学要求的基础上。也就是说，进入学分银行的学习成果特别是非学历教育的学习成果在某种程度上要与正式教育的成果一样，可以进行评价和认证，那么评价的标尺就应该具有信度和效度，对于相同学科不同类型的成果（如体现学术或体现技能的），应该具有明显的区分度。只有这样，才能保证学习成果认证的准确性、科学性和有效性，才能保证认证质量，才能为全社会所认可。通过专业认证标准来认证学习成果，将之转换为有效学分。认证标准是贯彻实施学习成果认证的基础性工具，也是认证工作的核心。

2. 认证标准的各级指标要体现出区分度

由于持学习成果至学分银行认证的学习者掌握文化知识的水平可能各有高低，操作技能的程度也可能参差不齐，因此，在制定认证标准时，要注意区分层级以及划分层级的指标原则，以标示学习者知识或技能水平的高低。认证标准要清晰，涉及的专业名词术语要进行注明解释；要有具体的操作程序和原则；标准描述要具体到成果所覆盖的知识点、技能点和能力水平。（高洁，付建军，孙旭，2014）[①] 在辨识学习成果时，既要面向课程标准，也要面向职业标准。标准虽然不同，但是可以参照国外的资格框架或资历架构中的认证原则，不同类型的学习成果认证时要符合“核心课程”对等原则，即至少学术型课程和技能型课程在核心部分一定是等同的。指标指明的是学习成果在知识、技能和能力上的要求、程度和难度。

3. 颁证机构对学分的认可应有限度

从理论上讲，学分银行存储的学分完全可以与任何教育机构互通，但实际上，各个教育机构和学校之间因为教学水平、教学特色尤其是社会声誉之间的差异，对外来学习成果转化为自身学分的要求是相当严格和苛刻的，如果完全接受外来学习成果，那么一所学校必会失去自身的特色，也会失去存在的必要，整个社会的教育水平也绝不可能因学分银行的学分互换而变得整齐划一，相反，不同教育机构会因认证的随意性而变得混乱无比。国际的实践经验也显示，国外学校对学习成果的认证相当严格和谨慎，二者的匹配程度至少要在50%以上。因此，颁证机构对外来学分的认可设置限度是完全可以理解的，否则便无多样化和办学特色可言。当学分银行接收外来学分存储时，也应该向学习者表明，这些学分仅仅有部分能够作为获取学历学位证书或职业资格证书的条件，但并非全部。颁证机构可以确定自身学分的最高认可比例，以及不认可学分的目录，这样才能保证培养人才的质量和颁发文凭的含金量，以及颁证机构教育的个性化和独特性，同时也能促进学习者继续学习的积极性，增强社会认可度。

① 高洁，付建军，孙旭. 非正式学习成果认证探析 [J]. 远程教育杂志，2014，04.

（三）测评方式多样化

确定了学习成果之后，接下来就是选择相应的评价方式。多种多样的学历教育和非学历教育学习成果形式，决定了考评形式必须也要多样化。

说到考评形式的多样化，不得不提及考评的体系。吴农（2001）认为，以各个国家的状况来看，成人学习成果评价主要围绕学力和技能两个领域来进行。[①] 在这两大领域，各国的评价方法、组织结构和组织方式等都有各自的特色。其大体可以分为两种基本模式：一种是通过大规模、权威性、标准化和规范化的考试检验制度化来对成人学习成果进行评价的体系；另一种是通过学校教育网络化来对成人学习成果进行评价的体系，例如英国的开放大学的灵活性、开放性专业课程设置和授课方式，即是一种学校教育网络化的学习方式，它同时与考评结合起来，形成一种网络开放教育的评价方法。

也有学者（马彦利，2012）认为学习成果的评价方式应该是定量或定性测量等方法的结合，比如有标准化测试来检测通识教育技能和专业水平。如美国有三个测试高等教育通识教育技能的标准化考试：①大学学业水平评估考试（CARP），以多项选择题测量学生的阅读、写作、数学、科学以及批判性思维技能，其承办的专业领域考试（MFT）属于测试专业水平的标准化考试，涉及生物、经济、商业、音乐等13个学科；②ETS承办的水平轮廓考试（Proficiency Profile），以多项选择题测量批判性思维、阅读、写作和数学技能；③教育援助理事会（Council for Aid to Education）开发的大学学习评估考试（CLA）。但同时也认为，虽然标准化测试通常具有很高的测试效度，但并不适合考察工作场合所需要的一些重要技能，如合作技能、复杂思维技能、沟通技能，以及职业道德行为。因此也产生了一些定性的评价方法：①院校或项目内部设计的综合考试（包括问答题）；②学生表演、展览和模拟的评审；③学生态度、价值观和经验的评估；④学生对自身能力、技能和进步的自我评价；⑤评价量规和标志性作业；⑥学生历程档案和顶峰课程；⑦外部评审人的评审；⑧学生/教师面试（面谈）；⑨成绩单、教学大纲和课程内容的分析；⑩行为观察（包括实习）；⑪职业跟踪数据；⑫校友和雇主的反馈。上述许多手段既可用于评估通识教育的知识和技能，也可用于评估专业领域的知识和技能等。[②]

由此看来，对于学习成果的评价应该将定量化、定性化、标准化、规范化、灵活开放化的形式结合起来使用。定量的测试在正规教育和正式学习中已经有了多年的经验和一套自成体系的方法，对于学分银行来讲，并不存在多大的问题，但非正规教育和非正式学习中的定性测试方法却多种多样，既要反映学习的成效，又要反映学习的过程。2009年在巴西举办的第六届国际成人教育大会上，联合国的144个成员国集体通过的《贝伦行动框架》认定，应开发一些识别、记录、评价、验证和认证学习成果的程序，对于那些正规教育和培训机构之外的个人经验学习、自我指导学习和其他非标准化的学习形式，给予适当的考虑。因此，学分银行对学习成果测评的形式可以有两种。

---

① 吴农. 成人学习成果评价初探——兼谈高自考功能的拓展［J］. 北京成人教育，2001，01.

② 马彦利，胡寿平，崔立敏. 当今美国高等教育质量评估的焦点：学生学习成果评估［J］. 复旦教育论坛，2012，4.

1. 终结性评价（评估和认证学习结果）

终结性评价主要针对学历教育和正式的学习成果，采用标准化、规范化、量化测试，通常包含毕业设计、调查、学生自我报告、全国性技能统考、区域性统考等测量方法。

2. 形成性评价（更关注识别、记录、建议和咨询）

（1）基于学习过程的档案袋认证法

基于学习过程的档案袋认证法是指学习者把工作经历、经验、技能和作品、资历、业绩、荣誉等成果的全部有效材料，按照认证机构的统一要求，有组织地、系统地装在一个档案袋里面，交由测评专家组进行认证评估，以证明学习者确实具备劳动力市场要求的知识、技能和能力，符合有关标准，能够胜任相关工作的认证方法。一些国家建立了对话的和基于档案袋的认证方法，比如德国建立了认证和记录学习成果的档案式“通行证”；英国国家成就记录（National Record of Achievement）以全国共同的标准，记录包含学校教育在内的个人的学习成果评价记录；日本建立“终身学习记录票”制度，记录个人的学习成果，不仅客观地记录个人的学习成果，还包含个体的自我评价和自我记述。有一些国家则采用了更为人性化的方式：如菲律宾采取发放主要记录非正规学习和无一定形式学习成果的多元学习体系护照，记录学习者的学习情况、获得的能力等。学习完成后，学习护照可作为参加就业和继续学习的资格凭证，提供给相关部门和院校。

（2）能力测试法

能力测试法是指学习者以口头或书面的方式，回答测评专家组预先规定的学习领域的相关问题或相关职业技能问题的一种评价方法。它主要采用个人简历评价、任务测试与面试相结合的方法，基于多元评价方法实施面向成人学习者的先前学习认定。

（3）观测法

观测法是指依据某种严密的规则与方法，由测评专家、第三方评审员现场观测和评量学员是否在学习了某种课程后达到能力要求的方法。其主要测试学习者在实际劳动环境中或相类似的工作场所中的表现，检测其职业技能是否达到标准，再由测评专家最终给出测评结论。

（4）陈述法

陈述法是指学习者以口头或书面的方式，向测评专家组陈述与特定标准要求相对应的知识和技能，测评专家组据此作出测评结论的一种认证方法。这种方法往往用于企业测评中，针对具备一定职业年限的学习者。申请者在限定时间内向专家组陈述个人基本情况、学习成果、工作技能，并进行答辩。

（5）模拟法

模拟法是指将学习者置于一个具备实际场地所有特点的虚拟的情境之中，让学习者充分展示自己已具备的专业能力，再由测评专家组给出测评结论的一种认证方法。国外通常采用这种认证方法，比如澳大利亚的先前学习认证（RPL）就是邀请专家在工作现场对学习者的表现和完成的任务进行测评。

（6）提供反映学习成果的各种证据

反映学习成果的各种证据是学习者学习之后取得成果的各种证明材料，包含职业技能证书、专业证书、培训证明、学习经历证明、完结课程证明、劳动合同、雇主的证明、参加的工会组织以及发挥作用的记录、在高中获得的证书以及校长或教师的推荐信、社会有关团体领导人的推荐信、发表论文、作品、作品夹、研究论文、实习报告、调研报告、表演获奖、问卷调查、自我评价等多种形式。

由于非正式学习不是标准化和可预测的，其成果表现形式往往呈现多元化特征，认证的方式方法也必然多元化。单一的方法往往过于片面和狭隘，难以做出全面的、科学的评价。因而，在实际认证中，应充分遵循非正式学习成果的特点，将各种认证方法混合和搭配使用，使所测评的结论变得科学、客观、真实和可靠。

第二节　学分制

在实际研究中，研究者往往忽略学分制这一具有悠长历史的教育管理制度，直接一头扎入学分银行中进行盲目研究，殊不知，缺少了学分制根源的学分银行探究，只会是无本之木、无源之水，因为学分制真正的核心精神是“学习自由”，没有对学习自由的理解，就不会了解学分银行创办的含义，更不会理解学分认证与转换的意义。为了更好地了解和把握学分制与学分银行的关系，有必要去探究学分制的来源及发展历程，从而寻找出学分银行的存在理由及学分制学分和学分银行学分的真正区别与联系。

一、学分制溯源

学分制的产生前提是选修制。其最早诞生于德国，18 世纪德国的工场手工业蓬勃发展，哲学新思潮出现，社会经济的发展要求大学要一扫过去经院哲学式的沉闷。德国学者认为，必须“以教学和研究的自由原则取代僵化、生硬的教学”，因而，一场围绕学术自由的大学改革运动开始开展起来。

哈勒大学率先改革课程体系，它从创立之日起，没有采用教会肯定的教条为教育原则，而是奉行两条新的原则：一是采纳近代哲学和近代科学，二是推行思想自由和教学自由。哈勒大学摆脱传统教条的束缚，使大学性质从根本上改变，成为“学术自由的第一个发祥地”。在新的办学原则的指导下，它对课程设置实施改革，以区别于传统的中世纪大学，包括将绅士教育的内容同培养国家和地方官吏必备的知识结合起来；将以往的文学学部改为哲学学部，取得与神、法、医学等学部同等的地位。这种改革可说是开创了“讲学自由”的风气。脱胎于哈勒大学的哥廷根大学禁止排斥持“异端”观点的教师，注重对文学学部和法学学部的课程改革，在内容上注入了大量的与近代社会有关、直接服务于民族国家发展的实用世俗学科。到 18 世纪中叶，第一次大学改革运动在获得了相当的成功之后，教学改革的重要代表性成果之一就是产生了课程选修制。但真正使德国大学出现新面貌、产生系统的科学教育理念、确立课程选修制地位的，则是第二次大学改革运动。此时新人文主义运动兴起并诞生，威廉·冯·洪堡（Wilhelm von

Humboldt）在理性主义和新人文主义的双重理念激荡下创立柏林大学。柏林大学自它建立之日起，拓宽和深化了哈勒大学、哥廷根大学所体现的现代性思想，实行课程选修制，并形成与选修制相契合的教育教学思想与理论体系。洪堡倡导自由的个性教育，强调人个性的自我形成，主张学生自由选课，教师自行安排学习顺序和进度。柏林大学的选修制的理论和实践在世界上产生了重大影响。

18 世纪，选修制理念被美国的一些教育改革者引入美国高校。因为在这之前，美国大学基本效仿英国，采用固定课程和古典课程。随着社会的进步与发展，许多杰出人物要求对大学进行课程改革，实行选修制，增加一些供学生自由选择的实用课程。1779 年，托马斯·杰斐逊（Thomas Jefferson）提出“杰斐逊重组”（the Jefferson Reorganization），其重要内容之一就是引入选修制，威廉·玛丽学院成为美国引入选修制的第一个“吃螃蟹”的大学。1824 年，杰斐逊创建弗吉尼亚大学，该校允许学生在 8 个不同科类中选学 1 组，不准备攻读学位的学生则可任意选学课程（称“部分课程”），这可谓是初期的选修制。但之后受到来自耶鲁学院著名的《一份关于自由课程的报告》等传统势力的极大阻挠和反对，选修制一度中断。

随着 19 世纪四五十年代美国民族自觉意识的增强，工业化和西部拓疆进度的加快，美国经济、社会发生急剧变革，科学技术的重要作用日益明显，教育改革呼声也日益高涨，真正的选修制从南北战争之后开始推行。在这种形势的推动下，美国高校以实行选修制为核心的课程改革运动又掀起了新的高潮。哈佛大学校长艾略特冲破重重阻力，在 1846 年确立自由选修制并全面推行。在此期间，哈佛大学以其选修制的先进性和适应性逐渐赢得了市场，比如哥伦比亚大学、康奈尔大学、斯坦福大学、霍普金斯大学、芝加哥大学、杜邦大学纷纷开始实行选修制，就连最初最强烈反对选修制的大学也不例外，开始试行选修制。美国高等教育发展的历史证明，选修制进入高等院校，其意义不仅在于赋予学生选择课程的自由，而且在于引发的课程内容改革、教师与学生职能的改变和学校组织结构的改变，是美国乃至整个世界高等教育的一次革命性进步。

到了 20 世纪初，由选修制转化而来的学分制在美国多数大学及中学普遍推行并改进。与此同时，学分制同导师制、绩点制和有关的奖励、资助和审核制度并行，使得学分制更为完善，逐步为西欧、北美、日本等的高校采用。

学分制在我国最早可追溯至新中国成立前的一些大学，以蔡元培和郭秉文为代表的先进知识分子引进西方高等教育的“学术自由”思想，最先在北京大学和东南大学实行“选科制”改革，对全国产生了很大的影响。之后，国民党统治时期，西南联大和浙江大学开始实行学分制。新中国成立后，高等教育全面学习苏联办学模式。1952 年院系调整，一度将学分制取消，实行大一统的学年制。1978 年，学分制恢复和发展起来，教育部提出有条件的学校可以试行学分制，南京大学、武汉大学、南开大学、浙江大学等少数重点大学率先开始实行学分制。此后，1985 年的《中共中央关于教育体制改革的决定》正式肯定了学分制，提出“加强高等学校同生产、科研和社会其他各方面的联系，使高等学校具有主动适应经济和社会发展需要的积极性和能力”；同时提出了教学改革的措施，即“要针对现存的弊端，积极进行教学改革的各种试验，例如改变专业过于狭窄的状况，精简和更新教学内容，增加实践环节，减少必修课，增加选修课，实行学分制和双学位制，增加自学时间和课外学习活动”。[①] 至20世纪80年代中期，多数重点大学都实行了学年学分制。在此影响下，学分制不断向纵深发展，还陆续扩展到自学考试、电大以及其他成人高等教育领域。到1996年年底，全国近三分之一的高校已实行了学分制。虽然学分制在这一过程中因教学秩序和教学质量问题一度有过停滞，但最终以发挥学生的个性，激发学生的学习积极性、主动性和独立性，有利于因材施教，有效开发学生潜能等无可争辩的优势，在国内高校全面推开。

二、学分制生成的教育思想实质

学分制的教育思想实质就是“学术自由”，既包含了大学教师的“讲学自由”“研究自由”，也包括学生的“学习自由”，即学生应该享有“选择学什么（选修课程）的自由，决定什么时间学和怎样学的自由，以及形成自己思想的自由”（蔡先金等，2008）。[②] 在这些自由中，学生选择学什么的自由即选择课程的自由居于核心地位。20世纪西方发达国家关于学习自由的改革实践，基本上都是围绕选修制和学分制来进行的。

三、学分制的价值评判

从培养目标看，学分制的指导思想往往是以个人为中心的教育价值观，强调尊崇个性，解放天性，促进学生在人性或个性方面的自由发展，培养完美和全面的个人。由此，学分制认为教育的基础就是尊重个人发展的自然规律与了解个别差异，以个性的发展带动社会的发展。

从专业设置和课程结构来讲，学分制是为了使学生的理性与个性能够得到自由的发展，以适应社会的需要，因而注重知识传授、品德培养以及生活方式的养成。为促进人格发展，需要进行全面的、广泛的学习。

从教育管理制度来看，学生不是被强制塑造的物品，而是自由发展的个体，任何约束手段都会压制人的天性。选修制或学分制的核心：采用自由的、灵活的教学管理制度促进学生的自由发展。

四、学分制的本质

对于学分制的本质，学术界有着不同的观点。

根据教育类辞典中的解释，通常将“学分制”认定为一种教学管理制度。《国际高等教育百科全书》将“学分制”解释为“一种衡量某一教学过程（通常指一门课程）对完成学业所做贡献（作用、地位）的管理方法”。《中国大百科全书·教育》将“学分制”解释为“高等学校的一种教学管理制度。它以学分作为计量学生学习分量的单位”。《教育大辞典》认为：“学分制是高校以学分来计算学生学习分量的一种教学管理制度，

① 中共中央．中共中央关于教育体制改革的决定［EB/OL］．http://www.edu.cn/zong_he_870/20100719/t20100719_497960.shtml．1985－05－27．

② 蔡先金，宋尚桂．大学学分制的理论与实践［M］．青岛：中国海洋大学出版社，2008．

一般以每一学期的授课时数、实验和实习时数以及课外指定的自习时数为学分的计算依据，根据各门课程的不同要求给予不同学分，并规定各专业课程的不同学分总数，作为学生毕业的总学分。”《教育管理辞典》将“学分制”解释为“高等学校的一种教育管理制度。以学生取得的学分数作为衡量其学习完成情况的基本依据，并据以进行相关管理工作”。

在学界，通常从学分制的管理过程入手进行内涵阐释。王伟廉主编的《高等教育学》非常明确地将学分、选课制和绩点制作为学分制的构成要素。[①] 学者杜秋虹（2009）认为，学分制随着选修制的产生而发展起来，是以学分为单位计算学习者的学习量，由学习者自己选择课程、学习时间和学习方式，安排学习计划，按取得规定的最低学分数作为修完学业标准的一种教学管理制度。其本质特征可以概括为：学习实现的灵活性、学习内容的选择性、课程考核的变通性和培养过程的指导性，充分体现以人为本，注重共性和个性的需求差异，突出人才培养的多样性、个性化。[②] 刘昕（2009）认为，所谓学分制，就是以选课制为基础，以学分衡量学生学习量和学习进度的一种弹性教学管理制度。这种管理制度与一系列规章制度构成了完整的有机整体，形成了一种具有丰富内涵的教学管理制度。[③] 潘懋元（2009）认为，实行选修制的学校，由于同时入学、同一系科的学生所学的课程和学习进度不相同，为掌握学生学习状况，审查入学、转系、转学、毕业等事项，需要建立一个衡量学生学习状况并可供比较、判断的统一标准，于是学分作为一种衡量学生修习课程学习量的标准计量单位应运而生。[④] 目前，实施学分制的学校都会规定所学课程的学分，只有通过课程的学业考试，才能获得相应的学分。如果学习者的学分积累到毕业总学分，就可以拿到相应的文凭。学分制以学分作为学习量的计算单位，采用多样化的教育模式和比较灵活的教学过程管理模式，其实质是选课制，选课制是允许学生自己选择所要学习的学科、专业和课程。

事实上，这些定义并没有实质上的区别，所有定义都强调以学分作为计算学习量的单位，以选课制作为学分制的核心特征。在综合各种文献的基础上，本课题将学分制定义为：“以学生自主选择学习内容为核心（自主选课制），以学分与绩点作为衡量学生学习量与质的计量单位，以取得一定学分和平均学分绩点作为毕业和获得学位的标准（弹性学制），由教师对学生学习过程进行全程辅导（导师制）的教学管理制度。”

虽然学分制具有“弹性、灵活、兼容”的特点，允许学生自主选择课程，在一定范围内各取所需，由学生灵活掌控，弹性较大，但是，在一个倡导终身学习的开放型社会中，学分不仅仅单纯代表学完某学科课程所获得的分值，而是应该扩大内涵，用以代表学习者获得某种证书、文凭、经验或达到某个级别所需要的学习量。研究者陈龙根等（2005）认为，学分制中的学分具有教学功能、转移（互认）功能、教育功能、“特殊商品”功能和存储功能。[⑤] 值得一提的是，学分制中学分的转移（互认）功能是指，在符

① 潘懋元 王伟廉．高等教育学［M］．福建教育出版社，2013.

② 杜秋虹．成人高等教育学分制［M］．北京：清华大学出版社，2009.

③ 刘昕．学分制与大学生教育管理［M］．济南：山东大学出版社，2009.

④ 潘懋元．新编高等教育学［M］．北京：北京师范大学出版社，2009.

⑤ 陈龙根，陈世瑛．高等教育学分内涵新论［J］．黑龙江高教研究，2005，3.

合高校内部允许转专业的一些规定条件时，某个学生可以从 A 专业转到 B 专业，该学生在 A 专业已获得的学分全部或大部分可以转到 B 专业作为 B 专业人才培养的起点。但是，它通常存在于高校同一系统内部，学分的价值在教育管理规定中早已预设好，属于学校公认的课程体系或某一标准系统中的量度单位，学分完全等值，并不存在需要使用难度系数或加权系数“折算”的情况，因此现行高校内部通行的学分可以视为存在于“等价交换”世界中，每个学分代表的价值均等。学分制中的学分可以说是学分的一种原始形态，必须在严格限制的条件下使用才能发挥效用。

第三节　学分

一、学分的概念

“学分”一词来源于英文“Credit”，让翠（Rowntree）认为“学分是成功地完成某项科目后所获得的分值单位”，卡特·古德（Carter V. Good）将其解释为“用于表明学生获得某种证书、文凭或达到某个级别所需要的学习量”。

1986 年 7 月，我国国家教育委员会召开部分高等学校试行学分制工作座谈会，逐步形成我国教育界对学分的共识，即学分是“测量课程教学量的计算单位，是课程内容深浅难易的量化表示，也是学生修读课程所需的社会必要劳动时间的反映”（李惠康，2011）。[①] 这里有几层意思：一是学分要反映学习内容量的多少，二是学分还要间接反映学习内容的深浅难易程度（直接反映是靠学分的类别与层次完成的），三是学分要反映社会必要劳动时间。换言之，学分既反映学习量，又反映完成这一学习量所需的社会必要劳动时间。而对于学习内容而言，又包含了知识维度、技能维度、能力维度，简言之，就是“知什么”“会什么”“能什么”。就传统的教育测评而言，比较强调学习时间，偏重于测评学习者“知什么”，而不太注重“会什么”“能什么”（当然，这会增加教育测评成本，且大规模组织有难度）。这与我国教育几千年来“重学轻术”的旧观念、旧传统密切相关。

学分是用于衡量学习者学习成果所含学习内容量、学习时间量的基准计量单位。（彭飞龙，2013）[②] 对于 1 学分所代表的学习量与学习时间，各种教育机构有不同的规定，既有规定 18 学时为 1 学分的，也有规定 16 学时为 1 学分的。如日本文部省新高中课程标准规定，1 课时或 1 节课为 50 分钟，修完 35 个课时的获得 1 学分。目前，我国的学分设置及质量要求尚没有全国统一标准，各个学校的学分的学时规定和质量要求等并不完全相同，因为涉及各自的特色，也尚未确立学分通兑系数。为了衡量学习者是否达到课程学习的基本要求，一般情况下，实施学分制的学校都会规定每一门课程的学分。只有通过学业考试或结业考核，才能获得相对应的学分。如果学习者的学分积累到

① 李惠康．学分银行的探索与构建［M］．上海：上海高教电子音像出版社，2011.
② 彭飞龙．终身学习体系：学分银行的原理与技术［M］．北京：高等教育出版社，2013.

毕业总学分，就可以拿到相应的文凭。

学分标准是学习成果认证、积累与转换的基础，统一的学分标准为学分的互认、转换和积累提供了尺度（王延华等，2014）。[①] 在学习成果认证、积累与转换制度中，学分作为学习成果的“度量衡”，可用于所有学习成果的计量，包括学历教育学习成果、非学历教育学习成果、非正式学习成果。学分标准涉及以学习时间量和学习内容量为核心的体量，以及以学习成效为标志的学习质量。

二、原始学分

所谓原始学分，是指学习者从不同学习来源、不同学习途径、不同学习机构获得的各种各样、五花八门的学分。相对于学分银行的标准转换系统的学分来说，原始学分因其原始性，也被称作非标准学分。

三、标准学分

所谓标准学分，是指经过学分银行的标准转换系统转换和认证而获得的学分。将非标准学分按照一定规则折算成标准学分，便于对各种学习成果进行管理。这一功能相当于现实中的货币银行系统，以本币为标准，将存储的外币折算成本币的标准值再进行兑换。标准学分一般参照某一特定课程或认证单元，根据其类别、层次特点，按一定当量确定。

四、有效学分

所谓有效学分，是指通过学分积累，可换取相应证书或奖励的学分。有效学分标准一般由颁证机构设定。

五、学分的设置维度

在学习成果的类型被确定之后，就出现对学习成果进行测评并赋予学分的问题：该采用何种维度设置学分才能真实地测评出学习成果的内容？这也是学分银行在运行中的逻辑起点和首要考虑的问题。但是，目前通用的学分设置维度是学习时数，只能测试出知识类型的学习成果，无法判定成绩的优劣，而其他的设置维度却鲜有学者专门进行研究，或是散见于各个教育机构的教育实践中，未大规模地开展，因此，有必要引入多元的学分设置维度。结合理论借鉴、过往实践应用以及作者自己的思考，提出四种不同的学分设置维度，并根据不同的维度测评不同的学习成果类型并赋予其价值。

（一）学习时数维度

传统意义的学分制中，无论是国外还是国内的教育机构或学校，通常按学习时数授予学分，即“以一定学习量的时数作为学分计算的基础”，制定依据为学习者每天所承受的修业时间，按一周每天完成的学习量进行比例分割，将全年平均计算后的每周修业

① 王延华，卢玉梅，鄢小平，王立科．我国学习成果认证、积累与转换制度中标准体系的构建［J］．中国远程教育，2014，3.

时间设置为合理的理论值。如欧洲学分转换体系“博洛尼亚进程”中的Tuning项目在计算模块或课程单元的工作量时规定，通常每个全日制学生一学年需修满60学分，以25～30工作小时/学分计算，全日制学生每学年的学生工作量是1500～1800小时。《中国大百科全书》认为：“一般以每学期的授课时数、实验和实习时数以及课外指定的自习时数为学分计算依据。”陈龙根等（2005）对高等教育学分进行论述，认为一般以1个学期内每周上课小时来计量：一般课程每周上课1小时为1学分，课外复习、作业2小时为1个学分；如果有的课程难度大，课外学习比例大，则每周上课1小时为1.5学分。[①] 1999年，日本三和综合研究所在“关于构建学校外学习成果的社会性评价系统的调查研究会”上提出：第一，设立某领域的学习成果换算标准，1学分相当15小时的学习量，学习水平分为初级、中级和高级。第二，创设终身学习时间。在开始使用终身学习学分之前，仅用学习时间进行终身学习成果评价。此后开始对一定的终身学习成果换算成终身学习时间进行认证。例如，15小时的学习相当于1小时的终身学习时间。第三，授予有关终身学习称号。当积累的终身学习学分达到一定的数量时，可以授予终身学习士（××专业）等称号。日本目前已经有实行这一称号的先例，例如，如果在富士山县的县民大学里取得5000学分，就会授予“博士”的称号（刘红红等，2014）[②]。这些计量方式均是将时间作为学分的测评维度。根据国际上的惯例并参照我国传统教育通行的课时学分，在学习时间量上，规定1学分为学习者获得某个学习成果平均所需要的时间，即18学时（王延华等，2014）[③]。虽然学习时数也可以间接反映出学习内容的难易程度和知识量的多少或宽窄程度，但是，单纯用时数维度的学分来衡量学习成果，更多是使用在认知知识性的学习中，无法体现出学习类型、学习层次和学习质量。

（二）学习目标维度

在现代组织管理中，通常会采用目标管理（Management by Objective），即在制定组织的全局目标和战略后，层层分解目标，由管理者和员工共同制定具体的绩效目标，定期评审进展情况并进行奖励。目标管理是一种非常有效的管理方法，它能对员工的生产率和生产积极性作出比较精准的评价，因此，有学者提出，把课程学习分解细化为一个具体过程，每一个过程设置若干教学子目标，学习者每达到一个具体子目标就能得到相应的学分。这种以学习目标为维度来设置的学分，可以称作过程学分，多应用于作业、听课、形成性考核等，如果借鉴到学分银行中，再引入教师与学习者共同制定目标、定期考核并授以学分的方法，相信可以被广泛运用。它既可用于知识性学习成果的测评，也可用于技能性学习成果的测评。

（三）学习等级维度

在教育实践中，学分不仅对人才培养方案或教学计划规定的课程、教学环节进行计量，还对人才培养方案或教学计划外的某项学习活动进行计量。如浙江工业大学设立了

---

① 陈龙根，陈世瑛. 高等教育学分内涵新论［J］. 黑龙江高教研究，2005，3.

② 刘红红，王国辉. 日本终身学习成果评价及认证机制初探［J］. 成人教育，2014，5.

③ 王延华，卢玉梅，鄢小平，王立科. 我国学习成果认证、积累与转换制度中标准体系的构建［J］. 中国远程教育，2014，3.

创新学分，规定：数学建模、电子设计等竞赛作品或成果获国家级、省级一等奖，以及省级二等奖、省级三等奖者分别以不同的学分数计入总学分和成绩档案；在国内外核心期刊发表论文的第一、第二作者等分别计 4 学分和 2 学分；发表于公开期刊的第一、第二作者等分别计 2 学分和 1 学分。这样的衡量方式是一种对外来权威认证的二次认定，也就是肯定外来的非正规学习成果，经过一定的参照标准和考核，将其认可为学分。以学习等级的测评维度设置的学分，能极大程度地反映出技能、技巧和技艺等非认知知识，也能方便地反映出难以用统一的时间标准衡量的学习成果。对学分银行来说，其认证范围主要以非学历教育中的实践证书类学习成果为主。

（四）学习能力维度

学分银行中有许多不以学科知识为中心展开、不需理论化的知识系统、不需强制学习的非正规和非正式学习成果，属于程序性策略性知识和隐性知识，无法外显，通常体现为自身素质，单以以上任一维度来衡量，都不适用。在每个人的学习中，都有非正式学习模式，比如进行讨论式的学习，在广泛的多种媒体来源选阅文章从而得到某些问题的求解，参加某项有组织、有教育意义的活动，进行文学欣赏，开展诗歌朗诵，执行工作任务等。另外，一些有价值的研究成果如学术或文艺著作、调查研究报告、有创见的论文、有价值的实验报告、有难度的各类产品设计、学习经历、工作经验及学习证明等也属于此。因此，以参与活动式的学习能力为维度设置学分，主要针对非正式学习成果。这种类型的学分多属于兴趣学分，在学分银行中，可以累积，但一般不用于转换成学历教育学分来获取文凭证书，因为这样的转化系数的制定相对来说比较复杂。

学分的设置应该根据实际情况和具体的学习成果类型来确定，杜绝千篇一律，这样才能使学分真正成为学习成果最为科学的度量工具和准绳。

第四节　学分银行

一、学分制学分、学分银行学分的区别与联系

从内涵上来讲，学分制学分明显只具备储蓄、积累和等值转移（互认）的功能；而学分银行学分具备了更多类似银行的功能，如认证、积累、兑换（系数折算），甚至借贷功能。

从学分体现出的标准来讲，学分制学分是“标准化”的原始学分，不存在转换问题；学分银行学分却不是原始学分，当它不再是单纯的高校内部学分时，应该对其分类：原始学分、标准学分和有效学分。原始学分即学分银行系统中的外来学分，是学习者从不同学习途径、不同学习机构获得的学分，为非标准学分。这一部分学分进入学分银行后可以永久存储，也可以根据学习者的需要转化。标准学分即按学分银行的标准经认证或折算后获得的学分，便于学分银行的统一管理。这一功能相当于货币银行系统需以本币为标准，将外币折算成本币的标准值。有效学分即通过学分积累，可以换取相应证书的学分，更多用于对技能技巧和非正规教育等的测评。

从学分的有效性来讲，学分制学分和学分银行学分都存在着失效的问题。货币存入银行后可能会因通胀而贬值，而知识随着时间的变化可能变得老旧或过时，学分所代表的知识也可能因此贬值或失效。学分制学分往往因学籍年限的限制，受"贬值"影响不大，学习者即使在中断学业后继续学习时，只要还在规定的学籍年限内，学分也通常被认可为有效。学分银行学分是终身存入，但是它所代表的价值势必会因知识的更新、社会的发展而有所变化，比如计算机、网络应用一类的技术含量较高且发展日新月异的课程，十年前和十年后的内容不一样，学分所代表的价值就不能完全等同。因此，学分银行学分有必要在一定年限后重新接受评估，保证有效性，防止知识老化。学习者要想继续学习获得认证，就必须重修某些学分来充值"存单"。

从学分面对的人群来讲，学分制学分主要服务于各类教育机构、培训机构内部的学习人员，具有封闭性和不流通性；而学分银行学分主要面向学习型社会中的大众，不分年龄、教育层次、行业职业，具有开放性和流通性。

学分银行的产生是学分制发展到一定阶段的产物，其根本原因是学分来源的多样化。随着人本主义教育思想和终身教育思想的发展与传播，学习者的主体地位和学习自主性越来越受到重视与关注，越来越多的教育机构承认并遵循学习者的个体差异性，愿意为学习者提供多样化的学习服务，而多样化的学习服务必然导致学分来源的多样化。学分来源的多样化表现在学分可以来自各类普通高等教育学校、成人高等教育学校、职业教育学校、网络远程教育、自学考试、业余大学、广播电视大学、各类教育培训机构、职业培训机构等。因此，从本质上讲，学分银行是建立在学分制基础之上，以学分的认定、积累、转换为基本功能的教学管理模式或教育制度安排，以实现学习者学习经历与学习成果的评价和管理。

二、学分银行的概念

关于学分银行（Credit Bank）的概念，人们从各种不同角度阐述，众说纷纭，目前尚无统一定论。粗略归纳，国内大致有机构说、制度说、模式说、体系（系统）说、平台说几种观点。

机构说：学分银行是以终身教育理念为指导，以各类学习者为服务对象，以学分管理为服务内容，促进各类高等学历教育的互通，学历教育与非学历教育、职前教育与职后教育的衔接，为学习者提供个性化终身学习服务的学分管理服务机构。①

制度说：搭建终身学习"立交桥"，促进各级各类教育纵向衔接、横向沟通，提供多次选择机会，满足个人多样化的学习和发展需要……建立继续教育学分积累与转换制度，实现不同类型学习成果的互认和衔接。②

建立学习成果认证体系，建立学分银行制度。③

学分银行模拟、借鉴银行特点，以学分为计量单位，对学习者的各类学习成果进行

① 《江苏省终身教育学分银行管理办法》，2014 年.

② 《国家中长期教育发展规划纲要（2010—2020 年）》第八章第二十五条.

③ 《国家中长期教育发展规划纲要（2010—2020 年）》第二十一章第六十七条.

统一的认证与核算，是具有学分认定、积累、转换等功能的新型学习制度和教育管理制度。国家开放大学学分银行是国家学分银行制度的组成部分。①

模式说：所谓学分银行，是一种模拟或借鉴银行的功能特点使学生能够自由选择学习内容、学习时间、学习地点的一种管理模式。银行是承担信用中介的信用机构，通常具有存款、放款、汇兑等功能。从这个意义看来，学分银行应该具备银行的基本功能，如存储功能、汇兑功能，但它又不是真正意义上的银行，它存储的不是货币而是学分，它汇兑的不是货币而是学历或资格证书。学分银行的构建能实现各高等学校、各种教育形式之间的教学资源共享，各级别学分银行之间学分的通兑，建立学历教育与非学历教育之间沟通的平台；能够为具有学习能力并渴望实现自己理想的任何社会成员提供终生修业与获取文凭的机会；能够培养学生的诚信意识，营造一种诚信文明的社会环境，促进和谐社会的建设（胡桂华，2007）。②

体系（系统）说：从本质上而言，学分银行是建立在学分制基础上，以学习者为中心，以学分认定、累积、转换为核心的学习成果管理与服务体系（李惠康，2011）。③

学分银行以服务全民学习、终身学习的学习型社会为宗旨，致力于为组织机构与社会成员开展学历教育、非学历教育以及其他形式的学习成果认证、学分积累与转换服务，是面向全国的学习成果认证管理与服务体系。④

云南省学分银行是云南省人民政府主管、云南开放大学承办，以服务学习型社会建设、搭建终身学习“立交桥”为宗旨，以继续教育（包括学历教育与非学历教育）学分认定、积累和转换为主要功能，面向全省学习者的学习成果的认证、管理与服务体系（陈鲁雁，徐彬，2012）。⑤

天津市学分银行是由天津市教育委员会主办和管理，委托天津开放大学具体实施运行，服务于天津市终身学习体系和学习型社会建设与发展，完成各类终身教育学习成果的认定、积累和转换的服务体系。⑥

平台说：学分银行在上海市学习型社会建设与终身教育促进委员会的指导下，由上海市教育委员会主办和管理，它是上海终身教育体系的重要组成部分，是面向全体上海市民，开展继续教育学习成果认定、积累和转换的平台，市民学习能力认证的平台，市民终身学习成果记录平台。学分银行的具体运行委托上海开放大学。学分银行管理中心设在上海开放大学，各区县设立学分银行分部负责受理相关业务。上海开放大学要认真组织实施学分银行的建设与运行，各高校、成人高校和教育考试院要积极参与学分银行建设，各区县教育局负责本区县学分银行分部的建设。⑦

学分银行沿袭了学分制学分的存储和积累功能，同时也继承了学习成果认证的实践

① 国家开放大学学分银行. http://cbouc.ouchn.edu.cn/gkcms/wwwroot/cbank2/index.shtml.

② 胡桂华. 关于创办泰达社区学院若干问题的探讨［J］. 职业教育研究，2007，11.

③ 李惠康. 学分银行的探索与构建［M］. 北京：高教电子音像出版社，2011.

④ 国家开放大学学分银行. http://cbouc.ouchn.edu.cn/gkcms/wwwroot/cbank2/index.shtml.

⑤ 陈鲁雁，徐彬. 云南开放大学试点建设实践与创新［M］. 南京：江苏教育出版社，2012.

⑥ 《天津市学分银行建设方案》，2013 年.

⑦ 《上海市教育委员会关于成立上海市终身教育学分银行的通知》，2012 年.

做法，继而完成学分的转换和兑换。学分要在学分银行中顺利使用，必须扩大内涵。但是，从主流研究来看，研究者基本认同学分银行是一种教育管理模式，且绝大部分研究都是以教育管理模式为基础开展起来的，这也成为之后有关学分银行组织机构研究和运行管理研究的前提。

学分银行的主要功能为认证、累积学分，突破传统的专业限制和学习时段限制，将非学历教育、技能培训与学历教育结合起来；将学习者完成学业的时间从固定学习制改变为弹性学习制。根据学分银行制度，课程是按一定的学分为单位计量的，学习者只要在不超过时限的时段内（比学年制的时限更宽松）学完一门课程，按规定，就能计一定的学分；参加技能培训、通过考试获取的证书也计相应的学分，然后按全部应得学分进行累积；允许学习者不按常规学期时间学习，类似于银行存款的零存整取，学习时间很灵活，可集中也可间隔，过去的学习成果、曾有的学习经历均可折合成学分，存于学分银行。它的“灵活”优势显而易见，有利于调动学习者的积极性，有利于学校走向市场，有利于各类教育沟通衔接，也有利于教师提高素质。

学分银行的学分像银行中的存款或贷款一样，不仅被储蓄，也被像外币一样认证和兑换，而不是如本币一样直接存储和提取。提出学分认证和兑换的说法，主要基于一项前提条件：目前我国的绝大多数教育机构没有实行课程共享、学分互认，一个学校的学分无法与其他学校进行“等价交换”，学分处在封闭的价值环境中。换句话说，学分银行一开始被设定为一个能包纳许多学习成果的机构、制度、平台或模式，它的学分必然来源于不同的学习或教育机构，这些学习或教育机构的学术水平、层次、类型未必全然对等，因此，必须经过一定的协议或标准，在此基础上，产生相互认可相同课程学分的办法。学分银行的学分认证制度可以说同时应具备承认外部学习成果和为外部承认其学习成果的功能。

综上所述，笔者持下述观点：学分银行是一种以学分为计量单位，实施认证、存储、转换等基本功能的学习成果管理系统或制度。它经营的不是货币或货币资金，而是学分，通俗一点说，就是学习者将平时所修学分存入“银行”，当存满一定数量的学分后，即可申请相应认证，学生能够自由选择学习内容、学习时间、学习地点。

三、学分银行的特性

（一）开放性

这是学分银行的本质属性。从管理内容来看，学分银行要接纳和包容各种各样的学分，为各种教育类型、各类教育机构的沟通融合，为各层次教育的衔接提供了可能性；从服务对象来看，学分银行大大拓展了单一学校和教育培训机构的服务范围，面向全社会的学习者，为学习者提供了更多的学习机会，大大有利于教育公平的实现；从教育内容来看，学分银行必须突破传统教育专业课程体系的范畴，拓展到以知识、技能、能力为主的评价认证体系，且要求原有专业课程标准要有开放性与包容性；从教育资源配置来看，学分银行必须整合共享各级各类教育资源，要求各级各类教育培训机构加强交流与合作，为学习者提供优质的资源与服务。

（二）灵活性

学分银行尊重学习者的主体地位，承认学习者的个体差异性，允许学习者根据自身条件和需求，自主灵活地确定学习目标、选择学习内容、安排学习时间与进度，从而形成有利于自己自由全面发展的知识结构和能力体系。因此，学分银行应当为学习者提供丰富多样的课程以便学习者自由选择，通过学习后获取相应的学分。与此同时，学分银行还应承认多样化的学分来源，制定详尽的认证标准体系和规范简便的认证流程，让学习者的先前学习成果通过认证而获得学分银行的标准学分。由于学习者的个体差异性，不同的学习者有不同的学习目标，同一学习目标的达成方式与进程也会不同，这就要求学分银行在具体的管理方式上要具有较强的灵活性，努力提供和实现个性化的管理。

（三）规范性

学分银行的规范性首先体现在标准体系是否科学、合理和规范，学分的知识、技能、能力标准是否科学、合理和规范，各种资格（学位、学历文凭、证书等）的构成规则是否科学、合理和规范。其次体现在认证主体是否具备相应的资质，认证的程序是否规范。再次体现在其完整的制度体系和具体执行这些制度的人员素质是否达到规范的标准要求。

（四）复杂性

学分银行既要开放和灵活，适应建设终身教育体系和学习型社会的需要，又要规范，这就必然伴随着复杂性。要以学习者为中心，尽可能地提供个性化服务。要保证学分银行的权威性和公信力，必须设计出一整套尽可能完善且具备可操作性的体系庞杂的制度体系。机构的设置、资格框架的建立、专业与课程的确立、标准的制定、服务体系的建构、从业人员的素质要求及培训的开展、各项运行管理制度的运行等，都异常复杂。从宏观到微观都必须更新理念和观念，创新组织和制度，改革机制和措施。也就是说，学分银行的构建与运行是一个认识—实践—再认识—总结—提高—再实践—再提高的复杂过程。

第五节　其他相关名词

一、继续教育

继续教育（Continuing Education）是在20世纪30年代从美国发展起来的一个新的教育工程（Continuing Education Engineering，CEE）。目的是让一些工程技术人员再次接受必要的培训，使他们更快更好地适应迅速发展的生产需要，完成越来越难以掌握的新技术、新产业规定的任务。第二次世界大战后，随着新继续教育技术革命的深入发展和终身学习教育思想的广泛传播，人们普遍认识到继续教育的重要性。许多发达国家如英、德、日开始利用政府行政手段推动这一工程。而“继续教育”这个概念是法国著名教育家保罗·朗格朗（Paul Lengrand）在1965年提出的，他主张“当代社会的一种绝对必要，是使全体人民在未来得到发展的唯一途径，是更新劳动力知识技术的战略投资”。中国于1979年正式引入“继续教育”这一概念。目前，关于“继续教育”的解释有多种含义。

（一）从教育方式来定义

继续教育即成人教育，多由社区学院、技术专科学校或大学附设，有的采取夜校形式，有的采取函授形式。有的学科采取学分制，学完规定学分，给予文凭。（中国大百科全书，1986）①

（二）从教育类型来定义

继续教育是泛指对一切离开学校的在职人员进行的各种教育。教育内容有职业技术，文化补习，新知识、新技术的传播等。教育目的是增强技术人员和管理人员的能力，提高其水平（谢新观，1999）。②

继续教育专指对高等学校毕业的在职人员进行的有较强针对性的教育，其主要教育对象为工程技术人员，所以又称工程继续教育。教育内容主要是新知识、新理论、新技术、新的管理经验等。教育目的是使专业人员实现智能更新和改组，以摆脱职业局限性，保持和发展创造能力（谢新观，1999）。③

继续教育在成人教育中作为一个术语，具有特定含义，专指大学本科后的在职教育，包括理、工、农、医、文、法、管理等。大学本科教育在整个高等教育中已被列为“初始教育”，即它是基础，是起始点，而继续教育则是初始教育的延伸、补充、扩大和发展（孙福万，2009）。④

（三）从教育对象来定义

继续教育是指已经脱离正规教育，已参加工作和负有成人责任的人所接受的各种各样的教育。它是对专业技术人员进行知识更新、补充、拓展，提高能力的一种高层次的追加教育（高永琴，2010）。⑤

继续教育指对已获得一定学历教育和专业技术职称的在职人员进行的教育活动。学历教育的延伸和发展，使受教育者不断更新知识和提高创新能力，以适应社会发展和科学技术不断进步的需要。继续教育是现代科技迅猛发展的产物（顾明远，1991）。⑥

继续教育指对在全日制学校和高等学校完成学业或中途辍学的在职的所有人进行知识更新、补缺和提高的教育。这种教育应贯穿人的一生，使人适应社会变化和科学技术不断更新的需要。有时“继续教育”一词和“终身教育”混合使用（王焕勋，1995）。⑦

《国家中长期教育改革和发展规划纲要（2010—2020年）》是这样定义继续教育的：“继续教育是面向学校教育之后所有社会成员的教育活动，特别是成人教育活动，是终身学习体系的重要组成部分。”这是目前为止比较权威的对继续教育的定义，一是从时

---

① 中国大百科全书（教育卷）[M]. 北京：中国大百科全书出版社，1986.

② 谢新观. 远距离教育词典 [M]. 北京：中央广播电视大学出版社，1999.

③ 谢新观. 远距离教育词典 [M]. 北京：中央广播电视大学出版社，1999.

④ 孙福万. 远程教育百词辨析 [M]. 北京：中央广播电视大学出版社，2009.

⑤ 高永琴. 学生相互评价效果的实验研究——以高职健美操教学为例 [D]. 北京：北京师范大学学位论文，2010.

⑥ 顾明远. 教育大辞典 [M]. 上海：上海教育出版社，1991.

⑦ 王焕勋. 实用教育大辞典 [M]. 北京：北京师范大学出版社，1995.

间概念来讲指学校教育之后的教育活动，二是从教育对象讲强调是成人教育活动，三是从终身教育角度讲特别声明是终身学习体系的重要组成部分。[①]

通过总结以上各种解释的共性，以及比较、分析继续教育与传统高校学历教育的区别，可以看出继续教育的若干主要本质特征如下：

第一，继续教育是一种面向成人的学历教育或非学历教育，也是终身教育、职业教育的组成部分。

第二，继续教育是一种学历后教育。学习者可能因为在学历上和专业技术上达到了一定的层次和水平，也可能因为工作需要更新知识、提高技能，还可能是接受就业培训。

第三，继续教育的内容广泛，涵盖新知识、新技术、新理论、新方法、新信息和新技能，依据学习者的学习需要而定。

第四，继续教育的目的是使受教育者更新补充知识、改善知识结构、提高创新能力、扩大视野，以适应科技发展、社会进步和本职工作的需要。

根据以上分析，可以认为继续教育与成人教育、终身教育、职业教育、远程教育是交叉概念，其教育对象是重叠的。在本课题中，我们将继续教育的含义确定为：继中等学历教育（高中或职高）之后的成人学历教育或非学历教育，主要针对在职成人或非在职成人进行，是为使其更新知识和提高职业能力的教育活动。

二、正规学习（Formal Learning）、非正规学习（Non—Formal Education）与非正式学习（Informal Learning）

长期以来，人们认为只有发生在教室里的学习才是有价值的学习，发生在教室外的学习其价值不高甚至被忽略。但是一个人生命中大多数的时间是在接受正规教育之外度过的，通过其他方式学习所获得的知识在人的一生知识总量积累中占据更多的比重。人们进而发现，除了正规学习之外，非正规和非正式学习大量存在，[②] 并且对学习者的影响显著。因此，研究者对正式学习、非正规学习和非正式学习内容进行了大量的对比，对于三者在概念和定义上的区别也作了大量的探讨，分清三者的区别，这对于学分银行的理解和运作也是相当重要的。

---

① 《国家中长期教育改革和发展规划纲要（2010—2020年）》，2010年.

② 国内外学者根据“学习的正规度”对学习常采用二分法和三分法的标准来进行分类。二分法将学习分为正式学习和非正式学习两种基本形式，其划分依据主要来自教育技术领域和科学教育领域的研究者，其中的正式学习还包含了“非正规学习”。代表学者有美国的克罗斯（Jay Cross）和康纳（Marcia L Conner）等人，国内有余胜泉等人。三分法将学习分为正规学习、非正规学习和非正式学习三种基本形式，其划分依据主要来自成人与职业教育领域中终身学习或终身教育的概念。代表观点是1996年OECD成员国召开的教育部长会议中五大洲的23个国家签署的宣言里对终身学习的概念，包括正规教育、非正规教育和非正式学习。代表学者有英国的泰特缪斯（Colin J. Titmus）和美国学者的坎伯斯（Philip H. Coombs）等，国内有冯巍等人。无论是二分法还是三分法都包含了非正式学习这一基本形式，但三分法受终身教育和终身学习思想的影响，不仅涵盖依据个体年龄分级且有结构性的学校教育及成人教育等正规学习，还包括个体为应对工作要求而接受的在职教育培训、为丰富生活而参加的学习指导等非正规学习，更强调发生在日常生活中的非正式学习。三分法涵盖了个体从出生到生命结束历程中的所有学习形式，对存在于现实中纷繁复杂的学习现象也能进行清晰的类型划分和说明。因此，本课题采用三分法标准对学习的类型进行定义。

有学者（张艳红等人，2012）认为，正规学习和非正规学习是包含在正式学习中的一部分，两者合起来方可称为正式学习。[①] 因此在学习的类型划分中，大类型分为二：正式学习和非正式学习，在正式学习之下，再分为正规学习和非正规学习，三者的关系如图 3—2 所示：

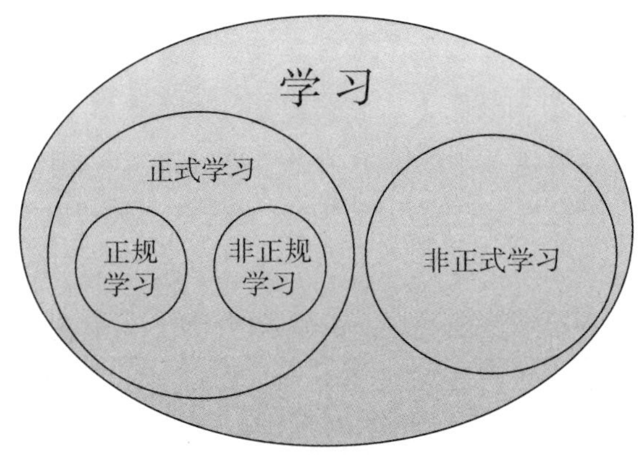

图 3—2　非正式学习与正式学习

正规学习在人类的教育历史中存在已久，在各个历史时期发挥了培养人才、传承知识文化和劳动技能的重要作用，其关键性和重要性从未受过质疑，因此，人们对正规学习的概念也比较明晰。非正规学习和非正式学习的概念出现在 20 世纪二三十年代，林德曼（Lindeman，1926）和杜威（Dewey，1938）分别在从经验中学习的理念中有所论述，特别是杜威，他描述一种学校之外自然状态的学习时使用了“非正式学习”一词。在他眼中，非正式学习是一种基本的学习形式，特征是没有特定的学习目的，通过与某人玩耍或观察某人来积累经验和知识。但真正明确使用“非正式学习”这一术语的是麦克姆·劳勒斯（Malcolm Knowles），1950 年，在他的非正式成人教育研究中提出。之后，关于“非正规学习”和“非正式学习”的讨论才日渐升起，许多学者开始研究非正式学习，并且提出自己的见解。

在本课题中，依然以正规学习、非正规学习和非正式学习三种划分来作名词解释，因为此三种划分方式有利于对应学分银行中的正规学习、非正规学习和非正式学习产生的成果进行解释和分类。华东师范大学的邢蕾（2011）[②] 和李悦（2008）[③] 根据国外研究者以及国际组织和国家对上述名词的定义，作如下划分。

（一）国外研究者的定义

（1）库姆斯和艾哈迈德整理学习的观念，认为教育等同于学习，提出了正式教育、非正规教育和非正式教育三个概念。

正式教育：是指机构化的、有时段结构（包括从小学到大学的）的层级性教育

---

① 张艳红，钟大鹏，梁新艳．非正式学习与非正规学习辨析［J］．电化教育研究，2012，3.

② 邢蕾．成人非正式学习的研究［J］．上海：上海华东师范大学博士论文，2011.

③ 李悦．Web2.0 时代的非正式学习研究——一个新兴的社会学习型组织“益学会”个案调查［D］．上海：上海师范大学硕士论文，2008.

系统。

非正规教育：指任何在正规教育系统框架外进行的有组织的、系统的教育活动，为人口中的某些群体（包括成人和儿童）提供选定类型学习。

非正式教育：是个人在日常生活经历中和自然环境下获得、积累知识、技能和见识的真正贯穿一生的过程。

他们指出，非正规教育和非正式教育的主要区别是前者中存在有意的教育性和计划性，而后者没有。正式教育和非正规教育的主要区别在于前者大部分是由国家批准，而后者则不需要，所以两者在国家支持所带来的影响方面有差别。

（2）斯德福格（Cedefog）界定了正式学习、非正规学习和非正式学习的概念。其中，非正式学习被定义为发生于每天的工作、家庭或休闲生活活动中的经验学习或某种程度的偶发性学习，无结构、不产生文凭，既有可能是有目的的，也有可能是无意识的（随机的）。

（二）国际组织的定义

（1）欧盟委员会的定义如下：

正规学习指典型的，由教育或培训机构提供的，结构化的（在学习目标、学习时长和对学习的支持等方面），以获得证书为导向的学习。从学习者的角度而言，正规学习是学习者有意进行的。

非正规学习指不是由教育或培训机构提供的，并非以获得证书为主要目的的学习。非正规学习在学习目标、学习时长和对学习的支持等方面也是结构化的，从学习者的角度而言，学习也是学习者有意进行的。

非正式学习则是由日常生活经历（工作、家庭或休闲）引起的学习。这种学习在学习目标、学习时长和对学习的支持等方面都不具有结构化特征，也不是以获得证书为目的。从学习者的角度而言，学习不排除是有意进行的，但是经常不是有意的，或者说是偶发和随意的。

（2）国际经济合作与发展组织的定义如下：

正式学习是指通过教育机构、成人培训中心或工作场所中的教学项目进行的学习，一般有资质或证书形式的承认。

非正规学习是通过教育项目进行的学习，这些教育项目一般不被评估，也不导向某种证书。

非正式学习是发生在平日工作、家庭或休闲活动中的学习。

（三）国内研究者的定义

（1）余胜泉等人（2005）① 仅将学习按照方式而非性质划分，分成两种类型：

正式学习主要是指在学校的学历教育和参加工作后的继续教育（岗位学习、文件学习、听报告讲座、参加培训等这种以单项为主的学习，有的可以取得相应的结业证书）。

非正式学习指在非正式学习时间和场所发生的，通过非教学性质的社会交往来传递和渗透知识，由学习者自我发起、自我调控、自我负责的学习，如沙龙、读书、聚会、

① 余胜泉，毛芳．非正式学习——E-Learning研究与实践的新领域［J］．电化教育研究，2005，10.

打球等。

（2）蔡玲玲（2011）[①] 的定义如下：

正规学习是指发生在组织化的学习环境中，具有明确的学习计划和学习目标的学习，其结果是获得毕业证书或文凭。

非正规学习是指学习活动嵌入在其他活动当中，学习计划不明确，学习者有一定学习意向的学习。非正规学习的结果可以获得资格认证，也可能获得毕业证书或文凭。

非正式学习是指发生在与工作、家庭或休闲密切相关的日常生活中的学习，它没有具体的学习目标、学习时间或学习指导，它是一种无意中的学习，也可称为经验或附带学习。非正式学习不以获取毕业证书或文凭为导向，但可在对先前学习的认可框架下获得认证。

（3）高原（2013）[②] 的定义如下：

正规学习指学习由教育与培训机构提供且是结构化的，学习者的学习是有意识的；学习结束提供资格证书。

非正规学习指学习不是由教育机构或培训机构提供的，学习结束不提供学历或资格证书，学习是结构化的，并且学习者的学习是有意识的。

非正式学习指学习产生于日常生活的活动（即日常的工作、家庭和休闲活动），学习是非结构化的，没有学历或资格证书，学习者的学习可能是有意识的，但大多数情形下是无意识的、偶然的、随机的。

从以上有关正规学习、正式学习、非正规学习以及非正式学习的概念综述可以看出，对正规学习概念的界定和理解，学界基本上没什么异议，且从古至今对正规学习的特征的理解也较为明晰，人们均认为是发生在一定的教育机构（或场所）中，属于结构化教学、有教学目标和证书目标导向的一种学习方式。但是，对非正式学习的概念的界定，中外不同的学者、机构却并未达成一致，有不同的理解。虽然如此，我们仍可以通过多样化的内涵与外延释义对非正式学习的特征进行归纳。

第一，社会性。非正式学习是社会性的，其知识来源是多元化的，是通过非教学性质的社会交往来获取的。

第二，多样性。非正式学习的形式多样，可以是随机的、偶发性的学习，也可以是有意识的以解决问题为主导的学习，比如同事或朋友之间的谈话，在知识库中搜索信息、聊天等。

第三，情境性。非正式学习一般发生在工作或生活中，并不像正式学习一样，出现在课堂或者有组织的情境中，它与学习者的实践活动关系密切，其目的是以解决问题为主，并改进工作绩效。

第四，协作性。非正式学习要求个体或者团体应该具备一定的协作性和交流性，只有在相互协作的环境中，非正式学习才能更好更快地发生，观察、交流、反思、辩论与共享均是非正式学习的传递方式，学习者在这种情境下，往往受到潜移默化的影响，掌

---

① 蔡玲玲．欧盟非正规与非正式学习认证的特征及趋势［J］．职教通讯，2011，3.

② 高原．试论非正式学习与初任公务员职业发展［J］．西北成人教育学报，2013，5.

握知识于无形和无声之中。

第五，灵活性。非正式学习对学习环境的要求不高，可以发生在任何场所和地点，也可以发生在任何时间，只要学习者有需要，它就会发生。它没有固定的教学组织、学习内容，可以根据学习者的需要和实际情况作出调整。

表3—1为正规学习、非正规学习和非正式学习的比较。

表3—1　正规学习、非正规学习和非正式学习的比较

	正规学习	非正规学习	非正式学习
时间	时间局限、变化和非连续性	时间弹性	时间弹性，保持连续性与传统
场所	教育与培训机构	非教育与培训机构	日常工作、家庭与休闲活动
主导	教师中心	学习者中心	学习者中心
学习者的目的性	有意识	有意识	无意识
学习目标	统一、明确、固定	并不严格和统一	随意、自由
过程	系统的，有组织，结构化	系统和结构化	自然发生的，融于工作、生活的
内容	清晰的教学内容	模糊的教学内容	随意性的学习内容
主体	以个人为主	个人和社会结合	社会性
评价	评价和认证导向	无需正规评价	非评价和认证导向

根据上述分析，本研究将三种名词的概念作如下界定：

正规学习：正规学习是指由一定的教育培训机构提供学习资源，且学习目标、学习时长、学习支持结构化的，以获取证书为导向的学习者有意识的学习活动。

非正规学习：非正规学习是指虽然有计划和有组织，但未经过精细设计，一般不被评估，也不导向某种证书的学习者有意识的学习活动。

非正式学习：非正式学习是指在工作、生活、社交等非正式教育环境中发生的，通过学习者自我发起、自我调控、自我负责的非教学组织化和非结构化的，一般不被评估，也不导向某种证书的学习活动。

三、资格

“资格”一词，通常是指为获得某一特殊权利而必须具备的先决条件或从事某种活动时间长短所形成的身份。追根溯源，“资格”一词具有多重含义。

其一，在《新唐书·选举志下》中有云：“开元十八年，侍中裴光庭兼吏部尚书，始作循资格。”唐封演的《封氏闻见记·铨曹》：“侍郎裴光庭始奏立条例，谓之循资格。自后皆率为标准。”此处的“资”，指地位、经历等；“格”，指政府制定官员除授或升迁所应依据的法令条例；“资格”是指某种社会地位或身份，如胡适《国语文法概论》第一篇：“这一种方言已有了做中国国语的资格。”

其二，指格局、格式。如清李渔的《闲情偶寄·词曲上·音律》：“他种文字，随人长短，听我张弛，总无限定之资格。”

其三，指姿质体格。如《金瓶梅词话》第九三回：“今有故人之子，姓陈名经济，年方二十四岁，生的资格清秀，倒也伶俐。”

《当代汉语词典》对“资格”的定义是：①参加某种工作或活动所应具备的条件或身份，如审查代表资格；②指从事某种工作或活动的经历，如老资格。

在学分银行语境中，“资格”一词通常被放置于终身教育背景下来看待学习者所具有的某种知识、技能和能力的起点标准或基本要求，经权威机构认定达到了这些标准和要求就可以获取相对应的“资格”。因此，我们对“资格”的定义为：通过一定方式，对学习者的学习成果（知识、技能和能力）予以认可的基本要求和起点标准。资格分若干等级、若干领域、若干类型（比如学术型、职业型等），这些资格的集合构成资格框架。

四、认证

认证，在汉语中通常意义上是指由认证机构证明产品、服务、管理体系符合相关技术规范的强制性要求或者标准的合格评定活动。在英文中，通常采用“Assessment”“Recognition”等词表示认定、认可、认证之意，是一种承认或采认的措施。国际标准化组织（International Electrotechnical Commission，IEC）指南（1986）中对“认证”的定义是：“由可以充分信任的第三方证实某一经鉴定的产品或服务符合特定标准或规范性文件的活动。”普通的“认证”一般分为自愿性认证和强制性认证两种：组织根据本身或其顾客、相关方的要求自愿申请的认证即是自愿性认证；而强制性认证则是国家强制要求的一种认证，多半带有官方性质，是一种市场准入性的行政许可，获得行政许可方可准予生产、经营、仓储或销售，比如我国的强制性产品认证（CCC）、食品质量安全（QS）认证和药品生产质量管理规范（GMP）认证就属于官方认证。

学分银行中的“认证”不同于一般的社会意义的“认证”，更多是指“学习认证”。我国台湾学者杨国德（2004）认为，所谓认证（Accreditation）是指对学习后的结果，通过一定的程序与方式，由有权授予者予以认定并给证明文件。美国的柯洛登（1996）指出，认证就是对知识、技能及态度加以评量及认可的过程。

认证是沟通不同形式的学习结果与环境之间的桥梁，同时也是加强资格体系和个人学习途径相互渗透的工具。在当今经济全球化、知识技术相互转移、劳动力流动频繁的背景下，国家和企业对人们知识和技能的要求也从过去的地区化转向全球化，并且这种需求还来自劳动者个体，也是提升自我、实现自我的一种价值认可。在此背景下，越来越多的国家开始重视对非正规与非正式学习的鉴定和认可。王迎（2012）认为，认证常发生在非正式学习、先前学习经验中出现，常常以出具证明文件的行动方式出现。[①] 因此，结合前文的认证方式、认证类型所述，本课题认为，学分银行中的认证主要分为两种类型的认证。一是针对正规学习的强制性认证，必须有强制性要求或者标准对学习成果进行合格评定和学分授予，最终获取社会的认可和承认；另一种是针对非正规或非正式学习的自愿性认证，根据学习者自身的意愿申请认证和学分授予，用于学习者自我满

① 王迎．先前学习认定的理论与实践［M］．北京：中央广播电视大学出版社，2012．

足或者精神需要。本课题约定，认证的定义为：按照一定标准和程序，对个体在正规学习、非正规学习和非正式学习中所获得的学习成果（知识、技能和能力）加以鉴定、评测和认可并授予相关证明的活动和过程。

五、积累

“积累”在现代汉语中通常有三种含义：一是指“逐渐聚集”，又作“积絫”，出自《汉书·叙传上》：“帝王之祚，必有明圣显懿之德，丰功厚利积絫之业，然后精诚通于神明，流泽加于生民。”颜师古注：“絫，古累字。”宋代的陈亮在《何茂宏墓志铭》中曰：“公之父必欲其二子由科举自奋，公独以其余力助理家事，积累至巨万。”二是指“积聚起来的事物”，出自巴金的《随想录·病中》：“他五十几年的工作积累、文学成就，人所共睹。”张志民的《北疆见闻》：“像我这样曾有过一点生活积累，业已‘人过中年’的人，也该常下来走走。”三是“指国民收入中用在扩大再生产的部分”，毛泽东在《论十大关系》中说：“要注重农业轻工业，使粮食和轻工业原料更多些，积累更多些，投到重工业方面的资金将来也会更多些。”毛泽东在《关于正确处理人民内部矛盾的问题》中说：“对于国家的税收、合作社的积累、农民的个人收入这三方面的关系，必须处理适当，经常注意调节其中的矛盾。”前两者属于字面上的含义，而第三种含义则属于宏观经济学中的解释。

在学分银行中，“积累”通常采用最原始的字面上的含义，借用宏观经济学中部分释义，学习者为了将来的发展，攀登更高的山峰，必须在学习上有累积，“扩大再生产”，它也是学习者进一步学习的源泉。前提是必须把一部分学分作为积累，作为智力投资，进一步“扩大规模”，拓展学习的广度和深度，慢慢增长、完善。因此，在本书中，“积累”的定义是：学习者将学分作为原始学习成果聚集用于将来学习增长和完善的一种方式。

六、转换

此处的“转换”是指学分的转换，指对不同教育机构中所获得的学分转入转出并进行等值换算的过程。转换的核心是“等值换算”，学分银行的学分标准是其共同的参照系，以此参照系为基准，确定其转换比率与匹配系数，必须有规则加以保证。

该规则必须明确下述基本事项：①转换规则由谁制定？②哪些学分可以互相转换？③ 可以转换的学分其课程（或认证单元）内容的匹配系数怎样确定？匹配系数是多少？④转换比率如何确定？确定为多少？⑤还必须形成可供学分银行前台工作人员操作使用的“互换课程（或认证单元）对照表”。

七、兑换

“兑换”是不同货币之间的交换。一指两种货币按一定比值交换，《文献通考·钱币二》记载：“尚书省言，东南诸路盗铸当十钱者多，乃诏广南福建路更不行使当十钱，有者兑换于别路行使。”二指对换、交换。清李渔的《闲情偶寄·词曲·格局》记载：“生、旦合为夫妇，外与老旦非充父母，即作翁姑，此常格也；然遇情事变更，势难仍旧，不得不通融兑换而用之。”徐特立的《公园设立管见》曰：“希望我父老牺牲一部分的财产，更希望我省议会及省公署，择一相当地方与之兑换，使同时成立多数公园于省垣。”现代汉语中的“兑换”一词，广泛应用于银行以及一些虚拟世界，是一个金融学名词，比如说美元、欧元、英镑、日元、港币等的兑换服务。

本课题的“兑换”是指学分银行中的学分与不同的物质形式之间的等值交换。

学分银行的学分兑换功能和转换功能的最大区别在于，学分兑换是指学分积累到一定数量时置换为某种证书或实物，而学分转换则是基于转换规则的学分流通。兑换是学分变为了他物，转换则学分仍然是学分，只不过变为另外机构的学分而已。

八、消费

“消费”是一个经济学名词，原意是指社会再生产过程中的一个重要环节，也是最终环节。它是指利用社会产品来满足人们各种需要的过程，分为生产消费和个人消费。前者指物质资料生产过程中的生产资料和生产劳动的使用和消耗；后者指人们把生产出来的物质资料和精神产品用于满足个人生活需要的行为和过程，是“生产过程以外执行生活职能”。它是恢复人们劳动力和劳动力再生产必不可少的条件。

本课题中的消费主要是指学分银行运行过程中的重要终端环节，其类型可表现为：在学历教育中，学习者可以利用转换的学分进行学历教育学习，最终取得学历文凭证书；在非学历教育中，学习者可以利用转换的学分作为获取证书的基础，或者将这些学分以积分的形式累积起来进行消费，包括学习的奖励、购物的优惠。将学习成果纳入学分银行换取学分，学习者的最终目的就是有所得，因此，学分的消费是执行学分银行生产过程的“生活职能”，继而保障学习者能够为了今后的个人发展继续行动，因此，本课题将学分银行的“消费”定义为：学分银行运行过程中的终端环节，利用学分满足学习者各种需要的过程。

九、查询

“查询”中“查”之意为“考察、查验、查访”，而“询”之意为“征求意见、查问”。清薛福成的《滇缅分界大概情形疏》：“每有查询，朝电夕报。”郭鹏的《刘亚生》：“我们立即向各方面展开了广泛的查询，然而，回答只有一个：没有见到这样的一位同志。”“查询”的意思就是“查找、寻找，指在某一个或几个地方找出自己所要的东西”。计算机术语中的查询，是指从数据表中检索数据的主要方法。而在本课题中，查询是指从学分银行系统中检索出有关学分或学习成果等数据资料的方法。

第四章　学分银行的借鉴

在知识经济初现端倪的情况下，终身学习的重要性日益凸显。当前，很多国家和地区为了促进终身教育发展，规范教育资格，促进学分积累与转换系统的形成，建立了各种类型的学分转换机制（包括资格框架、资历架构、先前学习认定和学分转换制度等）。据国际劳工组织2010年的调研，有100多个国家或地区已经或正在建设学分转换机制，包括英国、欧盟、南非、澳大利亚、韩国、日本、美国等，其中一些国家已步入学分认定和转换机制的具体实施阶段。建立学分认定和转换机制，已成为世界各国教育发展的一大潮流。虽然各个国家建设学分认定和转换机制的出发点和方式有所差异，但都期望通过这种机制达到规范教育资格，吸纳更多类型的学习成果，促进学习成果的积累、认定与转换，促进各级各类教育及培训机构之间的沟通和衔接，开辟多样化、灵活性的学习机会和途径，最终建立终身学习体系。而这些正是我国学分银行制度预期的功能。

第一节　英国

一、资格和学分框架（QCF）的建立背景

英国的资格框架在国际享有盛誉，其以优质灵活的特征成为英国教育体系的重要内容之一。英国是较成功地实现普通教育、职业教育与高等教育之间对接、互换与融通的国家之一。早在1921年，英国就开始对职业教育实行国家证书制度。从20世纪80年代末90年代初开始实施的高级水平证书（A－Levels）、普通中等教育证书（GCSEs）、国家职业资格证书（NVQs）、普通国家职业资格证书（GNVQs）等，到21世纪初形成的国家资格框架，英国对职业资格制度的改革十分频繁。

为了对不同的资格进行比较，英国于2000年建立了国家资格框架（National Qualifications Framework，NQF），将除高等教育外的所有资格纳入这一框架中，当时这个框架分为5级，具体为从入门级到4级。到2004年，为了使国家资格框架可以与英国的高等教育资格框架（Framework for Higher Education Qualifications，CFHEQ）对接，同时也为了响应欧洲资格框架（CEQF）政策，NQF被改成了9级，即从入门级到8级。经过这次改革，国家资格框架已经基本能够对所有资格进行较为明确的定位，并使各类资格有了比较的平台。不过，英国政府并没有止步于此，因为认识到NQF仍然存在资格名目繁杂、资格之间缺乏沟通、学习单元内容太多等问题，所以政府更加坚定地秉持终身学习理念，积极筹备建立灵活的、全纳的资格框架体系。改革进

程见表 4－1：

表 4－1　英国国家资格框架的改革进程（1921—2006 年）

时　间	事　件	内　容
1921 年	国家资格的技术人员证书	对职业技术教育开始实行国家证书制度
1986 年	成立 NCVQ	代表政府具体负责在全国范围内推行 NVQ 制度的权威部门，代表政府具体负责在全国范围内推行 GNVQ 制度的权威部门
1988 年	推出 NVQ 证书	设立国家资格标准，将不同种类的职业资格纳入统一的国家职业资格证书体系
1992 年	推出 GNVQ 证书	打通三条通道，形成三轨的国家资格标准
1995 年	教育部与就业部合并为 DFEE	统一管理全国的职业技术教育，实行统一的 NVQ 和 GNVQ 制度
1997 年	NCVQ 与 SCAA 合并为 QCA	统一管理职业资格与教育资格的法定部门，负责建立 NQF
1997 年	NQF 五级框架	实现英国职业资格证书与教育资格证书的一体化
2000 年	GNVQ 改革：核心技能证书体系	使职业资格与教育资格更等值沟通
2004 年	NQF 九级框架	使职业资格与教育资格更融合
2006 年	撤销 GNVQ 初、中级证书	以职业课程普通教育证书取代中、初级 GNVQ，避免学术导向

参见刘阳（2006）：《图解英国国家资格框架之改革进程》①。

为进一步增强资格框架在推进终身学习中的作用，把所有证书、文凭和学位包括学徒制都纳入一个框架内，促进学习者的学分转换及对先前学习的认可，2011 年 10 月，英国政府在国家资格框架的基础上又全面推行了资格与学分框架（Qualification and Credit Framework，QCF）。QCF 是英国资格框架制度的一次历史性变革，也是英国目前唯一的、全纳的资格框架，其独特之处在于其基于学分的标准体系以及保证标准体系规范、高效运行的组织机构、运行机制和质量评价与保障体系，各种形式的学习都能被有效地认可。

二、资格和学分框架概述

资格和学分框架是由英国“资格与考试中心”（Office of Qualifications and Examinations Regulation）制定并推出的面向各类职业的通过学分授予进行技能与资格认证的体系，于 2010 年 9 月正式启动，致力于用一个体系统一英国原来各种纷繁复杂的资格认证。它最大的特点是包容性、灵活性和全纳性。包容性体现在它提供了一个准许并鼓励开发多种多样资格的系统，并能认可任何学习领域、任何层次的所有学习者的成果；灵活性在于它帮助个体和雇主根据自身需求确立通向成功的道路，不仅为学习者

① 刘阳．图解英国国家资格框架之改革进程［J］．职业技术教育：教科版，2006，25.

提供灵活的运用各种机会取得进步并获得学习成果认定的机会，同时也允许认定组织能够开发单元及资格来回应各类学习需求，并可随需求的变化迅速有效地更新单元及资格；全纳性体现在它解决了之前的 NCF 框架中高层次资格和证书之间不等值的问题，QCF 能识别任何学习水平、学习领域学习者的学习成果，把英国所有的资格包括高等教育资格都纳入新框架之中，形成了完全统一、对等的框架体系（邵元君，2011）。①

这一框架涵盖中等教育、继续教育、职业养成（如学徒制）以及职业和专业高等教育。这一框架虽然没有纳入学术性高等教育课程（如研究生学历），但却与高等教育资格框架（FHEQ）联系紧密，使各层次教育成就能进行互相比较。QCF 资格共分为九个层次水平，不同水平代表了不同的难度，处于同一水平的资格的需求和难易程度相当，其内容主要根据学科进行划分。其中，入门级别最低，8 级最高。2 级水平资格相当于普通中等教育证书，3 级水平资格相当于普通教育高级水平证书，7 级水平相当于硕士学位，8 级水平资格相当于博士学位。每一级都从知识与理解、应用与行动、自主性与问责机制三个维度进行了描述，以下为 QCF 等级 1 描述的示例（见表 4—2）。

表 4—2　资格和学分框架等级描述（等级 1 示例）

等级	概述	知识与理解	应用与行动	自主性与问责机制
等级 1	能够使用相关知识、技能和操作步骤完成常规任务，包括在指导下完成任务和步骤的责任	运用事实性知识、程序性知识与概念性知识完成设计良好的常规任务； 密切关注与学习或工作相关的信息；	完成设计良好的常规任务； 应用相关技能和操作步骤； 选用相关信息； 识别活动的有效性	承担在必要的指导下完成任务和步骤的责任

此外，政府会提供一定的拨款，但前提条件是教育机构所提供的课程必须得到认证，并成为国家资格框架的一部分，如学徒制资格。这从客观上保证了资格框架的有效运作和权威实施，并对学习者的流动起到促进作用。

目前，QCF 要素归类分为五部分。

（一）每学分的学习时间

学分是学习成果的量化计量单位，一个学分相当于 10 小时的国家学习时间（National Learning Time），即普通学习者完成该学习单元的所有学习结果的平均时间。而无论学习是在哪里、什么时候、怎么发生的，学习者将获得一个学分。

（二）级别

它是对学习难度的衡量。资格和学分框架延续了国家资格框架的 9 级制，入门级最低，8 级最高。每一级都用一系列的一般性指标来描述。普通中等教育证书的 A 到 C 等就相当于 2 级，高级水平证书（A—levels）相当于 3 级，博士学位相当于 8 级。

（三）学习量

根据学习量，资格和学分框架中的“认证”（Award）需要 1～12 个学分，“证书”（Certificate）需要 13～36 个学分，“文凭”（Diploma）需要 37 个以上学分，如“运动

① 邵元君，匡瑛．全纳的创新资格框架：英国的 QCF［J］．外国教育研究，2011，10.

与活动休闲一级证书”“战略指导与领导三级认证”“保健护理三级认证”“职业安全三级证书”“时尚零售采购与销售四级文凭”等。

（四）学习单元

资格和学分框架标准体系由“资格—单元”二级结构构成。其中，单元（Unit）（又称学习单元或模块）既是资格与学分框架的核心要素，也是标准体系的最基本单位。每个单元根据其在框架中的等级以及所开发应用的岗位，将被赋予一定量的学分值。所有的学习单元都由相同的学习单元模版（Unit Template），包括单元由标题（Title）、等级（Level）、学分值（Credit Value）、所属行业（SSAs）等要素构成，且所有单元都是在标准格式下开发而成的。学习者通过各个学习单元可获得学分，这些学分按照一定的组合规则（Rules of Combination）可构成资格。以下为资格与学分框架单元示例，见表4—3。

表4—3　资格与学分框架单元范例

单元序列号	H/600/6452
资格框架	QCF
课程名称	户外运动
单元等级	入门级
单元子集	入门3级
建议学习时间	30小时
单元学分值	3学分
获取的日期	
SSAs	14.1学习和生活基础
单元等级结构	通过
评估指南	作为入门3级的学习单元，期望学习者的评估多数是在没有支持的情况下独立完成的；实践任务一般应在真实环境中进行

资料来源：http://register.ofqual.gov.uk/Unit/Details/H_600_6452[EB/OL]。

（五）资格

资格是资格与学分框架的核心要素之一。它由标题（Title）、等级（Level）、颁证组织（Awarding Organization）、学分（Credit）等要素组成。根据学习量，资格与学分框架中的资格又可分为认证、证书和文凭三种类型。每个资格都有自己的“组合规则（Rules of Combination，ROC）”，它由行业技能委员会及颁证组织共同开发，详细规定了获得该资格所需要的学习单元。完成了相关学习单元后，学习者就通过“组合规则”获得该资格。英国的资格认定非常严格，相关机构除大专院校的认定评估部门之外，还有英国资格与考试监督办公室。

总体来看，英国资格和学分框架是将所有的资格分为难度和学习量两个维度来考量，包含了学分、级别、学习量、学习单元和资格五个要素。它以一种简单的方式呈现，并将所有的资格都置于这一框架中的相应位置，保障劳动者所需的知识和技能要求。

三、资格和学分框架管理机制[①]

（一）组织机构

根据职、权、责，英国资格与学分框架标准体系组织机构分为管理机构、被认可的组织、数据管理与运营机构。

1. 管理机构

管理机构属于资格和学分框架统一的规范管理部门，主要负责资格与单元标准的审查、维护与发布，资格与单元开发、实施组织的认证与监管，维护资格和学分框架的信誉与公信力等。该机构在英格兰为资格与考试管理办公室（The Office of Qualifications and Examinations Regulation），在威尔士为儿童、教育、终身学习与技能部门(DCELLS)，北爱尔兰为课程考试与评估理事会（CCEA）。

2. 被认可的组织

被规范管理机构认可的相关组织，主要负责开发资格与单元、制定组合规则、组织培训、提供咨询服务、认证先前学习成果等。根据其职责分为颁证组织（Awarding Organization）、中心/培训提供者（Center/Provider）、先前学习（RPL）认证机构等。

中心/培训提供者依据规范管理机构相关要求开发单元，组合规则，组织培训，向学习者提供资源，具体实施学分与资格的授予工作。中心/培训提供者由颁证组织审查批准，并向颁证组织提交相关费用。大学、学院、雇主或培训机构通过申请均可以成为中心或培训提供者。

3. 数据管理与运营机构

根据职责与分工，数据管理与运营机构分为学习记录数据管理与门户网站管理机构和资格与学分框架标准数据管理机构。标准数据由规范管理机构实施统一管理，并纳入国家认可的资格数据库（National Database Accredited Qualifications，NDAQ）中。

（二）运行机制

清晰的实施路径是保证资格与学分框架标准体系运行不可或缺的因素。英国的资格和学分框架从标准的制定到实施监管规则都有规范清晰的操作流程。

步骤一：规范管理机构发布资格、单元、组合规则开发标准。

步骤二：专业技能委员会（SSC）开发相关领域国家职业标准（NOS）和专业领域资格策略标准（SQS）。

步骤三：经规范管理机构认可的组织依据国家职业标准（NOS）以及步骤一中的统一的标准模板，开发单元（Unit）并提交单元数据库。

步骤四：经规范管理机构认可的组织开发资格的组合规则。

步骤五：颁证机构开发资格并向专业技能委员会提交资格。

步骤六：专业技能委员会审核并批准资格。

步骤七：颁证机构向规范管理机构提交资格。

---

① 卢玉梅，王延华，刘志鹏. 英国资格与学分框架（QCF）标准体系探究［J］. 电化教育研究，2013，10.

步骤八：规范管理机构授权资格并上传至国家认可的资格数据库（NDAQ）。

（三）评价与质量保障

质量保障体系由规范管理机构、颁证机构、中心（培训机构）三级体系组成。规范管理机构位于最高一级，主要起到监管、定期（每5年一次）维护资格标准的作用；颁证机构处于中间一级，接受规范管理机构监督的同时，对下监管各中心或培训机构；中心（培训机构）处于最低一级，既提供有品质的学习产品，又接受学习者的监督，同时还进行服务质量评估。

四、资格和学分框架特点

资格和学分框架是英国资格框架制度基于学分的学习体系和一目了然的资格比较框架，同时兼具电子资格证明的功能，具备很强的优势。

（一）学习体系的灵活性和便利性

资格和学分框架对学习的认可以学习单元为最小单位，为学习者搭建起了一个灵活的、以学习者为中心的学习体系。它有以下优点：①使学习者根据自己的节奏安排学习，保护积极性；②在不同的培训机构和颁证机构间转移学分，避免重复学习；③可以纳入各种非正规学习，只要达到相应的能力结果。

（二）资格比较框架的清晰性

①所有资格都要保证其包含的学习单元可以单独评估，并且能够共享；②资格框架命名规范、统一，由级别、学习量和内容三部分组成，而且便于比较，使学习者和雇主能容易且准确地作出判断和决定。

（三）资格证明载体的电子化和信息化

资格和学分框架通过全国数据库和网络平台，向学习者提供电子化的资格证明载体。学习者通过“学习者成就纪录”可以让其他人查看自己的学习情况。这样有助于学习者清晰地了解自己资格证书的等级，进一步明确学习方向；有助于培训机构等为学习者量身制订个性化的学习方案，提高学习效率；还有助于简化认证和证明的手续，节省审查成本，同时又保证可靠性。

（四）能力体系的规范性

英国资格和学分框架的建设包括对资格的规范和单元的建设都是围绕规范体系来进行的。

（五）权力的制衡性

制度涉及的相关利益主体有规范机构、审核机构、颁证机构、学习记录服务机构、教学机构、学习者。这些责任机构和个人之间责权分明，界限清晰。

五、资格和学分框架制度运行的效果

截至2013年3月底，英国175家颁证机构已完成制定基于资格和学分框架的16573个认证资格和39581个认证单元，并对社会发布。同时，管理部门收集了137个颁证机构、7660个教育培训提供机构的学生信息和个人学习成果记录。

第二节　欧盟

欧洲终身学习成果认证、积累与转换制度是随着欧洲终身学习的发展、欧洲教育一体化和人员的国际流动逐步建立起来的。制度主要包括欧洲终身学习资格框架（EQF）、欧洲学分积累和转换系统（ECTS）、欧洲职业教育与培训学分转换制度（ECVET）、欧洲非正规学习与非正式学习成果认证制度（VINFIL）等。其核心目的是实现终身学习背景下的学习成果认证、认可、累积和转换。为了实现终身学习，欧盟委员会及其成员国陆续颁发了一系列的共同政策文件，主要包括《欧洲终身学习资格框架》《欧洲学分转换制度》《欧洲职业教育与培训学分转换制度》《认定和承认非正规、非正式学习欧洲共同原则》等。

一、制度建立的背景

（一）发展终身学习的要求

20 世纪 90 年代，欧洲一体化不断加强，人员流动日益频繁。欧盟认识到，增强国际竞争力和社会凝聚力的要义是发展终身学习。但各国教育缺乏交流与合作，资格在国与国之间难以互认，这阻碍了欧洲劳动力的流动，也阻碍了公民的终身学习和全面学习机会。为此，欧盟于 1993—1995 年陆续发表三份与终身学习发展有关的白皮书，并于 2000 年 10 月发布《终身学习备忘录》，要求重视资格的透明度和终身学习，建立知识型社会和提高就业水平，建立欧洲终身学习区（European Area of Lifelong Learning）。2001 年 11 月，欧盟执委会发布《实现终身学习的欧洲》报告，集中阐述如何通过“苏格拉底计划”“莱昂纳多计划”“欧洲就业战略”等战略和项目，在欧洲实施终身教育。2002 年 6 月又发表了《欧洲终身学习质量指标报告——15 项质量指标》。欧盟委员会将所有的教育形式纳入终身教育体系中，不仅包括基础教育、高等教育、职业教育和培训、成人教育等正规教育，还包括非正规教育和非正式教育。为了鼓励个人、企业和组织更大范围地流动，促进终身教育，欧盟制定了一系列的政策，如欧洲终身学习资格框架（EQF）、欧洲学分积累和转换系统（ECTS）、欧洲职业教育和培训学分转换制度（ECVET）和欧洲非正规学习与非正式学习成果认证制度（VINFIL）来推动终身学习制度的有效实施。

（二）欧洲教育一体化的推动

欧洲教育一体化的进程起始于 20 世纪 50 年代，各国签署了一系列的文件促进高等教育一体化。1957 年 3 月，德国、法国、意大利、荷兰、比利时、卢森堡六国在罗马签署《罗马条约》，该条约第 128 条主张实施旨在推动国民经济和共同市场发展的共同职业培训政策。1976 年 2 月 9 日与 12 月 13 日，欧共体理事会通过两个决议，倡议对医学博士等文凭予以暂时性的双边承认，此举刺激了专业人员的交流。1986 年，《欧洲单一法令》（*The Single Europe Act*）的颁布为教育一体化的推进开辟了广泛的道路。自此，欧共体成员国对职业培训项目的合作从经济方面扩大到社会、道德、公民和政治等各方面。欧洲单一法令中新的动议使早先提出的教育合作项目得以付诸实施。

进入20世纪90年代，欧洲加快学历资格框架和学分转换的建设。1997年4月8日，欧洲理事会与联合国教科文组织在里斯本签署了《欧洲地区高等教育资格承认公约》，明确了签约国有对其他国家的学历认可的义务。1998年5月，德、法、英和意教育部部长在法国索邦大学就如何推动高等教育人员流动和学资历互认签订了《索邦宣言》，内容包括：建立洲高等教育学位和学制的总体框架；建立共同学制和学历，将大学教育分为本科生和研究生两个阶段等。1999年，欧洲29个国家在意大利博洛尼亚签署《博洛尼亚宣言》，确定到2010年建立“欧洲高等教育区”的发展目标，博洛尼亚进程（Bologna Process）正式启动。其主要内容包括：建立容易理解、可比较的学位体系；建立以本科和硕士为基础的高等教育体系；建立欧洲学分转换系统；促进学生和教师的人员流动；保证欧洲高等教育的质量；促进欧洲范围内的高等教育合作等。《博洛尼亚宣言》肯定了欧洲学分转换系统在促进学生流动方面的积极作用，并建议将学分的累积功能附加到欧洲学分转换系统中，在欧洲范围内建立一个统一的欧洲学分制。欧洲终身学习成果认证、积累与转换制度的建设，不仅针对留学生，还针对所有的学习者；不仅在普通教育领域中实行，还在职业教育及非正规、非正式教育中实行；不仅是学分转换的工具，而且涉及欧洲教育改革（国家开放大学课题组，2013）。①

（三）国际交流与学习频繁

自20世纪80年代开始，学生开始在欧洲各国间频繁流动，这也成为欧洲各国教育政策制定和发展的焦点。在此背景下，“伊拉斯莫计划”出台，目的是为大量的学生提供出国留学资助。此后，每年约有10万学生申请“伊拉斯莫计划”。但是，原本以课程比较为基础的合作模式和各国纷繁复杂的教育体制不适应庞大的学生流动，使得效率变低，严重阻碍学生的跨国交流。由此，欧盟委员会着手开发和设计欧洲学分转换系统，该系统可以记录学习者的跨国学习经历，保证归国之后获得原来教育机构的认可。欧洲学分转换系统成为学生跨国流动进行学术学习的桥梁，并提高了“伊拉斯莫计划”的实施效率。

二、四大制度

（一）欧洲终身学习资格框架（EQF）

1. 欧洲终身学习资格框架的建立背景

2008年之前，欧盟大部分成员国已经开始制定本国的国家资格框架（National Qualification Framework，NQF）。但由于各国的教育与培训体系多样化，发展进程参差不齐，学习时限和形式往往难以反映出学习者的实际知识和技能水平。为打通欧洲各国教育和培训体制并促进资格互认，2008年4月23日，欧洲议会和欧盟理事会正式发布《关于建立欧洲终身学习资格框架的建议》（European Qualification Framework For Lifelong Learning，EQF），目的是把学习成果转化为资格。该框架的设计充分考虑各

① 国家开放大学课题组. 15个国家/地区学习成果认证、积累与转换制度案例研究报告汇编［R］. 国家开放大学课题报告，2013.

国教育与培训资格的多样性，也参考各个国家自己的资格框架，在此基础上，成为一种欧洲各国的“元框架”（Meta-Framework），各个体系架构不一的国家资格框架可以以欧洲资格框架为桥梁进行沟通，比如，来自A国的资格和来自B国的资格可以将各自的等级水平与欧洲资格水平等级相对照，找到自己的等级在其中对应的水平。

2. 欧洲终身学习资格框架内容

欧洲终身学习资格框架是一个以“学习结果”（Learning Outcomes）为衡量基准的8级等级资格描述，涵盖从义务教育到高等教育阶段的各级教育资格，并包括普通教育、成人教育、职业教育与培训以及高等教育在内的各种教育类型。其中，框架中的第5~8级分别与欧洲高等教育区资格框架（QF－EHEA）中的短期高等教育、学士、硕士和博士层次相对应，这四个层次也同样可以作为高级职业资格的参照标准。欧洲终身学习资格框架根据个人实际知识、技术和能力，不拘泥学习与培训的时限和形式，只要取得学习成果，就可以进行等级认定。（张创伟，2014）① 也就是说，个体即使没有接受过正规的学校教育，其在工作中获得的知识、技能和能力也可以获得资格认定和学分认可。

欧洲终身学习资格框架每一资格等级都以知识、技能和能力三个维度来描述：知识是特指理论性知识（Theoretical Knowledge）和事实性知识（Factual Knowledge），技能是指认知性技能（Cognitive Skills）和操作性技能（Practical Skills），能力是指学习者的责任性（Responsibility）和自主性（Autonomy）。

基于上述三维描述，欧洲终身学习资格框架的8级指标都有共同和中立的参照系（马燕生，2009）②，参见表4－4。

表4－4　欧洲资格框架等级描述示例（等级1、等级5、等级8）

资格层次	知识	技能	能力
等级1	拥有基本的和一般性的知识	具有执行简单任务的基本技能	能在有组织的环境中，在他人的直接监督下工作和学习
等级5	拥有对所学或所工作领域全面的、专业的理论性知识和事实性知识，同时清楚这些知识的界限	具有使用创新办法解决抽象问题所需的全面的认知性和操作性技能	能在有小且可预知的变化发生的工作学习环境中，担负起管理和监督的责任，能正确评估并改进自己和别人的表现
等级8	拥有在所学或所工作领域，以及在该领域与其他领域的交界处最高深的前沿性知识	具有解决研究和创新中的重要问题，拓展和重新定义现存的知识或职业活动所需的最高深和专业化的技能和技术，并可以进行综合和评估	在工作、学习以及研究领域的前沿，能表现出高度的权威性、创新性、自主性、学术性和良好的职业操守，并能持续不断地发展出新的观念和方法

① 张创伟．欧洲资格框架：实践回顾与理论评述［J］．比较教育研究，2014，7.

② 马燕生．《欧洲终身学习资格框架》获批准［J］．世界教育信息，2009，1.

由此可见，欧洲终身学习资格框架的显著特点是以“学习结果”作为衡量资格的基准，并将其明确界定为学习者“知道什么”“掌握什么”和“做到什么”。这使“资格”的认证不再受行业特殊性的限制。

欧洲终身学习资格框架提供了一整套等级分明、定义严谨的参照标准，以便使雇主、各类组织机构更加容易地识别欧洲公民的知识和技能水平，促进人员流动；也使个人有更多学习路径和类型的选择，既可以选择学术道路，也可以选择职业道路。例如，C 国一家企业欲招聘一个来自 D 国的申请者，就可以根据欧洲终身学习资格框架等级了解该申请者的实际知识和技能水平。

3. 欧洲终身学习资格框架的实施主体

为确保各国能遵守相关规定，并方便统筹处理问题，欧盟委员会设立了欧洲终身学习资格框架顾问小组（EQF Advisory Group），包括 32 个参与国的代表、欧洲议会的相关机构的代表，利益相关者和协调小组，如欧洲商会（Euro-Chambers）等。

4. 欧洲终身学习资格框架实施的质量保障

欧盟要求成员国落实如下有关教育与培训的质量保证的建议：定期评估，定期检查，重视产出和学习结果，有明确的和可测量的目标和标准，有利益攸关方的参与，有资源保障，有统一的评价方法，自评和外部评价相结合，有反馈机制和改进措施，有公布评价结果，加强国际、国家和地区层面的质量保障措施的协调，加强各级各类教育和培训的质量保证合作等。

5. 欧洲终身学习资格框架的进程

欧盟委员会在资格框架建立初期，希望到 2010 年，各成员国能将本国的国家资格框架（NQF）同欧洲终身学习资格框架联系并协调起来；到 2012 年，在欧盟范围内颁发的每个新的资格证书上都注明相应的欧洲终身学习资格框架参照水平，使所有新签发的资格证书、文凭和“欧洲通行证”（Euro-Pass）文件与欧洲资格框架中的适当级别相对应。

6. 欧洲终身学习资格框架的意义

欧洲终身学习资格框架的建立和实施将对促进欧洲融合、建设欧洲人力资源强区和构建欧洲终身学习区有着重大的现实意义和深远的影响。它的重大意义在于：①有助于减少各国体制性障碍，使各国间的不同资格变得更容易被识别，促进学习或工作的流动，增加就业的机会，加快文化、社会和教育融合的进程；②增进各国间的互信和合作，进一步推动欧洲共同体框架的实施，构建学习型社会。到目前为止，世界上已有 60 多个国家以欧洲资格框架为“元框架”开发了自己国家特色的“国家资格框架”，并把它视为分析和沟通教育的参照工具。

（二）欧洲学分积累和转换系统（ECTS）

1. 欧洲学分积累和转换系统的建立背景

欧洲学分积累和转换系统（European Credit Transfer and Accumulation System，ECTS）是世界范围内发展最早、由欧洲委员会研发和推行的高等教育学分体系。它创设于 1989 年，最初是伊拉斯莫计划（Erasmus Exchange Programs）中的一个实验项目，目的是使欧盟成员国相互承认彼此的学位和开发共同的教育课程，允许地区内

150 万学生在其他成员国获得学分，由此推动欧洲高等教育一体化。此后，随着1999 年“博洛尼亚进程”的启动，欧洲学分积累和转换系统成为该计划的核心要素。目前，欧洲学分积累和转换系统已经在欧洲大陆广泛应用，几乎是世界范围内同类系统中最为完善的、最成功的学分转换系统。

2. 欧洲学分积累和转换系统的基本框架

以下对欧洲学分积累和转换系统中的学分标准、关键性文件、组织实施和进展情况进行详细介绍。

（1）学分标准。

欧洲学分积累和转换系统制度中学分转换的前提是制定学分标准。统一的学分标准为学分的互认、转换和累积提供尺度，主要涉及学分计量方法以及成绩评定。

1）学分计量方法。

欧洲学分积累和转换系统以传统全日制学生的课业负荷量（学习量）来估算学分，60 学分为一个学年的学习量，对应的课业负荷量为 1500～1800 个学时。因此，学生获得一个学分的课业负荷量为 25～30 个学时，它反映的是学生达到预期学习成果所需要的平均时间。按此原则，获得学士学位（Bachelor）总共需要 180～240 学分，即 3～4 年时间；在此基础上，获得硕士学位（Master）还需要 90～120 学分，即 1～2 年的时间；获得博士学位（Doctor）则不受学分积累和转换系统制度的影响。

在欧洲学分积累和转换系统中，学习量涵盖了所有与学习有关的活动，不仅包含上课的时间，还包括实习、研讨会、个人工作、实验室工作，以及在图书馆或在家进行的自学、考试或其他评估的时间。这些都可以被量化并计入学分系统。

2）学分分配方法。

欧洲学分积累和转换系统按照学生的课业负荷量给每门课程分配学时，并将课程学时与该课程学分相匹配。课业负荷量的计算方法是确定课程学分的关键，分三个步骤：

首先，确定课程模块（或课程单元）。教师首先进行课程设计，既可采用模块化课程，也可采用非模块化课程。模块化课程中每个课程单元都有固定的学习量，每单元 5 学分或是 5 学分的整数倍；非模块化课程的每个单元可以有不同的学分值，但每年总学分仍是 60 分。

其次，确定学生的学习量。课程模块确定之后，教师会预测完成课程模块所需的平均时间，与所取得的学分相匹配。例如，学生花费 125 小时大约能取得 5 学分的课程模块。

最后，通过学生的评价来估算学习量。最常用的方法是让学生在学习过程中或在学习之后填写一份调查问卷，如结果表明预设的学习量和大部分学生实际所花费的时间存在差距，那么就得进行学习量和课业活动的重新修订。

3）成绩评定。

为了使学生在欧洲的不同国家、不同院校之间流动，欧洲学分转换与累积制度的评分等级不依赖于学生的客观分数，而是依据学生在所处环境中的横向比较结果。欧洲学分积累和转换系统制定出一个评分等级，以便于各国国家资格框架及欧洲资格框架实现对接。学生的成绩共分 7 个等级，前 5 个等级为通过，后两个等级为未通过。学生按照考试成绩的高低排序，学校教务部门根据每个等级的比例来确定学生的学分等级，详见表 4－5。①

表 4－5 欧洲学分积累和转换系统中的评分等级

ECTS 学分等级	合格学生所占百分比	评价
A	10%	优秀：突出的成绩，最少的错误
B	25%	优良：超出平均水平，有一些小错误
C	30%	良好：成绩良好，但有一些错误
D	25%	中等：刚好令人满意，有较多的错误
E	10%	及格：勉强达到及格水平
FX	/	不及格：需要提高水平以获承认
F	/	不及格：需要很大的提高

欧洲学分积累和转换系统还规定该学习成果等级不会代替各学校自己的等级划分，因此，由于等级的“绩点”由各学校自行决定，所以学生所获得的学分并不能代替学生成绩在各学校内的等级。

（2）关键性文件②。

关键性文件是欧洲学分积累和转换系统信息传递的载体。学生流动时，与机构间需要传递很多信息，为保证信息传递准确、有效和标准化，便于机构操作和管理，欧洲委员会规定了信息传递的载体——关键性文件，同时规定了文件内容和格式，内容主要包括信息包裹、学习协议、成绩档案、文凭补充等。

1）信息包裹（the Course Catalogue）。

信息包裹为学生提供有关信息，包含：高等教育机构信息、课程信息以及学生需要了解的一般信息。

2）学习协议（Learning Agreement）。

学习协议是指学生、转出学校和转入学校之间的三方协议。学生在进行海外学习之前，必须与有关机构签署一份学习协议，上面载明将要在海外学习的课程，包括学生计划学习的非模块化课程和模块化课程清单、代码和相应的 ECTS 学分。学习协议由三方签署，以确认他们同意转入院校为学生提供的课程计划。学习协议不仅可以防止学生在教学计划内选择的学习课程发生冲突，还可以保证学生、转出学校和转入学校三方相互负责。

3）学业成绩单（Transcript of Records）。

学业成绩单是欧洲学分积累和转换系统文件中最重要的部分，记录学生在高等教育机构和留学高等教育机构的学习成绩。成绩档案是标准格式的记录，用以表明学生每门课程的学习情况，包括课程名称、ECTS 学分和 ECTS 等级，大多数高等教育机构还会

① 祖国霞，冯铎．欧洲学分转换系统述评［J］．中国林业教育，2007，11.

② 张胜利．欧洲学分转换系统（ECTS）经验：对我国远程教育学分转换制度的启示与借鉴［J］．继续教育，2012，12.

附上一份成绩评定说明。

4）文凭补充（Diploma Supplement）。

为了保证文凭的可比性，欧洲委员会与欧洲理事会、联合国教科文组织欧洲中心共同制定了文凭附件工具（DS）。DS是一个标准化的模板，主要对学习者原始学位中记录的学习属性、水平、背景、内容和状态进行描述，包括八个部分：持有者信息、文凭信息、文凭层次信息、内容和成绩信息、文凭功能信息、附加信息、文件证明信息以及国家高等教育制度信息。

5）学生申请表格（Student Application Form）。

学生申请表格主要为申请留学或申请转学的学习者使用，包括高等教育机构需要学生的重要信息。

上述准备工作完成以后，双方执行学分转换需要按照如下步骤进行：与交流学校交换信息包裹，准备学生申请表，双方签订学习协议，提供交换学生的成绩单，相互认可学分。

3. 欧洲学分积累和转换系统支持服务系统[①]

为了确保欧洲学分积累和转换系统的有效运行，欧洲委员会设置了欧洲学分积累和转换系统的咨询顾问（ECTS Counselors），顾问成员绝大多数是大学教授或从事高等教育、有高等教育实践经验的相关人员。

除了学分积累和转换系统咨询顾问外，还设有系统协调人员，这些人员为执行“博洛尼亚进程”提供建议，包括质量保障、学位机构改革、学位认可等。此外，欧盟还建立了“全国性ECTS热线”（National ECTS-Helplines），用以回答学分积累和转换系统相关的疑难问题。

4. 欧洲学分积累和转换系统质量保证

欧洲委员会颁布了欧洲标准和指南（European Standards and Guidelines，ESG），用于欧洲高等教育领域的质量保证。

5. 欧洲学分积累和转换系统运行效果

欧洲学分积累和转换系统适用于所有的课程学习，不论是全日制的在校学习还是半工半读的学习，正式学习还是非正式学习。截至2009年，共有46个国家和地区签署了《博洛尼亚宣言》，成为欧洲学分转换系统的参与者，大部分国家还以法律的形式要求高等教育系统采用学分积累和转换系统。2010年，“博洛尼亚进程”的签约国中有88％的高等教育机构在本科和硕士的专业中应用学分积累和转换系统来实现学分积累，有90％的高等教育机构使用学分积累和转换系统来实现学分转换。

（三）欧洲职业教育与培训学分转换制度（ECVET）

1. 欧洲职业教育与培训学分制度的建立背景

欧洲不同国家的职业教育与培训间的不兼容性，成为制约欧洲创建劳动力市场、实施就业战略、提升竞争力的一个重要因素。2002年，欧盟“哥本哈根进程”倡议发展“欧洲维度”，重视职业资格透明度并建立发展能力与资格认可的统一制度，达成了建立

① 张胜利. 欧洲学分转换系统（ECTS）经验：对我国远程教育学分转换制度的启示与借鉴［J］. 继续教育，2012，12.

一种职业教育与培训学分系统的共识。2004年，《马斯特里赫特公报》发布，欧盟各国的职业教育与培训部部长、委员会成员及社会伙伴同意了优先发展和实施职业教育与培训学分系统（The European Credit system for Vocational Education and Training，ECVET）。2006年，《赫尔辛基公报》发布，针对欧盟成员国所建立的国家职业资格框架与（EQF）等级对应的试验结果予以讨论。2008年4月，欧洲委员会发布了《欧洲议会和委员会关于建设ECVET的建议书》，自2012年在成员国内开始实施。职业教育与培训学分系统提供了一套欧盟各国均认可的方法框架，增进了学习系统间的渗透性及不同类型教育系统间的兼容性，促进了人人享有职业教育和终身学习的机会。

2. 欧洲职业教育与培训学分转换制度的内容

（1）欧洲职业教育学分转移系统。

与普通欧洲学分转移系统相比，职业教育学分转移系统分为五个方面：学习地点、学习方式、学习时间、学习结果和结果评价，在此之下，又含有分主题内容，涉及职业教育中的学习计划、职业形象、职业资格结构、资格证书等内容（见表4－6）。

表4－6　欧洲职业教育学分转换系统表①

核心主题		分主题	分主题内容
关键词	原则		
学分	无偏见 程序与标准透明 一致性、可行性 个人职业和社会的发展 个人的自由选择权利 经济发展 自信和互信	学习地点	基于学校的学习 基于工作地点的学习
		学习方式	正规学习 非正规学习 非正式学习 职业教育的学习计划
		学习时间	职业教育的学习计划
		学习结果	学习计划 资格结构 职业形象
		结果评价	职业资格结构 认可 资格证书 评估

（2）学分计量方法。

学分计量方式有两种：工作量、学习效果。工作量是指学习者为达预期效果，投入的学习量和学习时间。这种传统的学分计量方式只注重学习时间投入，无法衡量学习的产出和结果，即学生完成一定学习后是否具备了相应知识、技能和能力。因此，欧洲委员会提出了“学习效果单元”（Units of Learning Outcomes）的概念，每一个学习效果单元应综合反映学习者所获资格的情况，包括学习效果单元的名称，学习效果单元反映的知识、技能和能力，学习效果的评价标准，在欧洲终身学习资格框架中对应的水平以

① 袁松鹤．欧洲学分体系中ECTS和ECVET的分析与启示［J］．中国远程教育．2011，05.

及在整个资格中所占的比重等。当学习者完成某学习效果单元后，即可获得该单元的学分。学习效果单元的各个资格对知识、技能和能力的描述具有一定的基础性，一个学习效果单元既可以用于一个资格，也可以共同用于若干个资格，使不同学习效果和不同资格之间具有了相通性。

(3) 学分分配方法。

学习者的学习成果以各国通用的学分体现，主要反映在资格证书和单元学习成果证书里，用于学分的积累和转换。学分的分配分两步：其一，一个总的分数分配给各项资格证书；其二，每一项职业资格被划分为若干单元，主管机构赋予每单元一定的通用学分。值得注意的是，主管机构负责安排好本国学分体系的学分与欧洲职业教育与培训学分系统中的学分的转换。

(4) 学分转换与累积规则。

欧洲职业教育与培训学分转换制度的转换功能可以使学习者在不同背景和不同时间从事的学习活动具有可比性。也就是个体的学习成果在获得评估并被授予学分后，可以在另一时期通过学分转换在另一种学习背景下得到验证和承认，获得欧洲职业教育与培训学分（系统学分可以授予一张资格证书，也可以授予一个特定的学习效果单元）并记录在个人成绩单上，经过累积还可以兑换成资格证书。这种实施规则同样适用于非正式学习获得的经验和能力。这就意味着，欧盟成员国的职业教育培训方案可以相互替代，学习者在获得资格的过程中不需要重复学习和认证相同的学习成果，大大节省了学习成本，提高了教育效率，也增进了人才的流动。

(5) 谅解备忘录和学习协议。

谅解备忘录是各国主管机构为了确定合作关系，方便学分转换而签订的文件。学习协议则是由接受机构和派出机构共同制定，并与跨国流动的学习者达成的一致意见。

3. 欧洲职业教育与培训学分制度的主要工具

其主要工具是相当于学习者的档案的欧洲护照（Europass，EP），其中包含欧洲通行简历、欧洲通行迁移证明、欧洲通行文凭附件、欧洲通行证书附件、欧洲通行语言记录袋，用以方便地传递拥有者的职业资格和技能的信息，避免对已经修学的内容重复学习。

4. 共同质量保证框架

宣言签署国组成了技术工作小组，开发出一套“共同质量标准框架”（Common Quality Assurance Framework，CQAF），内容包含“一个质量模式”“一种评价方式”“一套监控体系”“一套测量工具”。

（四）欧洲非正规学习与非正式学习成果认证制度（VINFIL）[①]

1. 欧洲非正规学习与非正式学习成果认证制度的建立背景

欧盟各成员国的教育与培训体制在认定和承认正规教育与培训体系之外的学习成果上存在明显差别，为了确保学习成果间的可比性，方便学习成果在不同国家、不同情景中的积累与转换，2004 年 5 月，欧盟理事会和成员国政府代表以结论草案（Draft

① 国家开放大学课题组. 15 个国家/地区学习成果认证、积累与转换制度案例研究报告汇编［R］. 国家开放大学课题报告，2013，12.

Conclusions）的形式制定了《欧洲非正规学习与非正式学习成果认证制度》。

2. 欧洲非正规学习与非正式学习成果认证制度的主要内容

欧洲非正规学习与非正式学习成果认证制度充分尊重成员国在认定和承认非正规和非正式学习成果方面的做法，仅对认定和承认的非正规学习和非正式学习进行原则规定。它包括四个方面：

（1）个人权利原则。

认定和承认非正规学习与非正式学习成果是自愿的，每个人必须拥有公平机会和得到公平的对待，个人的隐私和权利必须得到尊重。

（2）利益相关者义务原则。

公共或私人的教育培训机构有义务建立辨识和承认非正规学习和非正式学习成果的体系和方法，并向个人提供有关该体系或方式的指导、咨询和信息。

（3）信心与信任原则。

认定和承认非正规学习和非正式学习成果的过程、程序和标准必须公平、透明。

（4）可靠性和合法性原则。

必须充分尊重利益相关者的合法权益，以保证所有利益相关者都能公平地参与。

3. 欧洲非正规学习与非正式学习成果认证制度的主要特点

（1）形成性方法与总结性方法相结合。

主要采用鉴定、评价和认可的方法，鉴定和评价主要是形成性的方法，认可主要是总结性的方法。欧盟大多数认证方法同时包括这两种方法。

（2）认证与资格体系相连接。

大多数情况下，非正规与非正式学习获得的结果和建立的资格体系相关联。欧洲理事会发表的《关于实施 2010 年教育和培训工作计划》联合中期报告和《关于加强欧洲职业教育和培训合作的结论》都强调开发欧洲资格框架，用于有效认定和认可非正规与非正式的学习成果。

（3）以学习者为中心的认证过程。

非正规与非正式学习认证要求个人自愿和机会均等，认证机构要对个人展开有关认证的具体指导、咨询服务，要把个人置于认证过程的中心，认证的结果应属于个人财产。

（4）纳入尽量多的认证利益相关者。

2007 年，欧盟要求若干私立部门和第三方部门利益相关者加入认证启动中，以便相关利益者有更多的发言权，如个体学习者、商业和义务组织、教育部门、终身学习国家决策者以及欧盟决策者等。

第三节　南非

一、南非国家资格框架颁布的背景

历史上，南非实行种族隔离政策，反映在教育上的突出问题是各种族群体间受教育机会和职业选择的不平等。近年来，南非新政府推进以国家资格框架建设为中心的教育和培训发展改革战略，试图消除种族隔离时代遗留下来的教育不公体制。因此，1995年10月4日，南非通过《南非资格署法》（*the South African Qualifications Authority Act*），成立南非资格署，开发和实施国家资格框架，建立资格标准制定体系、质量保障体系和资格管理信息系统。

南非基于国家资格框架的学习成果认证、积累与转换制度经历了三次重大变化，制度设计已历经四个版本，第四个版本是2008年南非颁布的《国家资格框架法》。此版本将《国家资格框架法》分成相互联系的三个分框架，三个质量保障机构分别对三个分框架的质量负责，并明确国家资格框架的分类、注册、发布和透明化等措施，逐步形成具有南非特色的基于国家资格框架的学分转换与积累制度体系。

二、南非国家资格框架的制度内容

（一）资格内涵

南非国家资格框架中的“资格”是指通过南非资格局认证注册的国家资格，即一个人按一定标准取得了学习成果，经评价和认证而获得的正式结果。国家资格框架的资格分两种：基于单元标准的资格和不基于单元标准的资格。资格必须包括如下要素：名称、类型、等级、每个等级的学分数、入学要求、可能升入的资格等级。上述要素是法定的最低要求，颁证机构只可提高要求不能降低要求。

（二）资格等级划分和描述

1. 资格等级划分

国家资格框架的等级是学习者、学习难度和深度及学习者取得学习成果时表现出的自主学习能力方面相关要求的标识符，共分为10级。这10个等级中，还包含三个资格分框架：5～10级的高等教育资格子框架（the Higher Education Qualifications Sub-Framework，HEQSF）、1～4级的普通教育和继续教育与训练资格子框架（General and Further Education and Training Qualifications Framework，GFETQF）以及1～8级的职业资格子框架（National Certificate Vocational，NCV）。三个系列资格框架组成完整的国家资格框架。

三个资格框架纵向衔接、横向贯通，升学路径之间相互衔接，在横向上既包含职业训练教育，也包含普通教育；在纵向上既包含中等（职业）教育，又包含高等教育，甚至囊括最高级的博士教育。打通了不同层级职业教育、普通教育、职业教育与普通教育之间的阻隔，提供充分便捷的路径使资格之间的横向和纵向衔接更加容易。区分不同教育类型和不同层级教育的关键是对最低学分的要求，也就是说，只要达到国家资格框架中的最低总学分，学习者就可以获取某种层级的资格或是进入某种层级学习，见表4-7。

表 4－7　南非国家资格框架

<table>
<tr><th></th><th colspan="3">资格框架名称</th><th>等级</th><th>资格</th><th>最低总学分</th><th>最低入学要求</th></tr>
<tr><td rowspan="10">南非国家资格框架</td><td colspan="2" rowspan="6">高等教育资格框架</td><td rowspan="2"></td><td>10</td><td>博士学位
博士学位（专业型）</td><td>360</td><td>适当的硕士学位</td></tr>
<tr><td>9</td><td>硕士学位
硕士学位（专业型）</td><td>180</td><td>相关学士学位（荣誉）或者专业学士学位（8 级资格，最低 96 学分）或者研究生文凭</td></tr>
<tr><td rowspan="8">职业资格子框架</td><td>8</td><td>荣誉学士学位
研究生文凭
学士学位</td><td>120</td><td>适当的学士学位</td></tr>
<tr><td>7</td><td>专业学士学位
高级文凭</td><td>480（专业学士学位）
120（高级文凭）</td><td>指定的 4 科成绩在 4 等的国家高级证书（NSC）；适当领域的高级文凭或学士学位</td></tr>
<tr><td>6</td><td>文凭
高级证书（AC）</td><td>360（文凭）
120（高级证书）</td><td>4 科成绩在 3 等以上的国家高级职业证书（NSC）或者相关领域的高等证书（HC）；适当领域的高等证书（HC）</td></tr>
<tr><td>5</td><td>高等证书（HC）
国家高级职业证书（第 5 级）</td><td>120</td><td>国家高级证书（NSC）</td></tr>
<tr><td rowspan="4">普通和继续教育与训练资格框架</td><td rowspan="2">继续教育和培训阶段</td><td>4</td><td>国家高级证书（12 年级）（NSC）
职业证书（第 4 级）</td><td>130</td><td>/</td></tr>
<tr><td>3</td><td>中级证书（11 年级）
职业证书（第 3 级）</td><td>/</td><td>/</td></tr>
<tr><td rowspan="2">普通教育和培训阶段</td><td>2</td><td>初级证书（10 年级）
职业证书（第 2 级）</td><td>/</td><td>/</td></tr>
<tr><td>1</td><td>普通证书（9 年级）
职业证书（第 1 级）</td><td>/</td><td>/</td></tr>
</table>

注：1. 国家资格框架 1 级对应的是基础教育层次的资格水平。

2. 与国家资格框架中的资格一经授予终身有效不同，职称通常需要从业者定期更新。

资格类型包含学术型、职业型和专业型三种。5～10 级颁发学位、文凭和国家证书，分为学士、硕士和博士三级专业型和学术型资格，处于资格框架等级的高端；1～4 级颁发国家证书和国家文凭，其中既包括学术型资格，也包括职业型资格，划分的依据按照教育和培训的类型来界定。① 高等教育学分框架将“资格”分成三类：毕业证书（最低 120 学分）、毕业文凭（最低 120 学分）和学位（最低 360 学分）。学习 3 年、360 学分可获 6 级学位或者学习 4 年、480 学分可获 7 级的 4 年制的专业学位。为了扩大特定专

① 李建忠．南非国家资格框架的发展与改革［J］．比较教育研究，2010，04.

业的参与面，颁证机构可以采用10%的先前学习学分。一般而言，证书和文凭以培养职业型（Vocational）人才为主要取向，专业学士学位和硕士学位以培养专业型（Professional）人才为主要取向，专业博士学位以培养学术型（General）人才为主要取向。尽管每一资格都有着自己的特点和发展取向，但学习者可以在国家资格框架中的所有资格之间转换学习路径，实现学习自由。

2. 资格等级描述

资格等级描述（level descriptors）是南非国家资格框架对学习难度、深度及学习者取得学习成果时应表现出的学习能力的描述，这种描述有助于人们对每一等级的学习及成果有总体的理解。资格等级描述的目的是使利益相关者清楚地了解不同等级的学习成果，增加国内外资格的可比性，以及促进三个分框架的统一和衔接。南非国家资格框架的每一等级都有一个水平描述，包含不同等级的应用能力、含义及使用规则。应用能力主要包括三个方面：基础能力（学术/智力水平）、实际能力（在具体情景中表现出的实际执行能力）、反思能力（自主学习能力）（见表4-8）。

表4-8 国家资格等级描述原则性要求及规则

等级	应用能力	描述的含义及使用规则
10	知识的广度； 知识的理解； 方法与程序； 问题的解决； 伦理与专业实践； 信息的获取、处理和管理； 信息的传递与交流； 对环境和制度的适应； 学习管理； 责任	一套规则； 十项能力； 不能作为评价标准； 描述兼具学术性和职业性； 建立资格与职业等级的关系； 各种教育融合对接的节点； 累积渐近； 适用于先前学习认证； 描述性而非规定性； 资格分层的术语
9		
8		
7		
6		
5		
4		
3		
2		
1		

（三）资格涵盖领域

资格框架分为12个组织领域：①农业和自然保护；②文化和艺术；③商务、商业和管理科学；④传播科学和语言；⑤教育、培训和发展；⑥制造业、工程和技术；⑦人文和社会科学；⑧法律、军事科学和安全；⑨卫生科学和社会服务；⑩物理、数学、计算机和生命科学；⑪服务行业；⑫规划和建筑。每个组织领域分配一个唯一的领域说明并分成若干次级领域，每个次级领域分配一个唯一的次级领域说明（李建忠，2010）。[①] 这些领域的划分为行业、部门或学科领域的资格分类和标准开发奠定了重要基础。

（四）单元标准

单元标准是指预期的教育和培训成果及有关的评价标准和程序等的表述和说明。南

① 李建忠．南非国家资格框架的发展与改革［J］．比较教育研究，2010（4）．

非对国家标准机构和标准制定机构开发出来的单元标准实行审查和注册制，以确保质量。一个单元标准需包含以下要素：单元标准名称；经资格局批准的标识；单元标准的代码；在国家资格框架里单元标准的水平；单元标准的学分数；单元标准所属的领域和次级领域；发布日期；评价日期；单元标准的目的；拟评价的具体结果；评价标准，包含应掌握的基本知识；单元标准的鉴定过程。一个或若干个单元标准组成一个资格。如果单元标准是资格的一个组成部分，则应包含关键学习成果（Critical Outcomes）。关键成果是指所有教学都应取得的通用成果，包含基本技能和能力（王立科，2013）。①

（五）学分积累与转换规则

南非的学分积累与转换制度是基于国家资格框架并通过南非资格署发布的相关条例、规定、指南等规范性文件实现的。首先，为不同层级的资格和课程单元赋予一定学分值。其次，规定每个学分 10 个“概念学时”的学习量，用以完成学分的积累。学分的积累往往发生在一个机构，但 5～10 级（高等教育资格框架）的学分积累可以发生在同一机构或不同机构中。学分转换通常发生在不同专业和资格之间，但规定了已获得资格的学分最多只有 50%能在其他资格中得到认可。

（六）先前学习成果认可

南非的先前学习成果认可（RPL）主要用于认证非正规和非正式学习成果，是将一个学习者以前获得的学习和经历与框架中资格所要求的学习结果进行比较，对符合条件的结果进行认证的过程。人们主要以取得学分、获得高等教育入学机会以及提高资质为目的进行先前学习成果认证。

2012 年，南非发布《先前学习认可的政策与标准》，对先前学习成果认可制度规定了适用范围：①3 个质量委员会、经过认证的教育与培训机构、工作和其他评价场所、认可的专业机构和从事先前学习认可的从业人员；②在国家资格框架中或在南非境内颁布的所有资格、资格单元（部分资格）以及执业资格。实施标准则为：南非资格局标准、3 个质量委员会的标准、提供先前学习成果认可机构的标准、认可的职业机构标准和认证人员的标准。

先前学习成果认可制度与国家资格框架相互关联。前者贯穿于国家资格框架中三个全部分框架，每一个分框架都可以进行先前学习成果的认可。因此，国家资格框架中的资格和资格单元必须为学习者提供认可先前学习成果的程序和机会。

三、实施的机构及其运行

负责国家资格框架开发、实施和相关工作的专门机构是南非资格局，目标是：①推动国家资格框架目标的实现；②推动国家资格框架的完善和实施；③对三个分框架进行协调。

① 王立科．南非基于国家资格框架的学分转换与积累制度建设及启示［J］．现代远距离教育，2013（4）．

四、实施的效果

（一）标准制定体系的确立

南非实行国家标准机构和标准制定机构资质认定和注册制，以确保标准制定的质量。内容主要包括：服务国家经济建设战略目标，加速开发行业资格和标准；构建伙伴关系；提升资格和标准的国际可比性；征询利益攸关方意见；严格执行评估审查制度。1997—2007年，南非在标准制定方面取得了如下成果：①全国建立了74个标准制定机构，颁证机构在国家资格框架中注册的资格共7092个；②到2007年，在国家学习者档案处登记注册了750万名学习者的学习成果，颁证机构颁发6683种资格，经过认证的教育与培训质量保障机构共计31个。[①]

（二）国家学习者档案数据库建立

南非资格局建立了国家学习者档案数据库（CNLRD），用于精确报告教育和培训系统信息。该系统收录由普通教育、继续教育和培训质量保障委员会（UMALUSI）和高等教育委员会提供的几百万份学习者档案，以及前产业培训委员会的档案、劳动部的历史档案和独立考试委员会的培训信息。

（三）质量保障体系

南非实行质量保障二级认证制，资格局负责国家层面认证教育和培训质量保障机构的资质，得到国家认证的教育和培训质量保障机构还必须在机构层面认证教育和培训提供者的资质。资格局每三年审核一次机构，对符合标准和要求的颁发证书。为完善质量保障体系，资格局任命审查机构（Moderating Bodies），履行监督和评判质量保障机构的职能，评判质量保障机构的评价结果是否公正、科学和可信。[②]

第四节　澳大利亚

一、澳大利亚资格框架（AQF）产生的背景

在全球化的大背景下，澳大利亚从1985年开始逐步加大了本国经济与世界经济的融合，引起产业结构和劳动力市场的持久变化。产业结构的变化和失业问题刺激着人们对终身学习的需求。澳大利亚传统教育体制是由州和区自行管理，普通教育、职业教育与培训体系长期分离，全国缺乏协调统一管理，各地职业资格证书缺乏通用性，无法准确判断证书持有者的能力水平。大批企业和学生希望国家能提供全国通用的资格证书，并要求非正规和非正式学习的成果能够得到认定。基于此，澳大利亚联邦政府和各州（领地）政府采取了一系列改革措施，使正规教育机构颁发的各种资格能够互相衔接，

---

① 国家开放大学课题组．15个国家/地区学习成果认证、积累与转换制度案例研究报告汇编［R］．国家开放大学课题报告，2013，12.

② 李建忠．南非国家资格框架的发展与改革［J］．比较教育研究，2010，4.

非正规和非正式学习的成果能够得到认定，并通行全国。

20 世纪 90 年代中期，澳大利亚模仿英国，构建了全国统一的资格框架。它是一个全面基于学分转换的学习成果评价综合性框架，贯通普通中等教育、职业技术教育与培训和高等教育以及职业技术教育与培训三大教育体系。随后，在资格框架基础上又建立了国家培训框架，由澳大利亚培训质量框架和培训包组成。资格框架和国家培训框架极大地促进了 TAFE 学院[①]与大学在学分转移方面的合作，为沟通普通高等教育和职业教育提供了便利。

到 2000 年，澳大利亚资格框架（Australia Qualification Framework，AQF）在全国范围内实施。2008 年，启动改革程序，同年 5 月，成立了资格框架委员会（Australian Qualifications Framework Council），其职能主要是监控和维持资格框架，向部长理事会就资格框架发展等问题提供咨询。2009 年5 月，提出了《加强澳大利亚资格框架的建议》（*Strengthening The AQF：A Proposal*）、《加强澳大利亚资格框架：澳大利亚资格架构》（*Strengthening The AQF：An Architecture for Australia′s Qualifications*）、《澳大利亚资格颁发政策和协议》（*AQF Qualification Issuance Policy and Protocols*）等改革文件。最新版本的资格框架体系指南手册于 2011 年 7 月 1 日开始实施。

二、澳大利亚资格框架的内容

（一）资格框架的等级

澳大利亚资格框架是一个集综合性、一致性和灵活性于一体的框架体系，涵盖普通中等教育、职业教育和培训以及高等教育三大类别，认证涉及义务教育后所有的教育证书、文凭和学位，如高中教育证书、部分资格证书、Ⅰ～Ⅳ级证书、文凭和高级文凭、学士文凭、毕业生文凭、硕士证书、博士证书等共 15 种类型，其等级包括从高中教育证书到博士学位共 10 个等级，每一级证书都有不同的技术标准但又互相衔接。其中有 6 个等级为职业教育与培训证书类型，分别是一级证书、二级证书、三级证书、四级证书、文凭和高级文凭。澳大利亚资格框架结构见表 4－9。

表 4－9 澳大利亚资格框架结构

水平等级	普通中等教育部门认证	职业教育与培训部门认证	高等教育部门认证	概念学习期限
10 级			博士学位（Doctoral Degree）	3～5 年

① 澳大利亚的 TAFE（Technical and Further Education，中文译为技术与继续教育学院，TAFE）是政府公办的职业技术教育的基地，于 1974 年创建，在 20 世纪与南澳理工大学开展合作继而引发与其他普通院校进行学分转移和衔接的风潮。1988 年，澳大利亚联邦政府要求所有大学必须接受 TAFE 学院的学分，并作为加入统一的联邦高等教育体系的前提条件之一。之后，大学接受 TAFE 学分转移的专业和课程范围逐步扩大，学分折算值也随之增大，相应的手续也获得了简化，通过学分转移方式进入到大学继续深造的 TAFE 学院的学生人数也相应增加。几乎所有的 TAFE 都为学生提供通往普通大学学习的路径。它的建立为中等教育和高等教育开辟了另外一条道路。

续表4—9

水平等级	普通中等教育部门认证	职业教育与培训部门认证	高等教育部门认证	概念学习期限
9级			硕士学位（Masters Degree）	1.5～2年
8级		职业教育研究生文凭（Vocational Graduate Diploma）	研究生文凭（Graduate Diploma）	1～2年
		职业教育研究生证书（Vocational Graduate Certificate）	研究生证书（Graduate Certificate）	6个月
7级			学士学位（Bachelor Degree）	3～4年
6级		高级专科文凭（Advanced Diploma）	专科文凭（Associate Degree）	1.5～2年
5级		文凭（Diploma）	文凭（Diploma）	1.5～2年
4级		四级证书（CertificateⅣ）		0.5～2年
3级	高中毕业证书（Senior Secondary Certificate of Education）	三级证书（CertificateⅢ）		1～2年
2级		二级证书（CertificateⅡ）		0.5～1年
1级		一级证书（CertificateⅠ）		3～6个月

在澳大利亚资格框架下，普通中等教育、职业技术教育与培训和高等教育之间实现互通，这给处于不同教育阶段的学习者以灵活选择的余地。例如：普通中等教育阶段的学生凭借所获得的职业教育课程学分进入TAFE学习，可免修一部分课程；同时，还可以在TAFE中获得职业资格证书、文凭、高级专科文凭、职业教育研究生资格及职业教育研究生文凭。获得文凭及以上资格或资格证书的学习者可凭此升入普通大学学习（焦化雨，2013）。[①] 澳大利亚资格框架使得TAFE或私立机构及大学各等级教育能够准确找到统一的参照标准，也使学习者能清晰地判断自己在教育层次中的位置，获得终身学习的渠道。

（二）资格框架的等级标准描述

澳大利亚资格框架运用明确的学习结果分类来设计资格的等级标准，分三个维度：知识、技能、知识和技能的运用，通用技能嵌套在这些维度之中，资格框架通过这几个维度对每个层级的标准进行规范和明确。通过等级标准的描述，为各等级的评定提供明确清晰的标准，比如“应该知晓、理解什么？应该掌握什么？应该做什么？”从而促进不同资格证书之间的联系与转换。等级不同，标准描述也不同，每一个等级标准都建立

① 焦化雨．澳大利亚资格框架（AQF）下的学分转移与衔接研究［D］．上海师范大学硕士学位论文，2013．

在前一个等级标准的基础之上，对几个维度知识和技能等的要求逐渐拔高。通用技能则在不同的教育部门有不同的描述和叫法：在学校教育部门称为“通用能力”“核心能力”“关键能力”等，在教育和培训部门称为“就业能力和技能”，在高等教育部门称为“毕业生素质”。

澳大利亚资格框架等级标准描述示例（1、5、10 级）见表 4－10。

表 4－10 澳大利亚资格框架等级标准描述示例（1、5、10 级）①

等级	等级描述	知识	技能	知识和技能的运用
1	在这一等级，毕业生具有初始工作、社会参与和继续学习的知识和能力	在这一等级，毕业生具有日常生活、继续学习和准备初始工作的基础知识	在这一等级，毕业生具有基础的认知技术和表达能力：执行已定义的常规活动，发现和报告简单的问题和难题	在这一等级，毕业生能运用知识和技能，在高度结构化的和稳定的情境中和在有限范围内展示自主性
5	在这一等级，毕业生具有从事技能型/辅助专业工作和继续学习的专门化知识和技能	在这一等级，毕业生具有在一个工作和学习的特定领域或广泛领域的技术性和理论性知识	在这一等级，毕业生具有各种广泛的认知、技术和表达技能，能选择和运用各种方法和技术去分析信息，完成各种活动，对有时是复杂的问题提出和传达解决方案，向他人传达信息	在这一等级，毕业生能在已知或变化着的情境中并在广泛但规定的范围内应用知识和技能，展示自主性、判断力和已定义的责任
10	在这一等级，毕业生具有一个复杂的学习领域系统的和批判性的理解力和专门化研究能力，以促进学习和专业实践的发展	在这一等级，毕业生具有在一个学科前沿或专业实践领域里对一个实质性和复杂的知识体系的系统的和批判性的理解力	在这一等级，毕业生具有在一个学科领域专家水平的和专门化的认知、技术和研究能力，能独立和系统地去进行批判性反思、综合和评价，开发、应用和实施研究方法，拓展和重新定义现有知识或专业实践，向同行和学界传播和促进新的见识，产生原创性知识和理解力，对一个学科或专业的实践领域做出实质性贡献	在这一等级，毕业生能运用知识和技能，展示自主性、权威性、判断力、适应能力以及作为一名专家和主要实践工作者或学者的责任感

（三）资格类型描述

除等级标准描述外，澳大利亚还设计开发了资格类型描述（Qualification Type Descriptor）和资格类型规范（Qualification Type Specifications），对资格作进一步解释和说明，也可以说它是对资格等级标准描述的更为具体的细化。目前澳大利亚资格框架有 15 种资格，每一种资格作为一种类型，一个等级可以有一个以上的资格类型。处于同一等级的不同类型认证，有不同的描述和要求，对于不同的维度描述各有侧重，如处于第三等级的高中教育毕业证书和三级证书，经由学校教育部门认证的高中毕业证书对普通知识的要求较高，职业教育与培训部门认证的三级证书则偏向技能要求，分别体现

① 李建忠．澳大利亚资格框架的改革与发展［J］．职教论坛，2010，01．

了普适知识性和职业性的价值观。同一等级标准具有等值性，这种等值性可促进不同学习系统的沟通，特别是促进职业教育和普通教育的沟通，彻底解决长期以来困扰人们的职业教育资格和普通教育证书分割问题（李建忠，2010）。[①]

（四）资格类型的增删原则[②]

澳大利亚资格框架中的资格类型可以增加，但必须遵循以下原则：①要符合政府规定的质量保障的标准；②能够得到由州、行政区或联邦立法授权的认证机关的认证；③能够按照澳大利亚资格框架资格类型描述的学习结果分类学进行表述；④能够在基于等级的澳大利亚资格框架结构里进行定位；⑤能在澳大利亚资格框架里为学习者设计明确的学习路径。增加新的资格类型必须广泛征求有关产业部门、教育和培训提供者以及政府利益攸关方的意见并得到他们的支持。

澳大利亚资格框架中的资格类型也可以废止，但是要遵循以下的原则：①确认某一资格类型已无法满足多方群体的需求；②由认证机关向澳大利亚资格框架委员会提出废止资格的建议，或由澳大利亚资格框架委员会在征求利益攸关方的意见的基础上自行废止某一资格类型，包括有关产业部门、教育和培训提供者和政府等。

澳大利亚的资格类型增删具有一定的灵活性，可以根据市场来进行相应调节，但同时把关又比较严格，资格框架委员会负责进行严格的监督审查，因此澳大利亚的资格证书的含金量有了国家保障。

（五）资格框架的学习量

澳大利亚各个资格类型等级的学习期限不相同，差异性很大。如三级证书的学习量为 1～2 年，四级证书则是 5 个月到 2 年不等。这中间的差异性主要来自全日制学习和在职学习之间的差异，也来自于学生学习起点的差异，比如具有先前学习成果的学习起点与不具有先前学习成果的学习起点之间的差异（赵侠，2014）。[③]

（六）培训包

澳大利亚职业教育的各级证书具体通过培训包（Training Packages，TP）实施。培训包是“一套认识和评估人们关于某一行业或企业能力的，在内容上具有连贯与可信赖特点的，并且在全国得到认可的能力标准、评估指南和资格”（苏玉仙，2011）。[④] 培训包基于能力单元而建立，人们可以选择培训的时间、地点与方式，快速地获得培训包所认证的资格证书。证书持有者可以在澳大利亚不同州和领地之间方便地就业。同时，培训包的内容是跨行业或企业的，这使得证书持有者也能够在不同的行业和企业中就业。

（七）先前学习认定

先前学习认定（Recognition of prior learning，RPL）是通过对个人以前依靠非正式教育和培训获得的但未经认可的知识和技能进行的评估，确定个人已经达到的某种学

---

① 李建忠．澳大利亚资格框架的改革与发展［J］．职教论坛，2010，1.

② 吴雪萍，马博．澳大利亚资格框架改革探究［J］．比较教育研究，2011，8.

③ 赵侠．澳大利亚资格框架体系研究［D］．西南大学硕士学位论文，2014.

④ 苏玉仙．澳大利亚资格框架体系对我国高职教育“双证书”制度的启示［D］．成都：四川师范大学硕士学位论文，2011.

习结果的程度，以获得澳大利亚资格框架中的某种资格证书或资格证书的一部分。当学习者具有某种可以折算成学分的学习经验或知识技能时（无论是否拥有证书），可以通过申请 RPL 认证完成对先前学分的积累。在职业教育培训部门，通过 RPL 可以获得部分或是完全的资格证书，在学校部门或是高等教育部门只能获得资格证书的部分学分，一般不能获得一个完全的资格证书。在澳大利亚资格框架下，先前学习认定使所有社会成员都有获得资格证书和进入正规教育与培训体系学习的机会，每所颁发资格证书的机构都有实施先前学习认证的责任，授予资格框架资格证书的机构都制定了关于先前学习认定的政策和程序。

（八）资格框架的认证机构

澳大利亚资格框架的认证机构包括：①州和领地政府授权的法定机构，负责对自己地区的高级中等教育证书（Senior Secondary Certificate）进行认证；②州和领地政府授权的职业教育和培训认证部门，负责认证资格框架的资格和授权注册培训机构（RTOS）发行 AQF 资格，国家质量委员会（The National Quality Council，NQC）、高等教育和就业部长理事会（the Ministerial Council for Tertiary Education and Employment，MCTEE）负责国家培训包中的 AQF 资格认证；③高等教育的州和领地政府认证机构，认证 AQF 资格并授权不具备自我认证资格的高等教育机构颁发 AQF 资格；④澳大利亚的大学有权利认证和发布自己的资格；⑤除了大学外的其他高等教育机构，具备自我认证资格的高等教育机构可以认证和颁发自己的 AQF 资格（国家开放大学课题组，2013）。[①]

一些没有自我认证权的机构，在开设课程时必须经过政府认证部门的审批。同一种资格可以由不同的部分认证，如文凭和高级文凭可以由职业教育与培训部门颁发，也可以由高等教育部门颁发。

（九）资格框架中的学分转移与衔接

澳大利亚各州及地区内的学习者根据自身完成学业的类型及课程数目获得一定量的学分，主要分为三类：指定学分（Specified Credit）、非指定学分（Unspecified Credit）、模块学分（Block Credit）。指定学分是指学习者完成与申请院校教学标准相当、教学内容相同的课程后获得的学分；非指定学分是学习者完成具有一定学习课时数和质量的课程获得的学分，且这些学分不能直接同目标院校课程互认；模块学分是指学习者取得某一资格证书的过程或全程中获得的学分，这些学分的获得不依赖于某一固定教育教学机构，一般情况下这类学分的互认需要特定协议进行规定。

各院校并未对申请 TAFE 学分转移与衔接的学习者做过多限定，凡取得资格框架下任意级别证书或文凭，均可以参加学分转移与衔接，申请更高层次课程的学习。此外，学习者除了通过 TAFE 课程或资格申请学分转移外，还可以通过先前学习认定的方式将学习经验或工作经验经过认证后转换为一定额度的学分。在保证教育质量的前提

① 国家开放大学课题组. 15 个国家/地区学习成果认证、积累与转换制度案例研究报告汇编［R］. 国家开放大学课题报告，2013，12.

下，最大限度地为学习者实现学分转移（焦化雨，2013）。[①]

（十）资格框架的质量保障

澳大利亚的各级证书统一于资格框架之中，由质量培训框架保障实施。其主要包括两套全国通用的质量标准：一是注册培训机构（Registered Training Organizations，RTO）的标准。任何教育培训机构只要符合 RTO 规定的 12 个条件，就可以颁发全国统一的职业教育培训、技能鉴定工作以及职业资格证书。二是各州（领地）注册/课程认证机构（Registering/Course Accrediting Bodies，R / CAB）的标准，R / CAB 具体负责 RTO 的注册以及培训课程相关认证。（赵侠，2014）[②] 同时，澳大利亚国家培训局按标准每年定期检查已注册的培训单位、院校和机构，严格规范参与考评的人员、考评过程、考评工具库、考评策略、考评政策等，并公布考评结果。

第五节　韩国

一、学分银行制的产生背景

20 世纪 70 年代初，随着全球化、知识化、信息化的浪潮，终身教育理念正式引入韩国。到了 90 年代，韩国民众渴望继续学习，不断提高自身文化素质水平的需求日益强烈，政府充分认识到发展终身教育的重要性。为扩大国民受教育机会，保证社会经济可持续发展，满足国民的精神文化需求，1995 年，时任总统的金泳三提出通过构建新的教育体系来促进和发展开放的终身学习社会的议题。学分银行制（Credit Bank System，CBS）就是该体系的重要内容之一，目的是鼓励更多非正规高等教育体制的学习者取得大学文凭。同年，韩国政府专门投资建立了“国家多媒体教育支援中心”，为实行学分银行及弹性学制提供技术支持。1997 年，韩国政府颁布《时间学生登录制的试行指南》[③]《学分认证相关法律》和《总统令第 1548 号》文件，正式宣告学分银行制诞生，并规定了学分银行认证制度和标准化课程、体系的操作过程。1998 年，韩国政府再次颁布《教育部令第 713 号》文件，规定了学分银行制的实施细则，指定韩国教育开发院为学分银行制的主管机关，学分银行正式实施。1999 年，韩国政府公布《终身教育法》，成为继美国和日本后第三个为终身教育立法的国家，明确规定了“关于学分的承认”。在 2000 年至 2009 年间，对《终身教育法》先后进行了 5 次修订。其中 2007 年的修订直接促进了学分银行的重要保障机制——终身学习账户制的产生与发展。从此，在法律与政策的保证下，韩国学分银行制进入了快速发展时期。

---

① 焦化雨．澳大利亚资格框架（AQF）下的学分转移与衔接研究［D］．上海师范大学硕士学位论文，2013．

② 赵侠．澳大利亚资格框架体系研究［D］．西南大学硕士学位论文，2014．

③ 国家开放大学课题组．15 个国家/地区学习成果认证、积累与转换制度案例研究报告汇编［R］．国家开放大学课题报告，2013，12．

二、学分银行制的内容

（一）标准化课程

标准化课程由韩国教育科学技术部与终身教育研究院在各学科专家的指导下联合开发而成，代表了每个学科领域的综合学习计划，包括专业名称、培养目标、课程组成、毕业要求、评价方式等信息。标准化课程描述了学分定义、机构认证标准、学分转换标准等非课程内容，如每个学分至少应包括 15 小时的学习。标准化课程是学分银行的认证标准，课程里规定的学习目标与正规高等教育的学习目标在同一个层次上，在不同教育领域获得的学习成果都需要与标准化课程进行比较，以此来决定兑换学分的数量，其中，至少应有 70%的课程与标准化课程体系一致。标准化课程每年都会根据教师、学生和社会的需求变化更新。当前，韩国学分银行为 22 个学士学位、13 个副学士学位提供了 108 门主修课程。

（二）学分银行制的管理

韩国的学分银行制实施“三权分立”的运作机制，保证了学分银行的高效运转。其主要由教育科学技术部（Department of Education，Science and Technology）、终身教育研究院（National Institute of Lifelong Education，NILE）和各省（市、道）教育办公室共同管理和执行。教育科学技术部负责制定学分银行政策、认证教育培训机构及其教育项目、发布标准化课程体系、颁发学位证书等；终身教育研究院具体负责日常的研究和管理工作，包括学生注册、学分审查、审核批准学位授予条件、学位授予、课程再次评估以及管理学分累积系统、建立学分银行信息系统等，同时组织协调学分认证审查委员会（Screening Committee for Academic Credit Accreditation）的工作，管理学分银行信息和咨询中心的运行等；各省（市、道）教育办公室负责收集和传递学员注册表格和学分审查申请表格，给学员提供切实可行的信息和建议。三大机构分工明确，互为补充，各司其职，高效运作，为学习者在学位申请过程中提供了方便、快捷的服务。

（三）运行程序

1. 申请与注册

凡取得高中学历或同等学力的人员，均有资格提出申请。申请者首先填写学员注册申请表格和学分审查申请表格等有关书面材料，由终身教育研究院和各省（市、道）教育办公室备案。

2. 学分认证

学分银行制是一种灵活变通的学分认证体系，承认多种学习途径获得的学习成果，其获取主要有六大来源：

（1）学分课程和科目。

获得学分银行认证的教育机构包含大学附属终身教育中心、职业培训学校、私营培训补习班、政府部门附属的教育机构、军事教育机构、终身教育中心、重要无形文化财产培训机构、特殊学校以及高等技术大学等。从公办到私营，从民间到军事领域，从附属于大学的终身教育学院到普通培训机构，韩国学分银行学习网的覆盖领域十分广泛。截至 2011 年，学分银行认定的附属教育机构达到 537 所，其中近半数是高校，占了

300 多所（国家开放大学课题组，2013）。[①] 这些机构为学习者提供多样化、正规化的学术学分课程和科目。只要满足规定的条件，学习者在此类机构的学习成果均可能转化为可认证的学分。

（2）技能或资格证书。

韩国职业资格认证体系由国家资格认证系统和民间资格认证系统组成。韩国就业劳动部掌管 556 种国家职业资格证书（NVC），而 131 种其他的国家证书（NC）由另外的部门掌管。学分银行制度认可其中的部分证书，包括 368 种国家职业资格证书和 142 种国家证书（朴仁钟，2012）。[②]

学分银行制对技术资格的认证主要通过比较资格证书与标准化课程的相似程度进行。韩国终身教育研究院专门制定了《全国技术资格学分认证的计算标准》。以国家技术类资格证书为例，高级技师证书可以兑换 39 学分，工程师证书可以兑换 30 学分，工业工程师证书 24 学分；国家非技术资格证书则是分为 A～E，A^{-}～E^{-}不同等级根据资格认证的等级兑换成不同的学分。截至 2011 年，共有 556 种国家技术资格证书、131 种国家非技术资格证书以及 97 种官方承认的民间资格证书可以通过学分银行制的认证并兑换成相应学分。[③]

在学分银行制认可的职业资格证书学分中，对国家技术资格证书的认可率最高，达到 63.8%，对非技术资格证书的认可率为 24.7%，官方承认的民间资格证书的认可率为 11.4%，其他私立证书及企业证书不能获得学分认定。

（3）自学学位考试。

学习者可以使用参加国家自学考试的相关合格课程兑换学分银行学分。自学学位考试分为四个阶段（由低至高），每个阶段的每个学科课程的认证分数不同，最后还可以通过学分累积获取学位。韩国终身教育振兴院专门制定了《自学学位考试在学分银行中的学分认证标准》，打通学分银行制与自学学位考试之间的壁垒，根据规定，学习者通过不同阶段的考试，可以折算成一定数量的学分（见表 4－11）。当通过所有四个阶段的考试后，即可获得学位。如果没能通过所有考试或中途退出，已获得的学分也可以得到认定。

表 4－11　韩国自学学位考试在学分银行制中的学分认证基准（李贤淑，2010）[④]

阶段	认证学分	备注
第一阶段（文科考试）	每科 4 学分	最多 20 学分
第二阶段（专业基础考试）	每科 5 学分	最多 30 学分
第三阶段（专业深化考试）	每科 5 学分	最多 30 学分
第四阶段（综合考试）	每科 4 学分	最多 30 学分

① 国家开放大学课题组．15 个国家/地区学习成果认证、积累与转换制度案例研究报告汇编［R］．国家开放大学课题报告，2013，12．

② 朴仁钟．终身学习型社会与韩国的学分银行制［J］．开放教育研究，2012，1．

③ 国家开放大学课题组．15 个国家/地区学习成果认证、积累与转换制度案例研究报告汇编［R］．国家开放大学课题报告，2013，12．

④ 李贤淑．韩国高校终身教育研究及启示［D］．延吉：延边大学，2010．

（4）重要无形文化遗产学习。

韩国《文化财产保护法》和《学分认定法》规定，学习者成功完成重要无形文化遗产技能和艺术类培训后，学分银行应该承认其学习成果，并分配相应的学分（见表4—12）。韩国学分银行为119种重要无形文化遗产开设了119个专业，分属传统手工艺、传统音乐、传统表演等七个类别，每个专业分为学徒、完成学习者、助教及大师四个层次，大师层次等同于文学学士。

表4—12 重要无形文化遗产学分认证标准①（刘安，王海东，2013）

<table>
<tr><th>等级</th><th colspan="2">认证学分</th><th>备注</th></tr>
<tr><td>文化遗产传承者</td><td colspan="2">140学分</td><td>高中学历（或同等学历）重要无形文化遗产传承者，获得学士学位</td></tr>
<tr><td>传授教育助教</td><td colspan="2">50学分</td><td>助教将从辅助文化遗产传承者或团体，并且已取得传授教育进修证的人中选出</td></tr>
<tr><td>进修生</td><td colspan="2">30学分</td><td>接受无形文化遗产传授教育三年以上，并且掌握了较高水平的技能或艺能的人可以获得传授教育进修证</td></tr>
<tr><td rowspan="4">传授生</td><td>3年以上</td><td>21学分</td><td rowspan="4">根据接受无形文化遗产传授教育的时间长短决定可认证的学分数</td></tr>
<tr><td>2年以上</td><td>14学分</td></tr>
<tr><td>1年以上</td><td>7学分</td></tr>
<tr><td>6个月以上</td><td>4学分</td></tr>
</table>

（5）大学或大专学分。

辍学的学习者在大学或大专期间获得的学分可以获得学分银行认可，以便于继续学习。学习者向学分银行递交辍学前在本科或大专修习的课程成果，经审核如果匹配标准化课程，给予相应学分。如果想改变专业，仅需补上部分课程即可。

（6）高校非全日制课程。

学习高校非全日制课程后也可得到学分银行的认定。

3. 学位的审核与授予

学分银行可授予学士学位、两年制副学士学位或三年制副学士学位（见表4—13）。

表4—13 学分银行制申请学位学分要求（国家开放大学课题组，2013）②

分类	学士学位	副学士学位	
		两年制副学士学位	三年制副学士学位
总学分	140学分及以上	80学分及以上	120学分及以上
专业课程	60学分及以上	45学分及以上	54学分及以上

① 刘安，王海东．韩国国家学分银行制度及经验［J］．中国考试，2013，5．

② 国家开放大学课题组．15个国家/地区学习成果认证、积累与转换制度案例研究报告汇编［R］．国家开放大学课题报告，2013，12．

续表4—13

分类	学士学位	副学士学位	
		两年制副学士学位	三年制副学士学位
通识课程	30 学分及以上	15 学分及以上	21 学分及以上
选修课程	50 学分及以上	20 学分及以上	45 学分及以上

注：

（1）至少 18 学分要通过隶属于学分银行的教育机构、正规大学或教育行政部门承认的培训机构等获得。

（2）不同类型课程所获得的学分要有一定的比例，课程类型主要包括通识类课程、专业类课程、选修类课程和其他类型的课程。

学士学位课程每年至少要修满 36 学分，副学士课程每年至少要修满 40 学分；每个学分至少满足 15 个课时（每课时为 50 分钟），教学时间至少持续两周以上。教育机构应该提供标准教学大纲中规定的至少 70％的课程，高等院校的延伸课程和专科学校的特殊课程可以采用自己的教学大纲。国家技术资格证书的学分不可以用来申请文学学位（杨黎明，2011）。①

当学习者的学分储备达到一定数量时，即可向终身教育研究院或者各省（市、道）教育办公室提出学位申请，由学分认证审查委员会审查，审核通过后再递交韩国教育科学技术部核对，最后由教育科学技术部或者大学校长/学院院长授予学位。

如果选择由大学校长或学院院长授予学位，除了要满足上述学位要求外，还要满足该学位授予机构的基本要求。例如，在同一所大学获得 84 学分及以上者可以获得由该大学校长授权的本科学历证书，未在同一所大学获得所规定的学分的学习者，则由教育科学技术部部长授权颁发同等级的学历证书。

（四）质量的保证与评估

1. 学分转换限制

2005 年以前，韩国不限制证书转换成学分银行学分的数量，结果学习者争相用证书换取学分，减少从教育机构学习获取学分的次数，从而导致学分银行的社会信任度下降，声誉受损。为了改善这种状态，韩国政府在 2005 年新制定了一项政策，规定证书转换有最大上限：本科最多能转换三个证书，专科最多能转换两个证书。同时，为了保证学习效果和学习过程，还规定每人每年所得学分不能超过 42 学分，每一门课程必须达到 C 级以上才能获取学分。

2. 对标准化课程学习的评估

标准化课程的学习可以是基于网上的，也可以是网下的，但必须通过评估标准认可。2010 年，共有 602 门网下学习科目申请认证，但仅 233 门通过了评估，认可率为 38.7％。网上课程共有 831 门申请认证，442 门通过评估，认可率为 53.2％（朴仁钟，2012）。②

① 杨黎明．从韩国的学分累积制度看我国“学分银行”的构建［J］．职教论坛，2011，9.

② 朴仁钟．终身学习型社会与韩国的学分银行制［J］．开放教育研究，2012，1.

3. 对非正式教育机构的评估

韩国《学分认证条例》规定，非正式教育机构必须经过正式评估，韩国教育与人力资源部组织专家鉴定小组每年对社会非正式的教育培训机构进行全面严格的评估，确认符合要求者，才有资格提供“学分”。评估认证程序主要分为启动、申请、初审、考察、终审等八个步骤，如图 4－1 所示。

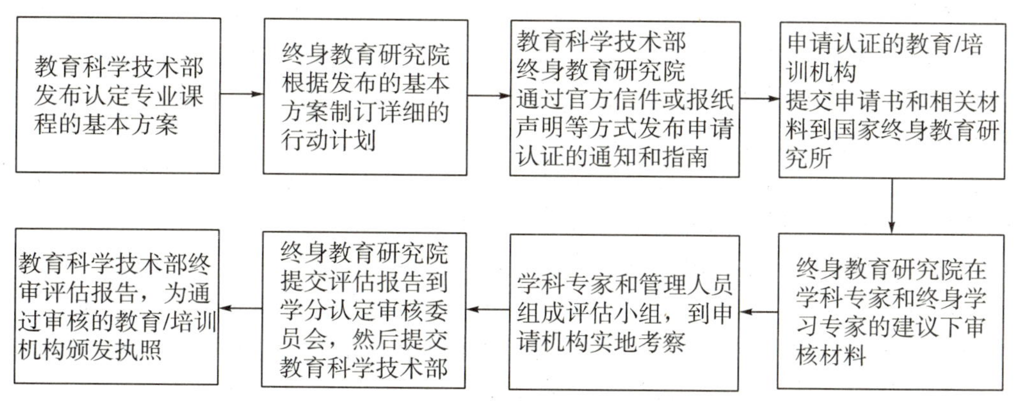

图 4－1 韩国学分银行机构评估认证的流程[①]

教育机构的认证标准主要分九个方面：课程名称、教育设施、教育目标、课程内容与实行时间、学习者人数、师资条件、教材与教法、学习者管理方法、其他要素。每项评估得分均在 70 分以上者，才被认定合格，其教学成果才能够被学分银行认可（王涛涛，2011）。[②] 在师资条件方面，有如下要求：教师必须具有大学全日制教师所具有的同等资质或以上，必须具有足够数量的教师，每个教师每周的工作量不得超过 18 个学时；在教育设施方面，有如下要求：教室面积必须大于生均 1 平方米，教育培训机构还须拥有必要的实验室、行政办公室、咨询室和图书馆等教学设备与设施；在课程方面，所提供的专业课程必须符合每个科目的课程标准和教学大纲（UNESCO，2001）。[③]

三、学分银行制的实施效果

韩国的学分银行制经过十几年的探索努力，在增加教育机会、促进教育公平、沟通不同教育模式、发展终身教育方面，产生了极大的正面效应。到 2007 年，韩国学分银行评估认证机构共有 465 个大学，培训学院、企业培训机构、政府关联机构、重要无形文化遗产、远程教育机构等均参与到学分银行里面。到 2010 年，高校的学生人数是 3644158 人，学分银行的学习者数量是 555489 人，是普通高校学生数量的 15.2%；普通高校获得学位的学生有 539996 人，而同年通过学分银行获得学位的人数达到了 51361 人，是普通高校获得学位人数的 9.5%（朴仁钟，2012）。[④]

① 刘安，王海东．韩国国家学分银行制度及经验［J］．中国考试，2013，5.

② 王涛涛．韩国终身教育体系的学习账户制探析［J］．成人教育，2011，8.

③ UNESCO. Handbook on Effective Implementation of Continuing Education at the Grassroots ［M］. Thailand：Principal Regional Office for Asia and the Pacific，2001.

④ 朴仁钟．终身学习型社会与韩国的学分银行制［J］．开放教育研究，2012，1.

1999—2011年第一学期，共有250000名学习者通过学分银行获得了学位，其中副学士学位91786人，学士学位159116人。通过学分银行获得的学位是以韩国教育科学技术部部长或某大学校长的名义授予的，总的来看，以部长名义授予的学位远远多于以大学校长名义授予的学位，以部长名义授予的学士和副学士学位数量总计为233753人，而以大学校长名义授予的学士和副学士学位数量总计为17149人（朴仁钟，2012）。[①]经调查发现，八类人群通过学分银行获益最多，分别是高龄学习者、转入新领域的学习者、职后继续关注专业发展的学习者、希望获得学位以继续进修的学习者、职业证书持有者、非物质文化遗产继承人、希望得到认证的社会工作者和日间护理教师，以及申请各种考试的学习者（刘安等，2013）。[②]

但是，学分银行制在大力发展的同时，也出现了一定的负面效应。这类负面效应主要体现在社会对学分银行认可的学习成果专业化以及质量等问题的质疑上：知识体系零散，课程设置僵化，质量保障困难；培养的人才特色体现不足，社会认可度不高，韩国社会民众普遍认为与普通大学文凭相比，学分银行颁出的文凭价值较低，就业受歧视；强化单纯追求文凭的功利主义行为；认证范围只限于高等教育层次，未实现认证和衔接各级教育的功能；学分银行交换过程中的欺诈行为等，导致一系列的问题产生，无形中降低了学分银行的权威性。韩国学分银行的发展依然任重而道远（吴韶华，2012）。[③]

第六节　日本（国家开放大学课题组，2013）[④]

一、日本学分互认制度的建立背景

日本前文部省在1993年建立了“校外学习的学分认定制度”，规定大学生除了在本校课程学习取得学习成果之外，校外的学习、体验等活动所产生的学习成果，也可以通过适当的评估认定，获得相应的学分。但是职业技术学校的学习成果不在认定范围。1998年，学分互认制度认定内容再次扩大，规定学生在普通高等学校、职业技术学校、社会教育培训机构等获得的学习成果，以及学生参加志愿者活动、就业实习、文化及体育相关的活动获得的学习成果，均能够通过学分认定，进而转变为相应的学分。2005年，文部科学省规定，学分认定的上限由原来的20分增加至36分。

二、日本学分互认制度的内容

（一）学分互认制度范围

学分互认制度范围包括高校校际学分互认、高校课程学分认可、知识与技能认定、

① 朴仁钟. 终身学习型社会与韩国的学分银行制［J］. 开放教育研究，2012，1.

② 刘安，王海东. 韩国国家学分银行制度及经验［J］. 中国考试，2013，5.

③ 吴韶华. 韩国“学分银行”的负面功能及其引发的思考［J］. 中国远程教育，2012，12.

④ 国家开放大学课题组. 15个国家/地区学习成果认证、积累与转换制度案例研究报告汇编［R］. 国家开放大学课题报告，2013，12.

志愿者活动学分认定、入学考试科目学分认定、远程教育课程学分认定等。

（二）学分互认制度形式

一般采取互认机构之间签订互认协议的方式。协议规定互认机构双方能够实施的学分互认的专业或者课程、采取的操作方式、规定的学生数量和互认学分上限等。

（三）学分互认制度组织

日本通用的学分互认的组织形式一般是地区性大学联盟或者协会。日本共成立了13个大学联盟，如首都圈西部大学学分互认协会、日本关西地区大学学分互认联盟、北海道地区大学学分互认联盟、四国地区学分互认联盟、东北地区学分互认联盟、多摩地区大学学分互认联盟等。这些联盟或协会具有如下优势：能以组织的名义，设计和制定组织内或机构间学分互认的规范与规则，使学分的互认变得更加有效。该制度适用于所有的高等教育机构，包括大学、研究生院、高等职业技术学院（日本为专门学院）、短期大学等。

三、日本学分互换示例

日本放送大学（The Open University of Japan，OUJ）是日本文部科学省下属的一所从事远程教育的国立大学，面对所有国民开放，主要提供本科与研究生层次的教育。由于课程内容制作精良、方便学习、费用不贵，吸引了很多普通高校的学员选择学习。同时，日本放送大学的学员也可以选择普通高校的课程进行学习。截至2016年，已有超过140万的学生在日本放送大学学习过，超过8.4万学生取得了学位。[①]

与日本放送大学开展学分互认的合作教育机构，需要满足以下条件：①确定对方的课程在本校对应专业的培养计划中；②互认课程年注册学生数超过100名或者合作机构有至少20名以上的学生注册课程学习；③能够全部或部分完成以下任务：课程咨询与注册服务、课程考试服务、配备课程辅导教师、配备课程教师、实施教学评价。

日本放送大学在学分互认之前，必须签订协议。流程如下：①互认机构双方确定学分互认的意向，主要包括互认的规则、互认的课程在各自机构相应教学大纲的对应级别、教学费用的分配方法等；②确定协议的主要内容，包括互认课程的范围、学生数、学分数、教学条件、考试条件、学生的募集方法、协议书的文本格式等；③将协议的主要内容以及协议草案提交各校的教授会审定通过。

日本放送大学接收有学分互认协议学校学生的操作流程：

第一步，接收选课申请。对申请者的资格进行审核，并将结果返回给派出校，办理课程选修手续。

第二步，给学习者寄送课程教材、学习指南等学习材料包。

第三步，学生自行学习资源，放送大学提供辅导。

第四步，课程考试，向学生以及派出校发布课程考试成绩。

第五步，派出校对课程学分进行核定。

截至2016年10月，与日本放送大学开展学分互换合作的高等教育机构多达

① 日本放送大学概览［EB/OL］. http://www.ouj.ac.jp/eng/about/overview.html. 2016.

387 所。与放送大学签订学分互换协议的研究生院为 7 所，大学为 281 所，短期大学为 84 所，高等专门学校为 15 所。与放送大学学分互换合作的大学和短期大学共计达到 365 所，占全部大学和短期大学的 33%，86 所国立大学和国立短期大学中有 61 所已经与放送大学达成学分互换合作，互换比例最高（见表 4－14）。

表 4－14　2016 年日本放送大学学分互换的合作校数

学校类型	国立	公立	私立	总计
大学	61	31	189	281
短期大学	0	4	80	84
研究生院	1	1	5	7
高等专门学校	15	0	0	15
总计	77	36	274	387

资料来源："2016 构建终身学习立交桥和学分银行系统学术论坛"上日本放送大学苑复杰教授的公开报告内容。

日本放送大学的学分制和学分互认，弥补了教育资源某些方面的不足，更大程度上拓展了开放办学的空间，增加了日本放送大学的"存在感"，使社会对其虚拟办学有了准确的认识。

第七节　美国

一、美国社区学院学分转换制度的产生背景和发展变迁

（一）产生背景

美国于 19 世纪初进入产业革命时代，开始由农业社会向工业社会过渡。南北战争后，国家独立，全面实现资本主义化，综合国力和经济实力迅速提升。产业革命的发展和繁荣使社会和雇主产生对熟练大机器操作的劳动者的旺盛需求，也使人们接受更高层次教育的愿望逐步增强，以期改善自身经济条件和提高社会地位。因此，巨大的社会教育需求开始冲击传统学校的围墙。1880 年以后，美国人口激增，高中在校生每 10 年翻一番，然而，高校学生录取率和容纳量的增幅却远远低于高中毕业生的增幅，使美国产生了巨大的压力和社会矛盾。恰在此时，一批著名大学校长针对教学质量的下滑发起了一场名为"创建纯粹大学"的运动。他们认为，"大学一、二学年的学业只不过证明的是高中或其他中学的学业"，只有到二年级结束，大学才开始真正的学术教育，体现出其理想的纯粹的精英教育本质。他们强烈要求大学的前两年应从四年制大学教育中剥离出来，建立一种介于中学和大学之间的学院，"以便使大学解脱出来，不再教育一些准备过于不足，难以接受高深学术性、专业性教育的一二年级学生"，改变前两年的教育性质，重新界定教育目的，用以加强学生的通识教育基础或进行某种专业化训练，学业结束时再从中选择优秀者进入后一阶段学习。"创建纯粹大学"运动虽是为了改善教学

质量和提升大学的品质，却天然地与政府急于缓和社会矛盾、为经济注入新活力的目的不谋而合。联邦政府当即把这一运动视为稳步发展经济和稳定社会秩序的重要手段，开始强力支持并立法干预，对确立后来的社区学院应有的地位、吸引社会广泛关注、规范社区教育行为产生了积极影响，与此同时，企业行会、宗教组织和社会福利机构也广泛参与进来，使社区学院的前身——初级学院在这一时期应运而生。

（二）发展变迁

19 世纪末到 20 世纪 40 年代末，以转学为目的的社区学院学分转换制度雏形形成。19 世纪末，芝加哥大学校长威廉·哈伯（William R. Harper）总结了前人的思想后，将大学分为一、二年级和三、四年级两个部分，前者为“初级学院”（Junior College），后者为“高级学院”（Senior College）。初级学院主要承担大学一、二年级的教育教学工作，吸纳高中毕业生入读，读完可以进行不同的选择：一是修完学分授予副学士学位（Associate Degree），毕业后参加工作；二是将在初级学院所修的学分转换到高级学院或其他四年制的大学，继续进行学习，最终获取学士学位。初级学院创设时的主要职能为转学教育，即帮助就读学生转入四年制大学，绝大部分学生也是把初级学院作为攻读本科学士学位的跳板。

1921—1922 年，58 所公、私立初级学院中，文理科转学课程占课程总数的 75%，初级学院数量达到 207 所，转学学生则达到 20559 人。此时的初级学院，转学教育功能占据绝对主导地位，其绩效也是以学生成功转学的比率为依据。这就是社区学院学分转换制度的雏形。

20 世纪 40 年代末到 60 年代末，以转学为目的的社区学院学分转换制度进一步巩固。1947 年，杜鲁门总统在高等教育委员会报告中提出以“社区学院”（Community College）取代“初级学院”的建议，同时规定，完成学业的学生可同时获得副学士学位和职业培训证书。此阶段由于美国经济繁荣，四年制本科大学毕业生在市场上非常抢手，再加之社区学院与本科院校的课程设置、学分互认、教学管理等制度不断完善，人们发现，由初级学院转入本科大学深造的学生在学业方面与直升入本科的学生相比毫不逊色，因而社区学院受到了许多美国民众的认可，学院数量稳步增长，学生成功转学率稳步提升。据调查统计，20 世纪 40 年代末至 50 年代初主修转学课程的学生比例保持在 75%左右，转学率提高到 33%。社区学院的学分转换制度得到进一步巩固。

20 世纪 60 年代末到 80 年代初，以职业教育为目的的社区学院学分转换制度衰退。由于“冷战”和实用主义价值观的影响，美国的科技与产业飞速发展，产业结构调整，急需大量生产一线的中高级技术人才。此时的社区学院逐渐成为一种集转学教育、职业教育、职业培训、继续教育、补偿教育、社区服务职能于一体的综合性短期高等教育机构，职业技术教育课程蓬勃发展，转学教育功能开始受到冲击和冷落。调查显示，20 世纪 60 年代初，美国社区学院有 60%～70%的学生就读转学课程，到了 60 年代末，猛降至 43%。就全美范围来说，社区学院转学学生的比率一度低于其在校学生总数的 5%。社会需要学校用较短的时间培养技术型人才，学生毕业后大多选择到生产第一线去工作，转学到大学继续深造的比例逐渐减少，使社区学院原来的学分转换功能受到削弱。

20世纪80年代至今，以多种教育互认为目的的社区学院学分转换制度兴起。80年代之后，美国终身教育观念确立，社区学院恢复兴盛。社区学院的学分转换制度再次受到政府和教育界的重视，社区学院的转学功能得到一定程度的复苏。据《华盛顿邮报》报道，2000—2008年，从社区学院转学至四年制大学的入学率，马里兰州和弗吉尼亚州的比例均超出了这两个州整体的高中升入大学的入学率。2009—2010年，就读于全美社区学院转学到本科院校的学生占到60%。社区学院恢复转学功能的主要措施是将原有的学分转移从几所院校之间扩大到美国整个高等教育系统，各层次的高等学校互签协议，互认课程和学分，学生的学分转换有了更便利的条件和更宽广的选择。基于此，社区学院的学生不但可以向四年制大学转学，而且四年制大学的学生可以“反向”转学到社区学院，两者通过学分转换互相承认课程和学分。这种改变打破了原来学分转换的单向流向，实现了学分的双向流动。此外，社区学院的学分转换制度还拓展到社区教育与成人教育、远程教育、非学历培训之间的流通与转换。随着社区学院完善的课程衔接、学分互认运作机制的形成，美国建立了一套完整的从中学后教育到博士教育的终身教育体系，实现随到随学的终身教育模式。由此，社区学院的学分转移制度变得更加多样化，功能更加完善。

二、美国社区学院学分转换制度的特点

（一）政府政策和法规的支持

联邦政府教育法律体系规定学分转换的指导思想和基本原则，通过直接给学生奖学金或助学贷款的形式对学习者个体的教育水平提升予以支持或激励。就是学生在转学的时候如果要重复学习所学过的课程，联邦政府给予一定的财政资助。由于美国的教育行政权力分属于各州，每个州可以在全国性的教育法律法规框架下制定自己的法规政策，因此许多州的教育委员会（教育行政部门）在联邦政府的指导下，制定一系列具体的促进院校间学分转换互认的制度体系，并细化课程衔接的协定。具体措施如下：

（1）通过法律法规强制推行本州内社区学院与本科院校的学制衔接。如1971年佛罗里达州率先通过立法强制推行全州范围内转学，此后许多州纷纷通过院校间转学和学分转换的立法。据统计，截至2005年，全美有19个州出台了关于学分转换的立法规定。

（2）促进州范围内教育机构学分衔接互认的政策框架的建立，或授权开发学制衔接协议确保院校间课程和学分的顺利转换，规定通识教育课程院校间的互认。

（3）美国社区学院协会启动“社区学院发展21世纪行动”，发布题为《重新实现美国梦想——社区学院及国家的未来》的报告，提出对社区学院进行根本改革，建立基于对能力清晰界定的可累计学分系统。

（4）提供经费资助和其他物质奖励激励院校录取或促使学生个人积极转学，主要为提供财政资助、保证学分转移、优先录取转学生等。20世纪末，马萨诸塞州、阿拉巴马州等18个州相继出台各种奖励措施促进社区学院学生转学。

（二）互认和转学协议的签订

在政府政策法规的大框架下，社区学院和其他教育机构之间还必须共同拟定详细且

完善的互认协议或转学协议制度保障学分转换的实施，但是这些协议通常由民间院校联盟本着自愿原则发起，协商而成，但也有部分州上升为法律法规。互认协议体现学分的互相认可和自由流通，社区学院与大学就学分互认问题签订课程衔接协定，当中明确某些课程的学分对等和学分互认。如果学生能在社区学院顺利修完课程，就可以携带学分到大学继续学习；反之，在四年制大学学习的学生修完一定的课程学分后，也可带着学分到社区学院学习。一些州的大学管理委员会和社区学院委员会在州际层面签署全面学制衔接协议，为的是保证并规范学分互认的程序化运作。如明尼苏达州建立了由32个成员院校（6所州立大学和多所学院）共同实施的“明尼苏达学分转换课程”系统。转学协议则在学分互认的基础上集中表现为对转学的规定，如社区学院与拟转四年制大学之间的契约、协议等。协议可以在课程、院系、学校层面上签订。21世纪初，全美已有80%以上的州签订了院校间转学合作的协议。值得注意的是，近年来，社区学院还发布了与远程教育院校之间学生学分转换及转学的指南和协定。转学协议的具体内容因州而异，但通常分为两种：①转学协议中的具体事宜。如加州的《加州衔接政策与程序手册》分别对“辅助和相关组织机构”“课程衔接协议分类”“各阶段普通教育课程转迁”等作出详细的规定，并对不同类型院校的转学衔接作出具体说明。②协议中约定的转化或记录课程学分的方法。转学协议一般会列出哪些课程可以得到认可，以及课程成绩的最低要求。互认协议和转学协议虽然名称不同，但实质上均是为了保障学生能顺利转入更高层次的大学继续接受教育。

（三）核心课程和编码系统的制定

社区学院和四年制大学以及其他教育机构的学分要实现转换和互认，在签订互认和转学协议的基础上，还必须要解决相关课程的对等问题。美国曾经出现因学生学分不被承认而无法顺利转学，或是必须重新选修相关课程的问题。原因在于各州之间没有统一的课程标准，或是社会对一些社区学院的教学质量有偏见，认为很多课程没达到四年制大学相关课程的标准等。因此，美国各州积极设立共同核心课程，实行统一课程的编码，建立社区学院和本科院校课程的规范机制和共通桥梁。核心课程主要是普通教育课程，针对各院校因毕业要求不同而设置。通常由各州高校协商，筛选出最基本、最具代表性的课程（即核心课程）作为学分互认标准，并统一对这些课程的学分和等级进行规定。如南部地区教育委员会的16个成员州努力在通用核心课程中采用同样的课程大纲和内容以及教学计划。课程编码表现为数字编码、字母与数字混合编码等，这些编码在不同的社区学院和四年制大学都是通行和一致的，主要由各州高校委员会或高教协会对本州的核心课程或实质对等的课程进行统一分类和编码。如北卡罗来纳州社区学院委员会和北卡大学管理委员会采用6位数字编码系统对核心课程目录进行统一分类和编码，各社区学院和本科院校都会详细说明本校课程对应的课程编码并公开，以使学生及时了解所在社区学院所修课程学分与拟转学院校的学分互认情况。这样一来，学分转换变得更加规范，更易于管理。

（四）对转换学分总数和性质的规定

美国的大学从州际层面到校际层面一般对接受社区学院的学分有严格的规定，对转换学分的总数以及性质也有明确的限定。在州际层面上，规定了转入四年制大学的最低的学分数和成绩绩点数，例如，马萨诸塞州的《联邦转学契约》规定，完成 35 学分通识教育核心课程，平均成绩绩点为 2.0，“获得副学士学位的学生可获拟转学院校大学三年级学习资格”；《联合招生协议》规定，学生平均成绩绩点至少 2.5，可为联合招生计划所录取，自动进入州立学院或大学。在校际层面，一般规定：①为可转换的学分总数设置上限。各高校可转换学分的上限一般为总学分的 75 %，从社区学院转换的学分上限一般为总学分的 60%左右。这样用以保证学生的培养规格和质量。②规定不同学时的相同课程学分必须有条件转换。进行学分课程认可审核时，确定课程性质是一个重要环节。如前所述，美国社区学院和四年制大学院校之间具有较完善且系统的课程编码，通过课程代码可明确该课程的性质、程度、等级等，学习者能很清楚地了解所学课程等级和性质的学分转换要求。③规定不能转换的课程和学分。如陶森大学规定，与该大学课程不一致或学科不一致的课程学分不能转换（所有的补习或补修课程、个人发展课程、入学教育、技术/职业课程、商业选修课等）。乔治梅森大学规定，对在非地区性认可的美国机构所获得的英语写作课程学分不予以认可。

（五）学分向多样化领域存储和转换

美国社区学院除了开展转学教育，职业教育和社区服务等也是其重要的职能，在社区学院学习的学生修习到的学分，并不完全用于向四年制大学转学，而是根据社区学院开设的课程和提供的服务，自行决定学分向某个领域和教育机构转换。社区学院以关心居民生活、工商业需求和就业趋势为依据，主动适应社区多行业、多层次人才培养和进修的要求，提供涵盖转学教育、职业技术教育、学生发展教育、成人继续教育、社区教育等内容，学分转换的对象也逐渐扩展到成人教育者、退役军人、远程教育者等各个类型的学习者中，这就决定了它所提供的学分是多样化的学分，这些学分也向着多样化领域存储和转换。其学分类型主要包括：①转学课程学分，将社区学院的学分转换到本科大学中继续学习；②副学士学位课程学分，修满规定的学分，取得副学士学位；③文凭课程学分，学习课程后储存学分，将来可以继续学习；④证书培训学分，满足学生在短时间内学会一门技术的就业技能需求，修满规定的学分即可获得证书；⑤其他项目学分，包括一些娱乐保健项目，修满学分，发培训证书；⑥学院高中课程（Middle College High School Program，MCHS）学分，高中与社区学院达成协议，在高中开设社区学院课程，社区学院负责设置课程和制定考核标准。学生学习后获得的学分可以抵作今后升入该社区学院的学分或职业证书学分。多样化的课程和服务项目决定了美国社区学院学分转换制度的复杂性和多元性。

第八节　中国香港地区

一、香港资历架构的建立背景

香港资历架构是运用一些学习成果指标来发展及分类资历的工具。为协助香港市民确立进修的目标和方向，获取有质素保证的资历，中国香港特别行政区政府从 2003 年

5 月开始分别在六个行业进行资历架构试验计划。2004 年 2 月，中国香港行政会议成立一个跨界别的七级资历架构及相关的质素保证机制，这是一个由第 1 级（中三，相当于初中毕业水平）一直到第 7 级（博士）的七个级别的资历级别制度构想。2005 年期间，开始编制行业能力标准说明，这些行业包括钟表业、印刷业、中式饮食业、美发业、物业管理业及机电业。2007 年，“香港学术及职业资历评审局”正式成立。2008 年，资历架构下的《资历名册》正式启用并推行“过往资历认可”机制。经过教育界、业界、劳资部门多次研讨后，同年 5 月 5 日，开始全面推行“资历架构”（Qualifications Framework）制度，下辖教育局，依托职业训练局开展“过往资历认可”服务，按行业需要推行，并以行业所订定的《能力标准说明》为认可基础，确保资历的水平及认可性。2014 年 7 月，公布学分累积及转移政策及原则，9 月，成立资历架构基金及资历架构基金督导委员会。

目前，中国香港教育局正在分阶段为不同行业成立由业内雇主、雇员及有关专业团体代表组成的行业培训咨询委员会（咨委会）并且编制行业能力标准说明，明确资历架构下业内各级的能力标准。迄今为止，已为十九个行业成立了咨委会，分别是汽车业、美容业、银行业、中式饮食业、安老服务业、机电业、美发业、进出口业、资讯科技及通讯业、保险业、珠宝业、物流业、制造科技业（模具、金属及塑料）、物业管理业、印刷及出版业、零售业、保安服务业、检测及认证业、钟表业（中国香港政府一站通，2016）。[①]

从上述两方面的发展历程可以看出，创建资历架构的目的是鼓励终身学习，提供支持终身学习的平台，提升人口的素质及竞争力，带领社会进一步迈向以知识为本的经济体系，进而提高社会的生产力和竞争力。

二、香港资历架构的内容

（一）资历架构特点

资历架构下的认可资历有三个特点，分别为资历架构级别（反映学习内容的深浅和复杂程度）、资历名衔（反映有关资历的性质、学科范畴和等级）、资历学分（显示取得有关资历所需的学习量）。

1. 资历架构级别

香港资历架构由七级资历等级组成。这个架构不但能明确各资历应该拥有的知识和技能，让学习者及雇主可以根据此制定目标，而且还提供资历衔接途径，使学习者知道怎样能达到目标。资历架构每级对应不同的主流教育（学历）以及培训等级水平。

2. 资历名衔

在对应等级的同时，2013 年推出了标准化的资历名衔，旨在规范资历架构中对认可资历在名称方面的使用，增加其透明度，并使进修人士清楚地知道资历的级别，如图 4－2所示。其中，1～3 级为中等教育的各种证书、文凭，4 级是副学士/高级证书/高级文凭，5 级是学士，6 级是硕士/深造证书/深造文凭，7 级是博士。另外，基础证书

① 中国香港政府一站通. 资历架构［EB/OL］. http://www.hkqf.gov.hk/guig/HKQF_intro.asp. 2016.

贯通 1～2 级，证书贯通 1～6 级，文凭贯通 3～6 级，高级文凭/高等证书/专业文凭/专业证书贯通 4～6 级。

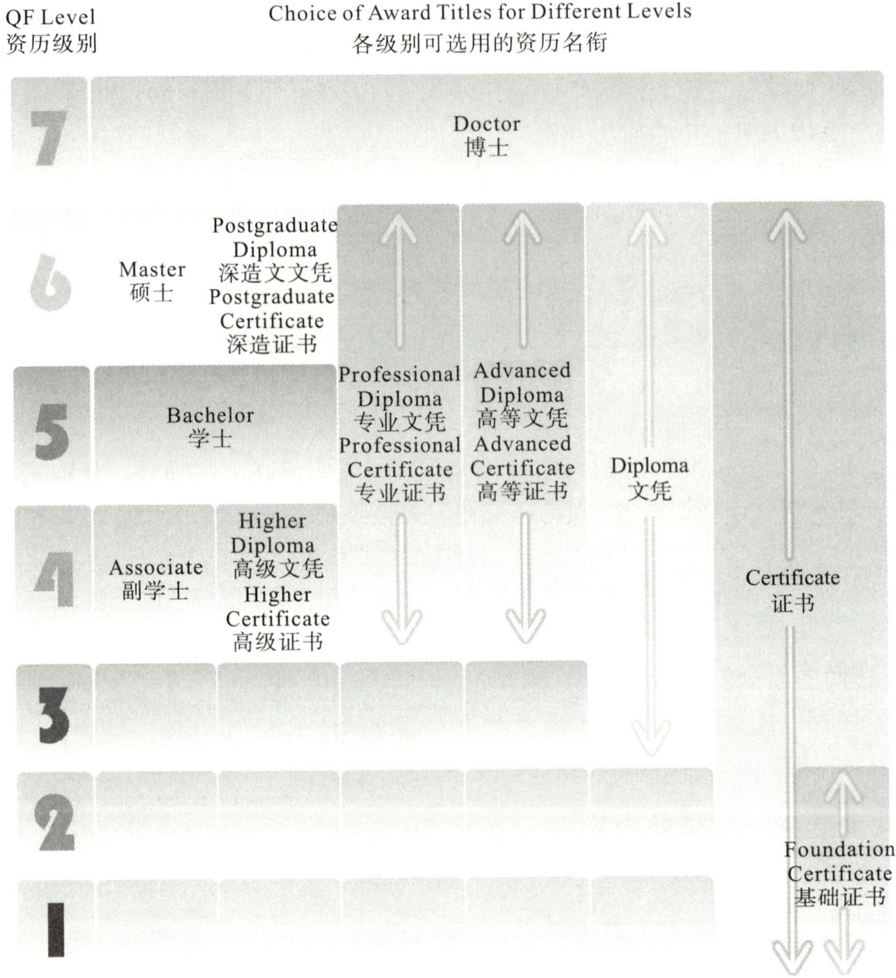

图 4－2　香港资历架构级别和资历名衔

资料来源：香港特别行政区政府资历架构“资历名衔计划”http://www.hkqf.gov.hk/sc/KeyFeatures/ats/index.html。

资历架构在规定了名衔的同时，仍具有一定的灵活性。培训机构可因需要选择在所颁授的资历名衔中自愿加入“资历架构级别”，如商业管理专业文凭（资历架构第 6 级）；培训机构可采用主流教育沿用的学位和副学位资历名衔（即第 4 级的副学士、第 5 级的学士、第 6 级的硕士和第 7 级的博士）；外来的被现行大学颁发并获得国际认可的资历，也可以获得资历架构承认，如 Juris Doctor（JD）（法律博士）属资历架构第 6 级，Executive Master of ××××（行政人员××××硕士）属资历架构第 6 级。

3. 资历学分

资历学分测量资历的学习量，是资历架构的“通用货币”。资历学分表示学习时数（即学时）。在资历架构下，一个资历学分相当于 10 个学时。香港资历架构考虑到一般学员在所有学习模式下可能需要的总学习时数，包括一般学员通过各种模式进修（上课、导修课、实验、工作坊实习、在图书馆或家中自学，以及评估或考试等）总共所需的时间。

（二）资历级别通用指标

香港资历架构的每一项资历级别均按照一套“资历级别通用指标”来规范，分别从四个指标说明各级别应达到的成效标准，如图 4－3 所示。

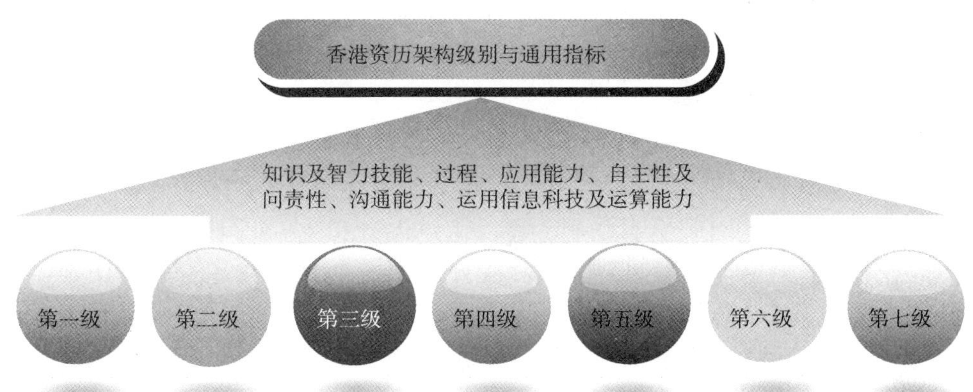

图 4－3　香港资历级别通用指标

“资历级别通用指标”适用于 1～7 级所有界别，并贯通主流教育、职业培训和持续进修多方面的资历。资历架构和级别制定机构认为，不管学习者在任何层级，知识及智力技能、过程、应用能力、自主性及问责性、沟通能力、运用信息科技及运算能力都是他们应该持有的，而非某一层级人员的专有，唯一不同的是在程度深浅上的要求。也即是说，在判定了申请资历人员级别的基础上，可以运用通用指标衡量其能力。比如，对资历级别通用指标的“知识及智力技能”在 1～7 级的分别描述见表 4－15。

表 4－15　资历级别通用指标的“知识及智力技能”1～7 级的描述

1	2	3	4	5	6	7
能够牢记所学，并能借其他人的构思显示出对少数范畴的初步理解	能够根据对所选领域的基本理解，应用有关的知识	能够将知识及技能应用于一系列不同的工作中，显示出能够理解相关的理论	能够通过建立一个缜密的方式，吸收广泛的知识，并专精于某些知识领域	能够通过分析抽象资料及概念，从而产生构思	能够作出批判性检讨、整合，以及扩展一套有系统、连贯的知识	显示出能够以批判性的角度研究一门科目或学科，包括能够理解该门科目或学科主要的理论及概念，并作出评价；同时明了该门科目或学科与其他学科之间的概括关系

可以看出，对指标的描述是从浅入深、由易到难，也反映了不同级别对不同程度学习者的要求。

中国香港职业训练局指出，“资历级别通用指标”并非精细的科学核证，但可以发挥比较作用，来确定某项资历在架构内所属的级别，并且在提出七级资历架构前，已考虑本地各项资历的情况和海外的经验。香港资历架构与其他国家的资历在制度原则上大致是相同的。不同行业可以根据通用指标的指引，制定行业内具体的能力要求及标准，即行业的“能力标准说明”（中国香港政府一站通，2016）。[①]

（三）资历架构的运作模式

1. 课程培训服务

中国香港职业训练局成立于1982年，由《职业训练局条例》监管。1983年，香港政府把社会事务科（后更名为卫生福利科）辖下劳工事务划归教育科管辖，并且把原由教育署负责的职业训练工作移交职业训练局管理。中国香港职业训练局的目的除了提供一套全面和具成本效益的职业教育培训制度，配合社会经济需求之外，还负责制订、发展及推行训练计划，训练操作工、技工、技术员及技师，以促进工商及服务行业的发展。在2012年，职业训练局开办了专业大学学位课程（VTC学位课程）和与海外及本地大学协办的硕士课程以及学士学位衔接课程，实现“多阶进出”，发展资历架构，颁授职业教育学历和资历以及颁发《行业标准说明》，推动终身学习。为了更好地服务于资历架构，香港教育局发展出了一套学术资历认可机制，在1～7级的资历架构中，第2级至第4级学衔或证书由职业训练局提供，第5级至第7级学衔则由香港的大学提供。也就是说，中国香港职业训练局在课程类别上，提供本科学位课程、副学位课程（中六以上程度）和文凭以下程度课程（中三以上程度）。这些课程均根据《能力标准说明》编制，且60%或以上的内容取材自《能力标准说明》。课程必须通过质素保证程序上载于资历名册，而相应的颁授的学历可以是本科学位、高级文凭、文凭、基础文凭、技工以及技术员证书。为保证资历架构的质量，中国香港教育局规定，文凭课程的学习量须为60个资历学分或以上；证书课程不设最低学分要求，如图4-4所示。

由图4-4可以看出，中国香港职业训练局为资历架构提供以能力标准说明为本的培训课程，其职业资历培训和资历架构密切相连、环环相扣，学习者可以通过职业资历培训进入资历架构运行体系中，每一层级的课程都有相应的标准，而这一标准则是由学术及职业资历评审局进行的学术及职业资历评审和学历评估及课程评核实现的。

① 中国香港政府一站通. 资历架构［EB/OL］. http://www.gov.hk/sc/residents/education/qf/. 2016.

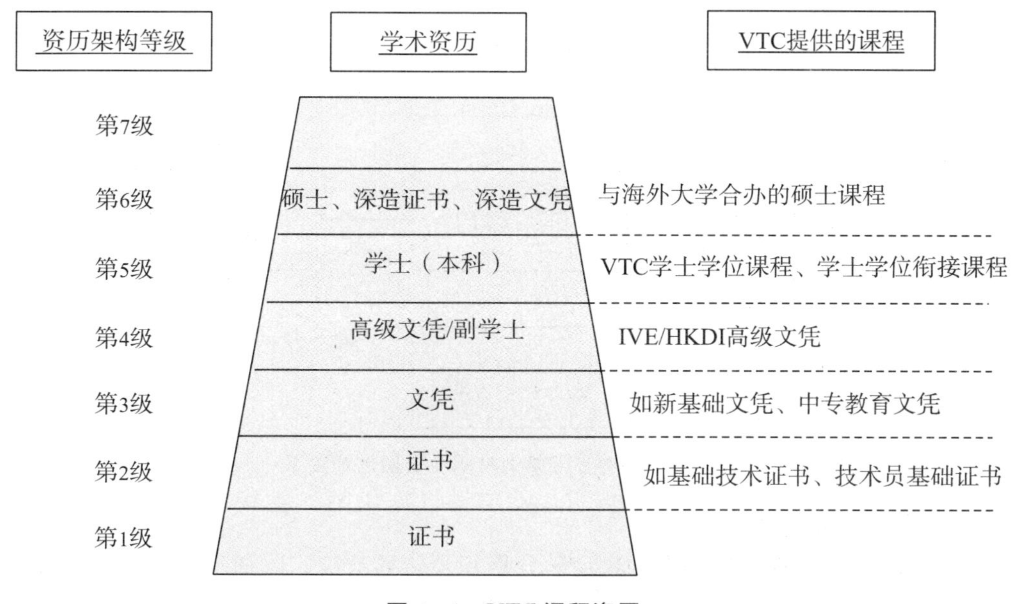

图 4－4　VTC 课程资历

2. 过往资历认可

资历架构下的“过往资历认可”机制是确认从业人员在职场上所积累的工作经验和能力的一个机制，由中国香港职业训练局实施，按行业需要推行，并以行业所制定的《能力标准说明》为认可基础，确保资历的水平及认受性。有关机制提供另一个途径，让从业人员取得资历架构认可的资历，提升他们在学习甚至工作上的进阶机会。对于学历不高但已获得丰富行业经验的从业人员，“过往资历认可”机制尤其有用。各行业的“过往资历认可”评估工作由教育局局长委任独立评估机构进行，从业人员须根据申请认可资历的级别，提交所需的行业年资及相关工作经验证明文件，通过评估后取得“过往资历认可”资历。（中国香港政府一站通，2016）①

中国香港职业训练局规定，在每一个行业推行“过往资历认可”的前五年设有过渡期，其间从业人员申请第 1～3 级的资历认可，只需提交相关工作经验证明文件，无须接受评估测试，可凭文件查证方式获得资历证明书。但申请第 4 级的资历认可，除提交相关工作经验证明文件外，还须通过评估测试，方可取得“过往资历认可”资历。中国香港职业训练局分阶段逐步推行“过往资历认可”机制，到 2016 年，受委评估机构数达到 14 个，包括汽车业、美容及美发业、餐饮业、机电业、珠宝业、物流业等。目前已开始在进出口业、安老服务业、检测及认证业和机电业四个行业推行“过往资历认可”机制。图 4－5 为资历架构与职业资历培训的关系。

① 中国香港政府一站通．过往资历认可机制［EB/OL］．http://www.hkqf.gov.hk/sc/rpl/index.html/．2016.

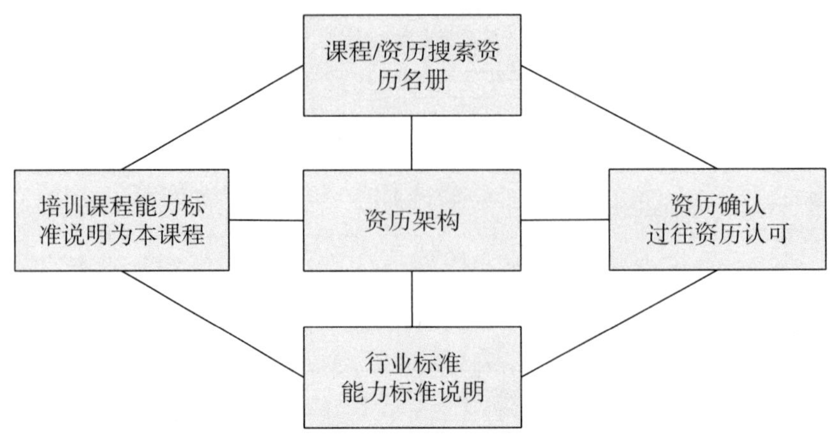

图 4－5　香港资历架构与职业资历培训关系

3．学分累积及转移

中国香港教育局在资历架构下制定学分累积及转移政策、原则及应用指引，以促进学分认可及转移，减少重复学习，促进终身学习。

（四）香港资历架构与行业的合作

中国香港教育局在行业内推广资历架构，首先为个别行业成立“行业培训咨询委员会”（咨委会），由教育局局长委任，委员以个人名义参与。咨委会由雇主、雇员及专业团体代表组成，相关政府部门也参与工作。目前，汽车业、银行业、美容业等 19 行业已成立咨委会，并详列该行业《能力标准说明》的范畴，以及每个范畴所包含的能力单元及标准。咨委会的成员主要包括该行业的雇主、雇员及专业团体代表。香港推广资历架构的合作模式主要体现为以下关系，如图 4－6 所示。

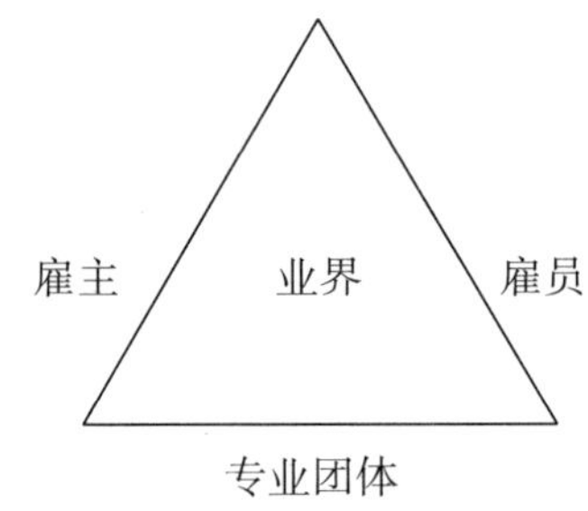

图 4－6　中国香港地区资历机构的合作模式

（五）资历架构的质素保证机制

为确保在资历架构下由各教育及培训机构所颁发的资历均具有公信力，中国香港地区设立了学术及职业资历评审机制，以确保资历的质素。其主要分为三个评审体系：

1．香港学术及职业资历评审局的质素评审

2008 年 5 月 5 日正式推行《学术及职业资历评审条例》，根据《学术及职业资历评审条例》（第 592 章），中国香港地区成立学术及职业资历评审局，负责资历架构下的质素保证工作。授权评审当局对非具备自行评审资历资格的院校所开办的学术及职业培训课程进行评审。还成立独立上诉机制之下的上诉委员会，负责就反对评审决定或将资历登记在资历名册的决定所提出的上诉作出裁定。

2. 大学教育资助委员会（教资会）成立质素保证局

大学教育资助委员会（教资会）成立质素保证局是为了协助教资会的工作，确保其资助院校所提供的所有副学士、学士及深造学位课程（不论是否受教资会资助）的质素。

3. 九间院校进行自我评审

由九间在大学教育资助委员会辖下的香港院校组成，它们具备自行评审资历的资格，负责确保自身举办的学位课程的质素。

三、资历架构的实施效果

根据2012年10月的数据，“资历名册”在列已超过202个课程营办者颁授的7627个资历；2012年10月与2011年10月比较，资历数目增加了14.3%，营办者数目增加了23.2%。它已成为中国香港地区学子及市民大众自我增值及进修的重要信息来源。

第九节 启示

前面几节对部分国家和中国香港地区的学习成果认证、积累和转换制度进行了介绍与分析。下面从名称、建立时间、目标、法规/政策、特点、面向领域、可获资格、管理机构、运行关键词、质量保障、实施效果等若干方面进行对照与比较，见表4-16。

学分银行是各种学习成果衔接与沟通的“资格框架”“资历架构”“学分互认与转换制度”“认证、积累与转换制度”“先前学习认定”“学习成果认证制度”的通俗、简洁和形象化的称呼，在世界各国，以不同的名称和形式呈现，但最后都是殊途同归，都是为了沟通和衔接不同类型和层次的教育，为学习者的学习成果获得承认提供制度安排，激励人们终身学习，促进人的自由全面发展和社会进步。可以看出，学分银行的建立，将推动整个教育的改革，解决教育的不公平问题，将各类学习成果纳入学分银行之中，并基于学分标准使各类学习成果能够得到认证，实现其积累和转换，最后让学习者获得某种社会认可的资格，推动终身教育的发展和学习型社会的建立。各国的经验对我国学分银行的建设有以下启示：

表 4－16　各国及中国香港地区学分银行比较

国家和地区	名称	建立时间	目标	法规/政策	特点	面向领域	可获资格	管理机构	运行关键词	质量保障	实施效果
英国	资格和学分框架（QCF）	2000 年	使职业资格与教育资格等值沟通，各种形式的学习都能被有效地认可	由英国“资格与考试中心”制定并推出	9 个等级，每个等级有 3 个维度	涵盖中等教育、继续教育、职业养成和职业与专业高等教育	认证、证书或文凭	英格兰为资格与考试管理办公室，威尔士为儿童、教育、终身学习与技能部门，北爱尔兰为课程考试与评估理事会	学分、级别、学习量、学习单元、资格	组织机构认证注册、质量保障体系和标准数据与学习记录信息管理系统	2013 年年底完成 16573 个认证资格和发布 39581 个认证单元
欧盟	欧洲终身学习资格框架（EQF）	2008 年	打通欧洲各国的教育和培训体制障碍，促进资格互认，鼓励劳动者和学习者跨国流动	《里斯本公约》《索邦宣言》“博洛尼亚进程”“伊拉斯莫计划”	资格水平从低到高分 8 个等级，每个资格等级有 3 个维度	涵盖从义务教育到高等教育阶段的各级资格，包括普通教育、成人教育、职业教育与培训以及高等教育类型	供雇主和组织机构参考其知识和技能水平，可将本国的资格与欧洲资格水平等级相对照并找到其中对应的水平	EQF 顾问小组、欧洲议会相关机构代表，以及利益相关者	EQF 等级	定期评估检查、可测量的目标和标准、利益攸关方参与、自评和外部评价结合、反馈机制和改进措施、公布评价结果等	成为世界上 60 多个国家的参照“元框架”
	欧洲学分积累和转换系统（ECTS）	1989 年	使欧盟成员国承认彼此的学位和开发共同教育课程，允许地区内学生在其他成员国获得学分	“伊拉斯莫计划”“博洛尼亚进程”欧洲委员会研发和推行	标准化学分计量和分配方法，制定 7 级学分等级，创设关键性文件作为 ECTS 信息传递载体	全日制高等教育	进行学分互认、学分转换	ECTS 的咨询顾问、全国性 ECTS 热线	学分标准、关键性文件	建立欧洲高等教育质量保证机构网络和形成欧洲标准和指南	2010 年 88% 的高教机构应用 ECTS 实现学分积累，90% 使用 ECTS 实现学分转换

续表4－16

国家和地区	名称	建立时间	目标	法规/政策	特点	面向领域	可获资格	管理机构	运行关键词	质量保障	实施效果
欧盟	欧洲职业教育与培训学分转换制度(ECVET)	2008年	增进欧洲不同国家职业教育与培训间的兼容性	“哥本哈根进程”《马斯特里赫特公报》《赫尔辛基公报》	标准化学分计量方法（学习效果单元）和分配方法，学习完后获得单元学分，经评估，授予学习者ECVET学分，验证后可兑换为资格证书	职业教育	学分互认、学分转换和兑换资格证书	不详	学分计量、学分分配、学分绩点、学分转换与累积、学习协议、个人成绩单和欧洲护照等	一个质量模式、一种评价方式、一套监控体系、一套测量工具	不详
	欧洲非正规学习与非正式学习成果认证制度(VINFIL)	2004年	认定和承认非正规、非正式学习成果	欧盟理事会和成员国政府代表制定《认定和承认非正规、非正式学习欧洲共同原则》	形成性方法与总结性方法结合，认证与资格体系相连，以学习者为中心，利益相关者广泛参与	非学历教育和非正规学习领域	学习结果证明和证书	个体学习者、商业和义务组织、教育部门、终身学习国家决策者以及欧盟决策者	鉴定、评价和认可	不详	不详
南非	南非国家资格框架	2008年	消除教育不公体制，沟通职业教育与普通教育，提升教育竞争力	《普通、继续教育和培训法》《高等教育法》《技能开发法》《先前学习认可的政策与标准》	10级国家资格框架，包含三个并列分框架，框架分为职业型、专业型和学术型，明确每种资格的入学标准和升学路径；等级描述原则为“应用能力”；同时进行先前学习成果认可	普通教育和继续教育、高等教育以及手工艺和职业教育等	学位、国家文凭和国家证书	南非资格局	资格等级、等级描述、单元标准、概念学时、先前学习成果认可	标准制定体系、质量保障体系和资格管理信息系统	2007年注册750万学习者，颁发6683种资格，认证的教育与培训质量保障机构有31个

续表4－16

国家和地区	名称	建立时间	目标	法规/政策	特点	面向领域	可获资格	管理机构	运行关键词	质量保障	实施效果
澳大利亚	澳大利亚资格框架（AQF）	2000年	使正规教育机构颁发的资格能够互相衔接，非正规和非正式学习成果能够得到认定，并通行全国	《加强澳大利亚资格框架的建议》《加强澳大利亚资格框架：澳大利亚资格架构》《澳大利亚资格颁发政策和协议》	10个等级，每级有不同的技术标准但又互相衔接；三个等级描述维度（三个维度即知识、技能及知识和技能的运用），以及资格类型描述	中等教育、职业教育和培训以及高等教育	教育证书、文凭和学位，如高中教育证书、部分资格证书、Ⅰ～Ⅳ级证书、文凭和高级文凭、学士文凭、毕业生文凭、硕士和博士证书	州和领地政府授权的法定机构、州和领地政府授权的职业教育和培训认证部门、高等教育的州和领地政府认证机构、大学	资格框架、等级描述、资格类型描述、学习量、培训包和先前学习认定、TAFE学分转移与衔接	一是注册培训机构，二是各州（领地）注册/课程认证机构的标准	不详
韩国	学分银行制（CBS）	1995年	构建新的教育体系，促进和发展开放的终身学习社会	《学分认证相关法律》《总统令第1548号》《教育部令第713号》《终身教育法》	开发标准化课程，不同教育领域获得的学习成果需要与标准课程进行比较，以此决定学分兑换数量，承认多种学习途径的学习成果，最后审核授予	正规和非正规教育领域	学历或学位证书	教育科学技术部、终身教育研究院和各省（市、道）教育办公室共同管理	标准化课程、“三权分立”的运作机制、学分认证基准和标准	学分转换限制、标准化课程学习评估、对非正式教育机构的评估	2010年，通过学分银行获得学位的人数达51361人，是普通高校获得学位人数的9.5%
日本	学分互认制度	1993年	满足大学生在能力、适应性、兴趣等方面的多元化需求	校外学习的学分认定制度和《学校教育法实行规则》	认证范围广，学分互认组织形式一般是联盟或者协会，互认机构之间签订互认协议，规定学分互认专业或课程、操作方式、学生数量、互认学分上限等	高校校际学分互认、高校课程学分认可、知识与技能认定、志愿者活动学分认定、入学考试科目学分认定、远程教育课程学分认定等	学分	签订互认协议的高校	学分互认协议、高校联盟	互认学校按协议保证教学质量，完成规定的任务	2011年，与日本放送大学学分互认的高教机构达337所，占日本全部高教机构的29%

续表4－16

国家和地区	名称	建立时间	目标	法规/政策	特点	面向领域	可获资格	管理机构	运行关键词	质量保障	实施效果
中国香港地区	中国香港地区资历架构	2008年	协助香港市民确立进修的目标和方向，获取有质素保证的资历	《资历名册》和“过往资历认可”机制	由七级资历等级和级别通用指标组成	贯通主流教育、职业培训和持续进修多方面	文凭、专业文凭、高级文凭、深造文凭、证书、专业证书、深造证书等	中国香港教育局以及香港职业训练局	资历架构的级别和通用指标、学术资历、“过往资历认可”	中国香港学术及职业资历评审局的质素评审，教资会成立质素保证局，八大院校成立“联校素质检讨委员会”	2012年，“资历名册”在列由超过202个课程营办者颁授的7627个资历
美国	社区学院学分转换制度	19世纪末	降低大学入学门槛，为每个公民开启机会之门，使弱势阶层能够接受各种类型的高等教育	联邦政府教育法律体系规定学分转换指导思想，各州自行细化院校间学分转换互认制度和转学协议	互签协议、课程编码、转换限定和多领域兑换	普通学术教育、远程教育、成人教育或非学历教育	学位证书、毕业证书、资格证书、学分等	大学管理委员会、社区学院委员会或院校联盟	学分互认、转学协议、核心课程、标码系统、学分转换最高限额和转换性质	通过课程的标准化和编码保障质量	2009—2010年，就读于全美社区学院转学到本科院校的学生占到60%

一、政府主导创建学分银行

保障学分银行具有权威性的前提是政府主导创建学分银行。学分银行事务是涉及全民学习成果管理与服务的公共事务，只有在政府的主导下，统一管理，规范机构设置，建立科学、合理、权威的认证标准体系，才能使学分银行的学分认证和转换具有权威性，提升公信力。首先，应组建一个国家级的负责学分银行事务的决策机构和日常管理机构，推动学分银行制度在各级和各类机构的组织与实施，以保证学分银行的权威统一性和严肃规范性。有专门的推广机构，统一规划、平衡协调各方面的工作。组织各学科权威、各行业专家、用人单位负责各学科标准的开发和各行业（产业）领域通用能力标准及职业能力标准的确定，负责学历教育和非学历教育、学科教育和职业教育之间的转换规则的制定。其次，在省市一级设立相应机构专门负责管理学分银行。同时，学分银行制度建设是一项系统工程，涉及很多组织、部门的利益。协调教育、劳动等利益攸关部门的关系，完善组织机构和明确责权利，也是保证学分银行制度顺利实施的重要前提。

二、法律法规保障学分银行建设

几乎所有国家的学习成果认证和资格框架，开始时都有明确的法律制度来保障其有效执行和健康发展。比如，从韩国学分银行体系的发展历程来看，学分银行的发展与其颁布的法律《终身教育法》和《学分认证相关法律》等密切相关，在法律层面上得到保障，学分银行制才得以顺利实施。我国也应制定学分互认与转移的指导性文件、实施规程及激励政策，建立配套的法律、法规，推进学分银行制度建设。可以说，学分银行每前进一步，都应有相应的法律做引导和保障。不仅要在宏观上明确规定学分银行的性质、功能、使命、任务、设置与管理问题，还应该明确规定政府主管部门的权责、学分银行的权责、学习者的权责等，甚至采用强制性措施促进各级各类教育的开放、沟通和衔接，使学分银行管理具有较强的权威性和可操作性。同时，还应该具有与之配套的各种实施细则。

三、明确学分银行认证类型与范围

学分银行沟通衔接作用的充分发挥依赖各级各类教育形式与机构，参与学分银行建设的教育形式与机构越多，认证类型也就越多，认证范围也就越广，学分银行的作用和价值发挥得也越明显。正如澳大利亚资格框架将各级教育体系加以整合，逐渐淡化学历教育与岗位培训之间、普通教育与成人教育之间、全日制教育与非全日制教育之间的界限，因此，需要广泛联合各种现有教育类型，扩大教育形式与机构的参与范围，使更多终身学习者受益。从目前世界各国的学分银行学习成果认证内容来看，当前认证的教育层次主要集中在高等教育（本/专科）和部分中等教育层次，认证的教育类型以普通高等教育、成人继续教育和职业资格认证等正规教育类型为主。因此，对于我国的学分银行建立来说，首要的任务是明确学分银行的认证类型，其次是确认认证范围。相对而言，高等教育层次的普通高等教育、成人继续教育、职业资格认证和职业教育较其他教育形式规范，也容易认证，因此，可以从各类正规教育开始，以高等学历教育层次为根基，同时衔接部分中等职业教育和中等教育的高级部分。同时，学分银行要树立开放与包容的理念，积极探索多元合作，在今后逐渐沟通正规教育与非正规（非正式）教育的各种类型，拓展学分银行的功能和影响力。

四、构建完善的决策、管理、执行组织架构

学分银行的顺利实施，与完善的组织机构密不可分。从世界各国学分银行的发展经验来看，建立科学完整、自上而下、权威的学分银行机构组织，是学分银行发展的重要条件。比如在韩国，有国家级负责和实施学分累积制度的机构、地方级负责和实施学分累积制度的机构。我国教育包括普通教育、成人与继续教育、职业教育与培训、社区教育等，这些不同类型的教育通常由不同的管理部门负责，其办学目标、办学标准、办学模式、办学水平各不相同，相互间的隔离状态由来已久，缺少沟通衔接。因此，应从国家层面进行统筹规划和顶层设计，直接设置跨越在各种教育形式之上的学分银行认证与转换的权威管理机构，提升学分银行的权威地位，打破教育壁垒。学分银行一旦开始，涉及的业务将会更多、更复杂，需要有完善的组织机构作支撑，要形成体系化、网络化的管理模式，建立相应的管理机构；要以清晰的管理程序、相对稳定的规章制度及标准来强化政府、国家机构、社会合作机构、颁证机构的职责，加强区域与地区之间的协调性，增加体系运作的有效性。即设立由学分银行管理委员会、学分银行专家委员会和专家工作组、学分银行管理中心和学分银行运行服务系统组成的组织架构体系。

五、构建科学、合理、权威、操作性强的认证标准体系

多国的经验表明，必须建立统一的、多层次的、可操作的学分银行认证标准体系，才能实现真正的学习成果认证和转换，也才能实现学习者终身学习的愿望以及搭建“四通八达”的终身教育“立交桥”的理想。通过权威的管理机构开展相关制度建设，如学分银行学习成果框架的开发与实施，各种标准的制定与注册，资格等级说明、资格及构成规则、学分规范、非正规与非正式学习成果认证规则的建立等。通过学分银行的资格框架（或学习成果框架）搭建等级，建立能反映学习成果层次的层级，其中既包含普通正规学术教育，也包含职业教育、继续教育与培训，并利用严格且标准化的指标反映学习成果的不同级别和难易程度。在标准体系中，资格框架（或学习成果框架）是基础和前提，处于宏观揽总的地位；而课程（或认证单元）标准是核心与关键，是微观操作的实质部分。分层次、分领域、分维度制定和确立学习成果测评标准，是满足全社会教育、培训和考核的不同需要，提高学习成果标准的适用性和开放性的重要方法，使无论处于哪一水平的学习者都可以在认证标准体系中找到自己的坐标，并根据学习难度、学习维度、资格标准描述、学习量、学习内容等制订个性化的学习方案。

六、建设标准化的学分银行课程（或认证单元）体系

建立学分银行，实现学分的认证和转换，重要的基础在于统一标准，不同教育类型和教育机构之间的学分互换，必须有能比对的共同参照系，其核心是统一的课程（或认

证单元）标准。在这一点上，澳大利亚的“培训包”有一定的借鉴意义，通过单元能力模块来实施，标准、统一、灵活、便捷，同时也保证了课程的质量；韩国学分银行则在教育发展研究所和相关专家的帮助下，合作开发与颁布课程标准。这些标准代表了每个学科领域的综合学习计划，详尽地描述了教学目标、课程科目、专业课程、选修课程、学分要求、学士学位要求等信息。因此，可以先行建立适应性强、灵活变通而又有严格标准的部分基于职业能力的课程体系①，从学科群的确立到技能和学术的标准，把一些普通的专业按照其宽泛的共同特征进行分组，将数种性质相近的专业视为一个整体，分析其所需的共同知识和技能，并对它们进行组合。将梳理后的课程进行筛选，分为核心课程模块和选修课程模块。核心课程模块的开设保证某一专业基本要求的实现，选修课程模块的开设保证不同企业和学习者个体的特殊要求的实现，并特别关注其与行业技能标准的融合。

七、确保学分转换的质量水准

应制定学分转换规则，明确规定哪些学分可以替换，哪些学分不能替换，哪些是等值转换，哪些是打折转换；明确规定可转换学分数的上限等。这对我国的学分银行来说，有极强的借鉴意义。被转换的学分必须符合相关规定。当学分银行接收外来学分时，必须明确，这些学分仅仅有部分能够作为获取学历学位证书或职业资格证书的条件，而并非全部。学分银行可以确定自身学分的最高认可比例，以及不认可学分的目录，这样才能保证培养人才的质量和颁发文凭的含金量，以及保障各教育机构的个性化和独特性，同时也能促进学生对继续学习的积极性，增强社会认可度。显然，转换规则的制定既重要又具体。宏观的原则性规则可以只有揽总的一个，而操作性的规则则要视具体的学校和教育机构逐一以协议方式制定。

八、满足行业发展需要

学分银行的建立，重要目的之一是促成学习者的终身学习兴趣以及将不同时间、不同地点所获得的学习成果，转化为对自身职业发展的有效学分，借此获得认可，这也是各国教育改革的共同方向：以职业为导向，满足行业发展的需要。例如，德国的双元制职业教育体系使学生在毕业时同时取得考试证书、培训合格证书和职业学校毕业证书；加拿大行业协会在政府的委托下，承担职业资格认证指导职能，定期监督学校专业科目设置，跟踪评价学校专业教育，修改和完善学校专业科目内容，使专业教育与职业认证标准相一致；澳大利亚同样重视职业资格的认证和转换，并专门设立相关机构进行职业教育与培训的认可。因此，学分银行的一项重要任务是促使职业教育和认证的结合，并且充分发挥行业协会的作用，利用它们来参与和监管，指导制定本行业岗位培训的学分转换和认可标准，满足行业发展需要。

---

① 非普通高等教育的课程体系，先行试点主要集中在成人继续教育和职业培训上。普通高等教育的课程体系对学术能力要求更高，每个高校学术水平不一，学术特点不一，声誉质量也有差异，他们对于课程的把握通常有自己的学术要求，单纯地在普通高校之间实施标准化的课程体系，目前难以为高校自身和社会所接受。

九、建立完善的学分银行服务体系

建立完善的学分银行服务体系，给学习者提供方便快捷的进入途径：①建立个人进入资格证书体系学习的途径。明确各种学习所应具备的资格及等级要求、时间要求、资金要求、以往学习经历的认可方式和程序等。②明确颁发证书的程序，包含颁证机构、颁证资质、颁证流程、质量评估等。③建立相应的学分体系。建立单元与模块、组合关系及规则，并通过学分赋值，对各种资格赋予学分，认定先前学习经历，以方便学习者灵活安排自己的学习，也能够增加学习内容自由组合的机会，拓展学习内容的范围，降低学习和评估的成本。④提升与国际上其他标准的可比性。加强与世界标准化组织的联系，使我国的学分银行认证体系更具国际性、标准性和科学性。

十、建设学分银行信息化平台

学分银行的建设必须依靠技术力量的支撑。在“互联网+”的时代，学分银行的发展离不开科技的创新、个性化的设计。在学分银行的基本设计中，首先需要有与学习者便利交互的门户网站、应用APP或是微信平台，方便大众随时查询和使用，也需要强大的数据管理系统和学分信息库作后备支撑，构成一整套信息服务平台。在平台上，学分银行规章制度、学分的认定标准、各种最新信息以及转换的规则和工具，一切都必须能为学习者提供便利且个性化的在线服务。比如，学习者通过学分银行网站或微信平台申请注册成为用户之后，可以进行先前学习成果的认定申请以及学分的存入、认证、转换和查询，甚至可以通过网站和平台进行课程选择的业务。这样的信息化平台，既能实现组织机构管理、用户管理、业务流程管理的功能，同时也能实现用户操作和使用平台的功能，在此基础上，还可以采集大数据，进行各种分析，了解学习型社会的学习动态并进行及时的引导。

十一、建立学分银行质量保证体系

质量保证制度是学分银行顺利运行的根本保障，建立起我国学分转换与累积制度的质量保证体系和有效的资格评估程序，能提高制度体系的透明度和认可度。采取相应的措施，如建立质量评价标准和评价工具、开放的质量评价体制和信息披露机制等。具体做法：对学分银行组织方资格的组织管理方法、评价方法、认证程序、评价与监督人员资格进行认定；规定每一相关机构的审批资格、条件和标准，确保质量保证体系的正常运行和监督检查评估过程的操作实施；设立督查机构，不定期查访管理机构及其下设考评中心的相关工作，查阅考评记录和巡查考评现场等。

第五章　学分银行的功能

第一节　学分银行功能看法的实证调查

为了了解大众对学分银行的看法，本次研究进行了大规模的问卷调查。调查主要分为两次，第一次为预调查，对问卷的题项进行信度和效度的分析，并修正；第二次为正式调查，在四川省范围内展开，包含了绝大部分市（州）地区，具有一定的代表性。

一、预调查

在预调查问卷中共设计了 15 个问题，发放 199 份，最后回收 100 份，有效问卷为 98 份，无效问卷为 2 份。经过统计分析，发现：①在信度方面，将多选题每个选项算成一个条目，采用 Cronbach α 系数来检验内部一致性：Cronbach α=0.837，信度良好。②在效度方面，由于该问卷大部分都是不能量化的无序选项，无法采用因子分析方法分析其结构效度，于是本问卷采用了请专家评价的方法来评判此份问卷是否全面反映了研究问题。最后，课题组结合专家的意见，对其中一些反馈题目进行分析，并根据被调查者的理解能力，对一些存在歧义的问题、偏学术性或难度较大的题项进行了修改，并增加了一些必要的题项。

二、数据采集

正式调查共发放问卷 1800 份，调研地区涵盖四川省东、南、北各个区域，包含绵阳、德阳、南充、广元、西昌、乐山、宜宾等二线城市区域，主要依托四川广播电视大学各个市级电大及县级电大工作站的在读学员完成。由于此次调查主要关注不同性别和年龄的人群对学分银行的功能及建构的看法，因此没有特别对不同区域的人群进行区分。最后回收问卷 748 份，有效问卷 730 份，有效率为 97.59%；无效问卷 18 份，占 2.41%。而 730 份有效问卷中，符合统计分析要求（第二题和第三题均选择了“是”）的有 699 份（95.75%），其余由于因为在题项选择中“不希望学习成果获得认证”或“不希望经认证后的学习成果在学分银行中获得学分”，被此次研究视作之后的回答为无效，无法开展统计分析，因此也未纳入分析，共有 31 份，占有效问卷的 4.25%。因此，此次问卷题项以 730 份为基础开展各个问题的具体统计分析。

三、基本数据分析

（一）被调查人群的特征

699 名被调查者中，男性 297 人，占 42.49%，女性 402 人，占 57.51%（如图 5－1 所示）。

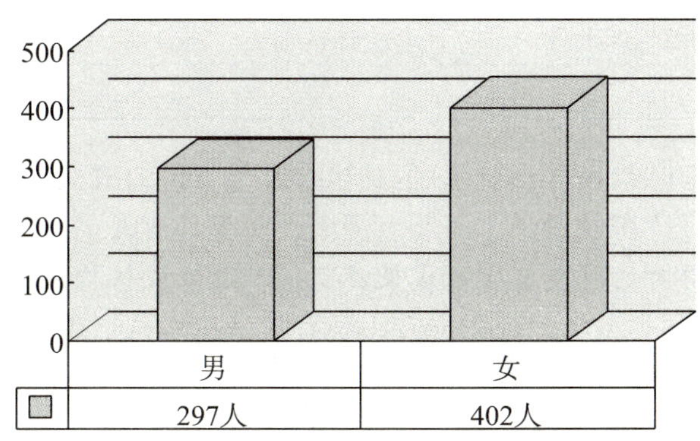

图 5－1　被调查者性别及人数

年龄在 17～47 岁之间，平均为 27.76±5.98 岁，其中小于 30 岁者有 466 人，占 66.67%，大于或等于 30 岁者有 233 人，占 33.33%（如图 5－2 所示）。

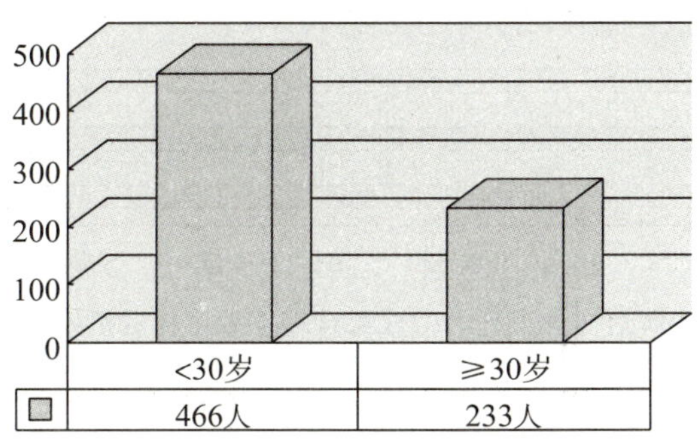

图 5－2　被调查者年龄情况

国家机关、党群组织、企业、事业单位负责人有 159 人，占 22.75%；专业技术人员有 196 人，占 28.04%；办事人员和有关人员有 108 人，占 15.45%；商业、服务业人员有 132 人，占 18.88%；农、林、牧、渔、水利业生产人员有 10 人，占 1.43%；生产运输设备操作人员及相关人员有 15 人，占 2.15%；军人有 7 人，占 1.00%；不便分类的其他从业人员有 72 人，占 10.30%（见表 5－1）。

表 5－1　被调查者职业分类情况

职业类别	人数	百分比
专业技术人员	196	28.04%
国家机关、党群组织、企业、事业单位负责人	159	22.75%
商业、服务业人员	132	18.88%

续表5－1

职业类别	人数	百分比
办事人员和有关人员	108	15.45%
不便分类的其他从业人员	72	10.30%
生产运输设备操作人员及相关人员	15	2.15%
农、林、牧、渔、水利业生产人员	10	1.43%
军人	7	1.00%

此外，虽然调查在四川省内进行，但是也有其他省份的成员参与调查。四川省内有694人，占99.29%；广东、贵州、河北、河南、新疆各1人，占0.14%。

（二）被调查人群对何种类型学习成果能获得教育权威机构认证的看法

被调查人群对何种类型学习成果能获得教育权威机构认证的看法，如图5－3所示。

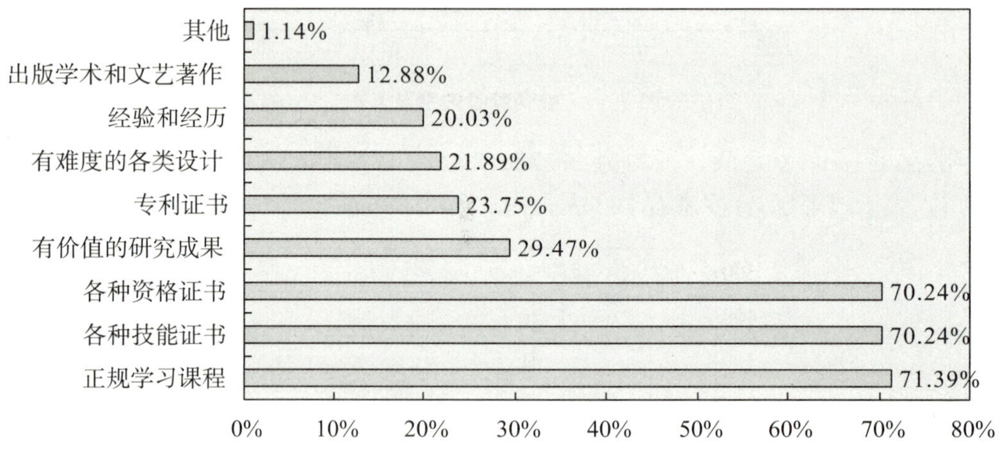

图5－3 被调查人群对何种类型学习成果能获得教育权威机构认证的看法（多选）

由图5－3可以看出，接受调查的人群对于“正规学习课程”“各种技能证书”和“各种资格证书”能获得教育权威机构认证的期望度最高，说明目前除了普通学术教育中的正规课程之外，学习者亦非常关注与职业生涯发展密切相关的问题，即各类技能和资格证书，希望在职前或职后的学习能够获得认证，获得和正规学习中学到的知识一样的认可。而“有价值的研究成果”“专利证书”“有难度的各类设计”“经验和经历”“学术和文艺著作”以及“其他”有关职业的技能证书和资格证书，也是被调查人群所关注的非学历教育中的学习成果的一部分，这部分虽然认为应该获得认证的比率不高，但是也反映了部分人群希望非学历成果获得认可的观念，也是今后教育权威机构在进行学习成果类型设计的时候应该考虑的问题。

（三）被调查人群认为学分银行应具备的功能

被调查人群认为学分银行应具备的功能，如图5－4所示。

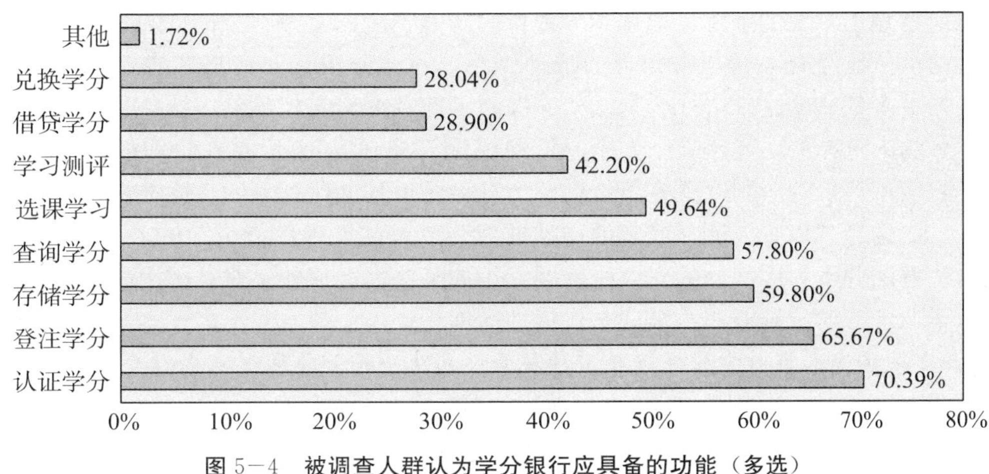

图 5－4　被调查人群认为学分银行应具备的功能（多选）

由图 5－4 可以看出，被调查人群认为学分银行应具备的功能中最重要的是“认证学分”，即对不同类型学分的认证；其次为“登注学分”和“存储学分”，即不同类型的学分能够登入学分银行，再被存入学分银行系统，获得第一步的资格；再次为“查询学分”，被调查人群认为代表学习成果的学分一旦被存入学分银行中之后，应该能够接受查询，让学习者清楚知晓自己的学分存储情况；接下来是“选课学习”“学习测评”，认为学分银行除了发挥银行的功能，还应该像超市一样，可以提供其他的增值服务，发挥更大的作用；“兑换学分”是学分银行的一项功能，但是需要相对复杂的转换机制，此次调查仅是看法和态度的调查，无法向被调查人群详细描述或解释学分兑换机制，因此这一项的选择人群相对较少。

（四）被调查人群对学分银行是否应具备和如何实现借贷功能的看法

被调查人群对学分银行是否应具备和如何实现借贷功能的看法，如图 5－5、图 5－6 所示。

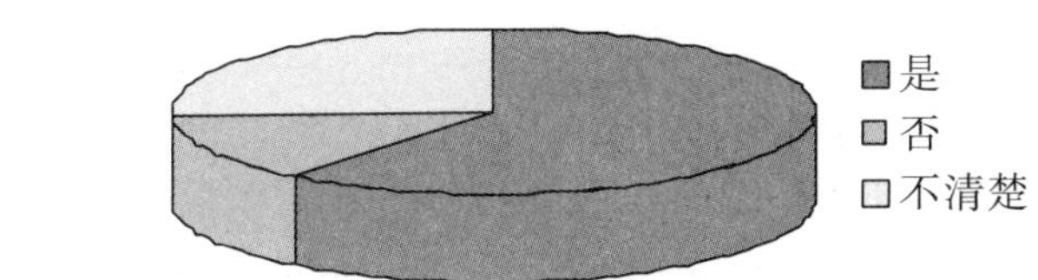

图 5－5　被调查人群对学分银行是否应具备借贷功能的看法（单选）

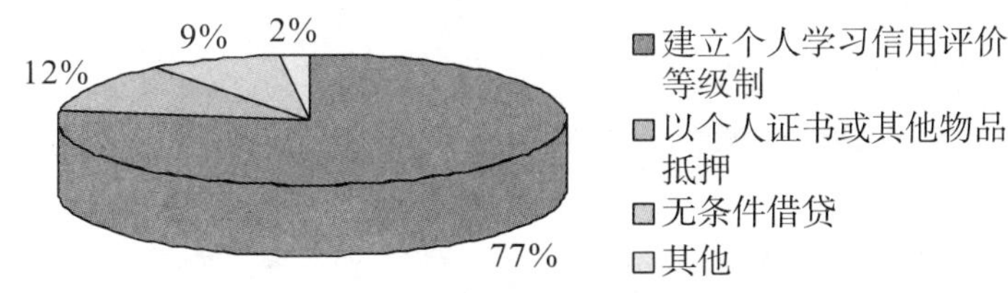

图 5－6　被调查人群对如何实现学分银行借贷功能的看法（单选）

由图 5－5 和图 5－6 可以看出，“借贷学分”这一项虽然有 61％的被调查人群持赞成态度，但是由于“借贷学分”目前并无在各类教育课程中实施的先例，仍有许多人持有疑惑或者是不赞成的态度，毕竟学分银行的功能不能完全等同于银行的功能，银行对于资金的借贷已经有一套非常完善的抵押体系，而学分银行的借贷功能依赖什么来实施？恐怕更多依靠的是整个社会的诚信支撑，因此在如何实现学分银行借贷功能的选择上，77％的人选择的是“建立个人学习信用评价等级制度”。但是在目前的社会大背景下，学习信用评价等级制度更多需借助整个社会的道德文化和人的自律精神，要实现多有难处。而选择“以个人证书或其他物品抵押”或是“无条件借贷”的人群比例不多，说明这些方法并不为大部分的人群所赞同，正如某些大学前些年对贫困大学生贷款，毕业时以毕业证、学位证或四六级证书作抵押而饱受诟病一般，并不为大多数人所接受。

（五）被调查人群对学分银行在何种层面设立统一的领导管理机构的看法

被调查人群对学分银行在何种层面设立统一的领导管理机构的看法，如图 5－7 所示。

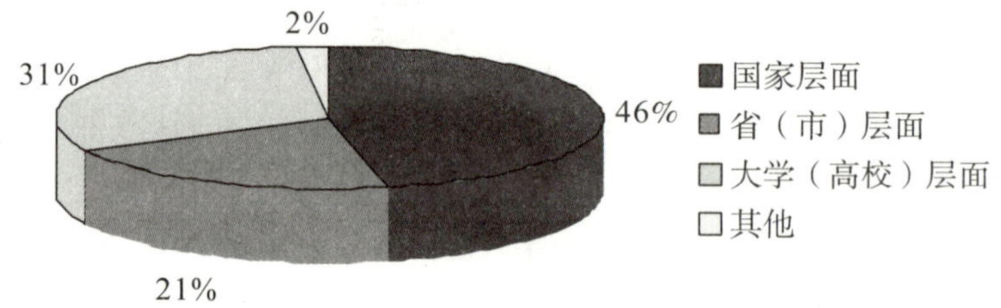

图 5－7　被调查人群对学分银行在何种层面设立领导管理机构的看法（单选）

由图 5－7 可以看出，46％的被调查人群希望设立国家层面的统一的学分银行，21％的人群希望设立在省（市）级层面，31％的人群希望设立在大学（高校）层面，其他的仅占 2％。这说明接近半数的人群希望学分银行由国家来设立，增强权威性，而希望省（市）层面和大学（高校）层面建立学分银行的人群占了接近半数，说明学分银行在统一权威性的基础上，也需要保持其区域特色、个性和灵活性，满足多方人群的需要。

（六）被调查人群对学分银行学分由何种层级统一认证的看法

被调查人群对学分银行学分由何种层级统一认证的看法，如图 5－8 所示。

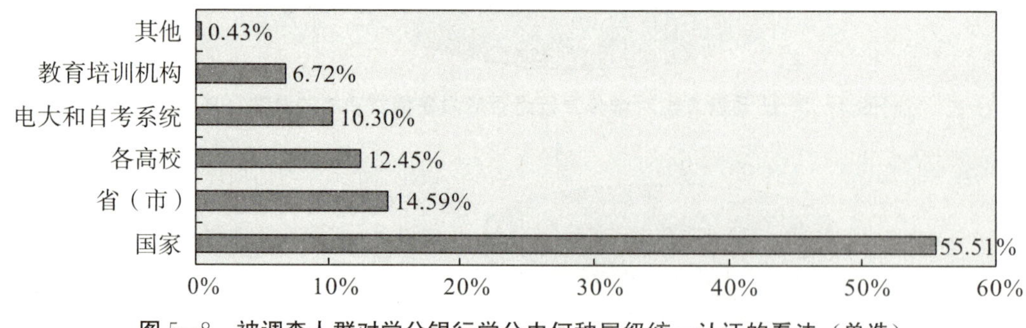

图 5－8　被调查人群对学分银行学分由何种层级统一认证的看法（单选）

由图 5－8 可以看出，被调查人群对学分银行学分由国家层面的学分银行授予的认可度最高，占 55.51％，对于其他的省（市）、各高校、电大和自考系统以及教育培训机构认证学分的认可度比较低。这说明对于学分银行，学习者还是希望有国家级的权威认可以获得社会的承认。

（七）被调查人群对在何种地方设置学分银行服务机构的看法

被调查人群对在何种地方设置学分银行服务机构的看法，如图 5—9 所示。

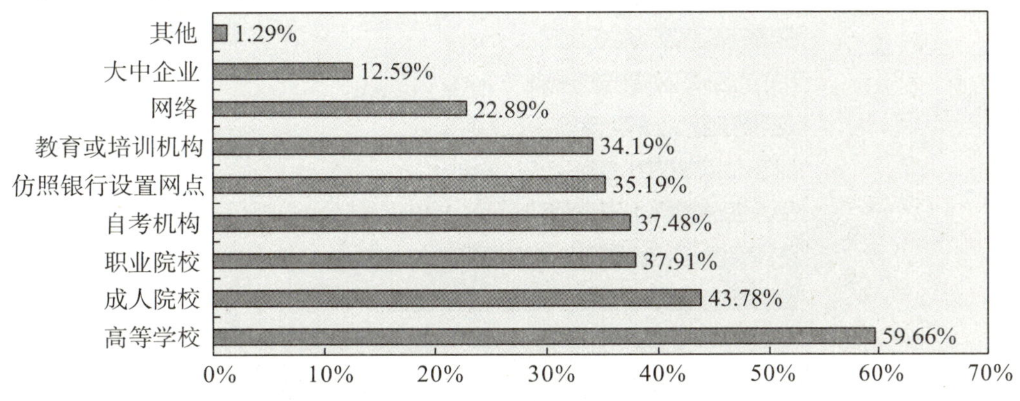

图 5—9　被调查人群对在何种地方设置学分银行服务机构的看法（多选）

由图 5—9 可以看出，被调查人群认为设置学分银行服务机构的地点应该有多处，且方便对大众的服务，其中期望度最高的是在高等学校中，选择人群有 59.66%，因为是多项选择，被调查人也可以选择其他的选项，依次往下排列的是成人院校（43.78%）、职业院校（37.91%）、自考机构（37.48%）、仿照银行设置的网点（35.19%）、有资质的教育或培训机构（34.19%）、网络（22.89%）、大中企业（12.59%）以及其他（1.29%）。这说明被调查人群在极大程度上赞同在高等学校和成人院校等具备国家资格和有权威性的地方设置学分银行服务网点，用以开展学分和学习成果认证、登注、存储、查询、兑换等业务。

（八）被调查人群对在学分银行获得何种服务的看法

被调查人群对在学分银行获得何种服务的看法，如图 5—10 所示。

由图 5—10 可以看出，被调查人群希望在学分银行中获得的服务最多也最关注的是当前社会关注的热点——信息保密，对于学习者个人来说，信息不泄密，身份不泄露是进入学分银行中最关心的第一步，正如储户将钱存入银行中一样，首先关注的是信息保密和安全程度。其次，被调查人群关注“网上申请及服务”以及“领取终身学习卡”，身处信息时代，发达的网络让每个人可以通过多样化的终端进入各种平台，学分银行也应该紧随时代潮流，为学习者提供便捷的服务，让学习者随时拿起手机就能申请、登录和查询自己在学分银行中的学习成果转换和学分认证进展情况。领取终身学习卡则是学习型社会对每个人的鼓励和奖励，因此，对于被调查者来说，无疑具有非常强的吸引力。“获取某大学文凭”“认证过去学习成果”“获取某种证书”“获取某大学学位”“获取学习奖励”则是对学分银行基本功能的诉求，虽然被调查人群在选择比例上，选择后两项的人数较少，但这可能关乎学习者对学分银行能否实现“获取某大学学位”和“获取学习奖励”的疑虑和不了解。“选学感兴趣的课程”“网上学习辅导”“获取咨询服务”等则是对学分银行的服务向外多元化拓展的要求，要求学分银行能向某些多元化的企业一样，实现类似于“前店后厂”的服务。

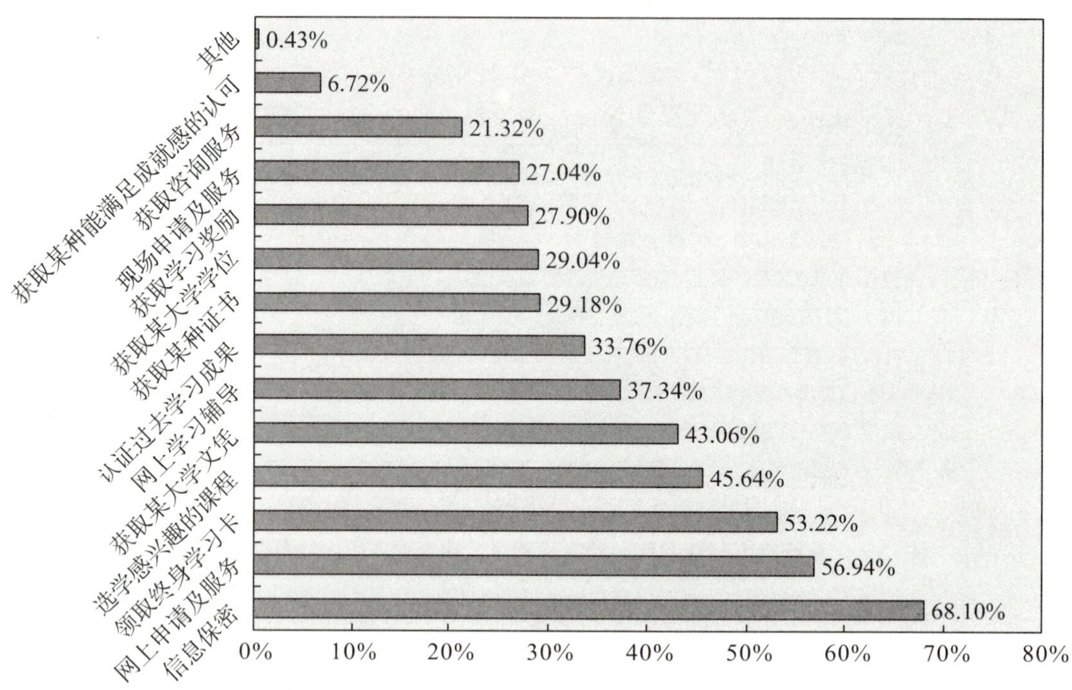

图 5-10　被调查人群对在学分银行获得何种服务的看法（多选）

（九）被调查人群对希望学分银行的学分可兑换为何种成果的看法

调查人群对希望学分银行的学分可兑换为何种成果的看法，如图 5-11 所示。

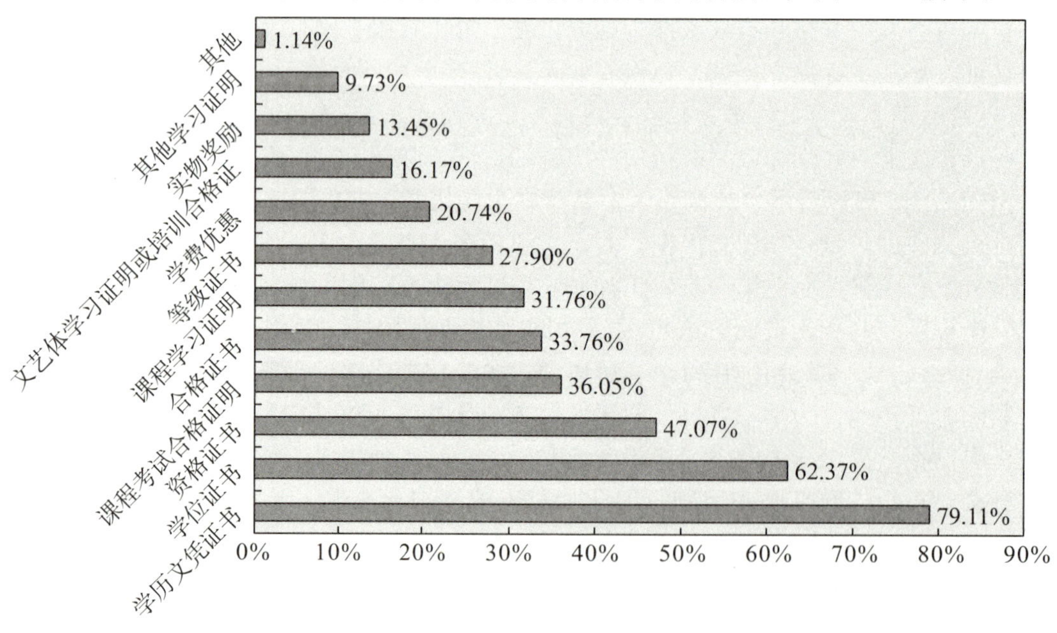

图 5-11　调查人群对希望学分银行的学分可兑换为何种成果的看法（多选）

由图 5-11 可以看出，被调查人群希望学分银行中被储存的学分最后可兑换成的成果最多的是学历文凭证书（79.11%），其次为学位证书（62.37%）、资格证书

(47.07%)、课程考试合格证明（36.05%)、合格证书（33.76%)、课程学习证明(31.76%)、等级证书（27.90%)。这说明学习者最希望通过学分银行获得自己在学习上的认可，不管是正在学习的还是曾经所经历的，沟通普通学术教育和职业教育的任务对于可以将学分终身存储在学分银行中的学习者来说，是非常重要的一种认可。而其他的一些优惠、奖励对于学习者来说反而并不是那么重要，他们更关注的是与职业发展相关的一些文凭、学位和证书。

（十）被调查人群对何种机构间学分可以互通的看法

被调查人群对何种机构间学分可以互通的看法，如图 5－12 所示。

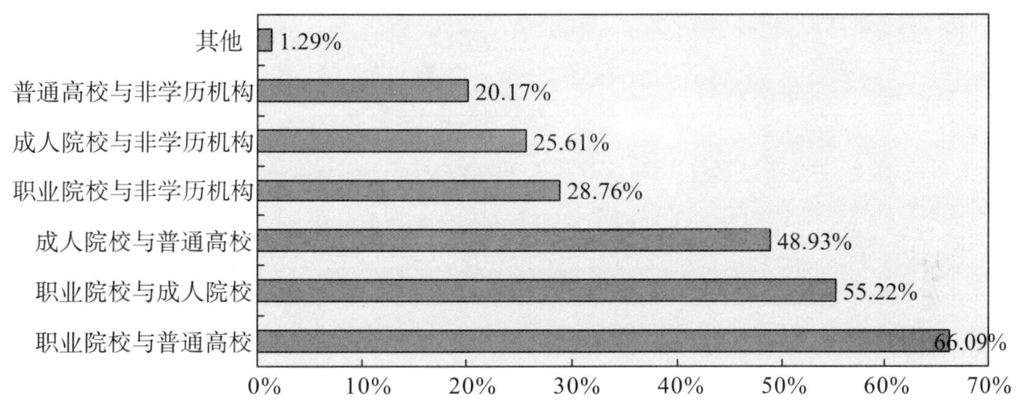

图 5－12　被调查人群对何种机构间学分可以互通的看法（多选）

由图 5－12 可以看出，被调查人群认为最适合互通学分的是职业院校与普通高校之间，占 66.09%，这也是学分银行需要作为中间媒介重点关注和沟通的方向。其次为职业院校与成人院校之间，占 55.22%。再次为成人院校与普通高校之间，占 48.93%。这三项为选择的前三，说明今后沟通的方向主要应为职业院校、普通高校和成人院校之间，而非学历教育机构也是学分银行应该注意沟通的对象，主要职能是为其中的证书、合格证作认证。

四、对不同特征人群的差异统计分析

由于此次主要进行的是四川省内的问卷调研，虽然调查过程中出现了极少量的外省区域的人群，但因为人数太少，不具备统计学意义，因此未对不同省份人群的调查情况进行统计推断。

分析结果发现，除不同年龄人群对学分银行“是否应具备借贷功能的看法”的差异有统计学意义（$P<0.05$）和不同性别人群对学分银行“在何种层面设立统一的领导管理机构的看法”的差异有统计学意义（$P<0.05$），其余的不同性别、年龄人群对各类问题的看法的差异无统计学意义（$P>0.05$）（见表 5－2）。

表 5－2　不同维度人群对调查问题的看法的差异

调查问题	维度特征		χ^2值	P
何种类型的学习成果能获得教育权威机构认证	性别	男	4.719	0.787
		女		
	年龄（岁）	<30	4.230	0.836
		≥30		
学分银行应具备的功能	性别	男	1.521	0.992
		女		
	年龄（岁）	<30	7.410	0.493
		≥30		
学分银行是否应具备借贷功能	性别	男	3.346	0.188
		女		
	年龄（岁）	<30	7.127	0.028
		≥30		
学分银行怎样才能实现借贷学分功能	性别	男	4.678	0.197
		女		
	年龄（岁）	<30	0.214	0.975
		≥30		
学分银行在何种层面设立统一的领导管理机构	性别	男	13.432	0.004
		女		
	年龄（岁）	<30	4.304	0.230
		≥30		
学分银行学分由何种层级统一认证	性别	男	6.523	0.259
		女		
	年龄（岁）	<30	3.459	0.630
		≥30		
在何种地方设置学分银行服务机构	性别	男	5.655	0.686
		女		
	年龄（岁）	<30	3.697	0.883
		≥30		
在学分银行获得何种服务	性别	男	7.888	0.851
		女		
	年龄（岁）	<30	7.878	0.851
		≥30		

续表5－2

调查问题	维度特征		χ^2值	P
学分银行的学分可兑换为何种成果	性别	男	5.027	0.930
		女		
	年龄（岁）	＜30	10.590	0.478
		≥30		
何种机构间学分可以互通	性别	男	3.607	0.824
		女		
	年龄（岁）	＜30	2.669	0.914
		≥30		

由表5－2可以看出，有看法差异的主要为：

（1）对于学分银行是否应该具备借贷功能，不同年龄的人群在看法上有差异。具体分析得知，30岁及以上的人群对于学分银行是否具备借贷功能持“是”的意见更多，这说明30岁及以上的人群可能由于比较成熟，对借贷功能的理解更深入，考虑的问题更加全面，当提及借贷功能时，并不会简单地以否定作答；而30岁以下的人群，由于对借贷功能不了解，有一定的疑虑，因此，选择的人数较少。但是该调查为看法调查，无法对具体思考进行更深入的探索和了解，解读也仅限于此。

（2）对于学分银行在何种层面设立统一的领导管理机构，不同性别的人群在看法上有差异。具体分析得知，男性群体更多倾向地认为应在国家层面设立统一的学分银行领导管理机构，而女性群体倾向认为在各高校层面设立学分银行领导管理机构。此种看法差异可能涉及男女性之间对权威统一性和个性差异性的理解和偏好。

五、结论

调查结果发现，绝大部分人群认可“开展学习成果认证”和“在学分银行中获取学分”，并认为有必要建立学分银行，他们对正规学习课程、各种技能证书和各种资格证书能获得教育权威机构认证的期望度最高，希望与自身的职业发展生涯结合起来，同时，也希望非学历教育学习成果获得认证。学分银行具备的功能最重要的是“认证学分”，即对不同类型学分的认证，“登注学分”和“存储学分”也是当中非常重要的功能，最后，学分银行还应具备其他的增值服务功能，使服务更加多元化，满足不同类型学习者的需求。在“借贷学分”和“实现借贷学分功能”的看法上，虽然超过半数的人持赞同意见，但因为诸多原因，还是认为应该依托“建立个人学习信用评价等级制度”的社会诚信体系来实施，否则，实施的可能性并不大。应在国家层面统一设立学分银行的期望度最高，但是对在省市级层面和高校层面设置学分银行的需求也不少，表明学分银行在设立过程中应该注意统一性和灵活性的结合。由国家层面的学分银行授予学分的认可度最高，学习者希望在学分银行中的所得应该具备国家级的权威。学分银行服务机构应该设在多处多地，且根据时代发展和人群特点，发展线上和线下的服务机构，满足大众需求。在学分银行中获得的服务应该关注信息保密、网上申请及服务、获取文凭、认证学习成果、获取证书、获取学位等，正如学分银行本身的功能应该多元化。学分银行中被储存的学分可兑换成的成果也应该多样化，但最为重要的是学历文凭证书、学位证书、资格证书、课程考试合格证明、合格证书等，说明职业教育和普通学术教育的沟通势在必行。最适合互通学分的是职业院校与普通高校之间和职业院校与成人院校之间，说明今后沟通的方向主要应为职业院校、普通高校和成人院校之间，这也是学分银行作为“立交桥”发展的主流方向，同时，也应该关注与非学历教育机构之间的协调，可以通过协议方式提升其认证或资格，获取更权威的承认。此外，不同特征的人群对于学分银行当中具体问题的看法有差异性，主要集中在“借贷功能”和“何种层面建立统一的领导管理里机构”上，这需要进一步分析原因，但限于是大规模人群的问卷调研，无法对深层次缘由进行挖掘，因此，今后将采取更深入的访谈法进行探究，这也是本课题将来所要关注的问题之一。该调查具有一定的代表性和客观性，可以作为学分银行研究者、实践者和决策者重要的参考依据。

第二节　学分银行的宏观功能

从不同的视角观察学分银行，其功能可分为三种：宏观功能、基本功能和扩展功能。

宏观功能：从学分银行作为一个社会组织与整个社会的关系（即在社会中所起作用）角度观察，认为学分银行的功能应定位于各类高等学历教育之间的开放兼容、学历教育和非学历教育之间的联合融通，成为沟通和衔接各级各类教育的“立交桥”，即所谓“立交桥”功能。

基本功能：从学分银行与学习成果的关系角度观察，认为学分银行具有认证、积累、转换、兑换等基本功能。

扩展功能：从学分银行与学习者和其他社会组织的关系角度观察，认为学分银行具有注册、查询、咨询、选课、定制服务等若干衍生的服务性功能。

学分银行作为沟通和衔接终身教育的“立交桥”，作为激励大众的学习动机和热情、引导和促进学习者终身学习、提升整个社会科学文化素质的重要抓手，对社会起到激励器和助推器的作用。

一、沟通和衔接功能

学分银行是建立终身教育体系和制度的“突破口”。它促进各级各类教育的沟通和衔接，通过学分的自由流通，打破各类教育机构和各层次教育间的壁垒，促使教育一体化。教育既要关注社会的需要，又要关心人的全面发展，因此在人才培养类型和层次上，必须统筹兼顾。目前，普通教育和职业教育在人才培养规格上虽然有区别，教育目的却是一致的，即人在德、智、体、美、劳各方面得到全面发展，各自有所侧重，但是不应该有明显短板。而现实情况是，普通高等教育太过强调知识体系的系统性和完整性，学生学习理论知识花费的时间与精力太多，严重缺乏生产和工作第一线所需要的技能技巧，正是所谓的“动手能力不强”“会说不会做”，这些问题多年未得到很好的解决；职业教育又过于强调技能，忽视理论知识的传授，导致许多学生基础知识过于薄弱，工作之后才发现缺乏可持续发展和继续研发的能力。要彻底解决问题，就要沟通普通高等教育和职业教育，不做“两张皮”，不当两条永不交叉的“平行线”。这种沟通，既需要传统高校在培养目标和课程体系上下功夫，进行实质性的融通，也需要在社会上有一定组织形式对已经形成的学习成果进行沟通，这种组织形式就是学分银行。各类教育机构是教育目的的实现者，根据社会需要和人的发展形成横向与纵向的不同“车站”，学习者通过“立交桥”搭乘不同的交通工具抵达不同的目的地。

第一，横向沟通，这是指学分银行对在不同类型的教育中所获得的学习成果的沟通。学分银行通过在各类教育如普通教育、职业教育、成人高等教育和非学历培训之间架起沟通桥梁，解决各类教育互不融通的问题。依靠学习成果的认证标准，为在各类教育机构中自由流通的学分质量提供权威性担保，进行学分转换和兑换，打破正规教育之间、非正规教育与非正式教育之间的学分壁垒，建立学分网络体系，保证学习者不因教育机构的等级不同、性质不同受到差别待遇。

第二，纵向衔接。这是指学分银行通过学习成果框架（或资格框架）和学分积累的方式，使下一级的学习成果可以作为继续深入学习的基础，为人的向上发展设置了路径和提供了可能。人的发展是沿基础到初级、初级到高级方向进行的，教育为这一发展提供各类直接经验与间接经验。不同阶段性教育的纵向衔接是指教育培养层次由低到高。学分银行通过学分认证功能与转换功能，对学习者的现有学历进行认证，再转换为下一阶段学习的初始学分，在不断上升中实现各类教育的纵向衔接。[①]

二、整合功能

学分银行具有整合教育资源的功能。随着全球知识经济时代的到来，我国各级各类教育呈现日益扩张的趋势，这导致教育资源日益匮乏，尤其体现在高校资源上。同时，我国各级各类的教育资源也存在浪费和地区分布不平衡的现象。

2014 年，教育部公布了全国高等学校名单。截至当年 7 月 9 日，全国高等学校（不含独立学院）共计 2542 所[②]，其中，普通高等学校 2246 所（包括民办普通高校 444 所），成人高等学校 296 所（包括民办成人高校 1 所）。江苏以 134 所普通高校数量排在第一，占普通高校总数的 5.97%，山东和广东分列第二、第三，分别有 130 所和 125 所。最少的是西藏，仅有 6 所学校，占比 0.27%。可以看出，我国丰富的高等教育资源主要分布在华东、华南沿海经济发达地区，而广大的内陆地区高校数量少，人均所占资源极少。由此说明我国的教育资源尤其是高等教育资源分布极度不平衡。[③]

要使我国各地区、各级各类教育资源得到有效利用，就需要对教育资源进行整合，

---

① 专升本［EB/OL］. http://baike.baidu.com/view/17002.htm?from_id=142735&type=syn&fromtitle=专升本&fr=Aladdin.

② 2005 年达到 2852 所。其中，普通高等学校 2560 所（含独立学院 275 所），成人高等学校 292 所。

③ 刘小珊. 各省市高校数量比较：39 所“985”北京揽 8 所 河南河北吃零蛋［EB/OL］. http://www.infzm.com/content/103359.

合理配置教育资源，实现教育共享，使贫困偏远和高校资源少的地区的学习者享受到高等教育带来的利处。采用一定方式使各种形式的学习成果获得正式认可，必然会极大地提升高等教育的普及率，增加教育资源的利用率，促使教育资源更为优化合理地配置。因此，学分银行的社会功能应集中体现在统筹整合区域学习资源、促进教育公平上。学分银行借鉴的是银行的运作模式，通过学分注册、学分认证、学分转换、学分兑换等功能，实现学分的自由流通。

第一，学分银行可以将继续教育与学习者的先前学习相衔接，充分关注不同类型的学习者，如初中后、高中后、大学后以及中途辍学的学习者，充分关照他们的职业、工作岗位、年龄、个人志趣和爱好，设有多样化的学习类别、课程内容、组织方式、时间等，借助他们先前学习经历，允许他们在回归教育时可以将先前的学习经历和成果计入学分。

第二，学分银行可以认证非正规教育还是非正式教育的学习成果。它允许教育和学习通过多种途径和形式进行，包括正规教育、非正规教育和非正式教育。无论是通过正规教育、非正规教育还是非正式教育形式进行的进修、培训乃至实践学习所获得的学习成果，都可以经由学分银行的认证、评估和转换而获得学分，促进并激励广大学习者的终身学习积极性。

第三，学分银行架起了普通教育与职业教育沟通的桥梁。在传统的教育体制下，普通教育和职业教育是平行的两个轨道，两者之间缺乏相互的沟通和衔接，学生一旦入学便被限制在既定的分类框架中，学习者无权选择学习内容、学习形式、学习时间乃至自己的发展方向。而在学分银行机制下，学习者可以根据自己的实际情况任意选择。因此，学分银行打破各级各类教育的壁垒，整合教育资源，架起正规教育与非正规教育之间的桥梁，使多种教育资源整合并形成教育合作的有机体，使各种教育机构的作用得以充分发挥。

第四，学分银行能够整合教学资源，形成更多的优质课程，提供优质教育服务。由教学机构自发整合资源，一方面整合范围较小，另一方面不能最大限度地淡化教育机构间的差距。学分银行以第三方身份沟通各类教育机构，整合相关教学资源，能以最大的公平、公正态度协调多方利益与关系。

三、引导功能

学分银行具有引导功能。首先是理念的引导，学分银行是终身教育“立交桥”的具体承载机构和实施机构，它的“活到老、学到老”的终身学习理念，无疑会引导当前和未来的教育教学理念发生变化：学习不再是短暂的十几年时间，人进入学校，接受知识性和技能性的学校教育；人走出学校，同样应该接受知识性、技能性的继续教育。在非学历教育中，更包括了休闲教育在内的提升人的审美情趣和素养的教育。其次是标准的引导。学分银行的学习成果框架、资格标准、专业标准、课程标准、认证单元标准、具体的知识、技能与能力标准等标准体系，无疑对全社会的教育教学有示范作用，尤其对社会各种教育培训机构的课程设计、人才培养会起到较强的规范与引导作用。

四、激励功能

学分银行具有激励功能，主要表现在对学习者的激励上。它具有目标激励、动机激励和兴趣激励的功能。

目标激励：根据之前的目标设置理论，学习者进入学分银行开展学分认证与转换，主要是为了达成一定的目的，或是事业成就，或是学业成就，或是职业目标。学分银行的框架和等级为学习者设置了具体而又有挑战性的目标，它能强烈地激发学习者的成就动机，达成期望达到的高度，实现自己的人生追求与愿望。

动机激励：学分银行以“需”促“求”的方式，通过提供不同层次、不同类型的学习成果认证转换机制，吸引学习者扩展知识面，将学习成果放入学分银行进行转化。这是一种刺激学习者不断学习，并以所获得的知识、技能、能力、价值观满足社会发展需要，实现个人价值的动机激励。

兴趣激励：学分银行提供制度保障和技术支持，使各类教育更灵活、更人性化地展现于普通人面前。它将学习的主动权交给学习者，通过灵活的时间、地点与空间设置平台，使学习者能确立主体地位，根据自己的特点和社会的需求进行个性化的学习，最大限度地激发学习者的积极性。

五、服务功能

学分银行具有服务功能。从建立的目标上讲，学分银行提供终身学习的开放环境，为建立学习型社会、促进人的全面发展的长远社会目标服务，为“人人享有优质教育”、打开通道并提供服务、满足公民多元化发展需要，连接一个广泛的体系网络。从针对的主体来讲，学分银行是为每一个社会成员不断更新知识，及时提高职业能力、创新能力和发展能力服务，有助于扩大公民的受教育机会，增添个人成才晋升通道，在保证质量的前提下，消除学校入学人数的容量限制。

第一，对学习者的服务功能。学分银行可以使学习者根据自己的个体差异，结合自身兴趣、爱好及就业意向，自主选择学习课程、学习时间、学习地点、授课教师等。在学分银行机制下，学习者不受正规教育学期和学年的限制，可以按自己的工作、兴趣和生活时间等来安排学习活动，只要是符合规定的学习成果，均可在学分银行中获得认可，从而有效地提高学习者的学习热情和学习效果。

第二，对政府的服务功能。学分银行是一种创新性的人才培养服务模式，它扩大公民受教育机会，其最大的特点是开放性，包括教育类型的开放、学习群体的开放、学习方式的开放、学分管理的开放。学分银行的设立增加了政府的职能，通过降低教育入学门槛，学分银行提供优质教育的服务，从而实现“人人享受优质教育”。同时，政府在学分银行的运行过程中，提高其社会声誉度，进一步提升社会的民主化与和谐化。

第三，对企业的服务功能。学分银行能够满足企业对人才多元化的需求，通过多样化的学习成果认证机制和多层次的学历层次认证机制，制定学分认证与转换标准，为学习者换取相应的学历证书和资格证书，满足企业对不同技能学习者的知识和能力的要求，同时，也有效地解决了学习者的工学矛盾，使他们在不耽误工作的情况下学习。学分银行的出现受企业欢迎。

第四，对社会的服务功能。学分银行满足终身教育的需要，它的弹性学分制能促进各级各类的教育相互衔接、沟通，学习者不再受到年龄、地域、学历等的限制，任何学习者都可以享有灵活多样的学习方式和均等的接受教育的机会，从而满足了学习者“活到老、学到老”的学习需求。这也是学分银行满足学习型社会和终身教育理念需要的具体表现。

六、促进公平功能

学分银行的功能体现公平性。首先，教育起点公平。学分银行囊括了包括正规、非正规和非正式教育在内的所有类型的教育，它可以使一些低起点的学习者有进一步向上提升的通道，增加学习机会，扩大教育的公平。只要进入了学分银行，所有人都可以通过学习成果的认证和转换机制获得机会，并从中获益。其次，过程公平。学分银行从设立伊始，就显现出与传统教育迥然不同的特点。作为一种制度，它主要考虑与尊重的是学习者的个体差异、学习者的学习境遇、学习者的学习类型以及学习者的学习能力等，因此，在进行学习成果认证及转换的时候，学习者拥有了更多的自主权，可以选择适合自己的学习内容和方法。再次，教育结果公平。学分银行充分借鉴了银行的运作机制，依托学分评价体系，通过学分积累，认可正规教育和非正规教育以及不同教育领域的各种学习经历。对学习者已获得的学分和学习经历，学分银行按照课程和学分标准，承认学习者的教育投资和收获，承认学习者的知识、技能和能力成果，并转换成学分。这一机制的出现必然提升全社会高等教育的入学率，扩大高等教育受众面，特别是为那些由于各种原因而无法接受正规高等教育的弱势群体，为学习者创造接受继续教育、获得各种学历证书或资格证书的机会。

第三节　学分银行的基本功能

从学分银行与学习成果的关系角度观察，学分银行具有注册（登记建档）、认证、积累、转换、兑换等基本功能。

一、注册（登记建档）功能

学分银行具有注册（登记建档）功能。

学分银行面向所有社会成员，实行开放注册登记建档制度。学习者只需凭本人身份证，填写报名申请表等书面材料，在学分银行申请注册，生成学习者账户，就能使学习者具有终身学习档案的账号。学分银行可以对学习者在不同的时间、不同的教育机构取得的学习成果进行认证和转换，实施各项管理，提供各种服务。

学习者在学分银行注册登记建档时，要对自身的终身教育情况和学习成果进行登记。学分银行为其开设终身学习账户并建立个人终身学习档案，配发一张终身学习卡，账户号码一般为本人的身份证号。账户号关联个人身份有关资料信息，是一个唯一的账户，个人的学习信息存储、学分认证、学分转换、学分兑换等，均只能通过该学习账户办理。

学分银行账户体现以下原则：

（1）账户唯一原则。

一旦注册和绑定，学习者只能在学分银行中设立一个学分账户，不能像银行一样多头开设（即使多头设立，也必须保证银行之间的数据相通）。学分银行的账户记录学员的学习经历，如参加各级各类学习的内容、时间、学分等，学习的阶段性成果和最终结果等是反映学习者终身学习的凭证，终身教育账户号将陪伴学习者一生。

（2）自愿原则。

学习者可以自愿选择在居住地开立学分银行账户。

（3）保密原则。

学分银行依法对学习者信息保密，维护学习者的尊严和自主支配权。保密的方式必须是国家级别的，任何人都没有资格查询除自身以外的学分银行账户，除非获得国家法律规定或当事人的特殊授权。

二、存储功能

学分银行具备存储功能。存储功能是指学分银行将学习者一生中参加正规教育、非正规教育和非正式教育的学习成果进行如实记载的活动与过程。

学分存储分为两种形式：一种是存入原始学习成果以及原始成果的如实记录；另一种是经学分银行对某一学习成果进行认证后给出标准学分，然后加以记载。

学分银行的存储功能是其后续功能运作的基础，只有以学分银行标准存储学分之后，才可以进行后续的学分积累、学分转换、学分兑换等。存储的学分在原则上永久保存，除折旧外无其他存期限制，详细记录，零存整取。学分记入个人终身学习账户的同时，还应记入学习者持有的终身学习卡，并定期核对。要保证学习者持有的终身学习卡中的学分和学习者个人终身学习账户中记录的学分一致。学习者可以持终身学习卡进行随时查询，倘若丢失，还可以申请补发。

三、积累功能

学分银行具有积累功能。积累功能是指随着学习者的不断努力学习，其学习成果以学分的形式存入学分银行而累加增多的过程。

为了使学习者能够完成学习目标，满足学习总量上的需求，学分银行的学分积累功能应运而生。学习者进入学分银行并建立个人终身学习账户后，学分银行设立一定规则：学习者在任何学校、教育培训机构所获得的学习成果均可依照规则，以学分的形式按时间顺序记录积累起来。学习的内容包罗万象，有的以课程形式出现，有的以非课程形式实施，且不断存入累积，不受时间限制。学习者可以根据个人的实际情况，制定学习目标和学习计划，决定学习进度。学分银行的学分积累功能指学习者个人将正规教育、非正规教育和非正式教育中获得的知识和技能进行整合，并以零存整取的方式获取某种资格（证书、文凭或学位等）。该功能除了激励学习者不断学习，提高个人素质和社会竞争力之外，还能因承认每一时段的学习成果的相应价值，缓解学习者因时间不足造成的工学矛盾，使学习方式变得更加灵活。这对推进终身学习、全民学习的意义十分重大。

四、认证功能

学分银行具有认证功能。认证是指主体按照一定标准和程序对客体进行核实、鉴定、比对、评测的活动与过程。认证功能体现在两个方面：一是对学习者学习成果的认证，二是对教育培训机构资质及课程（或项目）的认证。

（一）对学习成果的认证

对学习者学习成果的认证是学分银行最基本和最主要的功能。当学习者向学分银行提出学习成果认证申请后，学分银行予以受理，根据学习成果的类型，按照相关标准与程序进行核实、鉴定、比对和评测，对该学习成果给出学分银行的标准学分，最后记入学习者的学习账户和终身学习卡，这一活动和过程称为对学习成果的认证。由于学习成果的呈现形式多种多样，因而学习成果的认证方式和方法也必然多样化。

粗略划分，对学习成果的认证可分为常规学分认证与阶段性学分认证。

1. 常规学分认证（课程认证）

常规学分认证是指认证主体对具体的课程或先前学习经验进行的学分认证。例如，各普通高校组织的期末考试、考查，将其学习成果认证为学科学分；部分高校中实行的免修、免考，即通过对学习者先前学习经验进行评估，以学分记录，达到该门课程的学分量时可免修、免考；学分银行对之前在其他学习机构取得的先前学习经验进行认定。对于之前获取的相关课程的学分，如大学课程、培训班课程、进修课程等，不论年限，只要是相同的学历层次均应得到认可并予以学分。如果是从低层次课程向高层次课程转换，视情况而定，部分可予以转换，但是有一定的折算率；其他的则根据课程性质不予转换。常规学分认证的作用在于使学习者避免重复学习，为学习者继续学习提供累积学分。

随着科技进步和教育发展，教育的开放程度不断扩大，学习场所由传统的围墙校园转向更为广阔的空间，办公室、家庭、网络、移动终端等都可成为学习场所。学分认证适用的范围也在逐渐扩大。

两个或两个以上学习成果认证主体之间对相互认证结果的互相承认，我们称为学分互认。

除了高校内部对所开设的课程进行的常规学分认证之外，大学城中的校际互选课、跨越省份的校际联盟之间的学习成果认证也是常规学分认证的形式之一，以实现跨校选课、优秀资源共享的目的。目前，学分互认主要限于同层次学历教育，且学分互认的方式主要是合作学校（机构）相同或相近课程之间的简单转换，如中国版“常青藤联盟”中 9 所高校中进行的学分互认、上海普通高校的成人高等学历教育之间的学分互认。

2. 阶段性学分认证（证书认证）

阶段性学分认证是学分认证的特殊形式，指对学习者某一学习阶段所获证书进行的认证。因我国目前颁发的阶段性证书主要有课程证明、单科证书、肄业证书、结业证书、毕业证书、各种资格证书、各种技能等级证书等，所以阶段性学分认证即是将各种证书等学习成果通过一定标准进行认证，作为学习者向上发展到下一学习阶段的初始学分。

各种证书都能代表一定的学习成果，这是进行学分认证的前提条件。认证的目的是将其代表的价值转换成一定的学习能力证明，避免下一学习阶段中某一课程的重复学习。但我国目前对学历的认证并不以学分为计量方式，而是将毕业证书作为衡量是否具有获得下一阶段学习机会资格的标尺。对于证书学分的认定，可以通过学分银行，按照标准进行比对，将学习成果转换为学分银行统一的标准学分。

无论学分认证的方式如何，其最终目的都是保证学习成果认证质量。以上两种学分认证方式是对学分银行系统内部质量的自我检测，它既能检测出各项标准的科学性，也能检测出学分银行管理体系的合理性。科学的标准是学分认证的基础，合理的管理体系则决定着学分认证的效率与便利程度。反之，学分认证又促进着学分银行系统及其各项功能的不断自我完善。

（二）对教育培训机构资质及课程（项目）的认证

对教育培训机构资质及课程（项目）的认证是学分银行认证功能的另一重要方面，它包括对机构资质（合法性、领导及人员组织、运营管理、财务及资源状况、质量保障体系等）的认证，还包括对机构开设课程或开展的培训项目的认证。对于申请加入学分银行联盟的教育培训机构，这种认证的开展对确保学分含金量、提高学分银行的公信力、提升教育培训机构的品牌影响力都是十分必要的。

五、转换功能

学分银行具有转换功能。所谓“转”，是指学习成果以学分的形式流动，转入和转出学分银行；所谓“换”，是指学分变换了管理机构。对于转入而言，学分由原始学分变换成了学分银行的标准学分；对于转出而言，学分银行的标准学分变换成了其他教育机构管理的等值学分。

学分转换的情况非常复杂，要保证转换功能的有效实现，必须制定和遵循相应的转换规则。转换学分需要运用一定的评价手段并进行等值计算，目的是将原始学分转化为标准学分。标准学分主要方便同类或相类似的课程之间的互换，也可以方便不同院校、专业、机构、地区与国别的学习成果之间的互换。从沟通的教育机构角度来讲，学分转换主要包括同级别高校之间、不同级别高校之间、普通高校与成人高校之间、普通高校与职业学校之间、普通高校与非学历教育机构之间的学分转换。理想的状况是，所有的教育机构都可以认可和遵循统一的学分标准，无障碍地进行学分转换，这对学习者而言无疑是皆大欢喜之事。

（一）同级别高校之间学分转换

所谓同级别高校是指隶属等级、行政等级、办学质量相同的院校。在我国通常用“985”“211”指代重点本科院校，主要直属于教育部或者中央其他部委。下一级的院校可分为省属或省市共管，以一般本科和专科、高职类院校为主。在我国允许私人办学之后，又出现了民办院校。[①] 同级别高校可细分为两种，一是单纯指本校，二是级别相同但地域不同的高校。学分在同级别高校中进行的转换与在大学城中的转换略有不同，原因在于大学城中的大学有的并非完全属于同一级别。同级高校之间的学分转换实质上是指学分互认，本校学分与跨校学分所代表的质量区别较小甚至可以忽略不计。

（二）不同级别高校之间的学分转换

不同级别高校的区分：一是以行政等级来划分，主要分为全国重点高校与一般高校；二是以培养层次来区分，主要是指以我国教育层次中的本科、专科、高职等资历来区分不在同一培养层次上的各类院校。

学分在不同级别高校中进行转换，主要体现在大学城或者大范围内跨校选修中，目的都是共享教学资源，为学习者提供优质的学习机会。然而，要完全实现学分跨地域、跨等级转换，需要先解决一些问题：①培养层次的差异，如普通专科升普通本科，之前获得的学分如何转换；②社会认可度的差异，如通过成人高考获得的专科学历与通过普通高考获得的专科学历的区别；③教学质量的差异，这主要是指因专业性质不同导致教育目的不同，使学习成果的评价标准各异，影响相同学分的含金量；④参照何种标准制定转换比例，是以高校等级、地区整体教学水平为参照，还是以相同课程所获得的学分与绩点为参照。

（三）普通高校与成人高校之间的学分转换

目前我国成人高等院校由两部分组成，其中独立成人院校（含电大）292 所，[②] 普通高校中成人（继续）教育学院 2000 余所。因此，普通高校与成人高校之间的学分转换分两种情况：一是同校间的转换，例如，某学习者当前学习某普通高校中成人（继续）教育学院开设的专业，但希望获得该普通高校另一专业学分，此种转换需考虑两者之间的专业要求；二是普通高等院校与独立成人高校之间的学分转换，同样以该生为例，前提不变，但希望获得非该校所属的独立成人院校中的某一专业的学分，此种转换需考虑两者的人才培养层次。

（四）普通高校与职业院校之间的学分转换

职业院校是指国民教育系列中以职业资格证书与大中专文凭作为学业凭证的教育机构。[③] 学分在该两类机构中转换一般分为两种情况：一是处于普通教育学习中的学生需要某一职业资格证，提升专业技能水平和职业竞争力；二是处于职业教育的学生需要进一步加强个人理论水平/专业素质，以提升个人综合竞争力。因此，在转换过程中，课堂学分与职业资格证书将成为主要的学分认证依据。具体转换情况见表 5-3。

① 曹赛先. 浅论我国的高校分类 [J]. 科学学与科学技术管理，2004 (2).

② 中华人民共和国教育部. 2015 年全国教育事业发展统计公报 [EB/OL]. http://www.moe.gov.cn/srcsite/A03/s180/moe_633/201607/t20160706_270976.html. 2016-07-06.

③ 56Xiang wuzhong76. 职业技术学校 [EB/OL]. http://baike.baidu.com/view/3601318.htm. 2015-01-24.

表 5－3 普通高校与职业院校之间的学分转换

转换方向	转换凭据	转换目的	转换结果
普通高校→职业院校	学术性课程学分	获得某一职业资格或职业证书	达标则取得相应职业资格学分
职业院校→普通高校	职业资格证书与职业院校的学历、技能	加强个人理论水平和专业素质，取得课程学分，进而转换为文凭	通过则获得普通高校学习的课程学分

（五）普通高校/成人高校与非学历教育机构之间的学分转换

非学历教育机构是指不具备颁发任何学历证明与职业资格证书资格的教育机构，一般指某类专项技能的培训机构，我国目前较为著名的培训机构以新东方、学大教育、北大青鸟等为代表。[①] 其培训要获得成果需要通过国家组织的考试检测。尽管培训机构不能颁发国家承认的文凭，但随着各大培训机构的不断发展，其所颁发的学业证明已成为行业内部广泛认可的凭证。如北大青鸟的 ACCP 证书成为全球通用型证书，且该机构已拥有颁 OSTA 职业证书的资格；新东方学校则开启合作办学方式，提出“技能＋学历”双保险模式。各大培训机构的蜕变使得学习者对非学历教育中的“学历”要求逐步淡化，这也为其开展中小型培训并大力发展铺下了光明道路。如果培训机构颁发的学业证明质量够高，能切实代表学业质量和水平，普通高校/成人高校与非学历教育机构间的学分就能实现有条件的转换，为学分银行所认可。

学分转换有助于实现学分在各级各类教育间的自由流通，在对教育本身的促进作用上，学分转换能最大限度地实现教育资源的利用，同时调动师生的积极性，在学校方面，通过互认协议和折算标准，也能提高学校办学的竞争意识与对其他学校的关注度。[②]

六、兑换功能

学分银行具有兑换功能。兑换是指学习者的学分积累达到一定数量和规定时，申请换取代表一定资格的证书、文凭、学位，终身教育补贴，各种精神与物质奖励的活动。

兑换是大多数学习者学习和积累学分的主要目的，只有满足了学习者的需求，才能进一步激发学习者的学习兴趣，维持学习者的学习动机。学分通兑是这一功能的最高级形式，它借鉴了银行中兑换外币的原理，先确立本币标准，再制定外币汇率，通过本币和汇率的共同作用进行外币兑换。学分银行中的课程学术价值参差不齐，标准千差万别，因此，同样也需要树立一个标准，再制定出“汇率”——互换标准和比例，从而实现不同地区和学术水平的课程的转换，学分也才能流通。同样，该环节一旦成功，也可

---

① 中国的教育培训机构排行榜前十名［EB/OL］. http://www.chinapp.com/shidapinpai/64082. 2013－07－30.

② 陈樱. 云南省呈贡大学城高校学分互换互认问题研究［D］. 昆明：云南师范大学，2009.

实现不同教育机构甚至不同地区或国别的学分兑换功能（陈涛，2014）。[①]

在学分通兑的前提下，学分兑换将完全进入自主状态，既可以横向兑换同等级的资历证书，也可以纵向兑换更高级别的资历证书。在学习成果的兑换上，以学历证书、资格证书、技能等级证书为主，一般认为学历证书、资格证书、技能等级证书是最实用的能力证明。学分兑换作为学习成果证明的最后关口，既是学习者在学分银行中某一阶段学习的终点，又是下一学习阶段的起点，不断循环，促进终身教育与终身学习，构建学习型社会。

要实现这一功能，首先要确定学分银行中的学分所能兑换的内容，其次是制定兑换率和兑换机制。在我国现阶段的学分兑换中，兑换率的标准与兑换机制的制定有如下方法。

（一）学分兑换率的计算

学分标准对兑换率起到关键性的作用，是标准学分与有效学分的衡量标准。为了建立长效的学习动机激励机制而又不影响学习者的学习热情，以及使阶段性的学习成果体现其对个人发展应有的促进作用，在学分兑换率的计算上，可以采用分级与分层次的阶段性兑换率，也可以采用全额兑换、比例兑换、类型兑换的方式。

（二）学分兑换机制

学分兑换应是面向各级各类教育的，要建立通兑型的学分兑换机制，首先要建立统一的标准体系，才能实现各种教育类型中学分的兑换。但是各类教育机构对教学质量的把握未必相同，这就为学分所代表的质量的衡量带来了困扰。因此，需建立科学的学分兑换机制以保证学分兑换的质量。从国家层面来看，学分的积累与转换主要依据资格框架进行，通过资格框架，学习者可以明确某项资格所需要的学习课程、学分要求，通过积累学分，达到相应要求，即可申请获得相应资格。同时，各教育培训机构也会在此资格框架的引领下，加强自身课程体系建设，自觉地向资格框架的标准靠拢，从而规范和提高各教育培训机构的课程（项目）资源质量。学分银行应当千方百计地扩大合作面，扩大与普通高校的联盟，扩大与企事业单位的联盟，扩大与教育培训机构的联盟，共同制定、认同和执行学分标准，各自都进行严格的质量管理。这样，学分兑换的通道才会越来越多，道路才会越来越宽敞。

学分银行的学分兑换功能和转换功能的最大区别在于，学分兑换功能指账户学分积累到一定数量符合规定时换取为某种资格或实物，而学分转换功能是基于转换规则，进行标准学分与有效学分之间的流通变换。总之，学习者通过学分兑换可以保证学习内容的价值，实现自身素质的提高，从而促进其不断学习，实现终身教育。

第四节　学分银行的扩展功能

从学分银行与学习者和其他社会组织的关系角度观察，学分银行具有查询、咨询、

---

① 陈涛．双向互动系统："学分银行"运行机制理论模型［J］．职业技术教育，2014．

选课、转账、定制服务、推荐、结算等拓展功能。

一、查询功能

学分银行的信息管理平台建有学习者用户子系统，其功能应包括学习者个人信息管理、学习者学分信息管理、学习者学分转换信息管理、学习者证书与课程转换信息管理等。另外，学习者与学分银行之间的交往活动（如注册、登记、存储、转换、兑换等）及处理反馈等情况，在学分银行的信息管理平台中都应有翔实的记载。

学分银行建立较为完整的学习者终身学习档案，详细记录其学习经历、学习过程和学习成果，包括学习科目、评价等级、成绩等级、参与学习活动情况、学分情况、先前学习成果、学习经历、教育机构等。

学分银行利用这些信息资源，可以为学习者提供查询服务。

二、咨询功能

学分银行建立之后，可以利用其拥有的庞大数据库，为政府、社会组织与机构以及个人提供咨询服务。对于政府而言，学分银行通过数据库中无数的学习者学习资料，向其提供整个社会继续教育的学习者数量、学习领域、学习类型、学习层次、资格拥有情况、成才状况、人才储备等各方面的大数据，并进行统计分析和研究，为相关决策者制定政策提供咨询参考；对于社会组织与机构而言，可以通过合法的途径向学分银行申请查询、咨询并核实学习者的在学情况，学分银行为这些机构的发展提供一定的咨询服务与建议；对于个人而言，能向学分银行咨询社会中的职业发展和就业情况前景，并通过学分银行获得实质性的指引建议。总之，当学分银行的学习成果积累和各种不同学分储备到一定的程度时，就具备了大数据的统计分析功能，并可以向社会提供各种各样的咨询服务。

三、选课功能

学分银行具有选课功能。自由自主地选课是学分制产生的基础与前提，若无自由自主的选课，学分制将没有任何实质性意义。选课功能是学分银行极为重要的功能，学分银行应开设课程超市，摆满琳琅满目的“货品”（各种标准化与标签化课程）供学习者选择。

课程的标准化和标签化是非常重要且十分复杂的巨大工程，该工程必须搞好结构设计、内容设计和包装设计。首先需要建立课程标准的研究组织，接着才能开展标准化和标签化课程的建设。课程标准研究组织制定课程标准的依据应该是学分银行的学习成果框架（资格框架），应当给学习者清晰地展示学习成长的通道，让学习者明确学习该课程与学习成果框架中某资格的关系，这也就是所谓“标签化”要做的工作。专家在制定课程标准时必须要关注课程能达到的目标、基本理念与设计思路，还要考虑到学习者的学习方法、学习经验与情感体验，务必实现课程设计的价值最大化。学习者可以自主选择学分银行或者学分银行认可的所有其他教育机构开设的课程。

在学分银行的选课系统中，为了避免学习者盲目选课，可向学习者详细介绍课程名称、课程特点、课程内容、课程学分及其与某资格的关系、教学方式、考核方式等信息，必要时还需配备专人对学习者的选课进行指导，帮助学习者制定学习目标和学习计划。

学分银行的选课功能可以将加入学分银行联盟的高等学校与其他教育机构的优质课程资源都集中起来，供学习者自愿选取学习。它打破了固有的封闭式的管理方式，实现了各高校之间课程资源的共享共用，极大地提高了教育教学资源的利用效率。此外，学分银行的选课功能使学习者能在“合法性”与“合理性”观点的指导下，自行决定什么课程应该花时间与精力学习，什么课程不必花时间与精力学习，提高学习的效率和节省学习成本。

四、转账功能

学分银行具有转账功能。学分转账是学分银行的一个特殊功能，是指随着学习者学习地点的变化，已获取的学分要从A地学分银行转到B地学分银行的过程。

根据2010年第六次全国人口普查结果，中国有两亿两千多万人离开户籍地，迁居异地工作或生活。这些离开户籍地的社会成员流动频率很高，其中的学习者不可能只局限在一个地方学习，只要他们的学习地点变化就会涉及学分转账。学习者可以申请从A地学分银行中将已获取的学分转出，由A地学分银行填制一份学分转账单，经核准后转入B地学分银行，并继续参加学习。学分转账不会影响学习者的学习进度，学习记录依然在该学习者账户中存在，只要凭学习账号和终身学习卡就可以继续学习，直到修满所需的学分获取相应的学历或资格证书。学分银行的转账功能就是要保证学习者时时能学、处处能学，满足学习者个性化的学习要求。

五、定制服务

学分银行发展到一定程度，其业务将不只局限于学习者学习成果的管理、学分的流通和兑换，还应该具备“前店后厂”的功能——前台开设学分银行学习课程超市，后台有内容丰富、品种众多的学习课程（项目、节目）资源库支撑。将不同教育机构和不同教育领域的优秀教育资源整合起来，业务向前一体化，开展多样化的定制服务。

（1）学习者根据个人情况，提出个性化的学习目标。学分银行可以推荐实现目标的学习途径与通道，向学习者提供多样的服务。

（2）根据企事业单位和各种学习型组织的特殊要求，提供各种学习套餐的定制服务。

（3）根据社会各教育培训机构的要求，提供各种“培训包”的定制服务。

（4）根据政府和某些组织的要求，提供基于大数据的继续教育大型调研报告的专项服务。

（5）对于拥有先前学习成果或者是原始学分的学习者来说，进入学分银行之后，亦可以到学分银行的课程超市中继续选择课程修习学分、积累学分、认证学分、转换学分，最后兑换某种资格。这是学分银行功能的扩展化，但也是学分银行发展到一定阶段必然会在功能上向更高级阶段的进化的使命。

六、推荐功能

学分银行具有向社会推荐人才的功能。学分银行是一个天然的人才资源数据库。学分银行中存储了大量学习者的学分和学习成果，可以据此建立丰富而完备的人才档案库。学分银行也可自己建立人才数据库，为社会推荐人才。用人单位可以从学分银行的人才库中筛查满足本单位需求的人才信息，挑选自己所需的人才。学分银行也可以作为核实人才能力高低和辨别学习成果真伪的查实机构。

七、结算功能

学分银行具有结算功能。学分结算功能是学分银行基本功能之外的衍生功能，它不同于学分的兑换功能，因为兑换是指对证书、资格或奖励等最终成果的换取过程，而结算则主要指消费后的清算。学习者存入学分银行的学分，有的学习者是为了最终兑换某种证书或资格，有的学习者则不是，尤其是那些不能进入学历教育系列的学分（比如休闲娱乐教育的学分），只能用来进行某种消费。

学分消费之后，学分结算中心动态地将学习者消费过的学分进行扣减处理，同时把学习者账户中学分存储和消费情况通过短信、微信学分银行或 APP 等软件通知学习者本人，并按消费学分数总值增加学习者消费积分值，为用户积分消费和诚信档案提供依据。

如果学习者的学分兑换或消费完毕后，个人的学习账户上已经没有了学分，那么，这个学习账户将无法再进行学分的兑换，处于冻结状态，除非有新的学分存入；如果结算后发现账户的学分还有剩余，则学习账户内的学分可以继续保留，但是与银行的利率相反，由于知识会随着时间的增长而过时或老化，学分银行中代表知识的学分相应地会呈现负利率，这些学分如果长期不使用，在一定期限之后，应该有一定的折旧率。

第五节　关于学分借贷的探讨

在现行学分银行中，学分信贷还是一片真空地带。目前大部分学分银行系统中存储的学分一般采取利率负增长原则，以促进学习者持续高效地学习。如果缺少学分信贷功能的话，对学习者来说是不公平的，但学分信贷确实是一座冰川矗立在学分银行系统研究者面前。

学分借贷是指学习者在学分总量未达到兑换规定的标准时，先向学分银行借出一定量的学分，提前获得学习成果，即学分信贷所反映的是学分银行（贷方）与学习者（借方）以及担保方之间的关于学分的信用关系。从单一的“储蓄制”到复合的“信贷制”的转变，是学分银行功能的延伸与提升。学分借贷的运行机制与银行的信贷业务一致，应遵循“借分申请—学分银行审查—第三方担保—贷分发放—按期还贷”的流程，还应该参照银行利率的做法，实行存分有奖励，贷分有优惠，提前还贷有奖励，延期不还予以惩罚的政策（彭飞龙，2013）。① 比如，学习者为了急于获得某一职业资格证书需要20学分，但只有18学分，则可向组织机构提出办理贷2学分的业务，学分借贷业务办理完毕，根据学分银行学分借贷利息比率，申请者要在规定时间内完成高于2学分的课程学习，以偿还其所贷学分。借贷学分旨在给学习者提供一次或多次的补救机会，维护学习者的自尊，或是让学习者找回失落的自尊。同时，学分借贷也是对学习者个人诚信的检验，继而在整个社会中深化诚信意识。

学分银行的借贷功能借鉴了银行的运行原理。学分借贷与实体银行中的信贷类似，都需要一定的担保。有研究者（李征宇等人，2014）② 认为可以采取以下两种方式实现：

其一，抵押信贷方式。学分借贷可以采取抵押同级别或者高级别证书来借贷学习者急需的学分的方式，可先为学习者颁证，并规定偿还时间，如果超出规定偿还时间没有偿还借贷学分，则取消已颁发的证书。

其二，诚信信贷方式。学分管理中心为每个学习者建立各自的学分诚信档案，管理中心对学习者诚信度进行评估，学分管理中心依据学习者的诚信度和学习偿还能力，按照信贷标准，准予适量学分借贷。

除了学分存储能提供一定信用度之外，也可以使用其他的担保方式。例如：某个学习阶段中校方或者任课教师出具担保书，抵押上一阶段取得的学习成果证明，亲属以承担责任方式提供担保，学习者个人以承担责任方式提供担保等。学习者在有担保的前提下借贷学分，不仅能提前享受学习成果证明带来的优势，也能够避免因某一考试过程中发挥失常而无法获得相应学分。

然而，实施学分借贷的操作难度很大，主要体现在以下几方面：

第一，当前社会的诚信度和诚信文化还不足以支持学分银行的学分借贷。学分借贷有如银行的货币借贷一样，考验的是个人的诚信度和整个社会的诚信文化。银行的货币借贷可以采用担保人担保、个人资产抵押的方式，连同信用卡的信用透支，考验着个人的诚信度。如果到期不还，会严重影响个人今后在大额贷款如买房买车上的信用。银行的贷款如果发生迟滞不还，银行会有一定的强制手段予以惩罚。相较于学分银行的信用借贷，在当前还比较欠缺社会诚信度和个人诚信度的背景下，学分银行贷出学分给学习者，将会承担极大的风险，而且这种风险并不是通过事后的惩处措施就可以解决的，而是有可能使整个社会养成学习懒怠和不劳而获的习惯，因此而产生负面导向作用。同时，教育育人为本的特殊性决定了对学习者不适宜采取利益相诱或严厉的惩罚措施，这样不符合学习者的心理发展，而事实也证明，这些惩罚措施往往会饱受诟病③。因此，学分银行不适于采用如同银行一样的惩罚措施对学习者进行任何道德批判或经济惩罚。

第二，承担学分银行贷分的担保有效度难以保证。学分银行担保的形式虽然多样，

① 彭飞龙．终身学习体系学分银行的原理与技术［M］．北京：高等教育出版社，2013.

② 李征宇，化美艳．各国学分银行制及其对我国学分银行系统设计的启示［J］．软件导刊·教育技术，2014，2（下半月）：7.

③ 如多年前的大学生学费贷款。大学生入学因家庭贫困向学校借贷完成学业，学校为了防止学生毕业后不还钱，扣押学生的毕业证或学位证用以抵偿，因此饱受社会诟病。

但是对担保可信度的鉴定却很困难，如校方或师长出具的证明是否绝对客观，亲属及学习者个人承担责任的能力是否真实，学习者能否在规定时间内完全偿还所借学分（是否诚信以及是否具备偿还条件），用人单位是否清楚相关情况和是否愿意承担可能出现的责任等。即使担保单位和个人不存在欺骗行为，但是对能力鉴定的客观度和科学性，都将成为学分借贷难以实现的具体原因。

第三，个人能力缺失的社会风险，即学习者个人在提前利用学习成果时因技能缺乏而产生的不良影响。通俗地说，就是“学艺不精”。学分借贷允许学习者提前合格毕业，学习者实际上还缺少一定的学习知识或技能，从而产生一定的社会风险，也使用人单位不得不承担这一能力缺失的风险。

第四，最为重要的一点，学分银行是为了认可学习成果才得以诞生的，现在学习尚未发生，就可以先享受成果了，从教育学逻辑上讲是一种“先享受，后学习”的悖论，不符合教育的培养合格人才的理论。因此，不能把银行的做法通通搬到教育领域中来。

总而言之，学分借贷看起来很美好，但是，教育环境中的学习毕竟不同于银行的货币借贷，学分银行中的学分也不等同于银行中的货币，不能一概而论。此外，还会产生以下若干问题：学习者的个人信用度如何评估？学习偿还能力如何评价？有没有可替代的学分偿还？当学习者未在规定期限内偿还学分时，学分银行采用何种惩罚措施？担保方可有一定的约束力？取消后的证书如何向全社会告知？是否能够准确通报到学习者所在的单位？已经对学习者贷出学分并因证书为其带来了实际的影响或利益，但后来发现学习者无法偿还后，是否能够追回这种已得利益或影响？这些都是需要考虑且难以把控的问题。纵观国外以及国内的学分银行，目前都没有开展学分银行的贷分功能，或者干脆还停留在理论研讨阶段。我国学分银行建设尚处于初级阶段，因此可以暂时不考虑贷分的功能。

第六章 学分银行的建构

系统的结构与功能关系是辩证统一的。结构决定功能，功能反作用于结构，它们既相互作用又相互转化。在要素既定的前提下，一般而言，有什么样的结构就有什么样的功能，结构不同功能也就不同。一方面，可以根据系统的内部结构来推测和预见它的功能；另一方面，也可以根据系统的功能来推知系统的内部结构。结构服从功能，要实现什么样的功能，就应该建构与之相适应的结构。既然系统的结构决定着系统的功能，我们在建立系统的结构时，就应尽可能地优化结构，使系统发挥出最佳的功能。结构功能方法在现代科学认识中具有极其重要的作用。

上一章论述了学分银行的宏观功能、基本功能与扩展功能，本章论述学分银行怎样建构和实现这些功能。

第一节 学分银行的宏观建构原则

一、政府主导，社会参与

学分银行建设必须坚持以政府为主导，动员全社会力量积极支持和参与。

一方面，学分银行事业是全民的事业，学分银行事务是公共事务，涉及全体公民，理应由政府主导。合理科学的政府行为能够缩短学分银行建构和发展的过程，克服和及时纠正其在发展过程中出现的偏差与失误，通过恰当的宏观调控，保证学分银行的健康有序发展。政府首先认识到学分银行与终身教育体系和学习型社会的关系、学分银行对构建终身教育体系和学习型社会的作用，并利用政策措施进行引导和规划，这是至关重要的。更为重要的是，在维护教育公平、向全体公民（尤其是弱势群体）平等地提供教育机会、公正地认可学习成果方面，政府负有直接责任。因此，在学分银行建设方面，政府应当起主导作用。

另一方面，我国长期以来实行的是高度集权管理体制，政府要强力扶持某新生事物，其权威性和推动力也是任何其他社会组织所难以比拟的。政府重视并主导，政策支持才会有保障，学分银行建构所必需的资源配置才能落到实处，也才能加快学分银行建设的进度。换言之，学分银行要想获得支持并且较快发展，政府必须起主导作用。

强调政府的主导作用，并不是轻视社会其他组织在建设学分银行中的重要性。学分银行的建设光靠政府主导还不够，还必须动员全社会的力量，各行各业、企事业单位、学校、教育培训机构、广大学习者等方方面面，积极支持和参与学分银行建设。尤其是学分银行标准体系的制定和学习资源的建设，更需要各高等学校、各行各业专家学者的直接参与和积极支持。学分银行的建构、运行及发展更离不开其服务对象——广大学习者的积极响应与直接投入。学分银行功能的真正发挥，离不了众多学校与教育机构的直接参加与大力支持，特别是学分的互认和转换，加入学分银行联盟的学校和教育培训机构越多，学分银行的效果就越显著。学分银行管理和服务于学习成果，若无广大学习者的积极响应和投入，缺乏各类学校与教育培训机构的直接参与，就只能是自话自说，自娱自乐，无任何意义。

二、以人为本，服务社会

学分银行的建设必须坚持以人为本，遵循人本主义理念，一切从学习者的需求出发，以学习者为中心，相信、尊重、理解和关心学习者，调动其学习积极性与创造性，以终身学习为引导，使学习者获得持续不断的发展。

人人皆学、时时可学、处处能学是学习型社会的理想境界。在这样的社会中，教育已经不再是外部强加到学习者身上的东西，而是学习者自身生活和发展的需要。在我国传统教育中，以人为本的观念较为薄弱。如果不能从人的自由全面发展角度来理解学分银行构建的意义，其发展方向就有可能发生偏差，从而违背其建设的初衷。这在学分银行的建设初期确立建构原则时就应该引起高度重视。

坚持以人为本的原则，要求学分银行的构建及其以后的运行要充分注意学习者学习动力的维护、保持和培养，学习者学习主动性与创造性的发挥，还要注意克服我国传统教育（包括家庭教育、学校教育和社会教育）中重智商轻情商、重知识轻技能的偏颇倾向。

学分银行要牢固树立管理就是服务的理念，不断改进和完善其功能与服务，使之真正成为学习者终身学习之家，成为开展学习的便捷工具和良好助手，为社会各行各业提供丰富多彩的定制服务，为政府提供各种优质咨询服务，真正成为沟通各类教育和衔接各层次教育的“立交桥”，成为认证和管理各种学习成果的权威机构，促进终身教育体系的构建和学习型社会建设。

三、统筹兼顾，分步实施，因地制宜

学分银行的建构必须加强统筹，既着眼长远，又兼顾当前。

在学分银行的规划和制度建构中，首先要搞好长远发展规划和根本制度的设计，因为这些事关学分银行的长远前景，必须志存高远，着眼未来。

与此同时，在操作运行层面，在学分银行的具体服务项目和运行制度方面，又必须结合当前实际，以学习者为中心，以需求为导向，突出关键环节和重点领域，增强学分银行具体服务项目的实效性和针对性，增强学分银行运行制度的可操作性，不断提高学习者的参与度和满意度。

要分步骤进行学分银行各项制度的设计和制定，同时按照重要性和紧迫性确定优先顺序，逐步形成科学、合理、系统、适用性强和可操作的学分银行制度体系。

由于诸多原因，我国各地区经济、教育和文化的发展极不平衡，城市比农村发达，东部沿海地区比中西部内陆地区发达，而且在同一区域内部各地区之间也存在相当大的差异。这就决定了学分银行的建构必须因地制宜，有差别、有针对性地进行，不能采取“大一统”“一刀切”的方式。

结合国情和区域实际，尤其是根据本区域学习者的需求情况和发展需要，在功能建构和资源建设上要因地制宜，需求推动，开放包容，加强合作，资源共享，减少重复投入和建设成本，提高资源的利用率和通用性。

四、积极稳妥，先易后难

在学分银行建构中，不管是对面向的教育领域而言，还是对需要开展认证的学习成果而言，都要坚持积极稳妥、先易后难的原则。

各类教育领域虽然教育目的是一致的，但具体到每个教育机构，其办学理念、培养规格、质量观和质量标准及其把控是有差异的。正因为承认这种差异性与多样性，才有特色可言。因此，学分银行认证标准体系的建设要统一对“标准”的认识，形成大家都认同和执行的“标准”，这是一件不容易的事。因此，必须坚持科学性、合理性和可操作性，结合实际，先易后难，先从继续教育领域的某些方面（例如职业资格证书、技能证书等）入手，选择若干方面进行深入实践，边实践、边总结、边提高，积累经验后再逐步推广到整个终身教育。

学习成果的表现形式也是多种多样的。从理念上讲，学习者的所有学习成果都应该获得社会承认，才能保持学习者的学习动力，激励学习者继续学习，引导全社会学习蔚然成风。但从实践层面来讲，操作难度又非常之大。有些学习成果，衡量标准不易制定，具体测评也难以实施。因此，只能先易后难，逐步扩展，既积极又稳妥地展开。

五、确保质量，提升公信

学分银行的建构必须坚持质量第一的理念，强化全员质量意识和全过程质量意识。确保学习成果认证的质量，在全社会建立学分银行的公信力。

本着对国家、社会、组织和个人负责的态度，科学合理地构建学分银行的标准体系，严格执行学分银行的标准、制度和流程，保证信息化管理平台的规范运营，构建学分银行质量监督体系，保证学分银行运行的质量，不断提升学分银行的社会公信力和声誉。

第二节　学分银行的制度建构

制度是由人类团体活动引起和形成的用以调整人们社会关系的行为规则的总和。按照制度所调整的社会关系，形成了多种多样的制度，比如法律制度、经济制度、政治制度、教育制度、各种各样的规章制度等。学分银行制度则是指调整人们有关学分银行活动的行为规则的总和。

制度的应然功能是推进社会的发展，实现社会与人的协调发展，实现人的自由而全面的发展。从本质上讲，制度是基于利益的不一致性在协商和合意的基础上达成的行为和道德的契约，是在多人社会中用来协调人们之间的合作与竞争关系，以降低交易成本，实现合作剩余的一系列规则或管束人们的一种行为规范。制度包括正式规则、非正式规则和这些规则的实施机制。正式规则又称正式制度，是指政府、国家或统治者等按照一定的目的和程序有意识创造的一系列的政治、经济规则及契约等法律法规，以及由这些规则构成的社会的等级结构；非正式规则是人们在长期实践中无意识形成的，具有持久的生命力，并构成世代相传的文化的一部分，包括价值信念、伦理规范、道德观念等因素；实施机制是为了确保上述规则得以执行的相关制度安排，它是制度安排中的关键一环。（沈璿，2011）①

理念决定制度。理念是先导，没有正确的理念，制度设计就没有明确的方向。本研究认为，“公平、效率、开放、系统”即是学分银行制度设计的重要理念。以“公平”为理念，实现学分银行的制度正义；以“效率”为理念，实现学分银行的制度体系优化，保证学分银行制度安排的效率和制度结构的效率；以“开放”为理念，增强学分银行制度体系的包容性；以“系统”为理念，实现学分银行制度的全系统覆盖，降低制度冲突与制度真空的风险。

一个组织或团体推行一种制度的诱因在于这个组织或团体期望获得最大的潜在效益，而最直接的原因则在于提高组织的协调性和管理的有效性，协调组织内各部门之间的协作效果和组织与外部衔接的有效性。

加强制度建设应当注重发挥制度的整体功效，着力构建科学的制度体系。要充分发挥制度的功能，需要构建一个闭合的、关联的、科学的制度系统，这个制度系统中各部分既各有分工、互不冲突，又相互联系、协调配合，共同发挥作用，缺少任何一部分都会造成结构、功能和功效的缺失。在某种意义上，制度建设所追求的已不仅仅是某一项制度的创新，而是要把注意力更多地放在加强制度间的联系和对接上，对制度的功能进行整合，形成良性机制。作为一个整体，各项制度之间应当协调一致，如果各项制度互相不能协调一致，执行制度的人就会感到无所适从。应当不断提高制度建设的质量和水平。制度建设的关键是要管用、可行。制度是人定的，也是需要人去执行的，人是最重要的因素，因此，要根据组织或团体的发展而不断修订，适应新形势、新任务的要求，针对一些容易出现问题的环节和工作中存在的漏洞，建立科学合理、具体实在、切实可行的制度。

本研究认为，学分银行制度可以划分为三个层次，分别是根本制度、基本制度以及具体制度（如图 6-1 所示）。

① 沈璿，栗洪武.“自然”与“约成”：“师道”与“师德”合一［J］. 华东师范大学学报：教育科学版，2011，12.

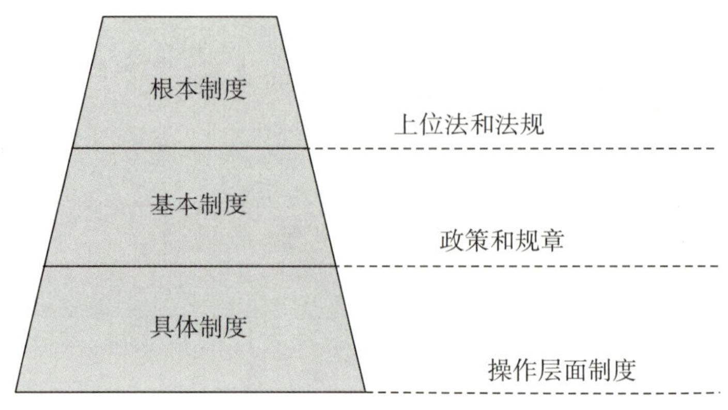

图 6—1　学分银行制度层次

一、学分银行的根本制度

所谓根本制度就是指学分银行运行的有关内部制度及其外部专门制度的上位法和法规，对学分银行制度体系建设起根本性指导作用的制度总和，主要解决学分银行的方向与目标问题。根据学分银行的属性和地位，分别涉及不同类型的根本制度，如同其民事主体地位相应的有关民法制度、同其非学历教育市场化培训相应的商法制度、与其开放教育属性相应的专门的终身（继续）教育法规，以及一般性教育上位法规定的终身教育或继续教育内容条款等。

（一）宪法及其有关民商法等的规约

毋庸置疑，宪法是我国的根本大法，指导和规约社会及国家事业运行发展的一切事务。学分银行作为社会事业的一部分必须在宪法的框架下运行。学分银行具有行政主体属性，但从另外一个角度来看也是民事主体，具有民事主体资格。所谓民事主体资格是指根据法律规定，能够参与民事法律关系，享有民事权利和承担民事义务的当事人。我们认为学分银行基于其属性必然在民法等法律的框架下运行，接受民法的规约与指导。学分银行适用商法是一种新的情形，学分银行以现代信息技术为支撑，面向全社会的学习者，由于其特殊性，与市场、社会的关系密切，商事关系客观存在。所谓商事关系就是指一定社会中通过市场经营活动而形成的社会关系。学分银行的服务活动特别是物质保障方面涉及商事关系较多，如对学习者学习成果的测评、认证等服务，以及同学校和其他教育培训机构、行业企业的合作等。因此，学分银行制度体系在根本上需要接受民商法的规约与指导。

（二）教育法律体系中上位法的规约

教育立法是教育法制建设的基础性工作，也是社会主义民主法制建设的必然要求。改革开放以来，以推进教育改革与发展为核心，大力推进教育立法工作，使教育从无法可依，到教育基本的、重要的方面都做到了有法可依，基本形成了由教育法律、行政法规、部门规章和地方性教育法规、规章组成的中国特色社会主义教育法律法规体系，为教育事业的改革和发展提供了坚实的法治基础。

从国家层面来看，全国人大及其常委会制定了《学位条例》（1980 年）、《义务教育法》（1986 年，2006 年修订）、《教师法》（1993 年）、《教育法》（1995 年）、《职业教育法》（1996 年）、《高等教育法》（1998 年）、《民办教育促进法》（2002 年）共七部专门的教育法律，以及其他与教育密切相关的法律。国务院制定了 10 多项教育行政法规，如《学位条例暂行实施办法》（1981 年）、《普通高等学校设置暂行条例》（1986 年）、《高等教育自学考试暂行条例》（1988 年）、《民办教育促进法实施条例》（2004 年）等。①

从地方层面的立法看，我国各地经济、社会发展不平衡，在立法上实行统一而又分层次的立法体制。各地一方面坚持法制统一原则，另一方面因地制宜，结合地方实际与需要，制定了符合地方教育规划与发展的地方性法规与规章。例如，福建省制定了《福建省终身教育促进条例》，上海市制定了《上海市终身教育促进条例》，太原市制定了《太原市终身教育促进条例》等地方性法规和规章。

以上法律法规能对学分银行产生法律效力，从另外一个角度来看亦均能为学分银行的发展提供法律保证。

（三）制定终身教育或继续教育法

从现状来看，立法省市较少，仅有上海市、福建省和太原市等制定了有关具有地方法规性质的终身教育促进条例。我国现有的继续教育相关法规政策主要包括相关国家法律、地方性法规、国务院部门规章、地方政府规章和地方部门规章五类。相关国家法律是指由全国人民代表大会通过并颁布的、与继续教育相关的法律文件，比如我国《高等教育法》第二十三条规定“高等学校和其他高等教育机构应当根据社会需要和自身办学条件，承担实施继续教育的工作”，以及《职业教育法》和《劳动法》中对我国公民或职工进行职业培训的规定等。地方性法规是指由拥有立法权的地方人民代表大会或地方人大常委会通过并颁布的继续教育相关法规。目前，这一类法规主要是以地方（省、自治区或较大市）继续教育条例的形式呈现。比如，1989 年我国出现了由地方人大通过的继续教育专项法规——《天津市专业技术人员继续教育规定》以及《江苏省苏州市专业技术人员继续教育条例》等。从法律效力上看，国家法律的效力高于地方性法规、规章，部门规章和地方政府规章具有同等法律效力，地方部门规章的法律效力最低。此五类继续教育法规政策基本构成了我国继续教育的法制体系雏形。

继续教育或终身教育法对学分银行建设起根本性指导作用。根据国家和社会教育事业发展的诉求以及国外终身教育的发展经验，本研究认为国家应该制定继续教育法或终身教育法，明确国民接受终身教育的权利和义务，为构建我国终身教育体系和学习型社会奠定法律基础。终身教育法或继续教育法是我国终身教育和继续教育运行的根本依据。2007 年，《国务院批转教育部国家教育事业发展“十一五”规划纲要的通知》明确提出加快完善中国特色社会主义教育法律体系，并提出适时启动终身学习法的起草工作。目前，我国还没有国家层面的、专门针对继续教育或终身教育的法律或国务院行政法规。总的来看，尽管我国继续教育或终身教育的相关法规政策已有很多，但是大部分属于政府规章或部门规章，法律效力不高，有可能产生有法不依的现象，对我国继续教

① 商亮．改革开放 30 年，我国教育法律法规体系基本形成［EB/OL］．教育部网站．2008－12．

育或终身教育工作产生负面影响。

由于学分银行是一种促进终身教育体系建构和学习型社会建设的全新的制度安排，我国将来的终身教育法、继续教育法或终身学习法需要将有关学分银行的事项纳入，辟专章规定，作为学分银行建设的直接法律依据，对学分银行有关内容进行法律定位，作出法律解释。具体而言，需要厘清学分银行的性质、使命、任务，明确学分银行的法律地位及其教育功能与社会作用定位，明确举办者举办权、管理者管理权与经营者经营权之间的关系和配置制度，明确规定举办者、管理者与经营者之间的权限责任等事项。

终身教育体系应该包含贯穿人一生的各个阶段的各种类型的教育形式。这个体系不仅包含传统的已经制度化了的学校教育，还应该包含尚未被制度化的学校外教育，比如各种职业教育培训、岗位培训、技能培训、学前教育、妇女教育、社区教育、老年教育乃至居民的休闲娱乐文化活动等。那么，搭建终身学习"立交桥"，实质上就是设计和制定与终身学习相关的各项教育制度并且使之成为一个有机整体，这些制度不是相互割裂的，更不是矛盾冲突的，而应当是统一协调和相互促进的。学分银行制度就是这些制度的关键环节，或者说是制度建设的切入点和突破口。但是，我国目前一下子要建立适用于全国范围、沟通各种类型教育、衔接各种层次教育的统一的学分银行是不太现实的。换言之，把学分银行当下就定位于服务全国一切学习者、沟通各种类型教育、衔接各种层次教育是不切实际、难以实施的。应当区别当下定位和将来发展定位，不要把二者混为一谈。

从将来发展定位来讲，学分银行应当认证和管理学习者的能够评测的一切学习成果。所谓"一切"，既包括学习者在正规教育中获得的学习成果，也包括学习者在非正规教育中、非正式教育中获得的学习成果，体现了制度设计和安排是无缝连接的，没有人为的制度性阻碍，学习者的各种学习成果都可以获得社会的正式认可，这也是某种意义的教育公平（结果承认的公平），不论这结果是以何种方式获得的。所谓"能够评测的"，意指该学习成果一定要能呈现出来且要能供人评价和检测。有的学习成果尽管确确实实是"成果"，但在技术上尚无工具或方法进行检测或评价，学分银行也就暂时难以给出认定结论，只有待将来人们认知水平提高之后，找到相应的方法或工具后再行认定，

从当下定位来讲，无论国外还是国内的学分银行探索实践，都是在一定的服务对象范围内面对一定的教育领域开始建构的。这样更容易实施，便于区域内教育背景相同的各教育机构的合作协调，也便于统一的管理；促进资源共享、优势互补；刺激各层次教育之间的适度竞争、合作互利、协同发展；并且通过在特定服务对象范围内的特定教育类型、特定教育层次的试点，积累经验，由易到难，渐次展开。就我国目前情况而言，高等院校近年来随着学年学分制和弹性学分制等以选课为核心的教学管理制度的实施，在学分的互认和转换方面开展了大量工作，积累了一些经验，奠定了一定基础。而在继续教育领域的研究和实践还很欠缺，因此完成各类继续教育形式之间的课程学分互认与转换最为迫切。应结合最旺盛的实际需求，抓住主要问题，实现重点突破。在学分银行初创阶段，将服务对象定位于有学历（学位）和证书需求的学习者以及对提高精神生活质量和个人素质主观愿望较为强烈的社会成员，将教育领域定位于包括学历教育、职业

教育培训及文化休闲教育在内的继续教育领域比较适宜。待认证标准体系日趋完善、运行日渐成熟，再逐渐扩大服务对象与范围较为稳妥可行。

（四）建立国家资格框架

根据国际劳工组织2009年的一项调查，世界上已有70多个国家在开发或者已经实施了某种类型的资格框架。国家资格框架的建立有利于激发学习者的学习动机与兴趣，维护和保持学习者的学习动力，引导和激励全社会学习者开展主动学习、自觉学习、研究性学习和创新性学习，有利于终身教育体系的构建，有利于学习型社会的形成。国家资格框架可以分为学术型资格框架和职业型资格框架。国家资格框架（学术型和职业型）对于学分银行的运行和发展具有十分重大的意义和作用，可视为学分银行的根本制度（后文详述）。

二、学分银行的基本制度

学分银行的基本制度是下位于法律体系的有关学分银行建设的直接性政策和规章，主要解决学分银行的组织规则与业务标准问题。按行政效力来分，有国家部委制定的学分银行政策规章及地方政府制定的政策规章。

（一）国家部委有关学分银行建设发展的政策规章

国家部委有关学分银行的政策规章具有宏观指导性和统一性，其效力高于地方政府政策规章。在学分银行建设及运作过程中，国家部委的政策规章对其筹划、发展和推进起到重要的作用。国家部委政策规章作为学分银行的行动指南，明确学分银行的社会宏观基本定位，为学分银行的发展指明方向道路。比如，由国家教育行政部门（教育部）出台《学分银行管理条例》，明确规定学分银行的性质、使命、任务、指导思想与原则、功能定位、领导管理体制、设置条件与审批权限、服务范围与内容、变更与撤销等事项。

（二）地方政府有关学分银行建设发展的政策规章

学分银行应该由中央和省两级举办管理，既有面向全国的，也有属地管理的，政策与标准全国统一，而具体管理则以属地管理为主。由于我国人口众多、幅员辽阔，加之经济发展与教育水平差异较大，发挥中央与地方两者的积极性较为妥当。省级政府对本省学分银行具有依法管理的权利和义务，省级政府对省级学分银行的要求具有较强的强制力，具有效力高的特点。因此，省级政府有必要出台学分银行建设与发展的政策规章。比如，省级政府可以依据国家教育行政部门出台的《学分银行管理条例》的原则与精神，制定并出台《××省学分银行管理条例实施办法》。

（三）制定全国统一的学习成果认证标准体系

以国家学术型资格框架和国家职业型资格框架为依据，分学科、分职业、分层次制定各认证单元的标准（后文详述），这是一个庞大的系统工程，但同时又是学分银行的最基本、最核心的制度。该标准体系是面向全社会的，理论上讲应理解为全社会的平均标准，应当允许学校和其他教育培训机构的标准高于（比如研究型大学）或低于（比如一般社会培训机构）这些平均标准。这样，既有全社会的统一规范可以遵循，又不乏多样化与特色。

三、学分银行的具体制度

学分银行的具体制度是指学分银行运行中，根据学分银行的功能而设计的若干制度类型，主要解决学分银行运行操作层面的若干问题。学分银行作为新型的制度安排和教育管理模式，其功能需要相应的若干制度设计来保证实现。因此，其具体层面的制度设计也就是服务于这些功能的制度体系。

（一）与实现学分银行基本功能直接相关的运行制度

1. 认证标准体系

在国家资格框架（学术型和职业型）的指导下，建立下位的分层级的专业标准、课程标准、单元标准，按照知识、技能、能力分维度细化描述，形成供学习成果认证作为依据的标准体系。在国家资格框架（学术型和职业型）未正式出台前，也应该设计一个“学习成果框架”作为基准参照系，在实践中不断修正、补充和完善，争取早日获得社会和国家权威机构的认可，升格成为国家资格框架（学术型和职业型）。

（1）专业标准包括专业的人才培养目标、人才培养规格、人才培养方案。

1）人才培养目标：人才的类型、层次、应用场合、工作内涵等。

2）人才培养规格：德、智、体、美和该专业对知识、能力、素质等方面的质量和水平的具体要求。

3）人才培养方案：为实现人才培养目标与规格而进行的一系列具体活动与安排。

（2）课程标准包括课程体系标准和具体课程标准。

1）课程体系标准：课程结构、学分分配。

2）具体课程标准：课程名称、教学目标、课程内容、课程时数、活动及顺序安排、教材、考核要求、学分规定等，在一定可控范围内标准化。

（3）单元标准包括知识要求、技能和能力要求等，及知什么、会什么、能什么的具体要求。

还应当明确，学分银行制度中的课程和传统学校教育中的课程是有区别的。它不仅具有传统意义上的课堂学习课程的内涵，其外延更为拓展，还包括了传统学校教育课程概念之外的以自学方式为主的其他形式的教育活动形式。

2. 选课制度

学分制度起源于选课制度，选课制度是学分制度最基本的特征，是衡量学分制度深入与否的重要标志。学习者选课宜在教师或教育机构的指导下自主进行，应量力而为，不宜超负荷地多选，也不宜选得太少。选修课按内容可分为陶冶情操的选修课程、专业横向拓展的选修课程、专业纵向加深的选修课程和工具类的选修课程。任何一种选修课程都有一定的学分规定，多选不限。课程之间有衔接关系的，一般应先选前继课程，再选后续课程。怎样合理地选课，在保证学习者自主性的前提下，应该设计相应的指导性（而不是指令性）制度，帮助学习者根据自身情况合理选择学习的课程。

3. 学分认定（包括学习成果的审核、复查、确认）制度

要确保学分的真实性、可靠性和有效性，必须制定一整套学习成果认证工作的规范与流程。学分认定制度包括学习成果审核制度、复查制度和确认制度。首先，要审查学

习成果是否属当事者本人，杜绝冒名顶替现象。其次，核查成果是否确属颁发机构颁发，防止伪造仿制；还要核实该机构资质是否符合学分银行的相关规定。然后，再区分出成果的类别和等级，与标准规定的知识、技能和能力等要求进行一一比对，按照标准给出成果的学分。为了保证审核的准确性，也为了实施必要的监督，还应建立复查确认制度。所有的过程和工作环节，什么可以，什么不可以，哪些必须严格禁止，都必须有明确详尽的操作规定。

4. 学分登录制度

经认定后的学分，必须进入当事人的终身学习账户学分库，其录入、修改、删除等也必须有严格的制度规定，在制度设计上就必须杜绝人为舞弊的发生，做到想人为舞弊也不能，防患于未然。

5. 学分存储制度

学分存储制度包含学分录入后保存累积的相关制度。学分积累要区分类别和层次，哪些学分能够累加在一起，哪些学分只能单独存储，都应该作出明确规定。这些规定取决于学分的用途，有什么样的用途，就有相应的学分组合规则。概言之，学分存储制度就是适应今后学分用途的一整套存放规定。

学分的累积则是学分记录的持续形成，是受教育者在一定时期内的有效学习成果的总和。依此建立的个人终身学习卡，则是其终身成长的真实和动态的写照。

6. 学分转换制度

学分转换有几方面含义：一是转入，二是转出，三是兑换。

所谓转入，是指将外来学分转为学分银行的标准学分，其依据是学分银行自身所定的学分标准，必须制定相应的制度来保证转换工作的科学与公正。

所谓转出，是指将学习者在学分银行已经获取的标准学分，根据学习者需求转到相关已签订协议的高等学校、教育培训机构或其他机构，这种转出基本是写实性的证明。

鉴于学分转换工作的重要性和复杂性，必须分项制定尽可能详尽的制度，规定每个环节的工作职责及要求，堵塞漏洞，防止虚假，确保学分的真实性、可靠性和有效性，从而确保公正。既要制定学分转换规则，又要制定与之对应的工作规范。

7. 学分兑换制度

所谓兑换，是指学习者的学分积累到一定程度，根据学习者需求，依据学分银行与相关已签订协议的高等学校、教育机构或其他机构的要求，兑换其证书、文凭、学位，其依据是颁证学校和机构的相关规定。

8. 学分查询制度

学分查询是学分银行可以提供的服务之一，它既可以为学习者提供，也可以为政府、企事业单位、其他教育机构以及社会其他机构和部门提供。由于涉及公民个人隐私及信息保密等因素，应该制定相应制度，明确要求与规定，在查询服务中，既热情周到，又遵循相关个人隐私及信息保密的规定。

9. 学分注销制度

学习者申请某种证书、文凭、学位成功之后，其积累在学分库里的学分应该注销。对于学分银行工作人员而言，必须履行相关手续方能实施注销，什么情况下实施注销、谁批准、谁实施、什么时间、注销原因等，都必须有明确详细的记载。这些都应该有明确详尽的制度规定。

（二）有关条件保障的具体制度

（1）学分银行内部组织制度。

（2）学习者注册建档须知。

（3）学分银行员工服务守则。

（4）学分银行档案管理办法。

（5）学分银行平台运行管理办法。

（6）学分银行从业人员培训管理办法。

（7）学分银行数据管理规定。

涉及学分银行运行操作层面的具体制度很多，篇幅有限，恕不一一列举。制度设计的总的原则是制度管人、制度管事、严防徇私舞弊、公平公正透明、科学合理适用。

第三节　学分银行的组织建构

根据我国国情，本课题认为，我国学分银行应当由国家和省级政府两级举办。

国家学分银行类似于银行业的中国人民银行在国务院的领导下，主要负责制定学分银行的方针、政策、规划、制度和标准。

各省级学分银行在各省级政府的领导下，依据国家学分银行统一制定的学分银行的方针、政策、规划、制度和标准，结合本行政区划的实际，制定具体的政策、计划和管理制度。

学分银行的组织架构可以分为决策层、管理层和执行层三个层次，如图 6－2 所示。

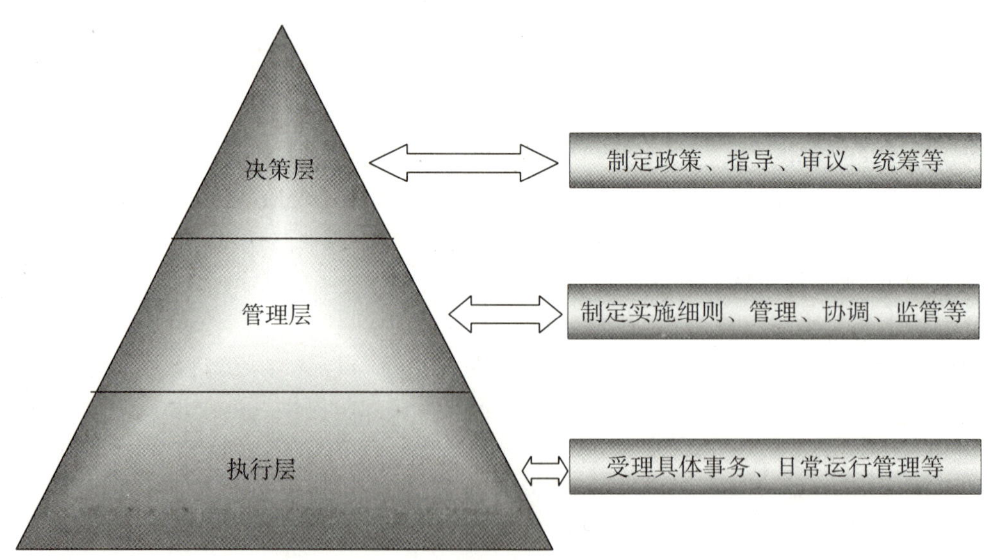

图 6－2　学分银行的组织架构

一、领导决策机构

领导决策机构的主要职责如下：

（1）研究制定学分银行宏观层面的重大方针政策。

（2）审议学分银行建设的总体规划和重大事项。

（3）统筹决策和指导学分银行的制度建设工作。

（4）聘任学分银行的认证专家。

（5）审定和发布认证标准与报告。

领导决策机构应当由主要行使行政权的管理委员会和主要行使学术权的专家委员会组成。

比如，从国家层面来讲，已于 2013 年成立了国家继续教育学习成果认证委员会，其组成人员为：

主　任：刘延东　国务院副总理

副主任：袁贵仁　教育部部长

　　　　江小涓　国务院副秘书长

委　员：各相关部委分管教育的部长或副部长

　　　　鲁　昕　教育部副部长

该委员会办公室设在教育部，承担委员会的日常管理工作。

又比如，从国家部委层面来讲，教育部于 2013 年成立了国家继续教育学分银行建设指导委员会，其组成人员为：

主　任：袁贵仁　教育部部长

副主任：鲁　昕　教育部副部长

委　员：葛道凯　教育部成人教育与职业教育司司长

该委员会办公室设在教育部成人教育与职业教育司，承担国家继续教育学分银行建设和运行的日常管理和指导工作（国家开放大学课题组，2013）。①

无论是面向全国的国家学分银行（类似于银行业的中国人民银行），还是各省级的地方学分银行，均应该成立相应的领导决策机构，统一学分银行的政策和标准。

二、管理机构

学分银行管理委员会办公室是本级学分银行的管理机构，省级学分银行管理委员会办公室兼具国家学分银行的执行机构功能。

管理机构的主要职责是：

（1）制定学分银行的方针、政策、制度、标准的各项实施细则。

（2）组织调查、研究开发具体的认证单元标准。

（3）管理标准。

（4）管理与指导分支机构的建设与运行。

① 国家开放大学．国家继续教育学习成果认证、学分积累与转换制度课题研究报告汇编［R］．2013：12.

（5）受理机构认证申请并组织认证。

（6）受理课程/项目认证申请并组织认证。

（7）颁发相关证书。

（8）联系协调相关高等学校和教育培训机构。

（9）为行业、企业、单位教育培训机构提供定制服务。

（10）监管与控制质量。

三、运行服务机构

运行服务机构是本级学分银行的执行机构。运行服务机构的主要职责如下：

（1）受理学习者的注册建档申请。

（2）受理学习者的学习成果认证申请。

（3）管理学习者的学分。

（4）受理学习者的学分转换申请。

（5）受理学习者的查询申请。

（6）负责学分银行的日常运行与服务管理工作。

日常管理机构和运行服务机构的具体构成应当视需求与业务开展规模及情况而定，一般而言，应当设置下属部门。

分支机构管理部门：其主要职责是管理和指导下属分支机构的设置、建设、变更与撤销。

申请与投诉受理部门：其主要职责是受理学习者与机构的申请与投诉。

标准研究开发部门：其主要职责是组织专家研究开发新的认证单元标准，调查研究已投入应用的认证标准的科学性、合理性与实效性，提出改进建议。

认证受理与实施部门：其主要职责是受理学习者的学习成果认证申请，并具体实施认证。

信息档案管理部门：其主要职责是管理学分银行的各类信息、学习者的终身学习档案、各类教育培训机构的资料档案、各学科（专业）专家库资料档案等，使学分银行的各类信息、资料和档案正规化、规范化、数字化。

技术开发与维护部门：其主要职责是维护学分银行技术平台的正常运行，保障学分银行各项基本功能在技术上的实现，确保信息的畅通和安全，为学分银行各种扩展服务功能的实现和内部管理的需要开发各种应用软件。

业务拓展部门：其主要职责是开发学分银行服务的新业务和新领域，与社会各行各业加强联系，洽谈联盟与合作，共建共享资源。

李林曙（2013）认为，我国可以成立由教育部、人力资源与社会保障部等相关部门领导和相关领域的专家组成的国家学分银行建设委员会，并在教育部设立常设办事机构，与继续教育综合协调机构合署办公；通过学分银行建设委员会的组建，启动学分银行制度建设。学分银行建设委员会的主要职责是制定和实施国家资格框架，负责注册和发布相关标准，建立机构认证规范、课程认证规范、学分积累与转换的操作规范，负责学分银行制度运行的质量监控。另外，在国家相关法律颁布之前，教育部可以出台有关学习成果认证、积累与转换制度建设的指导性文件，指导制度建设。

第四节　学分银行信息化服务平台建构

建构学分银行信息化服务平台，既可以为广大学习者、用人单位、政府部门、社会各界以及国内国际教育机构和认证机构提供相关学习成果信息服务，又可以促进学习者各类学习成果的认证、积累与转换，还有利于学习者跨机构、跨区域、跨国流动，激发学习者终身学习的动机与兴趣，维护和保持学习者终身学习的动力，从而推动全民学习的学习型社会建设。

信息化服务平台是学分银行运行的重要技术条件保障，韩国、英国、澳大利亚以及欧洲等都建立了较为统一的信息化服务平台，特别是韩国（ACBS）和欧洲（ECTS）的信息化服务平台功能十分强大。通过信息化服务平台，可以实现相关政策制度与信息的发布、学习者个人学习账户与终身学习档案的建立、学习成果的认证申请及录入、相关材料的下载和提交、学分的认定及录入、学分积累、学分转换、学位申请等功能，并随时提供查询、咨询、指导等支持服务。为确保信息数据的可靠、完整和准确，可由教育行政主管部门以制度的形式要求各相关学校及教育培训机构将毕业生学分信息、学习者培训结果信息集体录入。学习者可以通过个人在学分银行开设的终身学习账户登录该服务平台，对自己的学分积累及学习情况以及其他有关信息进行查询。

学分银行的信息化服务平台由三大板块构成：门户网站、管理系统、学分信息库。

一、门户网站

门户网站的主要功能是：介绍学分银行概况、学分银行规章制度、认证标准体系，学习者注册建档，公布学分银行的各类新闻、通知、公告等信息，在线服务导航和基本服务功能。

（一）注册建档

学分银行的日常用户有注册用户、认证用户、临时用户、访客几类。信息化服务平台应能建立学习者账户并分配账号（唯一），并区分用户类别。

学习者在学分银行注册建户时，应该同时向学分银行如实提供反映自己终身学习经历和成果的情况，以利于学分银行建立该学习者的终身学习档案。

（二）基本服务功能

基本服务功能包括申请接纳、原始学习成果记录、认证过程记载、标准学分存入、学分转换、学分查询、证书及证明打印等。

（三）信息公布

公布学分银行的各项制度和认证标准以及各项新闻、公告、通知等信息。

二、管理系统

学分银行的信息化服务平台管理系统应当具有用户管理、机构管理、流程管理等功能。

（一）用户管理

信息化服务平台应当实现学习者用户的注册申请、审核、账号分配、密码赋予与修改、用户查询、数字证书等功能，还应能实现学分银行体系内部各级各类管理员用户的运行、维护和管理功能。各级管理员分别具有不同权限。也就是说，信息化服务平台应当实现不同用户的权限管理。

（二）机构管理

通过信息化服务平台，学分银行总部应能管理和维护各分支机构及加盟机构的信息与数据。

（三）流程管理

学分银行分支机构和学分银行总部可以通过平台的管理系统行使对学分的初审和复审权力。各级管理员根据学分银行制度赋予的权限，可以通过平台的管理系统行使相应的学分查询、添加、删除、修改、更新、统计分析等功能。

三、学分信息库

该信息库一方面存储学习者的原始学分以及经认证转换后的学分银行标准学分，另一方面也是数据统计分析的数据源。

另外，信息化服务平台还应该能够批量采集、批量处理数据并批量导入学分信息库。

第五节 学习者学习账户与终身学习档案的建构

学习账户是借鉴银行特点为学习者建立的专用账户，用于记录学习者的基本信息和学习情况，与姓名一起或单独构成学习者在学分银行的标识符。终身学习档案是学习者一生的学习经历、多样化学习成果的记录和反映。账户是外显的区分符号，档案是实质性内容。

一、目的与意义

通过为学习者建立学习账户和终身学习档案，可以反映学习者的学习经历，记载和积累学习成果，方便学习者查询和规划进一步的学习计划，激发学习者终身学习的动机与兴趣，维护和保持学习者终身学习的动力；在学分银行注册建档的学习者越来越多，可以利用大数据为教育决策部门提供更为全面、准确的学历教育、非学历教育数据，尤其是继续教育领域的数据，有利于科学决策；可以为社会其他教育服务机构提供反映教育需求的基础数据，有利于教育服务机构为学习者开发新型服务项目，开展针对性强的教育服务，提高服务质量和水平。

二、学习账户与学习档案类型

（1）首先建立开放大学内学历教育学生的学习账户和学习档案。

（2）为中职学生建立学习账户和学习档案。

（3）为合作教育机构的学习者建立学习账户和学习档案。

（4）为普通高校、高职高专院校、网络教育学院、成人高等教育、自学考试以及其他教育机构的学习者建立学习账户和学习档案。

（5）为一切社会申请者建立学习账户和学习档案。

三、学习账户与学习档案的标准要素

（1）记录反映学习者人口学、社会学意义的基本信息：姓名、性别、出生年月、出生地、民族、婚姻状况、职业、居住地址、手机号码、申请学习账户时文化程度等。

（2）学习者的学校教育经历（小学、中学、大学）、成果状况（学位、毕业、结业、肄业等）。

（3）学习者的培训、进修经历及成果状况（证书、课程或项目成绩证明等）。

（4）学习者的自学经历及所获成果状况（证书、课程成绩证明、发表文章、出版专著、获取专利等）。

（5）学习者掌握专门技能技巧的状况（技能等级证书、表演或演奏证书等）。

（6）学习者的学习成果经学分银行认证获取学分银行标准学分的情况。

（7）学习者所获标准学分在学习成果框架（资格框架）中所处位置。

四、学习账户与学习档案建立流程

（1）学习者按学分银行要求填写并递交学习账户申请表及有关建立学习档案的有效资料。

（2）学习者的身份证号码可以作为学习账户号码。

（3）学分银行受理学习者的申请，工作人员按规定审核并建立学习者学习账户。

（4）学分银行工作人员根据审核通过的有效资料，建立学习者终身学习档案。

（5）学分银行从有关学校和教育机构批量审查、批量处理、批量导入反映学习者情况的信息与资料，建立学习者学习账户和终身学习档案。

（6）学分银行向已建立学习账户的学习者发放终身学习卡。学习者凭此卡可以进入学分银行服务平台，查询有关信息，咨询有关政策，选修有关课程，参加有关考试，甚至获取有关奖励，进行有关消费等。

第六节　学分银行的扩展服务模式

一、“前店后厂”模式

“前店后厂”模式中，“前店”指的是学分银行为方便学习者学习，在服务平台上提供的“课程超市”，学习者可以根据自己的需求和基础，自主确定学习目标，自主选择学习的课程；“后厂”指的是学分银行为此必须建立功能强大的数字化学习资源库。

数字化学习资源库作为学分银行的基础性资源支撑，为学习者提供大量丰富的学习资源。这些学习资源应当是标准化和标签化了的学习资源。按照学分银行的学习成果认证框架、学分认定标准和规则，扩充其属性标识，在编目、加工过程中形成带有标签的资源库。为了量化学习者学习这些资源后能够获得的学分，需要将这些学习资源按照学分认定标准和规则进行标准化，当学习者选择这些学习资源进行学习时，就像在超市里看商品标签选择商品一样。因此，学习资源库中学习资源的标准化及标签化工作很重要。该项工作做好了，学分银行“前店后厂”的运营模式方能实现。

学分银行的扩展服务模式在很大程度上取决于数字化学习资源库的建设情况，尤其取决于该资源库的内容丰富程度以及标准化与标签化水平。如果拥有内容丰富、标准化与标签化水平较高的学习资源库，学分银行便可衍生出许许多多为社会各界服务的方式。

二、与企业的就业合作、就业推荐和对学习者的就业指导

学分银行可以和企业合作，根据企业需要，为企业推荐符合其需要的人才，开展对企业的定制服务。各类企业在面向市场的发展过程中，需要各种各样的人才，对人才的知识、技能、能力的要求各不相同，尤其是对岗位技能的要求，越来越呈现多样化与特殊性的趋势，传统的学校组班式教育已经很难满足这种需求。学分银行可以根据掌握的学习者账户和档案中的海量信息，按照企业的要求进行筛选，沟通需求双方，起到桥梁与中介作用。一方面为企业开展推荐人才定制服务，另一方面又为需要就业的学习者沟通就业途径。在此过程中，学分银行还可以根据企业的需求，指导学习者的学习，帮助学习者明确学习目标，制订学习计划，在知识、技能、能力等方面达到用人单位的标准，帮助学习者顺利就业。

三、多元化模式：多元经营

学分银行发展到较为成熟的阶段，将会拥有海量的学习者学习档案信息，拥有丰富的数字化、标准化、标签化的学习资源库，信息化平台功能强大且运转自如，组织机构健全且完善，队伍素质随事业的发展显著提高，社会公信力获得确立并逐渐提升，学分银行开展服务的项目会越来越多，必然形成多元化模式。服务对象可以是学习者，也可以是政府、学校、教育培训机构、企事业单位，还可以是各类社会组织与社区；服务类

型可以是学历教育的，也可以是非学历教育的；服务目的可以是学习者职业生涯发展所需要的，也可以是学习者休闲娱乐所需要的；服务内容更是多元化的。

总而言之，学分银行的服务模式，从理念层面来讲，当然是适应学习者、社会、政府的需求，扩展得越多越好；但从实践层面而言，又必须尽力而为、量力而行、扎扎实实、一步一个脚印地前行，切不可急功近利，贪多嚼不烂，出现质量问题而影响其社会公信力。

第七章　学分银行的认证标准体系

第一节　标准的概念

标准原意为标靶、目的。

从哲学角度讲，标准是客观事物所具有何种意义的一种参照物。作为一种区分其他事物的中介，它本身的构成必须是一分为二的相互对立的两个部分。比如，0℃采自冰水混合物的温度，它是区分正摄氏度与负摄氏度的标准。作为标准的客观事物能够作为标准的根据也在于其自身构成的一分为二。

从技术角度讲，标准是一种以文件形式发布的统一协定，其中包含可以用来为某一范围内的活动及结果制定规则、导则或特性定义的技术规范或准则，其目的是确保材料、产品、过程和服务能够符合需要。一般而言，标准文件的制定都经过协商过程，并经一个公认机构批准。

从测量学角度讲，标准是指根据工作基准复现出便于经常使用的计量量具或仪器。

国家标准 GB/T 3935.1—83 的定义："标准是对重复性事物和概念所作的统一规定，它以科学、技术和实践经验的综合为基础，经过有关方面协商一致，由主管机构批准，以特定的形式发布，作为共同遵守的准则和依据。"

国际标准化组织（ISO）的定义：标准是由一个公认的机构制定和批准的文件。它对活动或活动的结果规定了规则、导则或特殊值，供共同和反复使用，以实现在预定领域内最佳秩序的效果。

综上所述，标准有如下几层含义：

（1）准则、依据：指衡量人或事物的准则、依据，如度量衡标准、技术标准、道德标准等。

（2）符合于准则的事物、工具：指符合于准则可供同类事物比较核对的事物，如标准音、标准量、标准量具、标准仪器等。

（3）榜样：规范。

（4）经公认的机构制定、批准和发布（无制定、批准和发布主体则失去公信力，不能获得执行而不能成为标准）。

本章所述的标准，是指学分银行的学习成果认证的标准。它包含多重含义：

（1）学分标准：指学分的计量准则或规定，即一学分所代表的学习量与质，既有学习内容量的规定，也有学习内容质的要求。

以知识维度而言，定性描述一般为“知道了什么”“掌握了什么”“理解了什么”等；量的规定一般是以社会平均需要的学习时间进行间接衡量，比如18学时为1学分；至于质的要求，一般要明确层次，按照层级规定学习内容的深度、难度与复杂性，最终体现在考核是否合格、成绩如何。

以技能维度而言，一般描述为“在规定时间内会做什么”。

以能力维度而言，一般描述为“能够综合运用所掌握的知识与技能进行什么、完成什么”等。

（2）认证单元标准：认证单元是学习成果内部知识点关联性较强的内容模块，是自为一组的独立单位，可以是课程，也可以是小于课程的独立成体的一部分。对于每一个学习成果认证单元，都应当用简洁明了、通俗易懂的语言说明其对知识、技能和能力的具体要求。这些具体要求就是学习成果认证单元标准。

（3）课程标准：课程是为完成预先确定的某项目标或明确规定一组教育任务而组织的有一定排列顺序的教育活动。课程标准则需要对下述事项作出清晰明了的规定和说明：课程目标、课程性质、课程内容、教材、教学时间、教学活动顺序安排、考核说明、课程学分等。

（4）某种资格证书标准：清晰明确地规定该资格的知识、技能和能力要求，由哪些认证单元组合构成，其具体构成规则。

（5）某种学历文凭标准：清晰明确地规定该学历文凭的知识、技能和能力要求，由哪些认证单元组合构成，其具体构成规则。

（6）某种学位证书标准：清晰明确地规定该学位的知识、技能和能力要求，由哪些认证单元组合构成，其具体构成规则。

若干领域、若干类型、若干层级、若干维度的标准，构成了学分银行学习成果认证的标准体系。这些标准最终都要指向和说明最根本的东西：知识、技能、能力。知道、掌握和理解了什么？知道、掌握和理解了多少（广度）？知道、掌握和理解到何种程度（深度）？会做什么？其熟练程度如何？能够应用知识与技能来干什么？所有这些，都需要有详尽的可供操作的标准，达到标准，赋予相应的学分。

第二节　学习成果及表现形式

根据第三章所述，所谓学习成果，是指学习者在完成特定的学习任务后表现出来的某一水平的知识、技能和能力的总和。其获得的知识、技能和能力可能有不同的来源，如可以通过学习某课程获得知识和技能，可以经过系统专业训练增长业务理论和改进专门技能，还可以通过工作经验和社会经历获得专业成长。学习者要掌握原来没有的知识与技能，具备原来没有的能力，需要一定的学习时间和学习经历，其学习结果必须以一定形式表现出来，如果不以一定形式表现出来，社会无从知晓，也谈不上获得社会承认。因此，此处所谓的“成果”，一定是可以显现出来供人评判的东西。

本书的学习成果有很多表现形式，通常的表现形式为某种资格证书，即学习者的学习成果通过有资质的专门机构的核定、评价和认可，判断其达到相应标准并颁发证书，这证书就代表某种资格（如学位证书、学历文凭、教师资格证书、律师资格证书、执业医师资格证书、各种职业资格证书、各种专业技术职务证书、各种技能等级证书等）。成绩证明、学分证明、学习证明等也是学习成果的表现形式。另外，论文、报告、著作、专利等是较为高级的学习（研究）成果表现形式；公开的表演、演唱、演奏、演讲、才艺展示等也是学习成果的表现形式。广义的学习成果表现形式还有许许多多，不胜枚举。正规教育、非正规教育、非正式教育的学习成果，其表现形式最终都可归结到某种结论性的证书、证明上来。

第三节　资格框架

一、资格的概念

《现代汉语词典》对“资格”的解释：①从事某种活动所应具备的条件、身份等；②由从事某种活动的时间长短所形成的身份。

《辞海》对“资格”的解释：资，原指地位、经历等；格，是公令条例，后泛称人在社会上的地位、经历为“资格”。

《剑桥国际英语词典》对“资格”的解释：一个人在专业方面达到的必要标准的知识或技能的官方记录，通常在学习和培训之后以考试方式取得；是人们适合于某种特定的工作或活动的一种能力、特长或经验。

综上所述，“资格”是从事某种社会活动应具备的条件、标准、能力、特长、地位、身份、经历、经验，这种“条件、标准、能力、特长、地位、身份、经历、经验”是公认的或经过权威机构以一定方式记录和认可的。

二、职业资格

《中华人民共和国职业分类大典》(1999) 是这样描述职业的：“职业是指从业人员为获取主要生活来源所从事的社会工作类别。”职业须具备下列特征：

(1) 目的性，即职业活动以获得现金或实物等报酬为目的。

(2) 社会性，即职业是从业人员在特定社会生活环境中所从事的一种与其他社会成员相互关联、相互服务的社会活动。

(3) 稳定性，即职业在一定的历史时期内形成，并具有较长的生命周期。

(4) 规范性，即职业活动必须符合国家法律和社会道德规范。

(5) 群体性，即职业必须具有一定的从业人数。

职业是随着人类社会进步和劳动分工而产生和发展起来的，是社会生产力发展和科技进步的结果。职业反映着个人和社会两方面的内容。一方面，个人要通过专门教育和其他方式，学习专业技术知识，掌握基本职业技能，满足其职业的要求；另一方面，社会通过劳动力市场和人才市场提供各种各样职业的需求。职业是个人在社会中最为重要的角色。首先，它是人的主要生活来源；其次，它是人发挥才能的重要舞台；再者，它更是个人与社会关系的整合。

生产活动中的最小单位是工作（操作），一个单位最基本的活动是工作。首先有了工作，逐步有一部分人因为分工的原因，长期在相对固定的场所或位置上工作，由此产生了岗位。在相对固定的岗位上，进行相对独立活动的一群人就形成了工种。在整个社会范围内，最后产生了职业。工作、岗位是最活跃的东西，是生产力的代表，而工种和职业是从工作和岗位的活动中产生出来的。先有工作、岗位，然后才有工种、职业。工种和职业是抽象的，反映了社会管理者的需要和劳动力市场上流动的人的需要。

按照《中华人民共和国职业分类大典》（1999 版），我国职业划分为八个大类，66 个中类，413 个小类，1838 个细类（职业）。《中华人民共和国职业分类大典》（2005 增补本）收录了 77 个新职业，《中华人民共和国职业分类大典》（2006 增补本）收录了 82 个新职业，《中华人民共和国职业分类大典》（2007 增补本）收录了 31 个新职业，共有 2028 个职业。确定职业分类，制定国家职业标准是构建国家职业资格体系的重要基础性工作。

职业资格在劳动部和人事部共同颁布的《职业资格证书规定》[①] 中是这样定义的：职业资格是“对从事某一职业所必备的学识、技术和能力的基本要求”。职业资格包括执业资格和从业资格：执业资格是“政府对某些责任较大、社会通用性强、关系公共利益的职位实行的准入控制，是专业技术人员依法独立开业或独立从事某种专业技术工作的学识、技术和能力的必备标准”；从业资格是“从事某种专业技术性工作的学识、技术和能力的起点标准”。

职业资格制度是按照国家制定的相关法规，在必要设置的行业中建立资格标准，以一定的程序和方式评价与规范社会从业成员达到从事某种职业活动所具备的基本条件的社会活动体系。[②] 它包含职业资格法规、职业分类体系、职业资格标准（强制性标准和推荐性标准）及设置程序、职业资格证书及颁发体系、职业资格考试（鉴定）体系、职业资格考试操作规程、职业资格的注册和管理办法等，以及为保证公平而设立的其他相关的服务规范、程序和措施等。它通过国家法律、法令或者行政法规的形式，以政府的力量强制推行，由政府认定和授权的机构来实施。

我国目前存在三种类型的职业资格认证管理方式：一种是专业技术人员类职业资格，一般都采取资格考试的方式认证，其对象达到一定学历和具有一定专业工作经历；一种是劳动技能类职业资格，大多采用技能鉴定方式认证；还有一种是执业资格（准入性职业资格），在规定期限通过注册方式对持证人的职责履行、职业道德、知识更新、执业状况等可持续的职业能力的有效性进行确认。

我国职业资格制度运行体系建设开始于 1994 年，现已基本建成法律法规与行政管理系统、技术标准与技术支持系统、组织实施与实际运作系统、质量保证与证书核发系统等较为完整的工作体系。

---

① 人事部. 人事部关于印发《职业资格证书制度暂行办法》的通知（人职发〔1995〕6 号).

② 吕忠民. 职业资格制度概论［M］. 北京：中国人事出版社，2011.

法律法规与行政管理系统：主要的法律法规包括《中华人民共和国劳动法》《中华人民共和国职业教育法》《职业资格证书规定》《职业技能鉴定规定》《职业技能鉴定工作规则》等。

政府在该项制度安排中行使决策、指挥、协调和监督职能，负责该项工作的主要组织机构是各级政府的人力资源和社会保障行政部门和国务院行业主管部门的劳动保障工作机构。

技术标准与技术支持系统：技术标准与技术支持系统主要包括职业分类、职业标准、职业资格培训课程开发、职业资格培训教材编写、专家队伍建设、实验基地建设以及相应的科研活动的开展等。

组织实施与实际运作系统：组织实施与实际运作系统主要包括职业技能鉴定指导中心、职业技能鉴定所和鉴定站、鉴定管理人员和考评人员、命题管理和国家题库、考务管理体系等。

职业技能鉴定指导中心是依据有关法律法规，由政府授权在行政部门指导下建立的，负责组织、管理和实施职业技能鉴定工作，并提供技术监督、技术支持和技术服务的技术指挥机构。它属于准政府性事业机构，以第三方认证规则指导自己的工作。

职业技能鉴定所和鉴定站是职业技能鉴定工作组织体系中的基层执行机构，是具体实施鉴定的工作场所，直接面对社会提供鉴定服务，通常建在具备条件的培训机构或教育机构。

职业技能鉴定既需要一支管理人员队伍，也必须拥有一支在现场直接参与考核鉴定工作，并在现场给予评判的考评人员队伍。这支考评队伍既需要相应的专业技术水平，又需要考核和评判的专门知识与经验，更需要具备职业道德与敬业精神。

命题管理和国家题库建设是职业技能鉴定技术管理的十分重要的环节。命题要坚持标准参照模式，题库建设要遵循“以职业活动为导向，以职业能力为核心”的改革方向，使知识考试标准化、系统化，使操作考试模块化、实用化和公开化，并进一步提高试题质量，使之适应智能化、网络化考试的要求。

考务管理体系主要指一系列的考务管理规章制度和操作规程，既含行政性的规定，也包括技术性规定、指导和实际操作方法。要全面推行国家考务管理系统，规范和监控职业技能鉴定实施全过程的管理。

（四）质量保证与证书核发系统

国家职业标准是职业技能鉴定质量控制的主要依据。在严格遵循国家职业标准的基础上，按照统一命题管理、统一考务管理、统一鉴定所（站）条件、统一考评人员资格和统一证书管理的“五统一”原则，加强日常质量管理工作，定期开展质量检查，重点加强鉴定的现场督考。另外，在制度建设、队伍建设、技术手段等方面，也要不断加强，保证质量管理的各项要求真正落实。

证书核发系统是质量保证的最后环节，要严格按照规定，把好出口关。完善证书验印、核发和管理办法，建立网上公告和网上查询系统，增强证书服务和证书防伪。

三、资格框架

《国家中长期教育改革和发展规划纲要（2010—2020年）》明确提出要“搭建终身学习‘立交桥’，促进各级各类教育纵向衔接、横向沟通，提供多次选择机会，满足个人多样化的学习和发展需要”。

终身学习“立交桥”的提法是政策创新点。“立交桥”是一种通俗形象的比喻，其内涵究竟是什么呢？本研究认为，是指终身学习的一系列制度安排。这种制度安排应该使学习者在不同类型的教育中、在不同形式的学习中所取得的学习成果获得正式认可，只要知识、技能、能力相当，A类型与B类型可以沟通互认，不应当存在制度性障碍，即所谓“横向沟通”。这种制度安排应该使学习者明了自身知识、技能和能力水平的状况，先前学习成果应当有明确的通道衔接更高层次的学习奋斗目标，通过继续努力学习，可以从较低层级上升到较高层级，即所谓“纵向衔接”。这种制度安排应当为学习者提供多次选择机会，此处的“多次选择”，可以理解为学习目标的选择、学习内容的选择，同时也可以进一步理解为职业发展的选择。换言之，这种制度安排应当有利于学习者的自由全面发展，各级各类学习成果沟通顺畅，衔接无碍。也就是说，要下决心建立起适应人们垂直流动和水平流动需要、发展方向更广阔、选择机会更多样、沟通衔接无阻碍的新型认证体系与制度。

要实现“纵向衔接、横向沟通”，在终身学习的一系列制度安排中，关键在于首先要有一个统一的基础性国家标准，而国家资格框架就是这样的标准。它是各级各类学习成果的基准框架，即共同参照系，通过相关标准和规范，方能促使各级各类学习成果的衔接与沟通。

世界上许多国家和地区已经实施了资格框架。例如，较早发布的是新西兰国家资格框架（NZQF，1991），适用于普通教育、职业教育和高等教育，划分为10个资格等级，分三个维度（知识、技能、知识与技能应用）进行等级描述；英国于1997年发布国家资格与学分框架（QCF），适用范围也是普通教育、职业教育和高等教育，分为9个资格等级、15个领域，分三个维度（知识与理解、应用与行动、自主性与问责性）进行等级描述；欧盟于2008年发布欧洲资格框架，旨在促进欧盟范围内各个国家之间的学生流动，实现各国高等教育资格的互通，欧洲资格框架分为8个资格等级，分三个维度（知识、技能、能力）进行等级描述。

上述国家和地区资格框架的开发主体相同，均是国家、国家联盟或地区政府主导。资格框架的核心要素大致相同，均有资格等级、等级描述、所属领域等。其目的都是促进各级各类学习成果的互联互通与互认，从而实现各级各类资格的融通与互认。

我国由于受到传统教育理念和体制的束缚与影响，重学术轻技能、重学历轻证书、证书多而乱等现象并存，加上学历教育与职业培训管理体制条块分割严重等因素，各种教育之间较难实现“纵向衔接、横向沟通”，其学习成果缺乏正式认可的制度安排因而也无法获得有效认可，社会上大量的终身学习需求无法获得满足。这对于我国构建终身教育体系和建设学习型社会无疑是重大的制度缺位，应当借鉴上述国家和地区的成功经验，尽快建立我国国家层面的资格框架。

国家层面的资格框架具有极为重要的导向作用。它既是社会成员的奋斗目标，又是各社会组织（学校、教育培训机构、企事业单位等）开设与建设专业课程（项目）体系和教学大纲的原始依据，无疑对全社会具有积极的引领作用。

国家层面的资格框架具有极为重要的激励作用。它可以使社会成员有明确的学习奋斗目标，可以使社会成员明了自己目前的知识、技能、能力等级，激励其向更高等级努力。只要自己努力，天道酬勤，就总是会获得正式认可的。

国家层面的资格框架具有极为重要的规范作用。现在我国是教育部门负责教育学历文凭、劳动部门负责劳动技能类证书、人事部门负责专业技术类证书，还有地方政府组织的职业资格认证、行业协会或学会组织的行业职业资格认证，再加上境外机构在我国开展的相关资格认证，社会上证出多门、种类繁多，除了因为经济发展不平衡，导致各地方、产业、岗位要求多种多样以外，其深层次的原因是受经济利益驱动，各个政府部门和社会组织纷纷举办证书培训和考核，导致证出多门甚至滥发证书现象突出。制定国家层面的资格框架，建立统一的国家标准，对于消除证出多门的乱象是大有好处的。

在国家资格框架中，不可或缺的要素应该有：

（1）属何种领域。

（2）划分多少个等级。

（3）每个等级的具体说明（分知识、技能、能力三个维度）。

（4）属何种类别（学历、非学历）的资格。

（5）认证单元。

（6）学分。

（7）转换规则。

有了这一资格框架，就有了比对的基准。各级各类学习成果便可在其框架中确定等级和所属领域，依据认证单元标准进行比对分析，确定其匹配程度，再确定出成果之间的转换规则，从而实现各级各类学习成果的互通互认。

在学分银行建设的初期阶段，在没有“国家资格框架”的情况下，为有效开展学习成果认证、积累与转换，可以参照国际上通行的资格框架的原理，模拟建立学习成果框架。通过学习成果框架建立起各级各类学习成果的基准参照系，并通过一定的标准和规范，实现学习成果的积累与转换，促进学术型学历教育学习成果、职业型学历教育学习成果、非学历教育与培训学习成果以及其他类型学习成果之间的沟通和衔接。该学习成果框架应该既具有国际上通行的资格框架的功能，又具有中国自己的特色，应该是通用原理与中国实际相结合的产物。它的要素包括学习成果的类别、领域、等级、等级各维度的描述。学习成果框架将有效提高学习者获得学习成果的透明性、可比较性和可转换性，从而大大促进我国继续教育的发展，提高学习者的终身学习的积极性，提升广大社会成员的科学文化素质与各方面能力。

第四节 认证单元及标准体系

学习成果认证是指依据一定的标准，对各级各类学习成果进行核实、鉴定、比对、评测和认可的活动或过程。

单元在《现代汉语大词典》中的解释为：“整体中自成段落系统、自为一体的单位。”学习成果认证单元是指学习成果这个整体中自为一组的独立单位，即知识和技能的独立单位，它是对学习成果进行划分或衡量的工具，应该满足便于对学习成果进行划分和认证的要求。换言之，学习成果认证单元是学习成果内部知识点关联性较强的内容模块。

知识点是知识传递的最小单位，它可能的表现形式有字、词语、句子、符号、概念、公式、原理、公理、定律、定理、定义、法则、规则、方法、流程、步骤等。学习成果认证单元是进行学分换算的基本单位，是学习成果互认的参照基准。

每一个学习成果认证单元都应当用简洁明了、通俗易懂的语言说明其对知识、技能和能力的具体要求，这些具体要求就是学习成果认证单元标准。

一、认证单元及其划分

由于在不同类型的教育中，学习成果的表现形式和组织单位是不相同的，为了便于学习成果的互认，需要按照学科领域将其包含的全部知识技能进行合理划分，形成若干学习成果认证单元。划分学习成果认证单元应当遵循以下原则：

（一）独立性原则

在确保认证单元内部知识点具有较强关联性的前提下，确保不同认证单元的知识点是相对独立的。

（二）唯一性原则

确保该认证单元在不同类型的教育中是同一界定。

（三）适用性原则

各认证单元的大小不一定相同，根据知识点的关联性和学分认证的需要，认证单元可以界定为一门课程，也可界定为一门课程的章、节，还可界定为几门课程的组合。

一个资格通常由若干个认证单元组成，一个认证单元既可以用于一个资格，也可以同时用于若干个资格。

二、认证单元标准及标准体系

学习成果是多种多样的，同样名称的学习成果不仅有层次的区别，还有类型的不同。在同一层次、同一类型中，又可分为知识、技能、能力等若干维度。每一个学习成果认证单元都应当用清晰明确、通俗易懂的语言说明其对知识、技能和能力的具体要求。要制定不同层次、不同类型、不同维度的学习成果认证单元标准，用以作为认证学习成果的准则和依据。

制定学习成果认证单元标准，是开展学习成果认证工作的基础与前提。对学习成果认证申请者而言，只有当自己的学习成果与认证标准相匹配时才能申请认证；对于学分银行工作人员而言，必须有依据、准则和工具，将受理的学习成果与相关的标准进行比对，方能开展认证工作，无标准就无法开展认证工作。如果没有明确的认证标准，很难统一各个方面的认识，很难形成公平、公正、有序的认证运行机制。因此，清晰明确的认证标准，无论对于申请者还是对于学分银行机构及工作人员来讲，都是极端重要的。

学习成果认证单元标准应当包含下列要素：单元名称、代码、学分、内容（知识、技能、能力）、层级、考核说明、应用范围等，其中，学分、内容、考核说明等是核心要素，尤以内容为最核心要素。

（1）名称：学习成果认证单元应根据简明易懂、便于交流的原则命名。

（2）代码：对认证单元进行统一管理的编码具有唯一性，由认证单元所在专业的专业代码加单元序列号组合而成。

（3）学分：该认证单元的学分值反映该学习成果认证单元的价值、水平和学习量。

（4）内容：学习内容是认证单元的最核心要素。根据认证单元所处层级，从知识、技能、能力三个维度进行明确清晰的说明和要求。一般来讲，“知识”维度采用“知道、了解、理解、掌握……”等字样提出具体要求；“技能”维度采用“会……、会……、会……”等提出具体要求；“能力”维度采用“能分析、能综合、能判断、能设计、能评价、能……”等提出具体要求。这些具体要求就是该认证单元在知识、技能和能力方面的标准。

（5）层级：认证单元在学习成果总体框架上所处的层次级别。

（6）考核说明：对该认证单元进行考核的依据、考试范围、考试重点、考试方式等。

（7）应用范围：认证单元所属学科领域及其学分可作为选修学分的学科领域。

需要明确的是，学习成果认证标准不只是单独的一个标准，而是分门别类、分层次、分维度的由若干认证单元标准组合而成的庞大标准体系。分门别类不只是按学科专业分，还可按学术型与职业型分，以国家的名义整合二者形成一个融合统一的标准固然很好，但估计难度极大。原因在于学术型与职业型标准，其理念与终极目标是有矛盾冲突的，若要统一二者，除非完全废掉旧的标准，建立新的标准。

三、制定学习成果认证单元标准应注意的问题

（1）认证单元标准在名称、内容、时间、程度等方面的表述与要求要符合学术规范。

（2）认证单元标准的内容和水平要与同类型、同层次的正规教育的内容和水平同等或相当，内容要基本相同，水平与程度要相当。一是便于二者的衔接与沟通，二是为了提高学分银行认证标准的公信力。只有这样，才能保证认证质量，其学分方能获得正规教育学校的认同。当然，这里的同等或相当也是相对于正规教育学校的整体平均水平而言，不可能也做不到与每所学校的内容与水平完全一致。“整体平均水平”容易获得绝大多数正规教育学校的认同。

（3）一般而言，学习成果与认证标准比对，其比对匹配系数若大于或等于0.6可予认定，匹配系数小于0.6则不予认定。匹配系数的权重分配为：章节匹配权重为0.6，章节内内容匹配权重为0.4。

即：比对匹配系数（1.0）＝章节匹配权重（0.6）＋章节内内容匹配权重（0.4）

（4）认证标准要充分考虑各学科在理论与实务两个方面的不同比例要求。

（5）认证标准体系覆盖范围要广。该标准体系的建设不可能一蹴而就，应当是先易后难，逐渐完善的过程。

（6）认证标准要有明确的层次区分性。各层级要有清晰的说明，易于理解，可供比对操作。一定要明确标明是面向专业的标准还是面向课程的标准，或是面向知识单元乃至知识点的标准。

（7）认证标准体系最后应形成可供申请者查对、可供学分银行工作人员比对操作的一系列目录与表格，如本科专业目录、专科专业目录、本科专业课程目录、专科专业课程目录、职业资格证书目录、技能等级证书目录、其他可认证的各种证书目录、非学历教育学习成果种类划分及说明。

又比如："学习成果认定表"应包括下述项目与内容：成果基本信息（成果名称、成果拥有者、授予机构、授予时间）、相关专业、层次、考试科目、主考单位、使用教材、可替换的课程（或认证单元）、成果内容与标准课程（或认证单元）内容匹配系数、专家审核意见等。

（8）认证标准的制定是学术性极强的工作，是专家行为。应当组建权威性强的专家组，具体负责认证标准的制定。切不可以行政行为替代专家行为。

第八章　学分银行的管理制度

学分银行为了实现自己的组织目标，其管理者必须运用制度手段对全系统的活动实施有效管理。为此，必须设计和制定一整套管理制度，用以规范学分银行活动服务的范围、工作流程、岗位职责、操作规范等。

第一节　学分银行管理办法

学分银行管理办法是学分银行最重要和最基本的管理制度，应当明确规定学分银行的重大基本事项，是对学分银行实施管理和学分银行日常运行的基本依据。下面，以《××省学分银行管理办法》为例分析论述。

一、学分银行的指导思想与原则

为了贯彻落实国家和××省《中长期教育改革和发展规划纲要》的有关要求，加快×××终身教育学分银行建设，拓宽终身学习通道，构建××省终身教育体系，服务学习型社会建设，制定学分银行管理办法。

此条是管总的，开宗明义，指明了制定学分银行管理办法的指导思想与原则、目的与意义。背景因素是贯彻落实国家和××省的《中长期教育改革和发展规划纲要》，直接动因是加快学分银行建设，直接目的是拓宽终身学习通道，最终是为了构建终身教育体系，服务学习型社会建设。此条主要解决学分银行的目标方向问题。

二、学分银行的性质与定位

学分银行是以终身教育思想为指导，以各类学习者为服务对象，以学分管理为服务内容，促进各类高等学历教育的互通，学历教育与非学历教育、职前教育与职后教育的衔接，为学习者提供个性化终身学习服务的学分管理服务机构。

此条明确了学分银行的性质定位是“学分管理服务机构”，其服务对象定位为“各类学习者”，其服务领域定位为“各类高等学历教育的互通，学历教育与非学历教育、职前教育与职后教育的衔接”，其管理与服务的内容定位是“学分”。

从性质、服务对象、服务领域、服务内容四个方面对学分银行进行定位，明确规定了学分银行是什么样的社会组织，为谁服务，服什么务，在什么范围内服务。

此条解决了学分银行的性质、对象、领域、内容定位。

三、学分银行的组织机构与职能

学分银行管理委员会（以下简称“管委会”）是学分银行建设和管理的领导机构，由省教育厅及相关政府部门、有关高等学校的领导和专家组成，其主要职能是审定学分银行建设方案和发展规划，协调制定相关政策，对学分银行建设及日常工作进行宏观指导、管理与监督。

此条规定了学分银行的领导决策机构的名称、组成人员及其主要职能。

管委会下设办公室，管委会办公室在管委会的领导下负责日常工作。管委会办公室设在省教育厅社会教育处。

此条规定了学分银行的日常工作机构及设立在何处。

学分银行设立专家委员会。专家委员会是学分银行的学术决策和仲裁机构，其主要职能是提供专业指导与政策咨询，审定专业课程、学分认定标准和转换标准。专家委员会下设若干专门工作组，负责论证和拟定学历教育与非学历教育学分认定与转换标准。专家委员会主任、成员由管委会聘任，聘期五年。

此条规定了学分银行的学术决策和仲裁机构的名称、主要职能、组成、聘任、聘期等事项。

管委会委托××开放大学利用现代网络技术构建“××终身教育学分银行”网络服务平台，并负责其日常运行、维护工作。

此条明确了学分银行的网络服务平台名称、委托谁构建、由谁负责日常运行和维护。

总体而言，此条明确规定了学分银行的组织架构与职能分工。领导决策机构是管理委员会，其主要职能是审定、协调、指导、管理、监督。学术决策与仲裁机构是专家委员会，其主要职能是提供指导与咨询、审定标准。办公室设在教育厅社会教育处负责日常工作。基本解决了学分银行顶层组织机构及主要职能问题，不足之处是未涉及学分银行整个组织架构中运行服务体系的建构与分支机构的设立，可以另外制定专门制度来解决这一问题。

四、学分的管理

学分银行的学分包括学历教育学分和非学历教育学分，学历教育学分分为研究生课程学分、本科课程学分和专科课程学分。

学习者通过下列方式获得的学分，可经学分银行认定记录为对应的学历教育课程学分：

（1）学习者在取得国家认定的普通高校（含普通高校举办的网络教育学院）或成人高校学籍后，在校学习期间获得的课程学分。

（2）学习者通过高等教育自学考试获得的课程学分。

（3）学习者在其他高等学历教育机构获得的课程学分，如服役期间在军事院校取得学籍后，在校学习期间获得的课程学分。

学习者获得的下列有效期内的非学历教育证书和成绩证明，所涉及的课程学分可经专家委员会认定并转换为学分银行相关学历教育对应的课程学分：

（1）国家级和省级水平测试类有关职业资格证书、行业岗位证书。

（2）国家级和省级考试颁发的有关专业技能等级证书。

（3）与有关专业技术职务任职资格对应的国家级和省级考试科目合格证书。

（4）国家级和省级有关从业资格证书。

（5）国际通用的水平测试类有关考试的成绩证明。

（6）经学分银行专家委员会认定的其他非学历继续教育学习成果。

此条较为详细地明确规定了学分银行学分管理和服务的具体内容，指明哪些学分可以被学分银行认定和记录，基本上可归结为国家级、省级的各种证书和国际通用的成绩证明所涉及的课程学分可以认定和转换。

五、学分的应用

××开放大学认可学分银行的学分，作为学习者申请颁发××开放大学毕业证书和学位证书的依据。具体实施办法由××开放大学另行制定。

××省内各普通高校、成人高校、自学考试机构以及资格证书颁发机构等，可将学分银行的学分作为学习者申请颁发相关证书的课程学习或培训的依据。具体办法由各校、各单位自行制定。

此条明确了被学分银行认定和记录的学分拿来干什么用，即学分银行学分的应用范围。实现了这一条，也就基本上实现了各类高等教育学分的横向沟通。

如果是国家教育行政主管部门制定的《学分银行管理条例》，还应当明确学分银行设立的指导思想与原则、性质与功能定位、举办者、管理者、运营者、审批者、设立条件与审批程序、撤销与变更、监督与保障等重大事项。

此项制度是学分银行的基本制度之一，根据其制定主体、审批主体和发布主体的不同，可以有不同的内容、位阶和作用。如果是国家或国家行政部门制定、审批与发布，对全社会更具有宏观指导性、权威性和强制性，其宏观性原则性条款可能就会多一些，具体操作性条款就会少一些。如果只是针对某一区域或特定范围的学分银行管理办法，可能更多强调其内部的管理，事务性操作性条款就会多一些，原则性条款就会少一些。换言之，宏观层面的制度，原则性条款会多些，操作性条款会少些；微观层面的制度，操作性条款会多些，原则性条款会少些。

也可以以《×××学分银行章程》的形式，明确学分银行的性质、功能、任务、体制机制和运行模式。当然，章程的核准与发布机构非常重要，会增强和提高学分银行的权威性与公信力。

第二节　学分银行标准制定工作规范

学分银行成立之后，正式对学习者开展学习成果认证工作之前，必须先进行认证标准的制定工作。为了保证学习成果认证的公正性，必须先保证标准体系的科学性、合理性、权威性。为此，对于认证标准的制定工作，应当有相应的制度进行约束与规范。标准制定工作规范应包含下述内容。

一、规定认证标准的制定主体

标准制定主体是学分银行专家委员会批准组建的制定该认证单元标准的专家组。标准制定工作的学术性和专业性极强，其制定者一定要在该领域有较大影响力。标准制定工作是专家行为，非如此不能保证标准的科学性、合理性与权威性。

二、规定专家组人员构成及资质

专家组由该领域至少五名专家构成。这五人应来自不同学校、教育机构和行业组织，具有正高级专业技术职务，在认证单元所属学科领域（或行业）具有较大的学术影响力。要从专家组的组成结构上进一步确保标准制定主体构成的科学性、合理性与权威性。

三、明确认证单元标准的制定原则

单元划分合理：学习成果本质上讲是学习者已经掌握的知识、技能和拥有的能力，因此，认证单元理论上讲应该是关于知识与技能的独立单位，是对学习成果进行衡量和比对的基本颗粒。对于学历教育学习成果而言，一般情况下都以课程为单位实施认证，课程也就是认证单元。但对于非学历教育学习成果而言，有的就不是课程，那就需要成果所属领域的专家小组划分确定出认证单元。所谓划分“合理”，一是划分要符合或基本符合知识体系的内部逻辑顺序，即知识点的关联性较强且连贯明确；二是易于比对操作。

名称规范：认证单元名称要符合该领域的学术规范，简洁明了，通俗易懂，避免晦涩难懂，更不能引起歧义。

学分明确：规定明确具体的学分值。

知识、技能和能力的具体要求清晰明了：知识维度要明确要求知道了什么、掌握了什么、理解了什么，技能维度要明确要求会做什么，能力维度要明确要求综合运用知识与技能形成什么能力、解决什么问题、完成什么任务等。

考核说明清楚：考核机构、考核方式、考核时间、考核要求、考核结论等项的具体说明和要求要清楚明确。

这是从科学性、合理性、规范性、操作性几个方面对专家组提出的原则与要求。单元标准制定是最基础的工作，单元可以是课程，也可以是小于课程的独立成体的一部分，即用以进行比对的独立成体的最小颗粒。有了单元标准后，接着就要制定课程标准、专业标准、资格标准（包括文凭、学位标准），形成较为完整的标准体系。

在制定专业标准时，需确定下述方面的内容：

（1）专业人才培养目标与规格。

（2）专业教学计划中的课程体系结构。

以学历继续教育课程体系为例，其结构大致可分为公共基础课程、专业基础课程、专业技能课程、综合实践（毕业实习等）四类（各类课程所占学时比例、各门课程的规定学时数、规定专业技能课程中的必修课、专业技能必修课和综合实践可以与非学历教育中的哪些学习成果进行转换等）。

（3）各课程的学时、质量标准与学分。

各课程的学时与质量标准是进行学习成果认证和学分转换的基础，也是对各办学机构的课程进行认证的基础。学时是对该课程一般所需要的学习时间的规定。质量标准包括该课程的层次，如高职高专、本科、研究生等层次，以及该课程的考核标准，包括课程的考核形式、考核内容与难度等。根据学时和质量标准，可以确定该课程的学分。

（4）专业标准中各课程的可转换课程。

在专业教学计划中，不是所有课程都可以用非学历教育课程替换，必须经专家研究确定可以替换的课程，明确规定可替换这些课程的非学历继续教育课程。而在非学历教育的项目教学计划中，也明确哪些课程可以转换为学历继续教育的课程，即可以转换为专业教学计划中的课程。这样有利于实现学历教育、非学历教育之间的沟通与衔接。

经若干个专家组逐一研究审核制定出标准后，为了学分银行前台的认证人员工作方便，也为了学习者查找核对方便，最后还要汇总集成“学历教育专业课程及学时、学分可互认的非学历教育课程”对照表。

四、明确标准制定人员的职责

标准制定人员主要是指专家组成员，也包括标准制定的组织者与服务人员。标准制定人员的工作职责与要求如下：

（1）使命感、责任感、荣誉感强。

（2）治学严谨、专注、认真。

（3）坚持求真务实的学术原则，对标准的科学性、合理性负责。

（4）协商态度诚恳，易于合作沟通。

（5）模范执行制度，严格遵守纪律。

五、规定标准制定工作的流程

（1）按规定组建专家组。

（2）向专家组各位专家发放相关资料。

（3）明确各位专家的任务与完成时间。

（4）专家组组长汇总各位专家的意见，形成认证单元标准要素模板。

（5）专家组组长及各位成员签字。

（6）相关材料归档。

上述要求是对标准制定工作的程序性要求。

六、标准的审核

（1）按规定组建认证单元标准审核专家委员会并召开相关会议。

（2）向与会专家发放标准审核的相关资料。

（3）主持人提出需要说明和讨论的问题。
（4）与会专家充分发表看法。
（5）对拟通过的标准进行表决。
（6）与会专家三分之二同意，该标准获得审核通过。

七、标准的颁布

认证标准的颁布机构应该具有正式的法规或行政授权，具有权威性与影响力。

认证标准的发布形式：①网络公告发布；②纸质行文发布；③学分银行机构公示栏发布（简明版）。

八、标准的修改

应当以制度形式明确规定标准修改主体，标准修改条件，标准修改程序，标准修改人员的组成，修改后标准怎样生效、怎样向社会公布等事项。

九、标准的废止

应当以制度形式明确规定谁有权废止标准、具体规定废止的程序与宣布等事项。

学分银行各项标准的制定、审核、颁布、修改与废止是十分严肃和重要的工作，为确保标准的科学性、合理性与权威性，必须具有严格的制度保障。

第三节　学习成果认定、积累与转换办法

该项制度是保证学分银行基本功能得以实现的基本制度，其重要性不言而喻。下面以《×××学分银行学习成果认定、积累和转换办法》为例，具体分析论述。

为了使×××学分银行学习成果认定、积累和转换工作有序地进行，特制定本办法。

一、学习成果认定的范围

学分银行认定的学习成果分为学历教育、职业培训和文化休闲教育（社区教育、老年教育等）三类。

此条对学习成果进行了分类，并且以此作为该学分银行的服务范围和领域。

学历教育类学习成果是指国民教育系列高等学历教育学分，比较易于理解和掌握。

职业培训类学习成果是指学习者获得的“经学分银行认证的”职业培训等非学历证书和培训项目成绩。换言之，学分银行还得建立专家组，对职业培训的各种证书和项目进行统一认证，形成获得学分银行认证的职业培训证书和培训项目目录。该目录既是学习者申请学习成果认证的参照，又是学分银行前台认证工作人员受理认证申请后的比对依据。

文化休闲教育类学习成果是指学习者获得的“经学分银行认证的”文化休闲教育项

目（课程、学习活动等）学分。该类学习成果的学分一般不进入学历教育领域，但又是学分银行今后非常重要的广阔的服务领域，其认证标准的制定和服务工作的开展将有大量工作要做，任重而道远，不可忽视。

二、学习成果认定的程序

学分银行建立专家组，对社会认可度较高的职业培训等证书和培训项目进行认证，形成学分银行职业培训等证书和培训项目目录。

学分银行建立专家组，对各社区学院、老年大学等文化休闲教育机构申报的文化休闲教育学习项目进行认证，形成学分银行文化休闲教育学习项目目录。

学习者持获得的学历教育成绩证明原件、学分银行职业培训等证书目录中的证书原件，向学分银行分部申请认定存入。学分银行分部进行学习成果认定初审，初审通过后将学习者的学习成绩证明原件递交学分银行管理中心复审。学分银行管理中心进行认定复审，复审通过的学习成果存入学分银行。

学分银行高校网点学生持获得的学历教育成绩证明原件、学分银行职业培训等证书目录中的证书原件，向所在高校网点申请认定存入。高校网点认定通过的学习成果存入学分银行。

学习者获得的学分银行认证的文化休闲教育项目（课程、学习活动等）学分，由所在社区学院、老年大学认定后统一存入学分银行。

学分银行高校网点、合作的教育培训机构负责将本校学生学习成绩信息认定后统一存入学分银行。

此条详尽地描述了该学分银行学习成果认证工作的流程，对学分银行的学习成果认定作出了程序性规定；同时，对于学分银行分部、高校网点、社区学院、老年大学等也给出了一些操作性规定。

三、学习成果积累

学分银行建立学习者个人学习档案，积累学习者学习成果。

学分银行学习者个人学习档案记载学习者的学历教育、职业培训和文化休闲教育等学习成果。

学习者在学分银行开户后，即拥有以身份证号作为基本信息的学分银行账户和个人学习档案，学习者可在学分银行网站查询个人学习档案。

学习者可运用个人学习档案积累的学习成果，进行知识能力结构评估和规划继续学习，凭学分银行成绩证明申请学分转换。

学分银行积累的学习者学习成果可作为学习者终身学习激励的依据。

此条对学习者如何在学分银行开设个人学习账户和建立终身学习档案、积累学习成果作出了说明，明确了学习者在学分银行积累学习成果的目的与用途：①评估自身的知识与能力；②规划继续学习；③申请学分转换；④查询自身学习档案；⑤如果政府或其他社会组织对终身学习有激励政策，该成果积累可以作为激励的依据。

四、学习成果转换

学分银行积累的学历教育、职业培训和文化休闲教育三类学习成果中，同类学习成果之间、部分职业培训学习成果与学历教育学分之间可按规定进行转换。

学习者可根据自己继续学习的需求，应用积累在学分银行的学习成果，按照继续学习高校（教育机构）的学分转换规定，申请转换为该高校（教育机构）的学分，并在该高校（教育机构）继续学习，获得其颁发的证书。

学分银行为学习者转换学分提供成绩证明。

学分银行建立学科专家组，制定学历教育课程与专业对应关系、学历教育课程与职业培训等非学历证书学分转换标准等学分转换对应关系，为学习者学分转换申请、高校（教育机构）学分转换办理提供指导与参考。

学分银行高校网点制定本校学分转换规定，在学分银行信息化平台上公布，指导学习者申请学分转换，并按本校学分转换规定办理学分转换。

此条明确了存入学分银行的学习成果可以用来干什么，具体怎么办理转换。

五、学习成果认定、积累和转换的管理

学分银行的学习成果认定、积累和转换工作，接受教育行政主管部门的指导、检查与评估，接受社会各界的监督。

学分银行学习成果认定、积累和转换工作由学分银行管理中心统一负责。学分银行管理中心对学分银行分部、高校网点的学习成果认定、积累和转换工作进行指导和管理。

学分银行分部、高校网点应高度重视学习成果认定、积累和转换工作，建立规章制度，规范操作程序，严肃工作纪律。

上述管理办法明确了学习成果的认定范围、认定程序、积累、转换等事项的有关规定，以及认定、积累与转换工作的管理与监督措施。

下面以《××开放大学对以往学习成果学分认定与转换办理流程的通知》为例，说明和分析以往学习成果学分的应用。

××开放大学对以往学习成果学分认定与转换办理流程的通知

各二级学院、教学点，校内有关部门：

为建设开放的学习成果认证制度，促进开放大学与普通高校、高职院校、成人高校之间的学分转换，拓宽终身学习通道，现就办理在籍学生以往学习成果的学分认定与转换工作流程及有关事宜通知如下。

一、学分认定与转换的原则

（一）质量原则。用于申请学分认定与转换的以往学习成果应不低于现修专业被替代课程的专业层次、教学内容、教学要求。

（二）时效原则。根据现修课程教学大纲要求，核准单科结业证书或专项证书的有效性。用于替代公共基础课程的以往学习成果从获得起10年内有效；用于替代专业基

础课和专业核心课的以往学习成果从获得起6年内有效。

（三）认定原则。经审核允许学分认定与转换、免修免考的课程，学分按现修专业中被替代课程规定的学分认可，成绩按“合格”记载。

二、学分认定与转换的流程

（一）申请。由学生提出学分认定与转换和课程免修免考的申请；

（二）初审。各地方学院（二级学院）、教学点对在籍学生提交的以往学习成果进行原始材料的验审，提出初审意见；

（三）终审。××开放大学学籍与学分管理中心（学分银行管理中心）根据各教学点提交的复印件及有关材料进行终审。

三、学分认定与转换的办理

（一）学生进入××开放大学学习平台的学分银行，在“学分转换申请”中填写相关信息并对“学分转换申请提交”确认；到教学点提交需要转换的以往学习成果及相关证书的原件和复印件；填写《××开放大学学分认定与转换申请表》（见附件一）。

（二）教学点自收到学生学分认定与转换申请表两周内，对学生提交的原件进行审核；对照相关认定转换规则进行初审；对《××开放大学学分认定与转换申请表》签署初审意见；在“教务管理系统平台”中对学生申请进行初审流程的办理操作；填写《××开放大学学分认定与转换情况登记表》（见附件二）；将附件一、以往学习成果证明材料复印件和附件二等材料寄送至××开放大学学籍与学分管理中心（学分银行管理中心），并自留存档。

对未通过初审的以往学习成果学分认定与转换申请，可以作为相应的学习经历在学习平台的学分银行中进行记载，归入在籍学生的终身学习档案。

（三）××开放大学学籍与学分管理中心（学分银行管理中心）自收到申请材料两周内完成终审，教学点可在教务管理系统中查询终审结果，并及时向申请人反馈审批结果（包括未批准的原因等情况）。申请人自申请提交之日起一个月后，可在学习平台中直接查看到所提申请的审核结果。

四、学分认定与转换的工作要求

（一）学分认定与转换工作是教学管理的一个重要环节，对深化教学改革具有积极的意义。各教学点要高度重视，加强领导，明确责任部门；要通过多种途径向学生介绍以往学习成果学分认定与转换的相关规定与流程。学生也要了解和掌握其相关规定与操作流程。

（二）学分认定与转换工作有利于激发学习者的学习积极性，满足学习者个性学习需要和发展需要，并涉及学生的切身利益。各教学点要有专人负责，报批开通专职岗位管理员的办理权限，按照程序严格把关、认真执行认定与转换规则，确保该项工作规范进行。

（三）××开放大学学籍与学分管理中心将定期对各教学点办理以往学习成果学分认定与转换工作进行检查监督，对弄虚作假等违规行为，一经核实，将暂停办理资格，并进行通报。

凡××开放大学公布的专业人才培养方案中已经明确相关职业资格证书等以往学习

成果与专业课程可以认定与转换的，按照上述工作流程与规定办理。执行过程中如遇到问题，请及时向××开放大学学籍与学分管理中心（学分银行管理中心）反馈。

××开放大学

××年×月×日

他山之石。可以攻玉，上述具体例证的原则和精神可以参考，但不可完全照搬。一定要根据各学分银行的具体服务领域、具体服务对象、具体认证成果，具体问题具体分析，实事求是，因地制宜。比如，学习成果的认定范围，各地情况各异，就应当根据学习者的需求情况，实事求是，因地制宜地具体规定；又比如学分的转换，情况就更为复杂，其具体的管理制度就要本着以学习者为本，公正、真实、有效、保证质量的原则具体制定。

对于各种办学机构的学历教育课程，学分银行应组织专家委员会进行统一认证，根据各课程的内容、层次、学时等确定其相应的学分值，学习者完成课程的学习经考核通过即可获得相应的学分。

对于非学历教育学习成果，学分银行应该建立专门的认证制度，明确可进行认定的非学历教育的学习成果，制定可行的认证程序与方法。比如，学习者取得了国家承认的职业资格证书、技能等级证书，相关专业对应的课程、技能课程可获得相应学分。对学习者在参加国际、全国、全省（自治区、直辖市）或地市级以上各种知识、技能、文艺、体育等竞赛中受到的表彰和获得的奖励，应认定一定的公共课学分。对学习者在工作岗位上通过发明创造、技术创新等，为企业带来一定经济和社会效益的，学分银行应认定一定的技能课程学分。凡通过国家权威部门认可的教育或培训课程，学分银行都应当认定相应的学分。其他无法通过以上途径获得学分，但已获得非学历教育的，可通过直接申请参加课程等级考试的渠道获得学分等。但每一类型的学习成果的认证，都应该有与之对应的标准及相应的认证流程确保其公正与质量，决不可任性而为。

第四节　学习者注册建档须知

学分银行是一个新生事物，学习者具体怎样开户，需要注意哪些问题，用户具有哪些权利、义务与责任，应当以制度的形式规定并公布，以保障用户的知情权和其他权益。下面以《××学分银行学习者注册建档须知》为例，加以分析和说明。

用户确认知晓并接受本须知所有条款，才能成为学分银行用户。

一、用户的权利与义务

（一）用户有权到学分银行各分部办理学分银行账户的开通或终止。

（二）用户须确保向学分银行提供信息（包括但不限于个人信息、学习成果证明等文件）的真实性、合法性和完整性，由于用户提供的信息所造成的后果由用户本人承担。

（三）用户同意学分银行在处理业务的过程中使用其存入的信息。

（四）用户知悉并同意，用户使用学分银行网上服务功能时，学分银行识别用户身份的唯一依据为用户密码。

（五）用户对学分银行服务有疑问、意见或建议，可到学分银行分部反映，或拨打学分银行服务电话。

二、用户信息的法律效力及保密条款

（一）学分银行与用户之间经互联网传输的数据信息，为双方认同的有效信息，但双方另有约定的情况除外。

（二）用户如向学分银行提供虚假信息（包括但不限于个人信息、学习成果证明等文件），学分银行有追究其责任的权利。

（三）学分银行对存入学分银行的用户个人信息和所发生的业务负有保密义务，学分银行仅将学生个人信息和成绩数据用于个人学习档案建立与查询、成绩证明与查询、学分转换和信息统计等业务。

三、其他权利和责任

（一）用户须妥善管理用户密码；如发生密码遗失、泄露或被盗的情形，用户应立即到各学分银行分部申请挂失，并重置密码。非因学分银行过错导致用户密码被第三人盗用或利用，学分银行在用户办妥密码挂失手续之前执行了其他人发出的指令，使用户产生不良后果的，学分银行不承担其责任，但可在用户进行相关处理时，为用户提供必要的协助。

（二）用户应及时认真阅读学分银行网站上的《×××终身教育学分银行用户手册》，因用户使用不当所造成的后果由其自行承担。用户应密切关注学分银行发布的公告、通知和提示，及时阅读其内容，配合学分银行的管理与服务工作。

（三）对于不可抗力（包括但不限于战争、自然灾害、电力供应中断、火灾、地震等）、意外事件，或学分银行无法控制的其他情况所造成的不良后果，学分银行不承担责任。

本文件的解释权属于×××终身教育学分银行。

本人已认真阅读理解并同意遵守以上条款。

用户签名：　　　　　　　　××年×月×日

该须知以书面的形式告知了学习者，并明确告知学习者，“知晓并接受”这些条款再经签名后，方能成为学分银行的用户。学习者对于自己的权利、义务与责任有了明确了解，对于应该注意的事项必然引起重视，避免因不知情而带来法律纠纷，有利于学习者主动配合学分银行工作的正常开展。

第五节　学分银行员工服务守则

该项制度是规范在学分银行从业的员工行为举止的要求和规定，应当简洁明了，针对性强，让员工明白什么应该做到，什么必须做到，什么不应该做，什么不允许做。其内容应当包括爱岗敬业、服务态度、仪表仪容、遵章守纪、业务知识、操作技能、职业操守、工作效率、团结协作等方面的规定及要求。

学分银行本质上是面向广大学习者的一个服务机构，学习者是通过学分银行工作人员的服务态度、服务质量、工作效率来了解和评价学分银行的。学分银行的生命力、影响力和公信力究竟如何，除了政策法规保障、制度设计、资源保障、平台设计等重要因素外，员工的工作质量至关重要。设计得再好的制度，最终要靠人去执行。制度执行力的强弱，将决定制度执行的效果。因此，还应当制定激励和约束学分银行员工行为的一整套制度，既有激励，又有约束。

一方面要充分调动全体员工的工作积极性、主动性和创造性。让每一位员工认识到自己是学分银行的主人，学分银行的荣辱兴衰与自身的命运休戚相关，自己的工作光荣而责任重大，应当兢兢业业、恪尽职守，在各自的工作岗位上发挥潜能，主动地、创造性地开展工作，确保学分银行组织目标的实现。

另一方面要预防和约束员工不良行为的发生，在制度设计上确保把“权力”关进制度的“笼子”，防止权力运行过程失去监督，让制度无“空子”可钻，就算偶然出现“空子”也不敢去钻，防微杜渐，从而确保学分银行运行的公正性。

第六节　学分银行档案管理办法

学分银行档案管理办法包括学习账户管理、学习者档案管理、认证专家档案管理、机构资质档案管理、协议合同管理等。

第七节　×××学分银行“跨行”业务管理办法

建立本学分银行与其他已建学分银行的接口，建立与其终身学习档案互通的渠道、转入转出的规则、业务合作的标准和种类。

学分银行微观层面的具体管理制度很多，上面只是列举了一些加以说明，还有专家聘用及管理制度、员工管理和培训制度、资源使用和管理有关制度、财务管理制度等。许多操作层面的制度应该由学分银行的实践主体根据具体的服务领域、服务项目、服务内容和管理对象与问题，在行动中去制定和实施。

第九章　学分银行的认证服务

第一节　服务的概念与本质

一、服务的概念

“服务”一词，既可作名词用，也可作动词用；既有宏观、广义、抽象的服务，又有微观、狭义、具体的服务。但不管如何使用，任何形式的服务都含有为他人做事的意思。

古代的“服”字由“舟、人”二字组成，含有为他人撑舟之义。许慎对“服”字的解释为：“服，用也……古文服从人。”许慎对“务”的解释是：“务，趣也，从力……”“趣”的古义为“疾”，有急的意思，多少有点讲效率的含义；“从力”是指人的劳动能力；“务”字后来又有了干、做、从事等含义。当“服”与“务”组合而成“服务”之后，该词就表达了服从他人意愿用劳动力做事。

《辞海》中对“服务”是这样表述的：“服务亦称为劳务，即不以实物的形式，而是以提供活劳动的形式满足他人某种特殊需求。”

马克思对“服务”是这样解释的：“服务这个名词，一般地说，不过是指这种劳动的特殊使用价值，就像其他一切商品也提供自己的特殊使用价值一样，但是，这种劳动的特殊使用价值在这里取得了‘服务’这个特殊名称，是因为劳动不是作为物，而是作为活劳动提供服务的。”①

国际标准化组织（ISO）制定的在全世界范围内通用的关于质量管理和质量保证方面的系列标准中的《ISO9001》对“服务”是这样定义的：“为满足消费者的需要，在同消费者接触中供方的活动和供方所有的活动的结果。”

学者高苏在其所著的《服务论》中对“服务”是这样定义的：“服务是产生社会效益和使用价值的非物质产品生产以及从事可用于直接消费的物质产品生产的代劳行为和使人得到享受的社会化有偿劳动。”该定义有如下特点：

（1）强调服务有使用价值，最直接的作用是为他人提供便利。

（2）服务产品有实物性的一面。

（3）服务是社会化的生产劳动。虽然具体的服务可能是分散地针对个体，但服务的

---

① 马克思，恩格斯．马克思恩格斯全集：第26卷，第1册［M］．北京：人民出版社，1972.

整体活动具有普遍的社会意义。

（4）服务通常是有偿劳动。

二、服务的本质

第一，服务的本质之一是代替别人劳动。

人类之所以能够成为地球上最高等的动物，就是因为能够利用工具进行有目的的劳动。人类处于蛮荒时代时，劳动仅仅是为了自身的存活与生命的延续，生存与发展的需要迫使人类不得不从事各种各样的劳动，也正是劳动使人获得了发展。因此，恩格斯说："劳动创造了人。"一个人的能力终归是有限的，当劳动超越自身智能和体能所能承受的限度时，就会发生求助行为，谋求他人代劳，而一些劳动后尚有余力之人可以代替他人劳动。这种代劳在人类社会发展到一定阶段后自然形成社会生产关系。服务的本质之一是代劳，但为自己干活不是服务，为自己干活仅仅是生存的必要活动。代劳是有回报的，最终会形成谋求者与提供者之间公平等价的劳动交换关系。现代社会化生产可以说全是因能换取回报而自愿代劳的行为。

第二，服务的本质之二是满足人类享受需求的社会化劳动。

人类的活动不仅表现为生产劳动和生活劳动，当劳动成果出现结余之后，自然而然会产生提高生活质量的享受需求。享受分为物质享受和精神享受，人类除了花钱换取代劳以得到轻松便利之外，还会花钱换取获得物质享受和精神享受的他人服务。

服务是由人类需求自然产生出来的社会分工。服务是人的劳动，而且是社会化的劳动。虽然其中的每项劳动可能只针对个体，但由于服务需求来自于整体社会，许多服务又简单易行，能够迅速蔓延到社会各个角落，并表现为求职竞聘。服务不能凭空产生，一定要以社会需求的提出和需求层次的提高作为发生条件。服务以分工合作的形式将人的劳动专门化和社会化了。

第三，服务的本质之三是人类生产过程中的社会交往。

人具有社会性，交往是人类明显区别于动物的特有的社会活动方式。我们每个人都不能脱离社会而单独地生活，必须依附于一定的社会团体，就会自发地产生出各种交往关系来。人们通过各种方式交流情感、思想和观点，建立起一定的人际关系，为的是达到相互依赖、相互学习、相互帮助、共同发展的目的。

人类社会的交往关系种类很多，从经济角度观察可以分为生产交往关系和生活交往关系。服务属于生产交往关系的形式之一，却又经常出现在人们的生活交往关系之中。由于服务具有生产与消费的同一性，消费者与服务提供者直接接触交往，很容易使二者建立友好感情，因而服务可以协调、沟通和维系社会的人际关系。服务是通过提供者劳动的有用性来维系人际关系的，它属于人类的劳动生产关系。但由于许多服务直接作用于人类生活的消费，有时甚至表现为给别人带来快乐的活动，因此，服务很容易被人们误认为是生活交往关系。

我们每个人随时都在接受别人的服务，也应该竭尽所能地服务全社会。每个人都是社会关系中平等的服务者和被服务者，没有高低贵贱之分。但在实际生活中，社会分工的不同和地位划分的传统思维方式却不由自主地把人分为不同的等级，职务、职业的不同在不同历史阶段和不同地区形成了不同的等级差别。一般而言，接待型服务工作的社会地位明显低于其他工作。其思想认识上的原因是，消费者购买服务的实质是购买满足消费者需求的代劳，但许多消费者却在潜意识里产生了暂时买到了服务者人身自由权利的误解。

第四，服务的本质之四是人类活动形态的社会产品。

一般而言，服务表现为人们活动形态的劳动过程，不固化为物质形态，因而称为无形产品。这种无形产品既有体力劳动的形态，又有脑力劳动的形态，或者兼具两种劳动。服务可以满足人们精神方面的需求，这一明显带有人类感情色彩的功能是任何机械化生产方式所无法替代的，这也客观上要求服务是人类活动形态的社会产品。

物质产品的生产和制造可以通过机械化、自动化等生产方式批量化产出，提高劳动效率，减轻劳动强度。但有些服务却必须依赖人的特殊技巧和智慧方能完成。即使是现在流行的电脑“人机交流”，也是电脑程序设计者根据预测可能发生的问题预先对电脑使用者作出的指导。

概言之，服务是人对于人的活动，许多服务的人员成本比许多物质产品的生产成本要高很多。

第五，服务的本质之五是促成产品社会使用价值实现的媒介。

绝大部分产品都是通过服务方能实现其社会使用价值。在商品经济社会中，物质商品从生产到消费，中间必然有一个流通过程，这个流通过程的作用就是促进和实现产品消费。商品的运输、宣传、推销等一系列活动都是服务，各种物质商品都必须通过服务才能移动到消费者手中。令人满意的服务可以使消费者更清楚地了解商品的性能与作用，刺激购买欲望。社会越是发展，人们的消费形式越多样，对服务的需求量就越大，几乎没有哪样消费可以完全离得开服务。

第二节　认证服务的概念及特性

社会是人的社会，人是社会的人。人的社会性要求人与人之间相互联系、相互依赖、相互帮助。服务，就是满足社会和他人需求的活动。随着人类社会的发展和进步，人们的交流与合作越来越频繁，服务的内容越来越丰富，服务的领域越来越广泛，服务的重要性也越来越突出。而认证服务就是学习型社会建设过程中产生和发展的一种满足社会和他人需求的新型活动。

认证功能是学分银行的基本功能之一，它是指学分银行对学习者提请的学习成果进行真伪鉴别，按照标准系统进行比对确认的活动和过程。而认证服务则是指学分银行工作人员围绕认证功能的实现，为学习成果认证申请者提供的各种服务。

认证服务与其他服务一样，同样具有无形性、同步性、异质性、易逝性[①]四方面特征：

① 王丽华. 服务管理［M］. 北京：中国旅游出版社，2007.

一、无形性

学习成果认证申请者在接受认证服务之前，无法通过自己的视觉、味觉、触觉等感觉器官感受服务，在接受服务过程中尽管可以感受到服务所带来的利益，但随着服务提供的结束，服务本身也就不存在了，服务提供者无法以实物的形式展示其服务。

服务的无形性带来了服务质量的不确定性。消费者在购买实物商品前，可以观察、触摸和测试商品，而对于认证服务，消费者则只能凭借对认证服务组织声誉的了解。为了保证学习成果认证的公信力，除了要有统一的认证标准，认证组织要具备资质，还需要高质量的认证服务。为了保证认证服务的质量和水平，应当建立学习成果认证许可证制度。

二、同步性

如果把认证服务作为产品看待，其生产和消费是同步进行的。这种同步性意味着认证服务产品生产过程中，消费者就在现场；同时还意味着认证服务产品消费过程中，供应者就在现场。这种同步性也就意味着认证服务提供者需要同时具备生产和营销两方面的技能。正是这种同步性，要求认证服务管理者必须重视认证服务环境与设施的设计以及氛围的营造。学习成果的认证服务要求服务网点的环境设施应当具备“儒雅”特色，服务人员应当有“文化人”气质，整个环境应当有浓郁的文化氛围。

三、异质性

这是指认证服务不能够像实物产品那样进行标准化生产，每次服务给予顾客的效用、顾客所感知的服务质量都可能存在差异。这种异质性的主要原因是人员的异质性。由于服务人员的原因，其业务技能水平、情绪态度、认真细心程度等不同，即使是同一服务人员在服务质量上也会存在差异。由于顾客的原因，其兴趣爱好、人生经历、文化程度、知识水平的差异，也会直接影响服务的质量和效果。这种异质性增加了评价服务绩效的难度。但同时我们也应该看到，服务异质性有可能产生有意义的另一面，就提供个性化服务而言，这种异质性可能是有利而无害的。服务质量的一致性与服务异质性并不总是水火不相容的，应当具体问题具体分析。

四、易逝性

服务的易逝性也就是它的不可存储性，这是指服务不能够像实物产品那样存储，只有出现消费者需求的时候才会生产。服务的生产在任何时候都是由需求决定的，服务不能像制造业中的实物产品那样依靠库存控制来适应需求变化。服务的不可存储性给管理者带来极大的挑战。深刻认识服务的这一特性，是搞好需求预测、提高服务效率的前提和基础。

正确理解和运用认证服务的上述特性，是成功实施学习银行学习成果认证服务管理的思想基础。

第三节　认证服务的基本法则——“和”

“和”是指事物之间和谐有益的相互关系。“和”在古汉语中，作为动词，表示协调不同的人和事并使之均衡。

“和”是和谐美好的“和”、和气生财的“和”、和颜悦色的“和”、和睦相处的“和”。有意思的是，从字面上看，“和”字是“禾”加“口”，人的嘴边有禾，意味着“和”有食物。连僧侣的称呼“和尚”，也反映出佛教传入我国后被博大精深的中华文化所融合，崇尚“和”的精神。

“和”是人类的本能需要与追求。人的生活需求本身需要“和”，人们需要生活在相对和平安定的环境中，谁也不愿意生活在战争与恐怖的状态中，世界人民都热爱和平，厌恶战争和恐怖。只有“和”，生命方可获得延续，人类才能正常生存；只有“和”，人类才能获得发展。斗争本身不是目的，只是为了求“和”的方式与手段。“分”也是为了更好的“和”。中国古代思想家荀子早已向人们揭示了“群而无分则争，争则乱，乱则离，离则弱……”的人类社会关系的演变恶果，但遗憾的是，人类总是纠缠于分与和的社会矛盾之中，懂得“分”而不善珍惜“和”，因而战争与争斗总是不绝于人类。在中国的传统道德观念中，主张人与人交往“和为贵”而不是“争为贵”或“斗为贵”。“文化大革命”，使中国人民吃够了不“和”的种种苦头。中国共产党十一届三中全会以后，果断停止了“以阶级斗争为纲”的提法，沿着有中国特色的社会主义道路前进，终于使中国社会获得了和谐稳定与经济快速发展。

人和，是历史上众多政治家、思想家追求的社会治理目标。荀子曰：“水火有气而无生，草木有生而无知，禽兽有知而无义；人有气、有生、有知，亦且有义，故最为天下贵也。力不若牛，走不若马，而牛马为用，何也？曰：人能群，而彼不能群也。人何以能群？曰：分。分何以能行？曰：义。”（《荀子·王制》）荀子不仅看到了人与动物一样具有自然性，更为重要的是看到了人具有超越动物的“能群”“能和”的社会性。人与人之间和睦协调就能团结一致，团结就有力量，力量强大就能战胜其他。孟子说：“天时不如地利，地利不如人和。”把人和提升到诸和之首。齐家之道是中国传统文化的重要内容，而齐家之道讲求“家和万事兴”。欲达人和，就要激发爱的力量，坚持与人为善，拥有宽广的胸怀，需要有容人的海量、容言的气度、容事的胸襟。就服务来讲，其根本目的是提高人们的生活质量，使人们生活得更加美好，使人与人的关系更加和谐。因此，学分银行的服务必须坚持“和为贵”的原则，强调和树立“尚和戒斗”的精神，反对任何无原则、无意义的争斗行为。“和”不是引导人们都去当不讲原则的和事佬，而是要人在日常生活中学会谦让，理解别人、谅解他人、善待他人。尤其是在服务工作中，要善解人意、态度热情、谦虚礼貌、细致周到。

学分银行要大力培育员工的友爱精神。爱家人，爱同事，爱朋友，爱单位，爱国家，爱人类，爱自然。《孝经》讲：“教人亲爱莫善于孝。”人之为人，首先要爱父母，一个连父母都不爱的人，是难以爱他人的。与此同时，还要推己及人：“老吾老以及人之老，幼吾幼以及人之幼。”（《礼运·大同》）一个有情感的人才有爱心，而爱是人类生存和发展的精神动力，也是整个社会和谐的基础。

学分银行要大力培育员工的团队精神和团队合力，在信任友爱的基础上，团结协作，视学分银行为家，心往一处想，劲往一处使，在共同的理念目标下，发挥各自特长，进行创造性的工作。

学分银行要大力培育和谐文化。学分银行应当致力于发展成为“感情银行”，建立忠诚关系，以真情的魅力换来学习者的赞誉和宣传。在学分银行组织内部，实施“敬人、信人、安人、诲人、激人、律人”的以人为本管理模式，以感情吸引人、以文化感召人、以事业凝聚人、以机制留住人。

第四节　认证服务的流程

学习成果认证服务的流程主要由提供认证服务所经历的步骤、顺序、活动构成，即学分银行向学习成果认证申请者提供服务的整个过程和完成这个过程所需要素的组合方式。

（1）建立专家组，制定可进入学历教育序列的学习成果的认证标准体系，形成可供学分银行前台服务人员与学习者查阅使用的若干专业课程目录及对应关系表，如学历教育各专业课程目录、学历教育课程与专业对应关系表、学分银行可认证的职业培训等证书和培训项目目录、证书课程（项目）与学历教育课程对应关系表、其他学习成果与认证单元对应关系表等。

认证标准体系越完备、越健全，覆盖的学习成果面越广、类别越多，认证服务就会开展得越好。

（2）建立专家组，对社区学院、老年大学等文化休闲教育机构的学习项目进行认证，形成学分银行可认证的文化休闲教育学习项目目录。

（3）学习者首先需要携带自己的身份证原件到学分银行申请开户，拥有学分银行学习账户，建立个人终身学习档案。

（4）学习者持能代表自己学习成果的原件（如学业证明、课程成绩证明、职业资格证书、技能等级证书、岗位等级证书等），向学分银行网点申请认定学分。

（5）学分银行网点进行学习成果认定初审，初审通过后将学习者的学习成果原件递交学分银行管理中心复审。

（6）学分银行管理中心进行学习成果认定复审，复审通过的学习成果学分存入学分银行。

（7）学分银行高校网点学习者持获得的学习成果原件，向所在高校网点申请认定学分。高校网点认定通过的学习成果学分存入学分银行。

（8）学习者获得的经学分银行认证的文化休闲教育项目（课程、学习活动等）学分，由所在区县社区学院、老年大学认定后统一存入学分银行。

（9）学分银行高校网点、合作的教育培训机构负责将本校学生学习成绩信息认定后统一存入学分银行。

学分银行认证服务流程如图 9-1 所示。

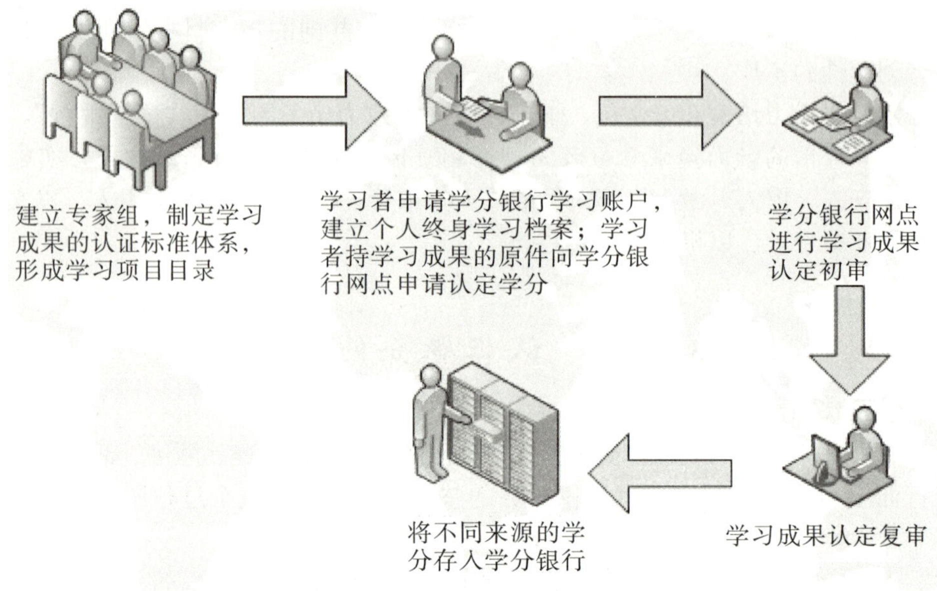

图 9-1 学分银行认证服务流程

第五节 认证服务的能力

认证服务的能力是指学分银行的人员及知识技能、场地、设备设施等资源配置所形成的一定水平组合。

认证服务管理者寻求的是认证服务能力与认证服务需求之间的动态平衡。

最大的服务能力并不是最佳的服务能力，最佳的服务能力是指学分银行在保证服务质量的前提下所能接待的认证申请者的数量。一方面，要尽力避免因服务能力过大造成能力利用率低，服务需求不足时未利用的服务能力同时消失；另一方面，又要防止因服务能力不足，无法有效满足服务需求时使服务需求流失。因此，认证服务的能力不是固定不变的，而要随着服务需求的变化在一定范围内进行调整。调整服务能力有扩大能力、缩减能力、维持原有能力三种方式，可以从设备设施、场地、人员、时间几个方面进行服务能力的调整。一般而言，服务场地在学分银行正式投入运行之前就已设计、设置妥当，主要体现在设计阶段的布点多少以及每个服务网点的规模大小上，随机调整较为困难。而设备设施、人员、时间这三个方面的随机调整则相对容易一些。

在设备设施方面，合理安排和充分利用现有设备设施。

在调整服务人员方面，可以从人员数量和培训技能两个方面进行。

在调整服务时间方面，需求高峰期可以通过仔细安排工作班次计划，适当延长服务时间以提高服务能力。

服务能力可以分为两种不同的存在形式，一种是以各种设备设施和信息化平台形成的服务能力，一种是以服务人员的知识技能为标志的服务能力。为了保证满足服务需求，学分银行必须对这两种服务能力都有一定的富余储备，这会产生可观的费用与成本。有形的设备设施的储备，随着折旧其价值逐渐减少。而服务人员的知识技能的储备，虽然也会产生费用，但这些智力投资所形成的价值并不随着时间的流逝而逐渐贬值，反而会随着技能的提高和更新，产生人力资本价值增值。因此，加强对员工的知识技能培训，是增加学分银行能力储备的重要举措。

服务技能是服务人员提供服务所必需的技术和能力的统称，可以分为技术技能和处理人际关系的协调、沟通、应变技能两部分。技术技能可由达到的结果来表示，协调、沟通、应变技能则表现在服务人员能否与顾客建立和维持良好关系上。两种技能既有关系，又有区别，相互关联又相互影响。具有过硬的技术技能使员工在提供服务时得心应手、游刃有余；具有良好的协调、沟通、应变技能使服务人员准确理解顾客需求，服务热情周到，促进技术技能的更好发挥与落实。综合有效地运用这两种技能，方能实现优质服务。

学分银行前台服务人员的服务技能应当由下述基本技能构成：面部保持微笑、直视被服务者的双眼、认真仔细地倾听被服务者的陈述、分辨各项事实、接受、解释并处理双方交流的信息、初步判定可接受认定的学分或学习成果、使被服务者保持心情愉快。

第六节　认证服务的质量

“质量”一词，是由品质的“质”和数量的“量”两个含义不同的字组合而成的。物理学与化学的研究中是将二者严格区分的，在哲学中也有事物由量变到质变的专门论述。由于汉语中两字为词的习俗使“质”和“量”两个含义不同的字组合而成专指“质”的词汇，对“量”的表述则被复杂为“数量”。该词的两个字如果不分开，通常就是“质”的含义。

质量是一个非常抽象的概念，就像自由、公平、正义等概念一样，人们常常有一些直觉的理解，但较难表达、定义和测度它。从不同的视角出发，人们赋予“质量”一词不同的含义，甚至同一个人在不同的时间和场合会采用不同的含义。

在相当长的一段历史时期内，人们以产品是否符合设计要求来衡量其质量，产品达到设计要求就说它质量合格、质量过关，这里的质量观反映的是产品的符合标准性。随着社会生产力的发展和买方市场的形成，这种只站在供方立场考虑问题而忽略顾客立场的质量观，其弊端日益显露。在买方市场中，尤其在服务领域，必须从顾客的立场出发，正确认识和全面理解质量的内涵，建立新的质量观。

国际标准化组织（ISO）制定的关于质量管理和质量保证的术语《ISO8402：1994》对“质量”是这样定义的，质量是指“反映实体满足明确和隐含需要能力的特性的总和”。该处的“实体”是指“可单独描述和研究的事物”，可以是产品，可以是活动或过程，可以是组织或人，也可以是上述各项的组合。而该处的“需要”，一般情况是指顾客的需要，也可指社会的需要及第三方的需要。所谓“明确”，是指顾客对实体提出明确的需要，常以合同契约的方式给予规定，同时也包括法规在环境保护、安全卫生等方面的约束要求。所谓“隐含”，是指顾客对实体的期望，或指那些虽未明确规定但确是人们普遍认同、无须特别说明的需要。该定义虽然比较权威，但专业性太强，不易被普通人理解。我们可以对“服务质量”用通俗一点的话语来描述：在服务活动过程中使顾客满意所表现出来的有用性程度。在服务的质与量的关系中，服务的质起主导性、决定性作用。顾客对服务的有用性必然有要求，量多质劣的产品即使白送顾客可能也不需要，多而无用的服务可能只是给顾客增添烦恼。服务质量的关键是质的保证。

服务质量在很大程度上是顾客的主观感受，而不是对实物产品的客观检验。它取决于服务期望与服务绩效的对比，换言之是指顾客期望与感知的对比。顾客既可以根据服务结果来感知服务质量，又可以从服务过程来感知服务质量。服务结果固然非常重要，服务过程更应十分重视。顾客往往是根据服务传递过程中感受到的服务人员在履行职责时的行为、态度、表情、穿着等来评判服务质量的。这也就是服务质量的主观标准，带有浓厚的情感色彩，这也是服务质量难以精确测度的主要原因。尽管如此，还是应当以顾客满意为服务质量的根本标准。

从服务管理者的角度出发，也可以制定一些服务质量的客观标准：

（1）定的服务项目是否缺失。

（2）服务人员的操作是否符合规范。

（3）服务结果与作用是否达到了规定目的和要求。

（4）服务人员的工作效率是否达到了规定的时间要求。

（5）是否遵守了全部的服务承诺。

（6）服务环境是否符合规定要求。

学分银行的认证服务，其顾客是广大的学习成果认证申请者。要提高认证服务质量，必须进行大量的调查研究，弄清楚广大学习者的需求和期望。一方面，设计和设置好的认证服务项目（结果质量），适应和满足广大学习者的需求；另一方面，培训和提高认证服务人员素质，提供优质高效的认证服务过程（过程质量）。服务人员的友好态度与胜任能力二者缺一不可，服务人员缺乏友好态度自然会使认证申请者感到不愉快，而如果他们的业务知识太少或业务技能太差也会使认证申请者大失所望。学分银行认证服务人员既要业务精、技能强，又要具有热情友好的态度，想顾客所想，急顾客所急，身上洋溢着浓郁的“人情味”。

学分银行的服务应当追求优质服务。什么是优质服务呢？简而言之，就是让顾客满意的服务。具体而言，应该从顾客的根本利益出发，热情、友好、主动、周到、安全、准时、高效地提供让顾客感到放心、可靠、便捷、愉悦、满意的服务。

第七节　认证服务的组织体系

认证服务组织的存在是为了服务认证申请者，认证服务组织赖以生存的基础是认证申请者。学分银行各个部门的从业人员都必须牢固树立“以认证申请者为中心”的观念。

传统管理学有一个“管理跨度”的概念，认为一个管理人员只能有效地管理7～9名员工。但随着计算机信息技术的飞速进步与发展，这一概念在发生着变化。事实上，采用计算机信息技术后，许多服务性行业的管理跨度已经大大扩大，越来越向着“无限扁平”的组织形式发展。

理论上讲，学分银行采用现代计算机信息技术后，只要管理平台设计得足够科学合理，其组织结构可以是趋于“扁平化”的组织结构。

但是，计算机不是万能的，它不能完全替代所有人的服务工作。计算机可以快速存储和处理海量数据，极大地提高管理效率，但却不能提供许多必须由服务人员提供的服务，如认证申请的受理，学习成果原件的审核、真伪鉴定，成绩证明审查，学分认定等。

学分银行认证服务组织体系如图9-2所示。

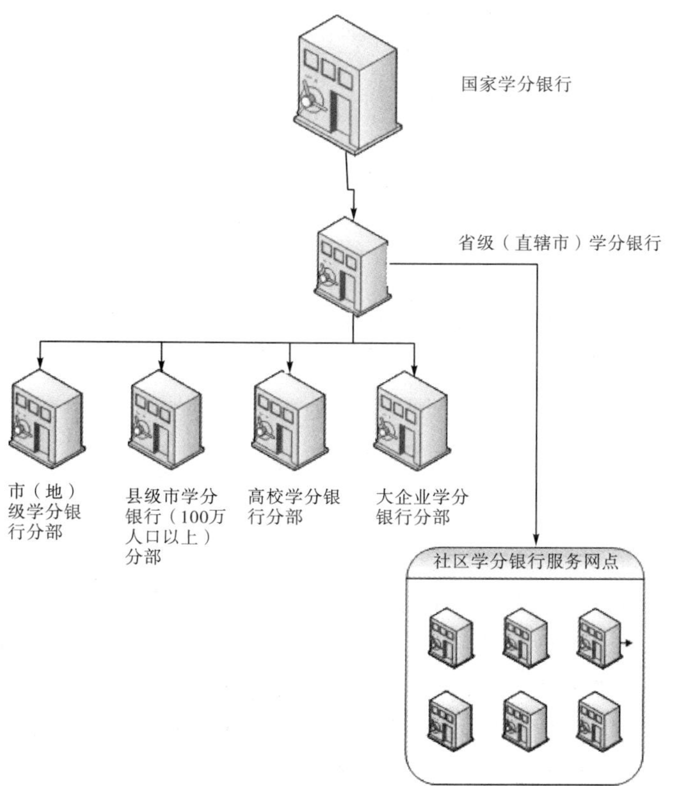

图9-2　学分银行认证服务组织体系

本研究认为，为了方便认证申请者，除了使计算机管理平台可以非常方便地查询和咨询外，学分银行的服务网点布局和设置也应当尽可能方便认证申请者。除了国家和省（直辖市）两级设学分银行外，市（地级）、县级市（100 万人口以上）、高等学校、大企业集团总部等应设学分银行分部，大型社区应设学分银行服务网点。这些服务网点应当像银行网点那样，对人员、场地、设施设备、标识、服务项目与内容、服务流程、管理制度、投诉规定、审批等有统一标准和要求，不能各行其是、随意设立。学分银行的设立应当由中央、省两级教育行政主管部门审批，分部及网点的设立应当由学分银行审批。

第八节　认证服务从业人员要求

任何服务都是针对人的，同时也一定由人去进行。学分银行认证服务能力和认证服务质量的提高，都离不开服务从业人员服务态度和业务技能的提高。因此，对于学分银行的认证服务从业人员，应当提出相应的要求。

一、入职资格

进入学分银行服务人员队伍，应当具备一定的资格。

学历：大学专科及以上；

年龄：21～60 岁。前台服务人员要求 21～40 岁；

性别：男女均可；

计算机技能：一级及以上；

人际交往态度与技能：微笑、热情、友好、耐心、认真、及时回答提问、高效处理问题等。

业务知识：熟悉并掌握学分银行的基本常识、认证服务的基本流程、认证服务的基本内容、认证服务的基本原则与规定、学分银行工作纪律等。

二、职业道德

（一）敬业尊客

敬业是对所有从业人员最基本和最起码的要求。服务者首先要端正态度，克服可能会出现的自卑心理，树立为人民服务光荣的现代理念，热爱自己的职业和岗位。自尊是人的正常心态，但要区分场合、时间与程度。如果服务者的自尊让顾客感到了不安甚至害怕，那就不是自尊而是傲慢甚至是霸道了。自尊是人格的自尊，它以自我约束、表现道德风范为前提，获得他人尊重的前提是必须首先尊重他人。学分银行的认证服务人员同时又是教育工作者，更应该用“为人师表”要求和规范自己，尊重顾客是首先必须做到的。认证申请者的光顾是学分银行得以继续存在的根本保障，如果没有认证申请者的光顾，学分银行便失去了继续存在的理由。

（二）友好热情

服务人员应当把顾客当成自己的好朋友，友好热情地对待。始终对顾客表现出发自内心的诚挚微笑，注意杜绝假笑、强笑、苦笑、皮笑肉不笑，更不能冷笑、嘲笑、傻笑、狂笑，避免引起顾客的反感和误解。在与顾客的交往中，要让顾客感受到诚与尊，热情而不要冷淡，友好而又不要过于亲密。落落大方，坦然自若。与顾客交谈时要多用“请”和“谢”，语气亲切，始终正对顾客的视线，认真倾听对方的陈述，不能左顾右盼，东张西望。回答顾客的咨询时要言简意赅、简明扼要、用词准确、口齿清晰、语速适中、音量适度。

（三）诚实守信

我国的传统道德非常注重诚实守信。诚实是为人诚恳实在，不虚伪，不虚假，一就是一，二就是二。守信就是信守承诺，言必信，行必果。信守承诺的实质是服务者必须向顾客切实履行职责，童叟无欺。学分银行的公信力是建立在全体服务人员的诚信基础之上的，缺乏服务人员日常工作中的诚信，学分银行就无信誉可言。学分银行应当订立服务公约，作为向认证申请者的承诺，也作为对认证服务者的要求，同时也是顾客确认认证服务项目和检验认证服务质量的标准。遵守认证服务公约是认证服务从业人员最起码的职业道德。

（四）谦恭忍让

谦恭是人的美德，是建立和谐人际关系所必需的。对顾客始终保持谦虚与恭敬的态度，是服务从业人员应当努力做到的。在服务工作中，有时会出现矛盾，服务人员一定要注意忍让，因为多数分辩都是矛盾的导火线，也是导致矛盾升级的起因。忍是忍态度，不要发脾气，更不能发火。让是让理，无理自然要服从道理，就是有理、得理也要让顾客。在现实的人际交往中，多数人会讲理，但不会让理，坚持争吵以见分晓，争到最后才发现什么也没有争到。服务中发生的许多矛盾都是“公说公有理，婆说婆有理”的非原则性矛盾，服务者要学会忍让，学会说“对不起”，缓解顾客的不满情绪，避免争吵而使矛盾升级甚至恶化。

三、良好心态

学分银行的认证服务人员需要有良好的工作心态。优质服务不仅是为了使广大的学习成果认证申请者满意，也是为了使自己能够获得成功的喜悦。

人是感情动物，喜怒哀乐，人皆有之。心态的表现要有分寸，表现过分就会失态，就会有损形象，认证服务人员要学会心态的自我调节。

消极的情感固然不宜在顾客面前表露，无论服务者自身遇到什么痛苦、悲伤和委屈之事，都没有理由传递给顾客，让顾客陪着你难过。即使是喜与乐的积极情感，表现也要有度，过分也要失态。服务者上班时心情不好而没有好脸色，甚至说话冲着顾客发脾气，是认证服务人员必须努力克服的典型常见的失态表现。情感表现不能为所欲为，必须善于自我调节和控制，这既是职业的要求，也对服务者自身的身心健康大有裨益。与他人分享喜乐之事固然是美好的，但如果强迫别人与自己共享就有可能让别人烦恼，若不管不顾地分享他人喜乐就可能侵犯他人的权利。而对于消极情感的分担，则更体现道德。同情和想法减轻或消除他人痛苦属于有德，而将消极情感强加于人则属于添烦性缺德了。

学分银行的认证服务人员要随时注意增强自身修养，提高自我心态控制能力，需要控制情绪之时，想一想自己如果失态是否侵犯他人权利，是否对自己的身心健康有益，在顾客面前始终表现出风度和涵养，树立美好的形象。

四、竭诚尽力

服务概念的本身就是为他人做事。“为人民服务”是我们所有人的本职工作。在现实社会中，我们每个人的工作都在直接或间接地为他人提供服务，同时我们也在享受着他人提供的各种服务。

中国共产党把“全心全意为人民服务”作为自己的宗旨，并以此要求全体共产党员。这本来是非常美好的人与人的社会关系。但由于我国经过历次政治运动的磨难，加之社会上尤其是当权者屡禁不止、愈演愈烈的腐败现象，人们逐渐对这一提法失去了信心和热情，产生了迷茫。本来，我们还处于社会主义初级阶段，要求人做到完全无私是超越现实的，也是违背社会发展客观规律的。社会主义社会仍然存在个人利益，人们通过自己的劳动，名正言顺地获得合理报酬并受到法律的保护。服务是劳动者的有偿性劳动，其劳动的目的首先是维持服务者自身的生活。我们承认劳动者个人利益的客观存在，并不是提倡和鼓励极端个人主义和拜金主义，而是要更加客观地树立服务道德标准，这才符合辩证唯物主义的认识论。“全心全意为人民服务”确立为执政党的宗旨是完全应该的和正确的，它仍然适合于所有的政治服务者，因为他们的劳动报酬是全体公民通过纳税的方式已经提供而有了保障的，没有理由再向人民索取。但对全社会的其他劳动者而言，“全心全意为人民服务”的提法就显得过于崇高和神圣，没有明确劳动者为自己利益而劳动的成分，容易被曲解为无偿奉献，是现阶段许多劳动者都不容易做到的高标准。

对于普通的服务劳动而言，“竭诚尽力”的提法较为妥当。“竭诚”就是倾尽全力地表现出诚意，全力以赴地提供服务，千方百计地使顾客感到满意。付出全部的诚意对服务者而言，并不是高不可攀的要求，引起重视就应该能够做到。就算是服务者个人能力有限，只要表现出足够的诚意努力去做了，绝大多数顾客都会被你的诚意所感动，不会不近人情地苛求服务者。“竭诚”既不强调个人利益，也不否认个人利益。随着社会的发展和进步，人的文化修养和思想觉悟必然会随之提高，“我为人人，人人为我”“全心全意为人民服务”必然逐渐成为一种社会风尚，和谐社会将逐步成为美好的现实。

五、尚勤戒懒

服务工作必然存在勤与懒的矛盾，应当尚勤戒懒。懒惰是服务工作的大忌，勤奋才是服务工作应当推崇的。服务者在工作时也需要简便和省劲，不愿意总是从事重复性劳动，唯一可行的方法是通过自己的勤奋学习，熟练地掌握服务的技能技巧，老老实实地一次性服务成功，使顾客满意，从而省去返工劳动、解释道歉等烦恼。俗话说“勤能补拙”，通过勤，可以熟练，通过熟练，才会产生巧。天道酬勤就是这个道理。偷奸耍滑既得罪顾客，又招同仁怨恨，是小聪明、假聪明，以勤补拙才是真聪明。

六、善始善终

优质服务包括服务工作的完整性。这就要求学分银行的认证服务人员要树立善始善终的完整服务意识，不能虎头蛇尾，更不能半途而废。比如一个学习成果认证申请者提交了一项学习成果希望获得认证，认证服务人员态度热情地受理了该项申请，但因若干原因（例如学分银行以前从未遇到该学习成果而尚为建立标准，无法认证的情况），服务人员暂时无法答复申请者，正确的做法应当是，一方面诚恳地向申请者解释原因，另一方面积极地向学分银行管理者反映顾客的此类需求，建议学分银行尽快组织专家小组制定出该类学习成果的认证标准，开辟出新的认证服务项目，以满足广大学习者的需求。切忌简单粗暴地把申请者打发了事，也不应该热情受理又久久不给予答复。须知没有结尾的服务没有体现出“竭诚”，就更谈不上优质服务了。

为了实现优质服务，学分银行的管理层应当加强对认证服务人员的态度及知识技能的培训。

制订培训计划：每年培训多少人次，达到什么目标，安排多少经费与项目，列入年度工作计划。

明确培训目标：使被培训者成为心态良好、态度热情、责任心强、拥有丰富的学分银行业务知识、熟练掌握认证服务技能的合格人才。

确定培训内容：终身教育理论知识、学分银行各种规章制度与业务知识、职业道德与爱岗敬业、认证服务技能、人际交往态度。

明确培训形式：内部培训与派出培训相结合。

保障培训经费：列入年度预算安排。

确保培训师资：学分银行自身师资与聘请高等学校、服务行业资深专家相结合。

首先，加强职业道德与爱岗敬业教育，使员工热爱本职工作，愿意为学分银行事业的发展贡献力量，认真负责地处理在岗位上遇到的每件事情。

其次，加强认证服务相关的知识技能培训，如学习成果层次类别的区分、认证标准的理解与掌握、学分的内涵、认证的流程与规定等。

还应该加强认证服务人员人际交往态度与技能的培训。比如，如何保持微笑，如何倾听陈述，怎样对待提问，怎样分析顾客心态，怎样对待难缠的顾客，如何使顾客感到满意等。

第九节　认证服务文化

认证服务文化是学分银行在长期的服务活动中形成的并得到全体组织成员信奉和遵守的价值观、信念、行为规范、共同礼仪和习俗等内容的组合。它成为有力地约束学分银行中个体或群体行为的准则，是一种“以认证申请者为中心”的导向文化，要求学分银行各部门的人员都要认可，全体成员对服务的兴趣形成和对优质服务的认同非常重要。每个人都将提供优质服务看作最基本的工作方式和生活中最重要的价值之一。服务导向的价值观在学分银行中占据主导地位。认证服务文化具有导向、约束、凝聚、激励四大功能。

第一，导向功能。学分银行的员工如果树立了“以认证申请者为中心”的服务导向价值观，就有可能按照顾客所期望，提高服务能力进而提高服务质量。观念确立了，就可能对顾客更有兴趣，就会经常思考顾客期望什么，就会更加热情、主动、敏捷、灵活、谦恭，并会努力寻找和尝试满足顾客期望的恰当的办法。

第二，约束功能。学分银行认证服务文化对每个员工的思想和行为具有约束和规范作用。学分银行的各项规章制度及其蕴含的理念，是认证服务文化中的制度文化部分，不言而喻有较强的约束与规范作用，具有刚性特点。但正因为其刚性特点，难以顾及人的复杂情况及方方面面的需要，其功能和调节范围也就有限。应形成与制度文化相对应、相协调的环境氛围，比如舆论氛围、共同礼仪和习俗、群体意识、先进模范等，从而对组织成员形成强大的心理约束进而转为行为控制，有时，这种无形的约束作用比之有形的约束作用还要强大。

第三，凝聚功能。由于形成了共同的意识，对这种意识有强烈的“认同感”，寄托了共同的理想、希望与要求，学分银行认证服务文化可以产生较强的凝聚力和向心力，团结全体员工，使他们主动积极地参与学分银行各项事务，为学分银行事业的发展贡献才智和力量。

凝聚功能还表现在排他性上，由于外部的排斥和压力存在，个体产生了对群体内部的依赖，促使个体凝聚于群体之中，形成命运共同体。

第四，激励功能。学分银行认证服务文化具有引发组织成员产生奋发向上精神和高昂斗志的效力。这种激励作用不是消极被动地满足组织成员的心理需求，而是通过文化的熏陶，使每个员工从内心深处自觉产生奋发向上的献身精神、强烈的使命感、持久的内驱力。倡导学分银行认证服务文化的过程就是帮助员工探寻工作意义，建立行为的社会动机，从而调动工作积极性的过程。其可以在组织成员行为心理中持久地发挥作用。

上述四大功能不是孤立地发挥作用，往往是同时发挥作用，相互影响，从而形成学分银行认证服务文化的功能体系。

从认证服务文化的内容来看，主要包括下述几方面：

第一，学分银行的目标与使命，也即学分银行全体员工的共同愿景。这是学分银行认证服务文化的核心，它可以形成学分银行的凝聚力和向心力，可以激发员工的工作干劲与热情，可以调节员工之间的关系，形成风雨同舟、共同进退、团结一心的坚强集体，为学分银行的发展与进步提供恒久不竭的动力。“服务学习者的进步与发展”应该成为学分银行的目标与使命。这里的“学习者”既指全体又指个体，即一切愿意学习的人们。

第二，共同的价值观。所谓价值观就是人们评价事物重要性和优先顺序的一套标准。学分银行应当遵循什么样的共同价值观呢？笔者认为，学习者至上、优质服务、团结协作、遵章守纪、热情周到、诚实守信、开拓创新等应当成为学分银行的共同价值观。

第三，传统作风与习惯。传统作风与习惯是为实现目标使命与价值观服务的。比如：态度热情、倾听认真、办事细心、回答简明、查询快捷方便等应当成为学分银行的传统作风与习惯。

第四，规章制度与行为规范。这是学分银行组织文化中的刚性部分。由于学习成果认证工作涉及面宽、影响面大、原则性强，必须下大力气制定一整套规章制度与行为规范，这是建立和增强学分银行公信力所必需的。它既包含关于学习成果认证的一整套制度（标准、程序等规定），又包含学分银行工作人员行为规范的一系列规定。尤其是在学分银行初建阶段，该项建设是重中之重。在未做好充分准备之前，学分银行不应匆忙开门运营。诚然，任何制度体系都有一个在实践中接受检验而逐渐完善的过程，学分银行的规章制度与行为规范也不例外。在制度安排中准备充分，对于提高学分银行的社会公信力是只有好处而无害处的。

第五，学分银行组织文化的物质载体主要包括学分银行的统一标识、环境布置、形象包装、宣传品、纪念物等。

学分银行认证服务文化是在长期的服务活动中形成的，没有足够的时间延续，难以形成稳定的文化积淀。学分银行是新生事物，目前还谈不上有文化积淀。但管理者从一开始就认识到形成组织文化的重要性，对组织文化的功能有清晰透彻的认识，从而有意识地着力营造一种服务文化，对于学分银行的进步和发展是大有好处的。

（1）在建章立制上下功夫。在不太长的历史时期内形成学分银行的制度文化。

（2）全面提高员工的素质。首先把好进人关，其次要抓好在职培训。高素质的员工队伍是学分银行服务能力的基础，也是营造认证服务文化的基础工程。

（3）适时开展各种切合学分银行业务工作特点的文化活动，如印发员工手册、宣讲行为规范、讨论认证标准与流程、举办业务知识考核考试、猜谜、问答等。

（4）设计一些重要仪式与庆典。通过这些仪式与庆典，强化员工的认同度。

（5）树立榜样与典范。及时宣传先进人物与典型事迹，用鲜活的实例使员工有学习的榜样。

（6）塑造学分银行的整体形象。通过媒体宣传、专题公关活动等方式，让人们认识学分银行，了解学分银行，进而喜爱学分银行，支持学分银行。

第十章 学习成果认证的质量保证

任何事物都是质量与数量的统一。没有质量的事物不存在，没有数量的事物也不存在。问题在于数量的大小和质量的高低。学习成果认证既是学分银行的最基本功能，也是学分银行面向广大学习者的主要工作，其质量如何，直接影响学分银行的生存与发展，应当给予高度重视。

第一节 认证质量的概念界定

一、认证质量的基本含义

（一）质量的含义

质量是一个很难准确界定的概念。从不同的文化传承、价值取向、学科领域出发，会得出各种各样的描述和解释。

质量通常有两种含义：一种是物理学中所说的质量，指物体中所含物质的量，是量度物体惯性大小的物理量；另一种是日常生活中所说的质量，比如工程质量、产品质量、管理质量、研究质量、学习质量、教育质量等。

《辞海》对质量的解释是“产品或工作的优劣程度”。

国际标准化组织（ISO）2000版ISO9000族标准将质量定义为：“一组固有特性满足要求的程度。”这是目前比较公认的关于“质量”的定义。

质量有下述几个方面的内容：

（1）质量为实体所具有。实体可以是产品，也可以是服务与活动，还可以是组织与个人。

（2）质量作为实体的内部规定性，是实体固有品质或特性的总和。此事物之所以是此事物而不是彼事物，是由其质量决定的。这些特性包括实体的功能性、安全性、可靠性、经济性、舒适性、时间性等。不同的事物有不同的内部规定性，同一事物在不同阶段也有其不同的规定性，同一事物的不同个体也有其不同的内部规定性。事物的质量呈现出多元性和层次性。

（3）质量必须以满足相关方要求为目的，是实体的客观特性与价值主体的需要相结合所形成的，是事物的客观特性和主体需要的统一体，体现了实体满足主体需要的能力。

（4）质量体现了实体某种特性满足主体要求的程度，满足程度高则质量高，满足程度低则质量低。

（二）教育质量的含义

国际标准化组织（ISO）2000 版 ISO9000 族标准对质量的定义对“教育质量”依然适用。这里，实体就是教育，其固有特性有哪些呢？不同的教育有不同的特性，比如高等教育、中等教育、初等教育、学前教育和特殊教育等都有不同的特性，这些不同的特性由学校、教育培训机构和教育者共同提供。而这些教育的不同特性满足“谁”的“要求”呢？满足的程度怎样呢？是否有不同的价值评价主体？

教育是随着人类社会的产生而产生的，人们积累的社会生产和生活的经验与方法需要一代一代传承下去，否则这些经验和方法便会消失，从而影响人类社会的延续与发展，因此教育才得以产生。

教育也源于人自身发展的需要。婴儿出生时只是一自然个体，如果不从成人那里获得经验、技能、知识、规范、习惯等，如果离开社会有意识、有目的、有计划的教育过程，就不能成为有社会性的人。正是因为人的这种自身发展需要，教育才得以产生和发展。

对教育提出要求的是社会和个人。社会需要是指社会生产和社会生活的需要。社会虽然是由个体组成的，但社会需要并不是个人需要的简单相加，只有作为整体的人的需要才是社会需要。个人的需要与社会的需要是个性与共性的关系，既有一致之处也有矛盾，是动态变化发展的，因而社会需要与个人需要是不能相互取代的。

根据上述分析，我们把教育质量定义为：“教育质量是该教育的固有特性满足个人和社会需要的程度。”

（三）学习成果认证质量的含义

要厘清学习成果认证质量的含义，首先需界定学习成果认证的概念。

《现代汉语词典》中对“学习成果”的解释是：“收获的果实。常用于指工作或事业方面的成就；还有另一层意思为学习、工作、劳动上的成效和成绩。”

《教育大辞典》将“学习成果”解释为：“作为结果，指由经验或练习引起的个体在能力或倾向方面的变化；作为过程，指个体获得这种变化的过程，与成熟、适应、疲劳、药物等引起的变化的不同点是：第一，能相对持久保持，而非短暂保持；第二，由后天的经验或练习引起，不包含由生理成熟引起的变化。”

美国教育评价标准联合委员会认为：“学生学习成果是对学生特定学习的期望，即学生在特定的学习、发展及表现等方面将会获得的各种结果。也就是说，学生学习成果描述了我们对学生学习的期待——学生在完成课程、专业等学习或取得学位之后，应该知道什么、理解什么，以及运用所学知识能够做些什么。”

欧洲的“博洛尼亚进程”使用“学习成果”一词描述课程、培养方案、资格（Qualification）（即由授权机构颁发的学位、文凭及其他证书，证实学习者已成功地完成某种学习）等的目标，预期学生所能取得的成果。“学习成果陈述了经历一段时间的学习后，预期学生所了解、理解和/或展示的。”这表明了学习成果是对学习结果的明确断言，是从学生的角度描述其完成学业后，在知识、技能、能力与态度等方面的综合的表现。

在国内教育界的探讨中，黄海涛对学习成果的内涵进行了深入的研究，认为高校“学生学习成果”的核心含义是：学生经过某种学习后，知识、技能、态度和情感以及习得的能力得以增长，这种增长是具体的、可测量的。他认为，在狭义上，学生学习成果至少包括三个层面的含义：①通过某一门课程的学习，学生学到了什么；②通过所在专业的系统训练，学生专业技能有何提高；③通过接受大学四年本科教育（获得学士学位），学生获得哪些经验。

王迎（2012）在《先前学习认定的理论与实践》一书中阐述，学习成果是指学习完成后呈现出来的能够表现出一定学习成就的东西，可以是报告、实物模型、产品，也可以是课堂笔记、作业、练习或者测试结果，还可以是培训证书和资格证书，此外，还可以是隐性的成果表现形式，如经历、经验。无论怎样，学习成果是可以用学习结果的形式表述的。学习结果是指学生习得的知识和经验，或者学习者在学习过程结束后知道了什么、理解了什么、能做什么。

李光等人（2014）认为，终身学习下的学习成果是指学习者在经过一段时间的学习之后，完成特定学习任务获得的或者经过测试能够表现出来的知识、技能和能力体系，以学习成果的形式判断个体学习情况能使学习者获得的教育资格和条件更符合市场的需求，关注学习成果而非关注在何处取得这些成果，使教育制度呈现更加开放性的特征，增强学习者学习的自主性。

诸多有关学习成果界定的研究结果说明，“学习成果”是一个看似简单而实际上内涵丰富的概念，主要含义包括：

（1）学习成果是学习者参与学习活动后获得的“结果或产出”，既可以是广义的，也可以是狭义的。

（2）学习成果的内容广泛，主要包括认知、技能和情感。

（3）学习成果更加强调对所学知识的应用能力。

（4）学习成果反映学习者增值的情况，因此要便于测量和评估。

笔者在本书中将学习成果的概念界定为：学习者在经过一定学习经历和学习活动后，获得且表现出来的知识、技能和能力的总和。其获得的知识、技能和能力可能有不同的来源，如可以通过学习某课程获得知识和技能，可以经过系统的专业训练增长业务理论和改进专门技能，可以通过工作和社会经历获得经验。

学习成果的表现形式可概括为：以课程为载体、以学分为表现形式的学校教育学习成果；以职业培训科目为载体、以资格证书为表现形式的非正规教育学习成果；其他学术性或职业性的，反映个体专长、能力和实践经验的各种形式。它可以分为正规教育学习成果、非正规教育学习成果、非正式教育学习成果。

“认证”在汉语中通常意义上是指由认证机构证明产品、服务、管理体系符合相关技术规范的强制性要求或者标准的合格评定活动。在英文中，通常采用“Assessment”“Recognition”等词表示认定、认可、认证之意，是一种承认或采认的措施。国际标准化组织（International Electrotechnical Commission，IEC）指南（1986）中对“认证”的定义是：“由可以充分信任的第三方证实某一经鉴定的产品或服务符合特定标准或规范性文件的活动。”在普通的“认证”内涵中，一般分为自愿性认证和强制性认证两种，比如组织根据本身或其顾客、相关方的要求自愿申请的认证即是自愿性认证，而强制性认证则是国家强制要求的一种产品认证，多半带有官方性质，是一种市场准入性的行政许可，获得行政许可方可准予生产、经营、仓储或销售。

学分银行中的“认证”不同于一般社会意义的“认证”，更多是指根据一定的标准，按照规定的程序与方式，对学习成果或颁发成果的机构予以认定并给出证明文件。

本书认为，学分银行中的“认证”主要分为两种类型：一是针对正规学习的强制性认证，必须有强制性要求或者标准对学习成果进行合格评定和学分授予，最终获取社会的认可和承认；另一种是针对非正规或非正式学习的自愿性认证，根据学习者自身的意愿申请的认证和学分授予，用于学习者自我满足或者是精神需要。

综上所述，本书将“学习成果认证”的概念界定为：按照一定的标准和程序，对学习者在正规学习、非正规学习和非正式学习所获得的知识、技能或能力加以鉴定、评价和认可并授予相关证明的活动和过程。

学习成果认证质量则是指学习成果认证的活动和过程满足社会和学习者个体要求的程度。这里有几层含义，一是满足社会整体要求的程度，蕴含了认证标准体系的科学性、合理性、完整性、适切性及操作程序合理性与可行性等方面；二是满足学习者个体要求的程度，蕴含了认证工作的服务性、公平性、公开性、公正性、便捷性等方面。

认证标准体系满足社会整体要求的程度高，标准体系就质量高或质量优，反之则标准体系的质量差；满足学习者个体要求的程度高，服务质量高或质量优，反之则服务质量差。两个方面满足的程度都高，则学习成果认证质量就高。只有标准体系的质量高或质量优而无后者，不能称为学习成果认证质量高。

二、学习成果认证质量的构成

（一）学习成果认证主体的资质

谁来开展学习成果认证？当然是学分银行。本书是关于学分银行的专著，其假设是学分银行具备学习成果认证的资质，是学习成果认证的主体。当然还会有其他教育培训机构可以成为学习成果认证的主体，前提是具备资质。认证主体的资质，不言而喻是学习成果认证质量的至关重要的因素。认证主体的资质应当包含认证机构资质和认证人员素质两个方面，后文还会详述，此处从略。

（二）学习成果认证标准体系的质量

学习成果认证工作开展的前提是先有标准，标准是认证工作遵循的依据。因此，认证工作质量的高低，首先取决于标准质量的高低。那么，标准质量的高低又与哪些因素密切相关呢？

标准的科学性：必须分类明确，分级清晰，符合现行学科分类与分级，符合国家标准对职业的划分。认证单元划分合理，其所给学分代表的知识含量、技能程度、能力高低应该有明确清晰的表述，符合学术规范和行业规范，且学术界和职业界的绝大部分人能够认可和接受，社会各界及学习者能够理解和认同。

标准的合理性：即标准的内容符合客观规律，符合道理，符合逻辑，主客观统一，是理智的、理性的。

标准的完整性：标准体系的覆盖面要尽可能广，尤其是要逐步建立针对非正规和非正式学习成果的标准体系，以适应开展对非正规和非正式学习成果的认证工作。这是庞大而复杂的系统工程，是实践—认识—总结—再实践—再认识—再提高的过程。理想状况是，学习者的各种形式的学习成果都应该有相应的认证标准，都应能申请获得认证。当然，现实与理想总是有差距的，由于学习成果表现形式的多样化和复杂性，人们对其认识的统一的困难性，加之测评手段和工具的局限性，有些学习成果的认证标准可能迟迟不能制定，也就是情理之中的事了。

标准的适切性：标准的制定既符合现阶段大多数人的认识水平，又有利于广大学习者学习成果的认证，有利于广大学习者学习积极性、主动性和创造性的激励与提升，有利于全社会积极向上、主动自觉学习氛围的养成。总之，标准的制定符合客观实际，能起到积极进步的作用。

（三）学习成果认证工作的运行与服务的质量

有了科学、合理、适切且逐步完善起来的学习成果认证标准体系，余下就是具体的学习成果认证工作如何开展了。要保证学习成果认证的公平与公正，除了前述的标准制定外，标准的执行过程也十分紧要。

认证流程的合理性与可行性：认证工作的流程设计先后有序，步骤合理，便捷高效，可操作性强。

认证过程的公开性、公平性与公正性：整个认证工作过程是公开透明的，完全在阳光下运行，无任何暗箱操作，可经受任何检查，唯有如此，才能保证认证工作的公平与公正。

工作人员的服务态度与服务质量：态度热情，业务娴熟，细致周到，方便快捷，优质高效。

概而言之，学习成果认证质量，在认证主体资质确立之后，主要由认证标准体系质量和认证工作的运行与服务质量两个方面构成。换言之，这两方面的质量决定了学习成果认证的质量。

三、学习成果认证质量特性

（一）合目的性与合规律性的统一

所谓合目的性，即学习成果认证质量既要满足和服务于社会发展进步的整体要求，又要满足和服务于学习者个体发展的要求。开展学习成果认证工作，正是这种合目的性的重要表现。

所谓合规律性，指学习成果认证有其自身的客观规律，学习成果认证质量要符合这种客观规律。比如，对学习成果类型和层级的划分、标准的制定和统一，人们有一个认识统一的过程和周期；有些学习成果，尽管确确实实是学习成果，但由于认证标准难以制定或测评工具和手段缺乏因而暂时难以开展认证工作，只有等待认识统一、获得测评的工具与手段之后再开展认证等。

对学习成果认证质量的评价，要坚持合目的性与合规律性的统一。学习成果认证质量的合目的性要通过合规律性来实现，合规律性又要受到合目的性的影响和制约。

（二）多样性与整体性的统一

对整体的学习成果而言，其认证质量具有多样性。由于学习成果的多类型、多层级，必然需要多类型、多层级的认证标准与之一一对应，因而其认证标准也是多样化的，不可能要求所有的学习成果都采用同一个认证标准，必须是分类型、分层级加以区别对待。学习成果认证质量的多样性是由学习成果本身的复杂性和多样性所决定的。

但对同一类型和同一层级的学习成果而言，则应强调其整体性，实行统一的认证标准，不能标准多样，标准多样就会秩序混乱，失去公正与公平。

不同类型、不同层级学习成果认证质量的多样性和同一类型、同一层级学习成果认证质量的整体性的统一，也是学习成果认证质量的特性之一。

（三）主观性与客观性的统一

学习成果认证质量是主体的价值判断和评价。判断和评价的主体是多种多样的，可以是学习成果认证申请者，可以是学分银行自身，也可以是第三方；可以是研究学者，可以是社会名流，也可以是政治家。他们都可以从自己的立场和观点出发，依据自己内心认为合理的标准对学习成果认证进行对照，发表意见和看法，其结论自然带有主观性，也自然有差异。

但学习成果认证质量同时又是一种客观存在，学习成果认证工作从无到有，适应和服务于社会发展以及广大学习者自身发展的需要，并向着满足这种需要的方向努力前行，这本身就已经是质量的客观存在。客观性是主观性的前提和基础，主观性是客观性的表达与再现。

（四）发展性与阶段性的统一

辩证唯物主义认为，运动是物质的根本属性，一切事物都处于永恒的运动之中，运动是绝对的，静止是相对的。换言之，一切事物、现象和过程都处于不断运动变化之中。

学习成果认证质量具有发展性，认识到这一点，可以避免以静止的观点看待和评价学习成果认证质量，而应当以发展的、动态的观点看待学习成果认证质量。不断制定和完善各种类型、各种层次的学习成果认证标准，不断开展丰富多样的学习成果认证工作，不断提高认证服务质量，满足和服务于社会和人们不断发展变化的学习成果认证需求，这一过程应该是问题不断产生而又不断解决的过程。学习成果认证工作必须随时改进，以适应不断发展变化的社会与人们的需求。

但仅从发展观的角度来理解和描述学习成果认证质量是不够的。事实上，在物质运动过程中，如果想要明确描述物质在特定时空下的特性，必须要将物质假定为静止状态方能描述。我们评价和考察学习成果认证质量，也就必须从某一特定阶段入手进行评价和考察，这即所谓的阶段性。对于学习成果认证质量，不能只强调发展性而忽略阶段性，必须坚持发展性和阶段性的有机统一，才能全面地评价和考察学习成果认证质量。

第二节　学习成果认证质量的制度依赖

学习成果认证质量取决于认证制度的制定情况和认证制度的执行情况。换言之，有什么样的认证制度就有什么样的认证质量，学分银行这一新生事物成功与否，在很大程度上取决于认证制度的合理性、完备性、适应性、可操作性、可检测性，同时，也取决于制度执行力的强弱。

按照新制度主义的观点，制度可以分为法令规章体系、规范体系、文化认知体系。我们据此讨论制度如何制造质量。

第一，我们可以把学分银行视为一种新型的教育制度安排，它的应然功能是促进社会发展、促进人的发展、实现人和社会的和谐发展。这三种应然功能是学分银行赖以存在的价值基础，也是举办学分银行的目的所在。这是概括性的、根本性的质量要求。在学习成果认证主体（学分银行）的资质要求里，应该以法令规章的形式将其规定下来。

第二，学习成果认证标准体系一经权威机构批准正式颁布，就在整个社会体系中扮演合法化的角色，通过对社会知识（技能、能力）体系的分类和定义，界定学习成果的质量与规格，从而间接界定了学习成果拥有者相应的资格。这说明学分银行制度具有独立性和主动性，在规定一种规格的同时，也就制造了一种质量。如此，学习成果认证标准的制定就尤显重要，必须以制度形式规定其制定主体（专家委员会或专家小组）的组成规则、制定人员的资格、制定人员的活动准则等，还必须以制度形式规定认证标准审定机构的组成及职责、颁发机构的组成及职责等。

第三，制度还会塑造人们的记忆功能，建立一种文化认知体系。制度影响人们行为的一个重要原因是制度中存储有规则和信息，这些规则和信息会使人们不由自主地沿着其路径去认识世界，形成路径依赖。制度还有一个重要功能就是强化人们对某些领域和规则的记忆，同时忽略和遗忘另外的领域和规则。从这个意义上讲，制度参与和影响了人们的思维活动，制造了人们的偏好和质量。

健全的制度至少应当具备合理性、完备性、可操作性、可检测性几个条件。合理性是指制度内容符合客观规律，符合道理，符合逻辑，主客观统一；完备性是指制度完整全面，形成体系，各相关岗位职责明确，各主要环节的规定和要求清晰明了；可操作性是指制度符合现实需要和条件，能够和便于实施；可检测性是指制度规定明确具体，能够和便于检查和测评，对制度执行者实施奖惩。

学习成果认证制度的制定，其着力点应当放在制度的合理性、权威性、适应性、完备性几个方面。首先要花大力气制定标准性的制度，在不太长的时期内，形成较为完善的、合理的且具有一定权威性的、可操作的学习成果认证标准体系，为学习成果认证工作的开展提供依据。其次是制定认证工作开展的具体运作制度，以规范从业人员的行为。再次是制定各种各样的质量保障和监督制度，确保学习成果认证工作的正常有序开展和质量的提升。

学习成果认证制度的执行应该强调以人为本、主动热情、周到细致、遵章守纪、及时反馈、改进完善。采取各种各样的措施，提升和强化制度执行者的执行力。

第三节　认证质量保证的基本规则

学习成果认证质量保证是指学分银行为了使社会和学习者个人确信学习成果认证工作能够满足规定的要求，依托质量体系所进行的一系列有目标、有计划的活动和过程。而质量体系则包括实施质量管理的组织机构、职责、程序、过程和资源等，是管理能力和资源能力的综合体。

一、具有明确的质量要求目标，实施全面全员质量管理，严格认真执行认证标准

认证主体质量目标：认证机构及人员达到和超过资质要求。

认证标准质量目标：认证标准科学、合理、完备、适当。

认证标准执行质量目标：认证流程合理、执行标准严格、公开、公平、公正。

认证服务质量目标：顾客满意。

认证服务的质量目标由上述四个方面的目标构成，四个方面的质量都达到了目标，学习成果认证的质量就有了基本保证。主体、标准、标准执行、服务四位一体，构成认证质量的有机整体，任何一个方面都不可或缺，缺少某个方面都是不完整的。

二、设置质量检查的专门机构，配备精干人员，开展质量检查工作

在学分银行内部，应当设立质量检查的专门机构，配备责任心强、熟悉业务、坚持原则的精干人员，经常开展质量检查，重点检查认证标准的执行情况以及反馈意见与建议、认证流程的执行情况、认证服务的质量、认证申请者的满意度调查等。

聘请中介组织，对学分银行开展质量评估，进行社会满意度调查，以适当的方式向公众公布，促进学分银行改进工作，提高质量。

政府组织专家和社会名流，全面检查和评估学分银行的指导思想、机构设置、人员配备、标准制定、内部管理制度、资源与条件保障、质量反映、学习者满意度、社会公信力等。

三、各岗位职责明确，任务清楚具体，避免人浮于事

在学分银行内部，岗位设置合理，分工明确，任务清楚，职责清晰，人人有事干，事事有人抓，无虚岗冗员，精简高效。

四、工作程序清晰，避免交叉重复和扯皮

工作流程合理清晰，无交叉重复和扯皮现象发生，方便认证申请者，无申请者投诉。

五、达到全面质量目标所必需的资源条件有充分保证

确保达到全面质量目标各环节所必需的人、财、物条件有充分保障，营造干净、明亮舒适、优雅的服务环境，让学习成果认证申请者愿意来，待得住，心情愉悦，置身于高雅的文化氛围之中，接受文明的熏陶。

第四节　认证标准的科学性、权威性与公信力

一、认证标准的科学性

认证标准的科学性是认证标准取得权威性和公信力的基础。换言之，每一项认证标准，其表述必须正确、清楚、明确、确切、简洁、规范，其内容必须符合客观规律，反映事物的本质和内在联系。结论可靠，概念、定义、观点正确。就认证标准体系整体而言，学习成果（知识、技能、能力）的分类必须遵循公认的、权威的分类方法，不可自行其是，胡乱划分。

人类通过生产活动和社会活动产生经验，经验经过积累和消化形成认识，认识再通过思考、归纳、理解、抽象而上升成为知识，知识在经过运用并得到验证后进一步发展到科学层面上形成知识体系，处于不断发展和演进的知识体系根据某些共性特征进行划分而成学科。

学科是相对独立的知识体系。“相对”强调了学科分类具有不同的角度和侧面，“独立”则使某个具体学科不可被其他学科所替代。

为了保证认证标准的科学性，标准制定者必须是该学科领域有名望的专家。专家小组内，既应该有学科专家，还应该有行业专家，既保证标准的学术性，又保证标准的适用性。专家小组的人员组成、数量、比例、资格等，都应该以制度的形式明确规定，避免人为随意，从根本上保证认证标准的科学性。

二、认证标准的权威性

有了认证标准的科学性作为保证，认证标准的权威性就有了存在的基础。制定标准的专家小组若由权威专家所组成，该标准就自然具有了一定的权威性。但这还不够，标准的审定和发布机关如果是权威机关，那就更能大大增加标准的权威性。当然，实践是检验真理的唯一标准，认证标准权威性的建立，最终要在认证标准执行的实践中经过检验才能真正形成。

三、认证标准的公信力

公信力反映的是社会公众认可和信任的程度。学分银行的学习成果认证标准要提高公信力，一方面，制定标准时要在标准本身的科学性、合理性，标准体系的完备性方面下大功夫；另一方面，在标准执行过程中，执行者要切实做到公开、公平、公正，以人

为本，以学习者为中心，既一视同仁，严格认真执行标准，又态度热情、服务周到、耐心细致，处处充满人文关怀。这样持之以恒，坚持数年，学分银行的社会公信力自然会逐渐提升。

人们对新生事物的认识总是需要一个过程的。学分银行毕竟是新生事物，人们还不太了解或知之甚少。因此，学分银行在初创时期，更要谨慎、认真、严格，不可草率从事。每出台一项标准或制度之前，都要充分论证和研究，严格制定、审定、颁布程序。颁布执行后，要及时收集反馈意见和信息，充分调查研究，不断修订、补充、完善标准体系和各项制度。

第五节　认证机构的认证

为了保证学习成果认证的质量，首先要建立认证机构准入制度，认证主体的资质如何，在很大程度上会影响乃至决定学习成果认证的质量。

第一，该机构在法律地位上必须是独立的法人实体。

第二，该机构的管理团队必须指导思想正确，具有明确的组织目标与规划，制度健全，核心领导成员的科学文化素质与政策水平高，领导力强。

第三，该机构的人员组成、数量应该与其服务范围及工作量适应，素质（科学文化、思想道德、身体、心理）较高，能力（政策制度、业务、信息技术、人际关系、服务）较强。

第四，该机构的资金实力、设施设备、场地等符合规定要求。

第五，该机构的服务范围内有旺盛的服务需求。

上述五条是笔者提出的原则性的粗线条的认证机构准入标准，在具体的操作层面上，还应当逐条细化和量化，这要视被认证的机构处于何种地位、何种层级，肩负何种任务而定。机构所处地位和层级越高，肩负使命与责任越重，其相应的标准就理应更高。比如，对于拟注册加入学分银行的教育培训机构的资质认证，主要考察的应该是在该教育培训机构中学习者的学习成果质量，而该机构的质量保证体系建设是否有效，是影响学习者学习成果质量的十分重要的因素和前提，因此，应当专门制定一套科学合理、详尽明确、操作性强的指标体系来评价这些教育培训机构。在指标体系中，除了上述五项要进行操作性细化外，还应该添加师资队伍、课程体系、学习服务、效果评估等重要内容指标，并逐条加以操作性细化和量化。其各项指标的权重分配，应结合具体情况科学合理地确定。概言之，评估指标体系的制定，要根据评估目的和具体的被评估对象，坚持科学、合理、全面、操作性强、定量定性结合等原则。

在对机构的具体认证流程与操作规范方面，笔者认为：

（1）由需要申请认证的机构填写规定的认证机构申请表，并按规范与格式提供清楚详尽的相关材料与表格，送交相应的审核批准机构。

（2）审核批准机构收到申请材料后，应当在一个月内完成初审，作出是否组建并派遣专家小组的决定，并且通知申请机构。

(3) 专家小组依据认证机构准入标准，现场评估申请机构，提出专家小组书面意见。

(4) 审核批准机构依据认证机构准入标准和专家小组意见，综合平衡，作出决定，正式书面通知申请机构。

(5) 审核批准机构结合评估与检查，定期（比如一年、二年或三年）以适当方式向全社会公布经审核批准的学习成果认证机构名单。

第六节　认证人员的素质能力保证

世界一切事物中，人是最宝贵的。社会生产力的发展，一切物质财富的创造，一切科学技术的进步，一切社会系统的运行，全都离不开人。学习成果认证工作有了科学合理的标准体系，又制定了较为完备合理的规章制度，但如果执行者素质低下，其质量也是难以保证的。那么，学习成果认证人员应当具备哪些最基本的素质呢?

思想道德素质：有把我国建设成为富强、民主、文明的社会主义现代化国家的理想，爱祖国、爱人民、爱劳动、爱科学、爱本职工作，乐意并热心为学习者服务。

科学文化素质：接受过较为系统完整的学校教育，具有本科及以上文化水平。

身体素质：体质健全健康，精力充沛，胜任工作。

心理素质：进取心、事业心、责任心、群体意识强，吃苦耐劳，坚毅顽强，乐观自信。

学习成果认证人员还应当具备下述基本能力：

信息技术能力：硬件操作能力和软件应用能力应达中级以上标准，有较高的信息素养。

业务处理能力：十分熟悉学习成果认证的流程，对相关的政策、制度与规定有较为深刻的理解和把握，对认证标准内涵有深入理解和较为精准的把握，能熟练高效地处理业务问题。

咨询解答能力：能运用自己丰富的业务知识，回答咨询者提出的各种问题，态度热情，表达清晰，释疑解惑达较为满意的效果。

沟通协调能力：具有较强的主动沟通的意愿，掌握较多的沟通协调技巧与方法，能够与被服务者和相关部门有效沟通，取得较好工作效果，具备较强的沟通协调能力。

第七节　认证质量保证的监管体系（专业、中介评估机构）

一、学分银行的自我质量评估

为了保证学习成果认证的质量，学分银行系统内部应当经常开展质量评估活动。

(1) 定期收集对认证标准体系的反馈意见，对其科学性、合理性、适用性、完备性、可操作性进行评估，根据评估结论采取切实有效的措施加以改进和完善。

（2）对各项规章制度的执行情况定期进行检查，对制度执行力进行评估，发现问题及时解决，是制度制定方面的问题就及时修改完善制度，是员工的问题就要及时批评、教育员工，不断提升学分银行的制度执行力。

（3）对员工的服务态度和工作责任心经常进行检查监督，制定操作性较强的制度，奖勤罚懒，奖优罚劣，形成有效的激励机制与约束机制。

（4）对关键性岗位和环节，要从制度设计上杜绝漏洞，把权力关进制度的笼子，使之有监督、有制约，不能只依靠执行者的思想觉悟把关，而要依靠制度管人管事。做到制度设计无漏洞可钻，加强教育与管理，即使偶有缝隙也不敢、不会、不能去钻。

（5）加强质量文化建设，形成浓郁的质量文化氛围，使学分银行的员工人人都有强烈的质量意识，人人关心质量和声誉，时时、事事、处处思考质量和声誉。

二、来自学分银行外部的质量评估

（一）政府质量评估

严格制定学分银行准入制度：政府必须制定严格的学分银行准入制度，明确规定学分银行举办者、审批者、申办审批程序、必备条件与资质、变更与撤销等，若能上升到立法层面则更具权威性和约束力。实行许可证制度。

定期开展质量与绩效评估：定期（三年或五年一次）组织专家对学分银行的认证标准、工作运行、制度执行、社会公信力、资源使用效率与效果、学习者满意度等方面进行评估，督促其保证质量，提高绩效，提升公信力与满意度。

（二）社会质量评估

我国的许多评估长期作为行政性工作来进行，其优点是推动有力，较具权威性，其不足是评估主体单一、评估指标体系的大一统性、评估活动的垄断性和随意性，难以保证评估的公正性和科学性。应当大力发展社会中介性评估机构，政府由直接的行政管理逐步转变为运用立法、其他必要的行政手段实施宏观管理。当然，必须制定配套的法律、法规来约束和规范社会中介性评估机构的行为，既保证评估活动得到支持和配合，也保证评估活动能够做到公正、公平、公开。

（三）加强大众传媒的舆论监督

大众传媒的舆论监督既快捷方便，又有力有效。特别是互联网高度发达的今天，信息传播之快捷方便，正在快速改变着人类的生产、生活方式甚至思维习惯。利用“互联网+”，强化对学分银行质量的舆论监督，促使学分银行在阳光下运行，在众目睽睽之下，质量监督必然会更加有效，质量提高也必然会更加显著。

三、评估队伍的人才培养

评估队伍应该由专家组成，这些专家主要应来自几个方面：高等学校、科研院所、社会学术团体、行业精英、教育行政部门、社会知名人士。来自高等学校的专家具有较丰富的教育教学经验和较强的学术影响力；科研院所的专家在本学科（专业）或本研究方向上有较深的造诣；社会学术团体的专家有较宽的知识面，洞悉学科发展动态；行业精英代表则熟悉本行业的现实需求和发展趋势；教育行政部门专家对质量评估的理论、政策、技术与方法比较熟悉；社会知名人士则自有其之所以知名的与众不同的学识、才能和技艺。不言而喻，上述所有的评估专家都应该具有强烈的责任心，较强的分析、判断和发现问题的能力，敢于直言，敢于提出批评建议。

第十一章　学分银行的国内实践案例

第一节　国家开放大学学分银行

一、实施背景

2012年，《教育部关于同意在中央广播电视大学基础上建立国家开放大学的批复》（教发函〔2012〕103号）下发之后，国家开放大学正式成立。学分银行建设被列为国家开放大学的重要任务。同年6月，国家开放大学开始承担教育部职成司“国家继续教育学习成果认证、积累与转换制度的研究与实践”项目，将项目整体设计为课题研究和项目实践两部分，研究学分银行制度的框架标准、方式方法、体制、机制等，并成立专设机构——学分银行管理办公室，在编制、人员、政策、经费等各方面进行投入，并进行顶层设计及整体的建设规划。国家开放大学在专家委员会的指导下，结合现状调研和基础研究，建立了学分银行网站：http://cbouc.ouchn.edu.cn/gkcms/wwwroot/cbank2/index.shtml，如图11－1所示。

二、建设思路

（1）在开展项目的基础上，将学习成果认证、积累与转换工作转为常规工作，加强学分银行基础建设工作，如认证标准制定、制度建设、平台建设。

（2）快速推进标准应用试点，推动人才培养模式改革，搭建人才培养“立交桥”。

（3）加快国家开放大学学习成果认证服务体系建设，探索其管理模式、服务模式和运行机制，为未来国家学习成果认证服务体系的建设奠定基础。

（4）快速推进教育部关于国家学习成果认证、积累与转换制度试点工作。

（5）探索学习成果互认联盟建立、资源标签化以及机构认证等试点工作。

（6）探索学习成果认证服务体系的运营模式以及收费机制。

（6）加大与行业、企业的合作力度，整合社会资源，开展学习成果认证试点。

三、建设保障

国家开放大学的学分银行建设工作在建设前期就得到教育部的关注，先后有副部长、职成司和人事司的相关领导到学校进行考察，其突破机制、探求学习型组织定制服务的理念获得首肯。学校从2012年3月开始，成立学分银行领导小组和管理办公室，

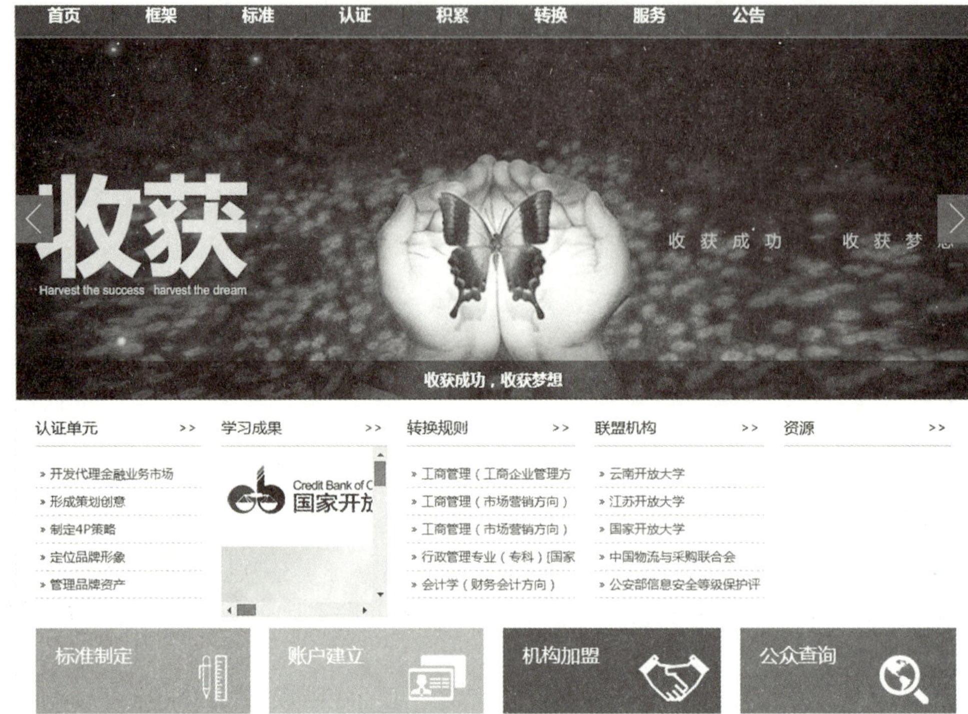

图 11—1　国家开放大学学分银行网页展示

成员包括来自校内教学、管理、科研等核心业务部门的负责人，共 29 人。

国家开放大学学分银行的具体业务的开展和执行部门是学分银行管理办公室（学分认证中心），学校在人、财、物方面划拨专项经费，给予支持和保障。管理办公室在国家开放大学内部为正处级建制，下设综合管理部、标准研发部、认证受理部、业务拓展部、信息管理部五个部门，启动初期配备 19 名工作人员。

四、规划与项目管理

两个方案：《国家开放大学"学分银行"建设方案（2012—2015 年）》和《国家开放大学"学分银行"实施方案》，初步形成了系统性战略构想和可操作的实施路径，提出了若干个主体建设项目。

一个规划：《国家开放大学"学分银行"建设规划（2012—2020 年）》，为国家开放大学学分银行的中长期发展提供长远的理念性指导。

一个策略：争取教育部支持，高起点推进国家开放大学学分银行建设。在此基础上，发布《项目详细实施方案》《项目管理办法》《项目指南》《项目作品发表管理规定》《项目指导文件》等管理文件。

五、架构设计

国家开放大学构建以学习成果框架为核心的制度模式，形成系统性战略构想和可操作的实施路径，提出六大主体建设项目和三个方面的具体运用，明确"学习成果框架+标准体系"的核心技术路径，以学习成果认证服务体系和信息平台为依托的制度运行载体，以及制度运行的保障环境，包括政策、经费、质量等，并在学习成果框架研制、认证标准开发、认证服务体系建设等若干关键性环节基础上进行了验证性实践。

国家开放大学学分银行的宏观架构设计包括组织架构设计、制度架构设计和学习成果架构设计三部分。微观架构设计包括学习成果框架等级通用指标设计和认证标准设计。

（一）宏观架构设计

组织架构设计如图 11－2 所示。

1. 组织架构设计

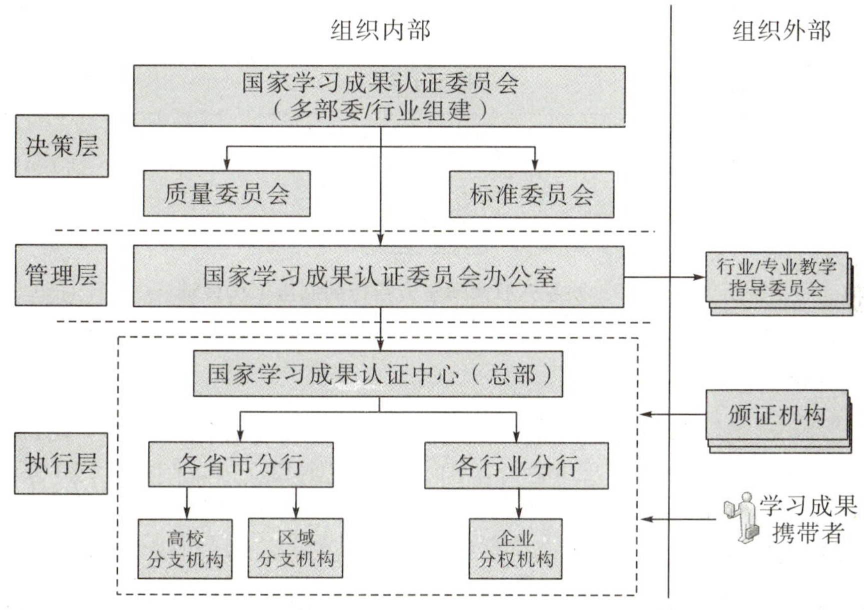

图 11－2　国家开放大学学分银行的组织架构设计

资料来源：国家开放大学学分银行管理办公室鄢小平主任 2014 年在成都《关于学分银行制度的研究与实践》的讲座资料。

从图 11－2 来看，国家开放大学学分银行的组织架构采用的是内外部的横向结构，内部分为三个层级，分别为决策层、管理层和执行层，有效地从宏观到微观、决策到执行，严格区分各层级的职责，同时加强与外部的沟通与交流，包括行业/专业教学指导委员会、颁证机构，所有一切服务都是面向需要转换学习成果的学习者。

2. 制度架构设计

制度架构设计如图 11－3 所示。

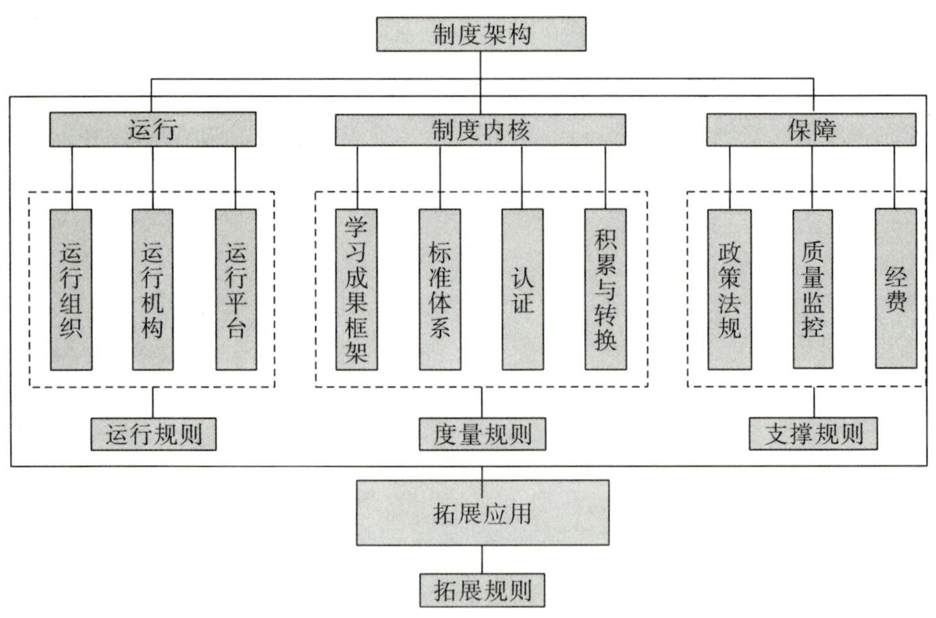

图 11—3　国家开放大学学分银行的制度架构设计

资料来源：国家开放大学学分银行管理办公室主任鄢小平 2014 年在成都《关于学分银行制度的研究与实践》的讲座资料。

从图 11—3 来看，在制度架构设计上，国家开放大学学分银行考虑了运行、制度内核和保障三个大方面，主要涉及对运行规则、度量规则和支撑规则的设计，基本包含了学分银行的整个运作流程。

3. 学习成果架构设计

国家开放大学学分银行提出“要基于人的发展建立起一个国家层面的具有强大公信力和权威性并可持续发展的框架和标准，使需要沟通、转换学习成果的双方都按照共同参照的标准去改进和调整自身的人才培养体系”。在参照国际诸多资历架构和资格框架的实际运作，依据我国现行的学历教育等级制度、国家职业分类标准和职业资格等级标准之后，创新性地提出国家学分银行“学习成果框架”，结合职业教育学历证书与职业资格证书“双证书”融通实践，按照便于学习成果认证、积累与转换的原则，将各类学习成果划分为 10 个等级（非学历教育学习成果除外，有一套自己的体系），同一等级的各类学习成果具有等值性（如图 11—4 所示）。

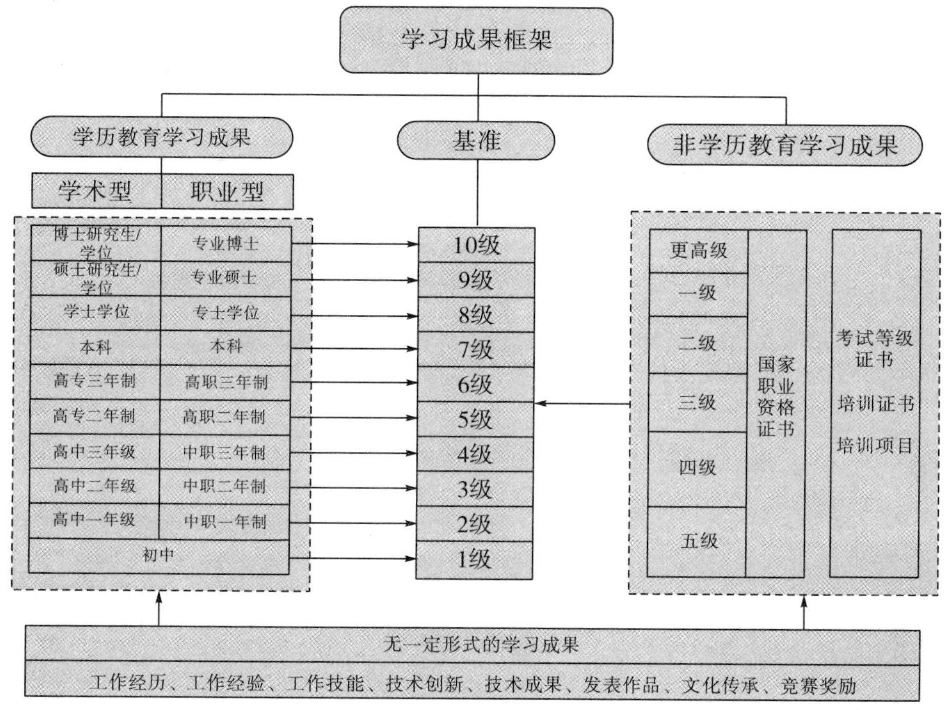

图 11—4　国家开放大学学分银行的学习成果架构设计

资料来源：http://cbouc.ouchn.edu.cn/gkcms/wwwroot/cbank2/kj/xxcgkj/index.shtml。

一方面，学习成果框架能有效破除教育体制机制中不同教育类型互不融通的障碍，为学习者提供更多的机会和更多条向上发展的路径与通道；另一方面，期望成为我国各级各类学习成果开展认证、积累、转换的共同参照系，并具有国际通行的资格框架功能。

（二）微观架构设计

1. 学习成果框架等级通用指标设计

国家开放大学学分银行的学习成果框架等级通用指标设计示例见表 11—1。

表 11—1　国家开放大学学分银行的学习成果框架等级通用指标设计示例（部分）

等级	对应学历教育学历成果	知识	技能	能力
		知识被描述为具有事实性、技术性和理论性	技能被描述为认知技能、技术技能、沟通和表达技能	能力主要描述知识、技能应用的自主性、判断力和责任感
1	初中	具有日常生活、进一步学习和初始工作所具备的基础知识	具有最基本的认知、技术和沟通技能，能够从事明确的常规活动，鉴别或发现简单问题	在高度结构化的环境中和有限的范围内应用知识和技能，展示自主性

续表11-1

等级	对应学历教育学历成果	知识	技能	能力
		知识被描述为具有事实性、技术性和理论性	技能被描述为认知技能、技术技能、沟通和表达技能	能力主要描述知识、技能应用的自主性、判断力和责任感
2	高中一年级/中职一年级	具有某一特定工作或学习领域事实性的、技术性的或程序性的知识	具有最基本的认识、技术和沟通技能，能应用适当的方法和工具，从事简单、确定的活动	在高度结构化的环境中和有限的范围内应用知识和技能，展示自主性，具有有限的判断力
3	高中二年级/中职二年级	具有某一特定的工作或学习领域事实性、技术性的以及一些相关的理论性知识	具有最基本的认识、技术和沟通技能，能应用适当的方法、工具和材料，完成常规活动	在已知的、稳定的环境中和有限的范围内应用知识和技能，展示自主性，有有限的判断力
4	高中毕业/中职毕业	具有在某一专业领域或宽泛的工作或学习领域广泛的、事实性的、技术性的以及一些理论性知识	具有基本的认识、技术和沟通技能，并能应用适当的方法、工具、材料及现成的信息，完成常规或非常规活动，为一些可预见的问题提供解决方案	在已知的、变化的环境中和有限的范围内应用知识和技能，展示自主性和判断力，并承担有限责任
5	高专二年制/高职二年制	具有在一个专业领域或宽泛的工作或学习领域广泛的、事实性的、技术性的以及一些理论性知识	具有基本的认识、技术和沟通技能，并能应用适当的方法、工具、材料及现成的信息，完成常规或非常规活动，为一些可预见的问题提供解决方案	能在不断变化的环境中和宽泛的范围内应用知识和技能，展示自主性和判断力，承担明确的责任
6	高专二年制/高职三年制	具有在一个专业领域或宽泛的工作和学习领域广泛的、技术性的、理论性的知识	具有广泛的认知、技术和表达技能，能选择和运用各种专业化方法、工具、材料和信息完成一系列活动，能对可预测的和有时是不可预测的及偶尔对复杂的问题提出和传达解决方案	能在不断变化的环境中和宽泛的范围内应用知识和技能，展示自主性、判断力和责任感
7	本科/应用本科	具有在一个或多个学习或实践领域广泛的、系统的、有着深度的理论和技术知识	具有良好的认识、技术和表达技能，能选择和运用各种方法和技术分析和评价信息，完成各种活动，能对不可预测的和有时是复杂的问题，分析、提出和传达解决方案，向他人传授知识、技能和思想	在需要自主学习和工作的环境中应用知识和技能，展示自主性、良好的判断力和责任感，在广泛的范围内提供专业咨询，发挥专业作用

资料来源：http://cbouc.ouchn.edu.cn/gkcms/wwwroot/cbank2/kj/kjtyzb/index.shtml。

如表11-1所示，国家开放大学的学习成果框架中各个等级学习成果的成效特性，由一套学习成果等级指标加以描述。等级描述指标包括知识、技能和能力三个维度，指明该等级对应的每个学习成果所承载的知识、技能以及能达到的能力（对知识和技能的运用能力，简称“能力”）。学习成果参照等级指标描述，确定其在学习成果框架中的等级。其中，知识维度描述学习成果所获得的事实性、技术性和理论性知识；技能维度描述学习成果所能达到的认知、技术、沟通和表达等各类技能；能力维度则描述学习成果在知识、技能应用方面表现出的自主性、判断力和责任感。

2. 认证标准设计

国家开放大学学分银行基于学习成果框架，开发了以职业、典型工作过程和岗位中所需要的能力为导向的不同行业领域的认证单元标准，是实现不同类型学习成果认证与转换的关键。标准体系是学习成果互认与转换的基准和标尺，其中有基础标准和工作标准，通过这两个标准对学习成果的多少和价值进行度量。

（1）标准的制定。

认证标准制定机构是学习成果互认联盟的成员，能颁发一种或几种职业资格证书、岗位技能培训证书和学历证书。标准制定机构要具有相关标准制定工作的研究和实践基础、丰富的教育和专家资源以及较强的综合实践和管理能力。认证标准的制定流程为：申报—审批—制定—研讨—审核—审定—发布。

（2）认证单元标准。

国家开放大学学分银行认证单元表见表 11－2。

表 11－2　国家开放大学学分银行认证单元表

1. 名称			
2. 编码			
3. 应用范围			
4. 等级			
5. 学分			
6. 内容	知识	技能	能力
7. 考核说明			

资料来源：http://cbouc.ouchn.edu.cn/gkcms/wwwroot/cbank2/bz/rzbz/index.shtml。

如表 11－2 所示，认证单元标准是学分银行实现学习成果互认的依据与参照，包括认证单元和转换规则。认证单元是各级各类学习成果互认的共同参照基准，是具有连贯而明确的学习结果及评价标准的学习内容模块，也是用于学习成果认证的最小单位。认证单元通过知识、技能和能力三个维度标明其在学习成果框架中的等级并赋予一定学分。认证单元使学习成果之间的比对更加精确，是学分银行的基准标准。

转换规则是不同类型的学习成果根据认证单元的比对结果而形成的学习成果之间实现转换的具体方式、方法。因此，转换规则与学习成果的转换类型紧密相关，相互转换的学习成果类型不同，转换规则也不同。

（3）标准应用。

国家开放大学学分银行认证标准应用是依据认证单元和转换规则来实现不同类型学习成果的互认和转换的过程。根据其转换方式可分为课程置换、双证融通和立交搭建三种模式。

国家开放大学学分银行认证标准模式见表 11－3。

表 11－3　国家开放大学学分银行认证标准模式

模式	认定方式	置换内容
课程置换模式	单向认定	职业资格或技能证书置换学历教育专业学分
双证融通模式	双向互认	职业资格或技能证书与学历教育专业课程学分互认
立交搭建模式	立交模式	不同层次、不同类型的教育衔接互认

六、运行机制

（一）认证

1．学习成果认证

国家开放大学学分银行为了便于学习成果的认证、积累与转换，根据我国国民经济行业分类标准（GB/T4754－2011）和继续教育领域学习成果的不同呈现形式，将学习成果分为三种类型：学历教育学习成果、非学历教育学习成果和无一定形式学习成果。同时，这些需要认证的成果以国家开放大学学分银行制定的 10 级学习成果框架为纵向坐标，以等级通用指标为横向坐标，最终确定在学习成果框架中的位置，获得承认。

2．学习成果查询

（1）认证单元查询。

国家开放大学学分银行认证单元查询（示例）见表 11－4。

国家开放大学学分银行会计行业认证单元查询（示例）见表 11－5。

表 11－4　国家开放大学学分银行认证单元查询（示例）

行业	编码	数量	详情
煤炭行业	MT	0	查看详情
会计行业	KJ	0	查看详情
铸造行业	ZZ	0	查看详情
教育	JY	0	查看详情

资料来源：http://cbouc.ouchn.edu.cn/gkcms/wwwroot/cbank2/gzcx/bzgfcx/index.shtml。

表 11－5　国家开放大学学分银行会计行业认证单元查询（示例）

行业名称	行业编码	行业方向名称	行业方向编码	职能名称	职能编码	数量
会计行业	KJ	财务管理	CG	资本运作	ZB	0
				预算	YS	0
				财务分析	FX	0
				运营资金管理	ZJ	0
				财务成果分配	FP	0
		财务核算	CW	成本核算	CB	0
				报告编制	BG	0
				出纳	CN	0
				财务制度设计	ZD	0
				账务处理	ZW	0
				会计信息化	XX	0
		审计	SJ	内部控制	NK	0
				内部审计	NS	0
				外部审计	WS	0
		税务	SW	纳税筹划	CH	0
				纳税申报	SB	0

资料来源：http://cbouc.ouchn.edu.cn/gkcms/wwwroot/cbank2/gzcx/bzgfcx/index.shtml。

（2）学习成果查询。

国家开放大学学分银行学习成果查询（示例）见表 11－6。

国家开放大学学分银行学习成果认证、积累与转换查询（示例）见表 11－7。

表 11－6　国家开放大学学分银行学习成果查询（示例）

用途	数量	详情
养老资格培养	0	查看详情
实现学习成果认证、积累和转换	10	查看详情

资料来源：http://cbouc.ouchn.edu.cn/gkcms/wwwroot/cbank2/gzcx/xxcgcx/index.shtml。

表 11－7　国家开放大学学分银行学习成果认证、积累与转换查询（示例）

学习成果编码	学习成果名称	学习成果类型	学习成果框架等级	行业/专业	颁证机构
X05080802000120	铸造工艺技术（专科）专	学历学习成果	5	铸造工艺技术	国家开放大学
F05ZZ0049	见习铸造工程师	非学历学习成果	5	铸造行业	中国铸造协会
F05ZZ0018	见习钢件铸造工程师	非学历学习成果	5	铸造行业	中国铸造协会
F05ZZ0003	见习铁件铸造工程师	非学历学习成果	5	铸造行业	中国铸造协会
F05ZZ0005	见习非铁合金件铸造工程	非学历学习成果	5	铸造行业	中国铸造协会
F05ZZ0006	助理铸造工程师	非学历学习成果	5	铸造行业	中国铸造协会
F05ZZ0007	助理钢件铸造工程师	非学历学习成果	5	铸造行业	中国铸造协会
F05ZZ0052	助理铁件铸造工程师	非学历学习成果	5	铸造行业	中国铸造协会
F05ZZ0051	助理非铁合金件铸造工程	非学历学习成果	5	铸造行业	中国铸造协会
F05JY00000001160001	幼儿教师资格证培训证书	非学历学习成果	5	教育	国家开放大学

资料来源：http://cbouc.ouchn.edu.cn/gkcms/wwwroot/cbank2/gzcx/zhgzcx/index.shtml。

（二）积累

国家开放大学学分银行的学分主要存储在学习账户中，并计入学习档案。学习账户是学分银行为办理学习成果认证、积累与转换业务的社会成员开立的个人户头，其中主要记录用户的基本信息、已有学习成果信息、业务办理信息等。学习档案随着学习账户开户便自动生成，无需单独注册。国家开放大学学分银行规定：凡具有中华人民共和国国籍的公民或者在我国境内长期居住的居民，均可注册学分银行学习账户。个人申请建立学习账户时可以到国家开放大学学分银行各地学习成果认证分中心（认证点）办理，或登录学分银行信息平台在线申请办理；各类社会机构可以申请为机构人员集体开户。学习档案中除了包括学习账户中的信息以外，还记录了学习者参加各种学习或培训的学习计划、学习内容、学习过程、学习时间和学习结果等信息。学习者可以按照学分银行相关规定随时查询学习经历，下载电子档案或查阅、复印纸质档案。学分银行有严格的保密措施，保护用户终身学习档案信息安全。

国家开放大学学分银行可以根据学习者需求开具继续教育学时证明，以满足企事业单位对员工继续教育的要求。学习者存储在学分银行的学习成果满足一定条件时也可以转入学历教育机构，替换学历教育部分课程学分，或转入职业类证书颁发机构，作为申请证书的部分或全部条件。

国家开放大学学分银行学习成果积累可以分为两类：①学习成果存储。若学习者申请积累的学习成果没有被认证，学分银行将按照学习成果的原始形态暂时存储记录，待此类型学习成果被认证后可以按照相关标准进行积累。②有标准的学习成果积累。若学习者申请积累的学习成果已在学分银行认证学习成果名录，学分银行将按照相应规则进行学习成果的积累。学习者可以凭积累的学习成果申请学习成果转换等。

（三）转换

国家开放大学学分银行的学习成果转换是指拥有学习成果的各级各类颁证机构可以

参照学分银行提供的学习成果框架及相应认证标准的技术路径，在学习成果互认联盟的运行机制下自愿达成转换规则，实现不同类型或相同类型学习成果之间的转换和互认。学习成果携带者可通过查询学分银行发布的转换规则，到国家开放大学学分银行各地学习成果认证分中心（认证点）办理相关转换申请业务，凭学分银行开具的学习成果认证证明到颁证机构实现学习成果的最终转换。

国家开放大学学分银行转换规则查询（示例）见表11－8。

国家开放大学学分银行见习铸造工程师－铸造工艺技术专业转换规则查询（示例）见表11－9。

表11－8　国家开放大学学分银行转换规则查询（示例）

转换规则编码	转换规则名称	有效期
X00000A00001	见习铸造工程师[中国铸造协会]→铸造工艺技术（专科）专业[国家开放大学]	2018-07-07
F0000005A00001	铸造工艺技术（专科）专业[国家开放大学]→见习铸造工程师[中国铸造协会]	2018-07-07

资料来源：http://cbouc.ouchn.edu.cn/gkcms/wwwroot/cbank2/gzcx/zhgzcx/index.shtml。

表11－9　国家开放大学学分银行见习铸造工程师－铸造工艺技术专业转换规则查询（示例）

见习铸造工程师[中国铸造协会]→铸造工艺技术（专科）专业[国家开放大学]									
转换规则编码					X00000A00001				
有效期					2015-07-07 - 2018-07-07				
非学历教育成果					学历教育成果				
证书名称	证书等级	颁证机构	框架等级	→	专业名称	层次	颁证机构	课程名称	课程学分
见习铸造工程师	--	中国铸造协会	5		铸造工艺技术（专科）专业	--	国家开放大学	铸造设备*	4
					铸造工艺技术（专科）专业	--	国家开放大学	铸钢及其熔炼*	3
					铸造工艺技术（专科）专业	--	国家开放大学	铸铁及其熔炼*	3
					铸造工艺技术（专科）专业	--	国家开放大学	铸造工艺基础*	5
					铸造工艺技术（专科）专业	--	国家开放大学	造型材料*	3
					铸造工艺技术（专科）专业	--	国家开放大学	铸造企业管理基础	3
					铸造工艺技术（专科）专业	--	国家开放大学	非铁合金及其熔炼*	3
					铸造工艺技术（专科）专业	--	国家开放大学	特种铸造*	4
转换规则说明：--									

资料来源：http://cbouc.ouchn.edu.cn/gkcms/wwwroot/cbank2/gzcx/zhgzcx/index.shtml。

七、服务体系

国家开放大学学分银行的服务分为对公业务和个人业务。对公业务包含学习成果的积累和集体学习账户的建立。

在对公业务中，各类社会机构可以为机构从业人员申请当地学习成果认证分中心（认证点）的学习成果积累，存入学分银行。同时，各类社会机构可以为机构从业人员申请集体开户。申请集体开户时，社会机构需要首先到当地学习成果认证分中心（认证点）实地申请建立机构账户，然后以机构用户身份为从业人员申请集体开户。

对个人业务包含了学习账户的建立、学习成果的积累、学习成果的转换以及终身学习成果档案的确立。

以下为国家开放大学学习成果认证与转换证明样本，如图 11－5、图 11－6、图 11－7 所示。

八、实践成果

（一）制定标准

国家开放大学学分银行建立以来，邀请了部分部委、行业、企业、高校的专家商讨学分银行标准制定，自主研发了《标准制定指导手册》，依据该手册，25 家部委、行业、企业、高校等单位开发了涉及 IT、信息安全、物流、金融、教育、机械等领域的近 1500 个认证单元标准。同时，依据认证单元标准制定了 21 种职业资格证书（培训证书）与国家开放大学学历教育专业的转换规则，形成机构学习成果认证资质的认定标准和操作规范，为下一步的试点工作做好准备。

（二）信息平台建设

2014 年 7 月 1 日，国家开放大学学分银行信息平台建设正式启动，完成学分银行信息平台架构设计，开发了“一站两库”和“干部培训学分制管理平台”，并于 2015 年初试运行。

（三）认证服务体系建设试点

2013 年 7 月启动了学习成果认证服务体系建设试点工作，国家开放大学在全国建立了 67 个学习成果认证分中心（认证点），覆盖 30 个省（市、区）、19 个行业。完成电大开放教育 350 多万在校生的基础信息入库工作。各试点分中心积极开展实践探索，目前，已为 400 多万学习者创建了学习账户。其中，国家开放大学空军学院分中心将学分银行机制植入到学习型军营建设体系，完成了 40 万官兵的学习账户建立工作。9 月，正式启动“新型产业工人培养和发展助力计划”，在该计划中全面运用学分银行的理念和技术路径实施“课程置换”和“双证融通”试点，并在以上两项试点和课程开放试点的基础上，适时启动“立交桥”搭建试点。试点的 32 个专业（专科）将与 84 种证书实现对接和转换，并于秋季首批试点专业正式招生（苏群等，2014）。[①] 目前，国家开放大学已经完成三批“国家开放大学学习成果认证分中心（认证点）”的评审，将各类行

① 苏群，潘超. 国家学分银行制度雏形初显［J］. 中国远程教育，2014，资讯.

证明编号：GK001000003
打印日期：2014-12-07

学习成果转换证明

（三类）

××，男，出生于 1976 年 6 月 20 日，于 2010 年 10 月 取得 中国铸造协会 颁发的 见习铸造工程师（初级） 证书，证书编号：2012100001。

经认证，根据编号为 X00000A00001 的转换规则，该证书可转换为 国家开放大学 铸造工艺技术（专科）专业的相关课程学分，具体如下表：

课程名称	学分
铸钢及其熔炼	3
铸铁及其熔炼	3
铸造工艺基础	5
铸造设备	4
铸造企业管理基础	3
非铁合金及其熔炼	3
特种铸造	4
造型材料	3

学习成果转换证明在线验证网址
(http://cb.ouchn.edu.cn)

图 11—5　职业资格证书转换国家开放大学课程学分认证证明

资料来源：http://cbouc.ouchn.edu.cn/gkcms/wwwroot/cbank2/fw/gryw/253656.shtml。

证明编号：GK001000001
打印日期：2014-12-07

学习成果转换证明

(一类)

××，男，出生于 1976 年 6 月 20 日，于 2009 年 7 月 通过 湖南省高等教育自学考试委员会 会计（专科）专业 3 门 课程考试，具体如下表：

课程名称	学分	课程成绩
财务管理学	6	76
政治经济学	6	81
基础会计学	5	83

经认证，根据编号为 X00000A00004 的转换规则，以上三门课程可转换为 国家开放大学 会计学（专科）专业相关课程的学分，具体如下表：

课程名称	原始学分	实效学分
财务管理	3	3
政治经济学	4	4
基础会计	4	4

学习成果转换证明在线验证网址
(http://cb.ouchn.edu.cn)

图 11－6　自考课程转换国家开放大学课程学分认证证明

资料来源：http://cbouc.ouchn.edu.cn/gkcms/wwwroot/cbank2/fw/gryw/253656.shtml。

证明编号：GK001000002
打印日期：2014-12-07

学习成果转换证明
（二类）

××，男，出生于 1976 年 6 月 20 日，于 2013 年 7 月 取得国家开放大学 铸造工艺技术（专科） 专业 毕业证书，注册证号：580008767563。

经认证，根据编号为 X00000A00001 的转换规则，该证书中国铸造协会 颁发的 见习铸造工程师（初级） 证书。

学习成果转换证明在线验证网址
(http://cb.ouchn.edu.cn)

图 11－7　国家开放大学毕业证书转换为职业资格证书认证证明

资料来源：http://cbouc.ouchn.edu.cn/gkcms/wwwroot/cbank2/fw/gryw/253656.shtml。

业协会、培训中心、广播电视大学如中国化工教育协会、中国邮政集团总公司培训中心、四川广播电视大学等纳入了认证中心（认证点）建设当中，今后主要开展四种类型的业务：

第一，为学历教育在籍生提供建立账户、积累学习成果、办理学习成果转换等服务。

第二，为非学历学员如社区教育学员、党员干部教育学员、教师培训学员开展建立账户、积累学习成果等服务。

第三，为学习型组织、学习型行业、学习型社区等提供机构业务定制服务。

第四，开展学习成果认证分中心实体与制度建设。①

同时，国家开放大学与中国铸造协会合作，启动国家开放大学铸造学院的建设工程，实施学历教育与职业资格融通的远程教育培训活动，进行课程资源建设、师资队伍建设、下设学习基地建设等，于 2015 年秋季实施试点招生，成为我国学分银行制度由理论到实践的试点领航者之一。

第二节　上海市终身教育学分银行

一、学分银行设置的前期研究准备

（一）成立课题组

2007 年 11 月，上海举办全民终身学习周，上海市成人教育协会院校教育专业委员会（以下简称“院校委员会”）举办了关于学分银行问题的高层论坛。上海多所高校的继续教育学院分别就英语成人高等学历教育课程对非学历证书的认可、网络教育和夜大学分互认等情况作了介绍，使“学分银行”这一名词出现在高校继续教育工作者面前。2008 年秋季，上海院校委员会受上海市教委终身教育处委托，启动“上海普通高等学校成人高等教育学分银行研究与实践”课题，同年 9 月，院校委员会组建了由 10 所继续教育学院参与的学分银行课题研究与实践组，其中包含 3 所部属高校、7 所市属高校。院校委员会认为，由于成人高等教育在终身教育体系中占据重要地位，与非学历证书之间有着内在的联系，同时又具有操作可能性，因此，将研究与实践的方向和目标确定为：通过普通高校成人高等学历教育学分银行证书认证专家组对非学历证书（岗位资格证书和专业水平证书）的认定，使该证书可以替换成人高等学历教育相关专业中的相关学分（或课程）。

（二）研究过程

该项目的研究过程分为三个步骤（上海市成人教育协会院校教育专业委员会，

① 关于公布第三批国家开放大学学习成果认证分中心（认证点）评审结果的通知［EB/OL］. http://cbouc.ouchn.edu.cn/gkcms/wwwroot/cbank2/gg/tzgg/253907.shtml. 2016-05-11.

2013)。①

1. 调查、统计、分析

上海市院校委员会在2009年4月开始实施调查工作，主要内容包括：已认定非学历证书的成人高等教育专业，已认可替换相关专业学分（或课程）的非学历证书的信息，具体的认证、替换情况的信息等。最后发现，在29所成人高校中，25所学校有成人高等教育认定非学历证书情况，被认定较多的是英语类证书和计算机类证书；200种非学历证书中，只有72种证书被一些成人高校认定（王宏，2012)。② 调研结果发现，上海市的成人高校对可以替换学分（或课程）的非学历证书认定只是个体行为，仅限于本校范围，从全市范围考量，这种认定缺乏统一规定和明确要求，也没有认定过程中的科学性和程序化，其社会影响缺乏规模和力度。

2. 专家组认证过程

（1）选择试点专业。上海市院校委员会选择了英语专业、国际经济与贸易专业、计算机专业和会计学专业作为试点，开展试点工作。

（2）成立非学历证书认证专家组。2009年6月10日，召开第8次工作会议暨试点专业认证专家组成立大会，对认证工作的程序和原则进行了初步讨论。

（3）制定认证原则、认证程序。2009年6月至7月，进一步讨论证书认证的具体工作程序和原则：成立某专业非学历证书认证专家组，进行证书和课程认定；收集证书和相关课程进行初步匹配；专家审核，认证研讨，核实匹配数据；填写“学分银行”非学历证书认定表，专家签字确认；归档保存。

3. 根据认证意见具体实施

（1）试点专业完成具体认证工作，于2009年9月正式开始进行非学历证书认证工作。

（2）扩展认证专业，进行新专业认证。2010年4月，学分银行课题研究与实践开始进入扩展选择认证专业过程。自愿申请，一所高校负责一个相对反映本校特色的专业。8月底，基本完成11个专业非学历证书的认证工作。

（3）形成“非学历证书认定表”。第一阶段共形成15个专业的“非学历证书认定表”。

（三）认证原则

1. 专业与课程原则

以二级学科本科专业为单位，基本涵盖学科内的全部相关专业和目录外的相近专业，也涵盖非本专业的相关课程。

2. 证书与专业原则

一张证书只能由一个相关专业认证组负责认定。本专业的课程与外专业的同类课程的认定应遵循唯一的原则。

---

① 上海市成人教育协会院校教育专业委员会. 上海普通高校成人高等教育认定非学历证书指导手册［M］. 北京：中国人民大学出版社，2013.

② 王宏. 学分银行构建的初步尝试——上海普通高校成人高等教育非学历证书认证研究［J］. 开放教育研究，2012，8.

3. 专家组的组建原则

认定证书以一校为主，多校参与，使认定标准具有相对普遍性。证书认定的标准以证书考试内容同成人高等教育课程内容达到一定的匹配系数为依据，只要非学历证书考核的要求与多数高校课程大纲和教材内容相匹配，则认为该证书符合替换成人高等教育课程的条件。

4. 科学性原则

同一系列中高等级证书不能自然替换低等级证书可以替换的课程。即是说，对于内容深度要求不同作等级划分的证书，可以替换，但对于内容广度要求不同作等级划分的证书，无法替换；不同学历层次的统一课程可以向下兼容；不受一张证书只能替换一门学历课程的限制；某一专业中已经认定可以替换相关课程的非学历证书，对于其他专业的同类课程来说，都能予以替换。

二、学分银行具体实践操作

（一）政策支持

在建立非学历证书学分认定与转换和颁布《上海市终身教育促进条例》的基础上，2010年上海市教委发文决定成立学分银行管理中心，该中心包含市教委、人社局等业务部门和人员，机构设立在当时的上海电视大学。教委对上海市终身教育学分银行每年有专门的经费支持。2012年7月23日，《上海市教育委员会关于成立上海市终身教育学分银行的通知》（沪教委终〔2012〕6号）明确提出："学分银行在上海市学习型社会建设与终身教育促进委员会指导下，由上海市教育委员会主办和管理，它是上海终身教育体系的重要组成部分，是面向全体上海市民，开展继续教育学习成果认定、积累和转换的平台，市民学习能力认证的平台，市民终身学习成果记录平台。学分银行的具体运行委托上海开放大学。学分银行管理中心设在上海开放大学，各区县设立学分银行分部负责受理相关业务。"①

（二）定位和功能

上海市终身教育学分银行是一个面向全市的服务中心与平台。它的定位是：面向上海市民，以继续教育学分认定、学分积累和学分转换为主要功能的学习成果管理与服务体系。面向的教育领域包括学历教育与非学历教育（职业培训和文化休闲教育）。建立适应终身教育发展的学习成果评价体系和促进市民终身学习的激励机制，融合与沟通学历教育、学历教育与非学历教育（职业培训和文化休闲教育），推进上海市终身教育体系的构建和学习型社会的建设。上海市终身教育学分银行承担了两个最重要的功能：一是为上海市民提供教育成果认证、查询以及开具证明等服务；二是学分银行组织专家队伍制定学分转换标准，为各类成果提供转换服务。

7月24日，在上海市学习型社会建设与终身教育推进大会上，上海市终身教育学分银行正式揭牌，学分银行网站（网址 www. shcb. org. cn）也正式开通运行，为学

---

① 上海市终身教育学分银行正式成立［EB/OL］. http://www. shcb. org. cn/supports/supports! newsdetail. action?id=445. 2012-09-27.

习者办理开户、学习成果存入、学分认定等业务，并开展学分银行宣传咨询服务，[①] 如图 11－8 所示。

图 11－8　上海市终身教育学分银行网页

在初期，上海市终身教育学分银行主要聚焦在继续教育领域，开展继续教育学历教育与非学历教育的认证与学分转换。学历教育主要面向的是高校继续教育学院的本校学生。对于社区教育、文化休闲教育等非学历教育，学分银行建立了标准课程，市民学习后成绩可以存入，存入的成绩数据将作为上海市政府考察各区市民的终身学习的依据。依据所有高校普适性专业目录，组织专家组（每组最少 5 名）依次对每个专业的所有证书进行搜集，并与专业课程、主体课程进行比对，制定转换的标准。2013 年开始，上海开放大学与人力资源和社会保障局接触，探讨建立双证融通课程。首先在上海开放大学的现有专业进行试点，将专业课程与证书考核内容进行一体化设计。一方面，学生获得证书后，可以免修免考上海开放大学的专业课程，学生不用缴纳免考课程的学费，政府拿出学费的 40％补贴给学校，保证学校不亏本；另一方面，学生在普通高校里学完融通课程后，在考人力资源和社会保障局的证书时，可以免考证书的理论知识部分，直接通过技能考核即可拿证。目前，这个工作已经在 3 所普通高校里完成试点，下一步将推广到全市所有高校。目前，已经制定了 50 个本专科专业、430 个职业培训等非学历证书转换为学历课程学分的指导标准。

（三）组织框架

上海市终身教育学分银行的组织框架如图 11－9 所示。

① 上海市终身教育学分银行于 2012 年 7 月 24 日开始运行［EB/OL］. http://www.shcb.org.cn/supports/supports!newsdetail.action?id=447. 2012－09－27.

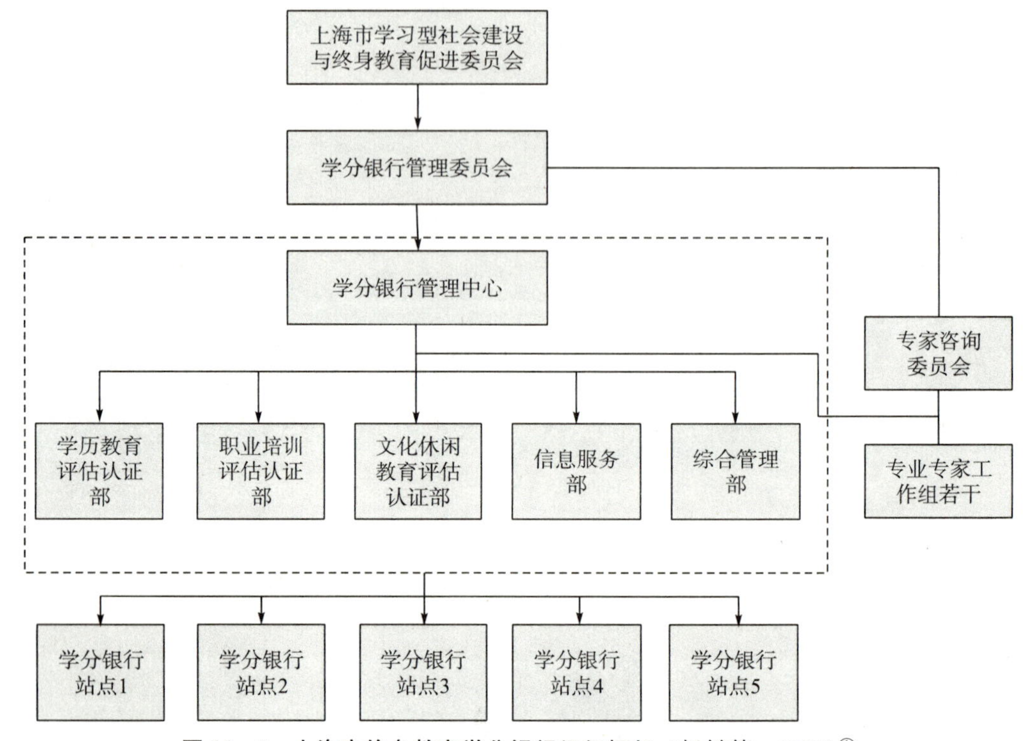

图 11－9 上海市终身教育学分银行组织框架（杨敏等，2011）①

（四）机构职能

上海市终身教育学分银行的机构职能见表 11－10。

表 11－10 上海市终身教育学分银行的机构职能

机构	级别	组成	职能
上海市学习型社会建设与终身教育促进委员会	/	/	指导与决策
学分银行管理委员会	第一级，仅次于上海市学习型社会建设与终身教育促进委员会	市政府、有关职能部门及高校负责人代表	提供纲领与政策性的指导意见与决策
学分银行管理中心	第二级	上海开放大学相关人员	负责学分银行的日常运行工作

① 杨敏，孙耀庭，顾风佳．态势分析法视野下的上海市终身教育学分银行建设研究［N］．现代远距离教育，2011，2.

续表11－10

机构	级别	组成	职能
专家工作组	/	相关职能部门领导、各学科专家代表、高校专家代表和研究机构专家代表	对学分银行的运行模式、业务开展等进行指导与咨询；专家委员会下设专家工作组，指导专业及课程体系建设、课程标准制定及学分认定、转换办法的制定工作
各管理部	第三级	综合管理部、学历教育评估认证部、职业培训评估认证部、文化休闲教育评估认证部和信息服务部	进行学历教育、职业培训和文化休闲课程与学分的评估认证
学分银行分部和网点	第四级	学分银行管理工作人员	负责学习者注册、学习成果初审和信息咨询等工作，学分银行系统站点由学分银行管理中心审批

（五）运作流程①

学习者如需要对先前的学习成果进行认定和存储，首先要在分部或平台上提出申请，携带毕业证书原件/课程成绩单/资格证书原件到分部进行初审，初审合格后，在总部进行终审。终审合格后，根据学分转换规则，将学分存储在信息平台库中。学分银行目前有 21 个标准专业规则（9 个本科、12 个专科）、609 门标准课程（非最新数据）。如果有标准课程与原始课程/资格证书对应，则学分存储为标准课程的学分。如果没有对应的标准课程，则无法存入。

上海学分银行信息化平台作为一个信息服务平台，提供了与所有标准课程可以进行学分转换的资格证书和高校课程，为合作高校、学习者提供参考。

当学习者的学习结果存入学分银行后，如果希望在某所合作高校进一步学习，该高校将根据本校的相关规定对学习者已有的学习成果进行部分课程的免修或免考。然后学习者修完该校教学计划（专业规则）中剩余课程直至毕业拿证。

上海市终身教育学分银行运作的一般流程如图 11－10 所示。

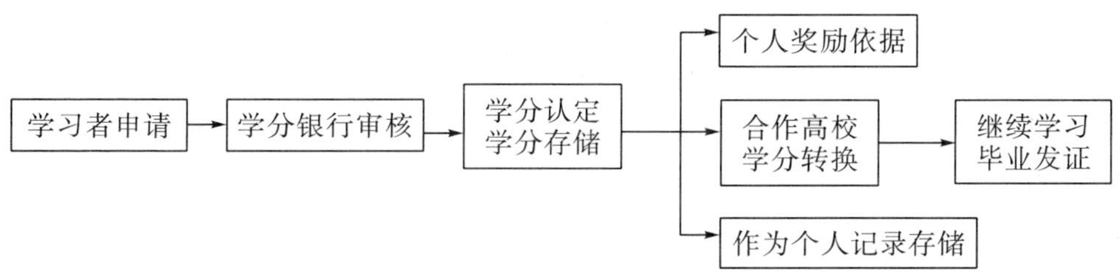

图 11－10　**上海市终身教育学分银行工作一般流程**

它的特点如下：

第一，学习成果的审核、认定、存储由学分银行系统完成，学习成果将以学分银行

① 重要流程. http://www.shcb.org.cn/doc/doc2.jsp.

的标准课程学分进行存储。平台以学习者的身份证为唯一标示，将学习成果存储累积。

第二，学习者如果需要在某所合作高校学习，由合作高校根据本校的规则进行学分转换。然后在该校继续修完教学计划内的课程，直到毕业拿证。学分银行不承担发证功能。

第三，文化休闲教育的学习成果存储在学分银行，作为上海市激励居民进行终身教育的奖励依据。

学分银行信息化平台内以学生的身份证号为唯一标记建立学习档案，目前系统内已有 58 万条学生档案，共计记录有 178 万条成绩记录。

具体运作流程如下：

1. 申请开户

(1) 学习者在线填写开户信息，提交开户申请。

(2) 学习者持本人身份证到就近的学分银行分部办理开户手续，签署《上海市终身教育学分银行用户须知》，经学分银行分部审核通过后，成为学分银行用户。

(3) 学分银行高校网点在校学生可由学校组织进行学分银行开户。

学分银行用户开户流程如图 11-11 所示。

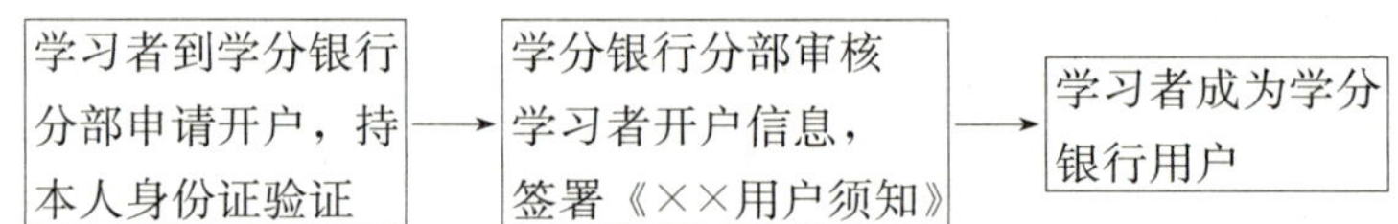

图 11-11　上海市终身教育学分银行用户开户流程[①]

2. 认定学分

学分分为 A、B、C 三种类型，A 类为学历教育学分，B 类为职业培训学分，C 类为文化休闲教育学分，见表 11-11。

表 11-11　上海市终身教育学分银行学分认定流程表

认定类型	认定基础	认定流程	认定结果
学历教育学分	国民教育系列学历教育成绩证明	提交学分银行认定	存入学分银行
职业培训学分	职业培训证书等	提交学分银行论证，进入职业培训证书目录，提交认定申请	存入学分银行
文化休闲教育学分	文化休闲教育学习项目	提交学分银行认证，进入学分银行文化休闲教育学习项目目录，提交认证申请	存入学分银行

3. 存入学分[②]

(1) 个别存入。

• 学历教育成绩：学习者可在学分银行网站提交成绩存入申请，持学历教育成绩证

① 如何申请开户. http://www.shcb.org.cn/doc/doc2.jsp.

② 如何存入学分. http://www.shcb.org.cn/doc/doc3.jsp.

明原件到学分银行分部办理存入手续，经认定后的成绩存入学分银行。

·职业培训证书等：职业培训证书等经学分银行认证进入职业培训等证书目录。学习者获得该目录中的证书，可在学分银行网站提交证书存入申请，持证书原件到学分银行分部办理存入手续，经认定后的证书存入学分银行。

（2）集中存入。

·学历教育和职业培训学习成果：由学分银行高校网点等办学机构将本校学习者的学习成果集中存入学分银行，并转换成学分，供学习者在学分银行开户后使用。

·文化休闲教育学习成果：由各区县社区学院、老年大学统一申报文化休闲教育学习项目（课程、学习活动），经学分银行认证进入文化休闲教育学习项目目录。提交认证申请后转换成学分存入学分银行。

4. 使用学分①

（1）学历教育学分和职业培训证书等。

学习者可选择学分银行高校网点继续学习，用积累在学分银行的学习成果到高校网点申请学分转换。高校网点按规定办理学分转换。学习者在该高校继续学习，获得其学历证书。

学分银行学历教育学分转换流程如图 11－12 所示。

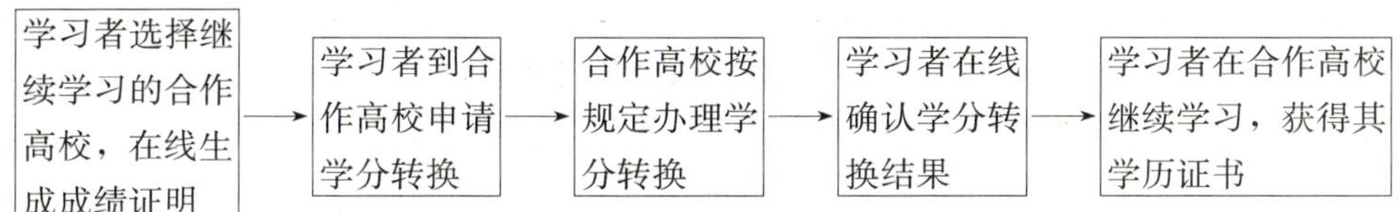

图 11－12　上海市终身教育学分银行学历教育学分转换流程

（2）文化休闲教育学分。

学习者积累在学分银行的文化休闲教育学分及其他学习成果，可作为激励市民终身学习的依据。

文化休闲教育学分转换流程如图 11－13 所示。

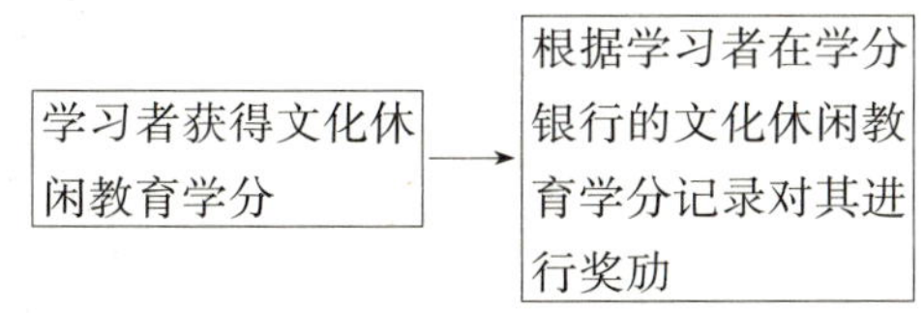

图 11－13　上海市终身教育文化休闲教育学分转换流程

（六）标准体系

上海市终身教育学分银行标准体系分为三类：学历教育专业课程目录、职业培训证书目录和文化休闲教育项目目录。

1. 学历教育专业课程目录

学历教育专业课程目录给出了专业与课程的对应关系，为上海市终身教育学分银行

① 如何使用学分［EB/OL］. http://www.shcb.org.cn/doc/doc5.jsp.

高校网点制定学分转换规定和学习者进行学分转换申请提供指导与参考。学习者可根据自己的专业学习需求，按照学分银行高校网点的学分转换规定，将存储在学分银行的课程学分，申请转换为该高校的学分，并在该高校继续学习，获得其学历证书。

学历教育专业目录示例如图 11－14 所示。

学历教育计算机专业课程目录示例如图 11－15 所示。

专科专业	计算机信息管理(590106) 日语(350207) 商务管理(620503) 文秘专业(660112) 国际商务(620305) 法律事务(690104) 会计(410203) 行政管理(650203) 物流管理(620505) 计算机应用技术(590101) 工商企业管理(620501) 商务英语(660108)
本科专业	会计学(110203) 工商管理(110201) 英语(050201) 计算机科学与技术(080605) 物流管理(110210) 日语(050207) 文化产业管理(110310) 法学(030101) 行政管理（本科）(110301)

图 11－14 学历教育专业目录示例

资料来源：http://www.shcb.org.cn/search/search!stddegree.action。

序号	课程名称	课程代码	专业	认定的证书
1	程序设计应用	00151	计算机应用技术（专科）	查看
2	动画设计	00152	计算机应用技术（专科） 计算机信息管理（专科）	
3	操作系统	00153	计算机应用技术（专科）	查看
4	局域网组建与维护	00154	计算机应用技术（专科） 计算机信息管理（专科）	查看
5	网站设计与管理	00155	计算机应用技术（专科） 计算机信息管理（专科）	查看
6	网络安全技术	00156	计算机应用技术（专科） 计算机信息管理（专科）	查看
7	数据库应用技术	00157	计算机应用技术（专科）	查看
8	信息技术（AIO）	00158	计算机应用技术（专科） 计算机信息管理（专科）	
9	算法基础	00159	计算机应用技术（专科）	
10	微型计算机及接口技术	00160	计算机应用技术（专科） 计算机信息管理（专科）	查看

图 11－15 学历教育计算机专业课程目录示例

资料来源：http://www.shcb.org.cn/search/search!stdcourse.action。

2. 职业培训证书目录

学分银行职业培训证书目录给出了证书简介、职业培训证书等与学历教育课程的对应关系。学习者获得该目录中的证书，可申请将证书存入学分银行。学习者可根据自己的继续学习需求，按照学分银行高校网点的学分转换规定，将存储在学分银行的证书，申请转换为该高校的学分，并在该高校继续学习，获得其学历证书。

（1）职业培训证书与普通高校继续教育学院课程或学分的转换①。

以“上海成人高等教育学分银行非学历证书认定表”为例，包括“非学历证书说明”“证书基本信息”“认证系数”“可替换的相关课程”“认定结论”“文字介绍”等。

国际经济与贸易专业非学历证书认定表

第一部分　国际经济与贸易专业认定非学历证书说明

一、认定证书的基本原则

证书内容的专业性与相关专业课程水平相当；

证书要具有相当的权威性与普遍性。

二、认定证书的选择范围

报关员资格证书；

外销员（助理国际商务师）资格证书；

国际商务师资格证书；

国际商务单证员资格证书；

国际货运代理从业人员资格证书；

国际贸易模拟（TMT）证书。

三、认定证书的标准

认定系数（1.0）=章节匹配权重（0.6）+章节内容匹配权重（0.4）

系数≥0.6，予以认定；

系数<0.6，不予认定。

四、认定证书的基本程序

成立国际经济与贸易专业非学历证书认定专家组，负责对相关证书及课程认定；

收集证书及相关课程的基本资料进行初步匹对工作；

组织专家审核、研讨、认定，对匹对数据进行核实确认；

填写上海普通高校成人高等教育学分银行非学历证书认定表，专家组成员签字确认；

认定资料归档保存。

第二部分　非学历证书认定表示例（国际经济与贸易专业）

表1　非学历证书认定（一）

证书名称	报关员资格证书
相关专业	国际经济与贸易
发证机关	中华人民共和国海关总署
证书认可范围	全国●　地区○　其他____________
主考单位	中华人民共和国海关总署

① 资料来源：上海市成人教育协会院校教育专业委员会《上海普通高校成人高等教育认定非学历证书指导手册》。

续表1

使用教材	1.《2010年报关员资格全国统一考试教材》，海关总署报关员资格考试教材编写委员会，中国海关出版社，2010 2.《进出口商品名称与编码》，海关总署报关员资格考试教材编写委员会，中国海关出版社，2010		
考试科目	1. 国际贸易实务 2. 海关概论与法规 3. 报关原理与实务 4. 关税稽征 5. 税则归类 6. 报关英语		
考试方式	统考 ● 非统考○	考试形式 （可多选）	笔试● 口试○ 技能○ 论文○ 其他________
可替换的课程	课程名称	匹配系数	可替换层次类别
	报关实务	0.70	本科
	报关实务	0.70	专科
证书评价	该证书考试需要具备一定的国际贸易实务知识和实际业务能力，熟悉与货物进出口业务有关的法律与对外贸易知识，精通海关法规、规章并具备办理海关手续的技能，专业性较强 根据该证书与相关课程匹配情况，建议认定：替换报关实务课程		

表2 非学历证书认定（二）

证书名称	外销员（助理国际商务师）资格证书		
相关专业	国际经济与贸易		
发证机关	人力资源和社会保障部 商务部		
证书认可范围	全国● 地区○ 其他__________		
主考单位	人力资源和社会保障部 商务部		
使用教材	《2009年外销员考试教材》，全国国际商务专业人员职业资格考试大纲编委会，中国商务出版社，2008		
考试科目	1. 外贸综合业务 2. 外贸英语 3. 外贸外语口语		
考试方式	统考 ● 非统考○	考试形式 （可多选）	笔试● 口试● 技能○ 论文○ 其他__________
可替换的课程	课程名称	匹配系数	可替换层次类别
	国际贸易实务	0.60	本科
	外经贸英语函电	0.65	本科
	国际贸易实务	0.60	专科
	外贸英语会话	0.70	专科
	外经贸英语函电	0.65	专科
证书评价	该证书考试主要测试从事外贸进出口业务工作必须具备的基本知识，内容包括外贸综合业务和外贸英语 根据外销员历年考核的重点以及该证书与相关课程的匹配情况，建议认定：替换国际贸易实务、外经贸英语函电课程（本科），国际贸易实务、外贸英语会话和外经贸英语函电课程（专科）。		

表 3　非学历证书认定（三）

<table>
<tr><td>证书名称</td><td colspan="4">国际商务师资格证书</td></tr>
<tr><td>相关专业</td><td colspan="4">国际经济与贸易</td></tr>
<tr><td>发证机关</td><td colspan="4">人力资源和社会保障部　商务部</td></tr>
<tr><td>证书认可范围</td><td colspan="4">全国●　地区○　其他________</td></tr>
<tr><td>主考单位</td><td colspan="4">人力资源和社会保障部　商务部</td></tr>
<tr><td>使用教材</td><td colspan="4">1.《2007 年国际商务师国际商务理论与实务》，全国国际商务专业人员职业资格考试用书编委会，中国商务出版社，2007
2.《2007 年国际商务师国际商务专业知识》，全国国际商务专业人员职业资格考试用书编委会，中国商务出版社，2007</td></tr>
<tr><td>考试科目</td><td colspan="4">1. 外贸综合业务　2. 外贸英语　3. 外贸外语口语</td></tr>
<tr><td>考试方式</td><td>统考　●
非统考○</td><td>考试形式
（可多选）</td><td colspan="2">笔试●　口试○　技能○
论文○　其他________</td></tr>
<tr><td rowspan="6">可替换的课程</td><td colspan="2">课程名称</td><td>匹配系数</td><td>可替换层次类别</td></tr>
<tr><td colspan="2">国际贸易实务</td><td>0.60</td><td>本科</td></tr>
<tr><td colspan="2">外经贸英语函电</td><td>0.65</td><td>本科</td></tr>
<tr><td colspan="2">国际贸易实务</td><td>0.60</td><td>专科</td></tr>
<tr><td colspan="2">外贸英语会话</td><td>0.70</td><td>专科</td></tr>
<tr><td colspan="2">外经贸英语函电</td><td>0.65</td><td>专科</td></tr>
<tr><td>证书评价</td><td colspan="4">该证书考试主要测试从事外贸进出口业务工作必须具备的基本知识，内容包括国际商务与实务和国际商务专业知识
根据国际商务师历年考核的重点以及该证书与相关课程的匹配情况，建议认定：替换国际贸易、外经贸英语函电课程（本科），国际贸易实务、外贸英语会话和外经贸英语函电课程（专科）</td></tr>
</table>

表 4　非学历证书认定（四）

<table>
<tr><td>证书名称</td><td colspan="4">国际商务单证员资格证书</td></tr>
<tr><td>相关专业</td><td colspan="4">国际经济与贸易</td></tr>
<tr><td>发证机关</td><td colspan="4">中国对外贸易经济合作企业协会　中国商业技师协会</td></tr>
<tr><td>证书认可范围</td><td colspan="4">全国●　地区○　其他________</td></tr>
<tr><td>主考单位</td><td colspan="4">各发证机构分别组织全国性考试</td></tr>
<tr><td>使用教材</td><td colspan="4">《国际商务单证理论与实务》，全国国际商务单证专业培训考试办公室，中国商务出版社，2010</td></tr>
<tr><td>考试科目</td><td colspan="4">1. 国际商务单证基础理论与知识　2. 国际商务单证操作与缮制</td></tr>
<tr><td>考试方式</td><td>统考　●
非统考○</td><td>考试形式
（可多选）</td><td>笔试●　口试○　技能○
论文○　其他________</td><td></td></tr>
</table>

续表4

可替换的课程	课程名称	匹配系数	可替换层次类别
	国际结算	0.65	本科
	国际结算	0.65	专科
证书评价	该证书考试主要是测试应试者从事国际商务单证工作必备的业务知识和能力，证书内容相对集中于国际贸易单证操作 根据该证书与相关课程的匹配情况，建议认定：替换国际结算课程（本科），国际结算课程（专科）		

表5　非学历证书认定（五）

证书名称	国际货运代理从业人员资格证书		
相关专业	国际经济与贸易		
发证机关	中国国际货运代理协会		
证书认可范围	全国● 地区○ 其他________		
主考单位	中国国际货运代理协会		
使用教材	1.《国际货运代理理论与实务》，中国国际货运代理协会，中国商务出版社，2009 2.《国际货运代理专业英语》，中国国际货运代理协会，中国商务出版社，2009		
考试科目	1. 国际货运代理理论与实务　2. 国际货运代理专业英语（含英文单证）		
考试方式	统考 ● 非统考○	考试形式 （可多选）	笔试● 口试○ 技能○ 论文○ 其他________
可替换的课程	课程名称	匹配系数	可替换层次类别
	外贸运输与保险	0.70	本科
	外贸运输与保险	0.70	专科
证书评价	该证书考试内容主要包括国际货运代理理论与实务及国际货运代理专业英语，内容涵盖范围较广，有较强的可操作性 根据该证书与相关课程的匹配情况，建议认定：替换外贸运输与保险课程（本科），外贸运输与保险课程（专科）		

表6　非学历证书认定（六）

证书名称	国际贸易模拟（TMT）证书
相关专业	国际经济与贸易
发证机关	上海高校国际商务实习中心
证书认可范围	全国○ 地区● 其他________
主考单位	上海高校国际商务实习中心
使用教材	《出口贸易模拟操作教程》（第三版），祝卫、程洁，上海人民出版社，2008
考试科目	出口贸易涉及的各项操作

续表6

<table>
<tr><td>考试方式</td><td>统考 ●
非统考○</td><td>考试形式
（可多选）</td><td>笔试○　口试○　技能●
论文○　其他上机考试</td><td></td></tr>
<tr><td rowspan="2">可替换的课程</td><td colspan="2">课程名称</td><td>匹配系数</td><td>可替换层次类别</td></tr>
<tr><td colspan="2">国际贸易实务</td><td>0.60</td><td>本科</td></tr>
<tr><td>证书评价</td><td colspan="4">针对国际货物买卖业务操作流程，TMT采用全方位模拟、全过程参与的训练模式，让学生在实践中完成出口贸易涉及的各项操作任务。建议认定：替换国际贸易实务课程及代替毕业论文</td></tr>
</table>

第三部分　国际经济与贸易相关证书简介（略）

第四部分　国际经济与贸易已认定非学历证书可替换相关课程一览表

表7　国际经济与贸易已认定非学历证书可替换相关课程

<table>
<tr><td>证书名称</td><td>可替换的课程</td><td>课程层次类别</td></tr>
<tr><td rowspan="2">报关员资格证书</td><td>报关实务</td><td>本科</td></tr>
<tr><td>报关实务</td><td>专科</td></tr>
<tr><td rowspan="5">外销员
（助理国际商务师）
资格证书</td><td>国际贸易实务</td><td>本科</td></tr>
<tr><td>外经贸英语函电</td><td>本科</td></tr>
<tr><td>国际贸易实务</td><td>专科</td></tr>
<tr><td>外贸英语会话</td><td>专科</td></tr>
<tr><td>外经贸英语函电</td><td>专科</td></tr>
<tr><td rowspan="2">国际商务单证员资格证书</td><td>国际结算</td><td>本科</td></tr>
<tr><td>国际结算</td><td>专科</td></tr>
<tr><td rowspan="2">国际货运代理从业人员资格证书</td><td>外贸运输与保险</td><td>本科</td></tr>
<tr><td>外贸运输与保险</td><td>专科</td></tr>
<tr><td>国际贸易模拟（TMT）证书</td><td>国际贸易实务</td><td>本科</td></tr>
</table>

说明：

·鉴于TMT证书的全面性，学校可将其单独替换国际经济与贸易专业（本科）学生毕业论文（设计）。

·鉴于国际商务师是外销员高一级职业资格，替换课程可参照外销员证书。

（2）职业培训证书与上海市终身教育学分银行课程或学分的转换。

职业培训证书也可与上海市终身教育学分银行的课程相转换，但目前尚未有详细的资料展示。

已认定非学历证书可替换学分银行相关课程示例见表11－12。

表 11－12　已认定非学历证书可替换学分银行相关课程示例

序号	证书名称	证书代码	发证机构	对应学分银行课程	对应高校课程
1	助理统计师资格证书	0001	人力资源和社会保障部	查看	查看
2	经济(工商管理)专业初级资格证书	0002	人力资源与社会保障部	查看	查看
3	经济(工商管理)专业中级资格证书	0003	人力资源与社会保障部	查看	查看
4	上海市人才中介师执业资格证书	0004	上海市人事局	查看	查看
5	人力资源管理员资格证书	0005	人力资源和社会保障部	查看	查看
6	上海市行政管理岗位资格证书	0006	上海市人保局干部培训中心	查看	查看
7	全国公共英语等级考试(PETS)(三级)	0007	教育部考试中心	查看	查看
8	全国公共英语等级考试(PETS)(四级)	0008	教育部考试中心	查看	查看
9	大学英语四级考试证书(CET4)	0009	教育部大学英语四/六级考试委员会	查看	查看
10	大学英语六级考试证书(CET6)	0010	教育部大学英语四/六级考试委员会	查看	查看

资料来源：http://www.shcb.org.cn/search/search!cert.action。

3. 文化休闲教育项目目录

文化休闲教育项目目录共包含 402 种课程，上海市终身教育学分银行的文化休闲教育课程目录给出了课时、课程开设单位等信息。学习者可至课程开设单位学习，获取的学分由各区县社区学院、老年大学统一存入学分银行，作为激励市民终身学习的依据。文化休闲教育项目目录示例见表 11－13。

表 11－13　文化休闲教育项目目录示例

序号	课程名称	课程代码	课程类别	所属区县	开设单位	开设状态	课时
1	书法	CN020052	休闲技艺类	长宁区	长宁区天山路街道社区学校		32
2	舞蹈	CN020053	休闲技艺类	长宁区	长宁区天山路街道社区学校		32
3	古筝	CN020054	休闲技艺类	长宁区	长宁区仙霞新村街道社区学校		30
4	电子琴	CN020055	休闲技艺类	长宁区	长宁区仙霞新村街道社区学校		32
5	中国传统书法	CN020056	休闲技艺类	长宁区	长宁区仙霞新村街道社区学校		32
6	养生保健	CN080010	生活保健类	长宁区	长宁区仙霞新村街道社区学校		28
7	数码摄影(基础)	CN020057	休闲技艺类	长宁区	长宁区仙霞新村街道社区学校		28
8	轻松学电脑	CN010002	信息技术类	长宁区	长宁区仙霞新村街道社区学校		32
9	老年英语	CN030008	语言文字类	长宁区	长宁区仙霞新村街道社区学校		28
10	老年日语	CN030009	语言文字类	长宁区	长宁区仙霞新村街道社区学校		36

资料来源：http://www.shcb.org.cn/search/search!commuList.action。

（七）保障机制

1. 信息化平台运行维护的快速响应机制

上海市终身教育学分银行管理中心与上海教育软件发展有限公司一起，建立了信息化平台运行维护的快速响应机制，以及学分银行信息化平台运行管理制度。制定包括问题受理、问题处理、结果反馈、情况总结的工作流程，明确各环节的责任人和联系方式，要求学分银行开始运行期间，相关人员的电话保持畅通，快速响应并解决平台问题。

2. 建立学分银行咨询投诉制度

上海市终身教育学分银行管理中心和上海远程教育呼叫中心一起，建立学分银行咨询投诉接待受理制度。呼叫中心 25653114 电话集中受理市民来电咨询，所有来电做到登记、处理、回复、汇总，实行规范化服务与管理。学分银行管理中心编制《学分银行常见问题30 问》，供 25653114 呼叫中心和分部规范化回答学习者咨询问题。

3. 建立学分银行运行日报制度

上海市终身教育学分银行管理中心每天汇总当日呼叫中心 25653114 电话受理的市民来电咨询和分部反映的问题，总结这些问题的处理结果，统计和分析学分银行当日的运行数据，编制“学分银行运行情况日报”。

三、实践成果展示

上海市市教委要求各高校、成人高校和教育考试院积极参与学分银行建设，根据本单位实际情况制定学分转换的相关制度规定。各区县教育局负责本区县学分银行分部的建设，在学分银行分部的人员配备、设施配置、运行经费等方面加强投入，保证学分银行分部的正常运行。目前，上海市终身教育学分银行由 20 个区域分部、68 所合作的成人高校组成。其中包括复旦大学、上海交大、同济大学、华东师大等“985”高校，以及开办继续教育、成人教育的全部“211”高校及部分自学考试机构。[①] 20 个学分银行分部按照上海市行政区域设置，由市教委下文推动，每个区县至少一个分部，一般设置在上海开放大学的区县学院。分部主要承担学分银行业务的咨询、宣传与受理。每年年终，上海市终身教育学分银行管理中心将对分部完成的业务量进行考核，考核结果与绩效奖金挂钩（该部分资金由市教委专门拨发）。成人合作高校由上海市终身教育学分银行主动洽谈建立，签书面合作协议。它们主要按照市教委要求将本校的学生成绩学分数据导入平台，负责学分转换咨询工作。考虑到各级各类高校在办学水平、教育质量上各具特色和差异，学分银行给高校自主权，分别制定标准化制度，确立本校与外校学历教育学分的“等值关系”。学生从 A 校到 B 校，可以带入的学分比例高达 30％～40％，而上海开放大学对外来学分的“认账”比例甚至可达 50％。[②]

在上海市终身教育学分银行的学历教育专业课程目录中，有计算机信息管理、商务

① 徐瑞哲．10 万个学分在线转换：跨越不同高校不同职业培训上海学分银行开户者逾 40 万［N］．解放日报，2013－11－28．

② 上海建“学分银行”存够学分可换学历［N］．新闻晨报，2011－12－06．

管理、会计等12个专科专业和工商管理、物流管理、文化产业管理等9个本科专业，609门学历课程确定了学分认定标准；职业培训证书目录中可认定的证书有525项；文化休闲教育课程目录共有3119项（黄思霞，2014）。[①] 其中，139种职业资格证书可转换为6类专业、166门课程成人教育课程学分，包括会计从业资格证书、通用外语水平等级考试证书等，分别对应基础会计、英语等课程。[②] 逾73万名学习者在上海市终身教育学分银行开设账户，建立起个人学习档案，存放4400万余条各类学习成绩。2013年，学历教育开户者就达到了近20万，1.25万学习账户进行了学分转换，转换为学历教育的学分达10万分，从非学历教育到学历教育，跨越不同高校、不同职业培训。就读这些专业的开户者所持证书，几乎都能在“兑换表”中找到相应课程。[③] 此外，学分银行的文化休闲教育课程目录更为丰富。目前全市各区县社区学院、街镇社区学校和市老年大学的3119门课程信息，均经过学分银行认证进入目录。[④]

目前，上海终身教育学分银行学分互换主要还处于各高校的继续教育层面，而根据《上海市中长期教育改革和发展规划纲要》，普通高校也逐步将终身学习、继续教育融入学校的全日制教育体系。从学分银行具体实践的开展情况看，用户的最大需求是非学历证书与学历课程间的转换（主要是学历课程承认非学历证书的学分、非学历证书承认学历课程学分的情况比较少），此外，由于制度因素的影响，学历与学历之间的学分转换情况也并不理想。从开展的业务情况看，80％的业务是证书转换学历课程学分，15％是自学考试成绩转换为学历课程学分，5％是高校与高校之间的学历学分互换。

在上海市政府及市教委的支持下，上海终身教育学分银行目前在与人力资源和社会保障局进行沟通，结合证书对部分专业课程内容进行改造。一方面，将职业资格证书中的理论考核部分融入开放大学课程中，学生学习完课程后既可以拿学分也可以再考证，考证时可以免考证书中理论部分；另一方面，人力资源和社会保障局的证书培训内容向开放大学课程靠拢，学生完成了证书培训后如果继续读开放大学，可以免考计划中的40％的学分。这部分课程的学费将返给人力资源和社会保障局。

第三节　浙江省慈溪市市民学分银行

一、实施背景

慈溪市位于杭州湾南岸，2009年人均GDP超过8000美元，是全国县域经济前十强。因为经济发展水平较高，许多市民在工作之余开始追求精神财富，对新知识的渴求

① 黄思霞．终身教育学分银行建设的实践及启示［J］．广东广播电视大学学报，2014，3.

② 上海市终身教育学分银行于2012年7月24日开始运行［EB/OL］．http://www.shcb.org.cn/supports/supports!newsdetail.action?id=447．2012－09－27.

③ 学分银行1年吸引41万市民［N］．劳动报，2013－12－09.

④ 徐瑞哲．10万个学分在线转换：跨越不同高校不同职业培训上海学分银行开户者逾40万［N］．解放日报，2013－11－28.

日益强烈，自主学习的意识更加突出，对学习服务提出更加便利化和个性化的要求。在需求的驱动下，慈溪市委市政府因势利导，提出打造杭州湾南岸新型学习型城市的理念。2001 年，慈溪市开始开展全民读书活动，70%以上的市民参加了各类读书活动，社区公共文化教育设施不断完善。在此基础上，该市开始探索市民学习学分可积累、可互认、可兑换、可消费的机制。2007 年，慈溪教育行政部门牵头，在市域范围内开展了基于全民学习、终身学习的城乡社区数字化学习系统平台开发与运行模式研究。2008 年，慈溪将开发、开通市民学分银行列入重要日程。2009 年，首推地方性终身学习学分银行制度，并于 11 月开通相应的市民终身学习门户网站——慈溪市终身学习网（又名 99 学吧）和慈溪市民学分银行。慈溪市认为，要有效推动全民学习、终身学习，需要解决两个基本问题：一要提供全方位、多层次、现代化的学习资源，使市民的学习愿望得到最大满足；二要提供无障碍、可积累、可互认的学习服务，使市民的学习效益达到最大。

二、数字化学习与管理平台

慈溪市的市民学分银行管理平台是该市“十一五”自主研发的科研项目。由于是先行先试，在系统运行期间，有各种缺陷和问题不断被反映。2012 年，该市以建设更高配置、更强功能、更广覆盖、更加便捷、更加标准化为要求，启动了总投资为 210 万元的数字化终身学习新平台、市民学分银行管理新平台二期工程建设项目，并发布《慈溪“市民学分银行”管理办法》《终身学习项目实施意见》等一系列文件，促进平台的应用。新的数字化学习平台具有课程超市、虚拟课堂、移动学习、问题学习、学习社区、个人学习空间和在线考试系统等全新功能。

三、终身教育实践活动

（一）学习概念界定

慈溪市将全民学习、终身学习的范围定义在市民的广义学习范畴之上，即泛指人们各种形式的学习活动，包括全部正规的、非正规的和非正式的学习。同时，为了便于学分银行对各类学习学分的有效认定，把各类学习界定在可控、可检测的范围之内。一是网络在线学习，即在慈溪市建立的终身教育网上选课学习；二是现场面授学习，即在专门的学习活动场所，由有关人员直接组织开展的有目的、有计划的学习活动。

（二）课程界定

慈溪市人力资源和社会保障局等各相关部门和全市城乡学习中心收集了不同学习项目、不同学习层次、不同学习类型的市民学习课程，并分别设置相对应的代码，放在网上供市民选学。课程分为两类：考试课程和非考试课程。非考试课程还包含闲暇学习课程，从课程学习选择的比例来说，市民以选择非考试课程为主。课程学习方式则分为现场学习和网上学习两种。

（三）课程分类

在课程分类上，首先是从年龄层次来划分，分为早期教育、少儿学习、青年学习、中年学习、老年教育等；其次以学习层次划分，分为成人高中、大专（远程教育、自考)、本科（远程教育、自考）等；再次以技能的等级层次划分，分为上岗证、初级工、中级工、高级工、技师等；最后以学习类型划分，考试课程涉及学历认定、技能类证书认定等，非考试课程涉及书法、绘画、老年保健、门球、棋类、婴幼儿护理等。

（四）慈溪市终身学习网

慈溪市终身学习网也称“99 学吧”（http://www.99xb.net/Portal/XB/Default.aspx），谐音久久学习，寓意是长久学习的地方，号召慈溪市民参与终身学习。“99 学吧”采用先进的流媒体集成技术，以视频流、文字流、图片动画流等流媒体文件的形式，制成场景逼真、内容生动、图像清晰的网络课件，包括早期教育、少儿世界、青年天地、中年人生、老年大学、女子学院、学历教育、技能培训八大板块，涵盖了从幼儿至老年、从教育到培训的各级各类教育活动，兼顾了不同人群的学习需求（如图 11－16所示）。

图 11－16　慈溪市终身学习网（99 学吧）网页

（五）城乡数字化双向视频直播

慈溪市以社区学院为中心，以各镇（街道）社区教育服务中心为终端，提供可供市、镇（街道）两级社区教育基地同时共享与互动的数字化交流系统，以及提供市民网上直接收看学习的视频系统。仅 2009 年，全市城乡各类培训机构利用双向视频系统，开课 188 次，参观视频直播培训的市民达 5 万多人次。

四、管理保障机制

（一）学习环境和师资配置保障

慈溪市不断整合、拓展城乡市民学习资源，初步形成基于互联网（天网）、学习中心（地网）、管理员队伍和志愿者队伍（人网）“三网合一”的市民学习与管理体系。

1. 建立统筹协作的管理机制

慈溪市建立由市政府领导为组长的终身指导委员会，下设由市宣传、教育、民政、文广、人事、劳动保障、司法等17个部门负责人参加的工作机构，统筹终身学习资源，指导市民学习，协调与检查学习中心。

2. 建构四级立体化的学习网络

慈溪市形成以社区学院为龙头、街道（镇）社区中心（学院）为骨干、市民学校（村民学校）为基础、家庭学习点为补充的四级市民学习网络。市民学习中心充分利用多种远程手段，为学习者提供多样化、数字化的学习资源。

3. 形成“网上学习”和“网下学习”一体化数字管理体系

慈溪市于2009年起实施个性化的市民学习卡制度，已向市民发放学习卡（磁卡）19万张，持卡人数已占全市户籍人数的18.3%。学习卡既可储存市民个人信息，又有个人学习账户信息，作为非在线学习的市民学习考勤卡和学习积分消费卡（俞建明，2010）。①

4. 组建专业的管理和师资队伍

慈溪市组建市民学分银行专职管理队伍，还聘用大学生“村官”作为数字化学习网点的兼职管理员，建立由退休干部、退休教师、医务工作者、中小学生为主体的志愿者队伍。

（二）学习管理设计保障

1. 学习注册管理

学员注册既可以通过自主登录终身学习网注册，也可以通过在各地的学习中心注册。市民只有经过学习注册，慈溪市市民学分银行才对其建立个人账户。

2. 学习资源整合

通过部门间的协作联动，变松散合作为紧密协作，建立学习信息的采集机制和共享机制。

3. 课程管理权限

采用分级授权、分级建设、分级管理的课程管理制度。各个市民学习中心采取“择优上传，分级维护，区域共享”的方式，负责当地特色课程的制作和维护。上传的课程需经严格审核，同时也采用市管理中心统一采购的方式完善学习资源。

（三）硬件环境配置保障（彭飞龙，2009）②

对系统软件进行自主开发，建立良好的运行环境，设立层级系统管理中心。例如：市民终身学习网和学分银行系统采用电信托管的方式，以保证流畅的带宽和网络运行。日常维护管理由慈溪市社区学院（慈溪市社区教育指导委员会办公室）负责，同时采用分级授权、分级管理的方式，赋予各学习中心相关管理职能。

---

① 俞建明. 慈溪“学分银行”模式受关注［N］. 慈溪日报，2010-12-02.

② 彭飞龙，陆和杰. 构建市民学分银行的理论与实践研究［J］. 职教论坛，2009，10.

五、学分运行机制（彭飞龙，2009）[①]

（一）课程学分认定

1. 学分获得途径

其一，通过学习时间的累积换取学分。进入网上进修平台“99 学吧”，建立进修账户，自主确定学习内容和学习时间。非考试课程有在线学习和面授学习两类。在线学习根据学习时间的长短有不同的规定：达到课程规定学时的，给予全部学分；达到课程 2/3 学时的，给予一半学分；学时不足 2/3 的，不记录学分。面授学习是到学习中心现场学习，持学习卡打考勤，并实时反映到学分系统个人学习账户中。学历培训、技能培训和各种休闲文化教育、活动都能获得相应的学分。

其二，通过课程考试获得学分。参加网上在线考试或现场考试合格者，也可以获取学分。课程的学分由平时成绩和考试成绩两部分组成，一般按 3∶7 比例计算。网上考试由系统自动评卷给分；现场考试由学分管理中心组织评卷，换算成学分再人工倒入学习者账户。

2. 学分分类管理

由于学分来源的复杂性，市民学分银行对各种学分进行分类并按一定规则进行换算。这些学分一般分为三种类型：①原始学分，通常指非标准系统的学分，即不同学习机构自主设定的课程学分。②系统学分，指学分银行系统认可的学分。原始学分按照一定参数折算成统一的系统学分后，学分便可实现互认、存储、兑换和消费。③有效学分，指通过学分积累，可换取相应证书的课程学分。

（二）学分存储、互认、转换、消费和诚信管理

1. 学分储存

市民通过各种形式、途径取得的学分，均可在账户中存储和积累。

2. 学分互认

市民在不同学习机构取得同一课程的学分，根据各学习机构的互认协议，进行学分互认。

3. 学分转换

将非标准学分转换为标准学分。在学分银行的标准学分的框架内，应该能够实现学分的兑换，将不同类型或同类型的教育学习成果转换成标准的学分银行学分，并换取证书。

慈溪市建立了课程原始学分与标准学分、系统学分相关联和可换算的数学模型，其原理是将课程的学习时长系数、学习难度系数、加权系数等作为学分转换的重要参数，并在此基础上开发“慈溪市民学分银行原始学分与系统学分转换表”。在该市学分认证系统（一期系统）中，学分兑换的规则和兑换参数见表 11－14（彭飞龙，2013）。[②]

---

① 彭飞龙 陆和杰．构建市民学分银行的理论与实践研究［J］．职教论坛，2009（28）．

② 彭飞龙．终身学习体系学分银行的原理与技术［M］．北京：高等教育出版社，2013．

表 11－14　慈溪市市民学分银行学分兑换的规则和兑换参数

<table>
<tr><th colspan="2">学分类别</th><th>系数类别</th><th>原始学分</th><th>总学时</th><th>难度系数</th><th>时长系数</th><th>加权系数</th><th>标准学分</th></tr>
<tr><td rowspan="7">证书学分</td><td rowspan="3">学历学分</td><td>双证制高中</td><td>80</td><td>300</td><td>0.5</td><td>0.24</td><td>0.37</td><td>29.60</td></tr>
<tr><td>专科</td><td>76</td><td>1200</td><td>1</td><td>1.00</td><td>1.00</td><td>76.00</td></tr>
<tr><td>本科（专科起点）</td><td>76</td><td>1200</td><td>1</td><td>1.00</td><td>1.00</td><td>76.00</td></tr>
<tr><td rowspan="4">技能学分</td><td>合格证</td><td>12</td><td>120</td><td>0.2</td><td>0.63</td><td>0.42</td><td>4.98</td></tr>
<tr><td>初级工</td><td>12</td><td>120</td><td>0.3</td><td>0.63</td><td>0.47</td><td>5.58</td></tr>
<tr><td>中级工</td><td>19</td><td>190</td><td>0.5</td><td>0.63</td><td>0.57</td><td>10.74</td></tr>
<tr><td>高级工</td><td>25</td><td>250</td><td>1</td><td>0.63</td><td>0.82</td><td>20.38</td></tr>
<tr><td colspan="2">非证书学分</td><td>视频学习
图书阅览</td><td>1</td><td>10</td><td>0.3</td><td>0.63</td><td>0.47</td><td>0.47</td></tr>
</table>

说明：

原始学分：

1. 高中、专科和本科的原始学分由国家规定。

2. 技能原始学分按照人力资源和社会保障部门确定的 10 小时为 1 学分换算。

3. 非证书学分参加 10 小时为 1 学分换算。

各项系数说：

1. 难度系数：学历教育学分以专科难度为标准，技能培训学分以国家职业资格中级工难度为标准。

2. 时长系数：时长系数＝（课时数/所得学分）/（专科课时数/所得学分）。

3. 加权系数＝（难度系数＋时长系数）/2。

系统学分说明：

1. 为鼓励市民在网上学习，认定连续在线学习 5 小时为 1 标准学分。

2. 文档类知识性文章阅读以连续完成 60000 字阅读为 1 标准学分（按每分钟 200 字记读），以 600 字为单位 0.01 标准学分进行累加。

3. 非课程视频点播观看，以连续观看整个视频为要求，每 3 分钟为单位 0.01 标准学分进行累加。

资料来源：彭飞龙《终身学习体系学分银行的原理与技术》。

4. 学分消费

一是以学分转换为证书的消费。一旦换发证书成功后，对应学分被系统锁定，不可再次重复获得同样证书；二是积分形式的非证书消费，主要体现在学习奖励、购物优惠等。如同购物积分、手机积分等，学分积累到一定数量，最后可以进行兑换（发放奖学金、活动奖励、购物折扣等）。

5. 学分诚信管理

一是市民学习的真实性，如诚信考勤、诚信考试、诚信作业；二是学分来源的真实性，如果学习认定的真实性、学分认证的真实性等。如学习诚信、学分诚信有问题，学分银行将提出相关警告，将有严重诚信问题的个人或机构拉入黑名单。

六、实践成果（慈溪市教育局，2014）[①]

（一）受到广泛关注

慈溪市的学分银行研究与实践成果在上海、北京召开的全国性、国际性学习型社会建设和学分银行研究专题会议上进行过多次交流。《中国教育报》《光明日报》《浙江日报》《宁波日报》等媒体多次报道慈溪市市民学分银行建设的相关成果。为了加快推广步伐，中国成人教育协会、教育部教育管理信息中心与慈溪市专门签署了《关于共同推动“全国城乡社区数字化学习示范基地”建设的战略合作框架协议》。慈溪市成为目前唯一的“全国城乡社区数字化学习示范基地”。

（二）构建市民终身学习“立交桥”

在学历教育和职业培训中建立“课程立交”，不同学习成果通过转换机制架构起“学分立交”，学历教育和非学历教育通过认证架构“证书立交”，实现学历教育、社区教育和职业培训之间学习成果的相互转化、积累和认证。目前，该市已制定社区课程2000余门次、职业培训与学历教育学分的认定标准300余个，学分转换课程总数达到11000余门次。

（三）构建市民终身学习“服务圈”

搭建具备学分银联功能的分布式市民学分银行分行19家、支行100家，形成了便捷的终身学习“服务圈”，逐渐改变了市民的学习生活方式。截至2014年，“99学吧”注册用户数为28.4万人，22.8万人已积累了学分，访问量已突破679万人次，日均访问5000人次以上，发放市民学习卡18.1万张，持卡人数占全市户籍人口的17.5%，累计刷卡学习达到866177人次。

（四）构建数字化学习“虚拟社区”

在学分银行二期开发时推出了虚拟数字化学习社区功能，学习者以虚拟的“群”式为集合，以超越实体的、无区域边界的形式开展在线学习、交流、问题解答等，实现知识与经济价值的交换。目前，全市已建立了50多个虚拟的数字化学习社区、305个社区（村）数字化学习中心，50个社团数字化学习中心和1078户个数字化家庭学习中心户，参与电子阅览和其他多媒体学习人次达150万。

第四节　广东省终身教育学分银行

一、建设背景

《广东省中长期教育改革和发展规划纲要（2010—2020年）》和《广东省教育综合改革试点总体方案》（粤教规〔2010〕23号）明确提出要“建立继续教育学分积累与转

① 慈溪市教育局. 慈溪市民学分银行“三个构建”取得阶段性成果［EB/OL］. http://www.nbedu.gov.cn/zwgk/article/show_article.asp?ArticleID=44363. 2014-3-3.

换制度，实现不同类型学习成果的互认与衔接，不断扩大社会成员以不同方式接受高等教育的机会”，“探索建立学习成果认证和‘学分银行’制度”，开展继续教育（包括电大、成教、自考、网络教育）学习成果认证和学分银行制度改革试点。广东省将终身教育学分银行的建设任务赋予广东开放大学，2012 年 12 月 26 日，广东开放大学作为学分银行的承建单位，成立专门机构，配备专职人员，起草《广东终身教育学分银行建设工作方案》和《广东终身教育学分银行建设方案》，旨在推动广东省终身教育学分银行的建设。

2015 年 5 月 26 日，广东省终身教育学分银行管理委员会第一次会议召开，原则上通过了《广东终身教育学分银行建设工作方案》等文件，标志着广东省终身教育学分银行正式开建。今后在广东省接受各级各类教育的学生，能将自己所修学分当作货币，通过该省终身教育学分银行相互兑换。

二、基本定位

广东终身教育学分银行是“面向广东省全体社会成员、服务终身教育的学分银行。服务领域与范围定位为实现各级各类教育之间的沟通和衔接，包含中高职衔接、中学后教育与大学教育的衔接、职业培训与学校教育的衔接、高校之间的沟通衔接以及已有学习成果的认证和累积，从而形成终身教育‘立交桥’。规格定位为面向全省社会成员，与国家学习成果框架相衔接的省级学分银行。功能定位为实现学习成果认定和转化、学分积累和学分兑换，是学习者终身教育学习成果认定、积累的管理中心，是学习成果转换的服务平台”（李江，2014）。[①]

三、管理体制

广东终身教育学分银行由广东省教育体制改革领导小组统筹领导和协调，由广东省教育厅主办和管理，由广东开放大学具体建设和运行，学分银行管理委员会是其决策机构，由广东省教育厅厅长任主任，并出台《广东终身教育学分银行建设工作方案》《2015 年工作计划》《2016 年经费预算方案》等文件。

四、基本框架

广东省终身教育学分银行涵盖学历教育和非学历教育两种类型。学历教育涉及普通高等教育、成人高等教育、开放教育、自学考试、网络教育等种类，涵盖中专、专科、本科、硕士、博士等层次。非学历教育包括职业培训和社区教育等。学分银行可以实现横向贯通、纵向衔接。

横向贯通主要是包括三个板块：一是由远程开放教育、成人高等教育、网络教育、高等教育自学考试等组成的学历继续教育学习成果之间的互认，重在建立学习成果的认证标准和制度；二是由高职院校、普通本科院校组成的普通高等教育学习成果之间的互认，重在通过协议建立校际间学习成果认证规则，建立学分互认机制；三是学历继续教

① 李江. 广东终身教育学分银行建设的基本构想 [J]. 广东广播电视大学学报，2014，2.

育与普通教育之间学习成果的互认，旨在消除两者的鸿沟，拓展学习形式。纵向衔接也包括三大板块：一是各层级学历教育的衔接，包括中职教育与高职教育、高职教育与本科教育、本科教育与研究生教育的衔接等；二是非学历教育与学历教育的衔接；三是学习者已有学习成果与学历教育的认定和衔接。

五、建设内容

广东省终身教育学分银行（http://www.cbgd.cn/）的建设内容主要涉及组织架构建设、学习成果框架建设、标准体系建设、制度体系建设、信息平台建设和服务体系建设六大方面。一是组织架构建设，广东终身教育学分银行在广东省教育体制改革领导小组的统一领导下，由广东省教育厅主办和管理；二是学习成果框架建设，主要是明确学习成果级别和标准以及学习成果框架的管理规则等；三是标准体系建设，主要包括学历教育学分认定标准体系和非学历教育认定标准体系，并考虑扩充建设文化休闲学习项目学分认定标准体系；四是制度体系建设，包括学分认定、积累和转换制度，学历衔接制度以及质量保障制度的建设等；五是信息平台建设，包括管理系统、学习档案、门户网站等，管理系统进行组织、用户和流程管理，学习档案负责保存学习者的学习成果记录，门户网站用于各类申请与查询、公布信息；六是服务体系建设，在各高校、行业建立服务网点，辅助学习者咨询、开户以及进行学分初审等。

广东省终身教育学分银行网页如图 11－17 所示。

六、组织架构

广东省终身教育学分银行面向省内全体社会成员，服务终身学习，由省教育体制改革领导小组统筹领导和协调，由省教育厅主办和管理，委托广东开放大学具体建设和运行。在此基础上，成立学分银行管理委员会，负责对学分银行的建设进行宏观指导和决策；专家委员会和专家工作组是咨询机构，对学分银行建设提供指导和咨询；学分银行管理中心是具体执行机构，负责学分银行的运行与管理；学分银行分部则是最基层的运行机构。

广东省终身教育学分银行组织架构如图 11－18 所示。

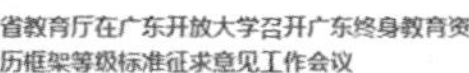

图 11—17　广东省终身教育学分银行网页

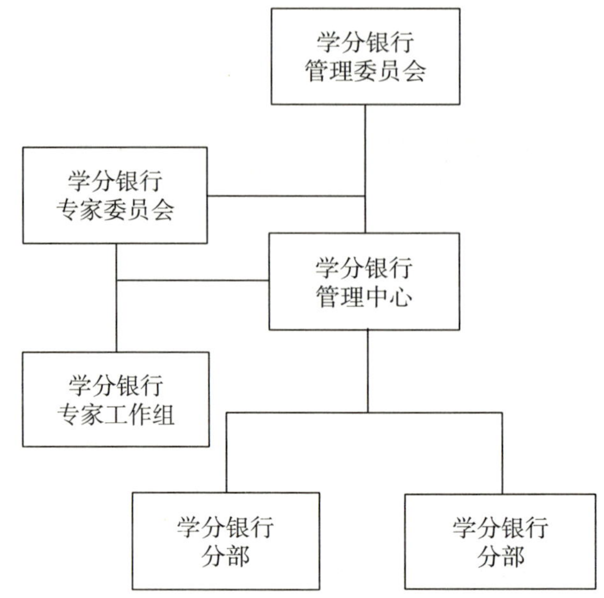

图 11－18　广东省终身教育学分银行组织架构

资料来源：http://www.gdrtvu.edu.cn/cb/。

七、运行机制

（一）申请账户

（1）在线填写并提交“学习账户申请表”。

（2）持本人有效证件（如身份证原件）到指定认证点办理开户手续，签署《用户服务使用协议》。

（3）经审核通过后，获得账号，成为正式用户。

广东省终身教育学分银行开户流程如图 11－19 所示。

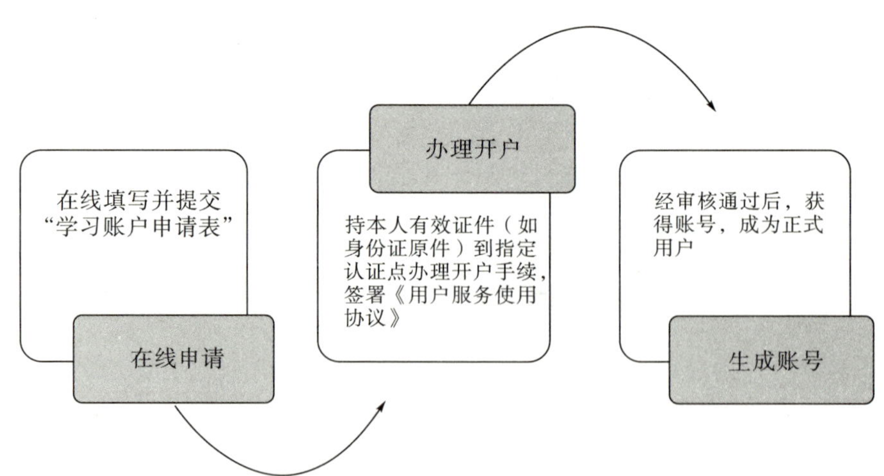

图 11－19　广东省终身教育学分银行开户流程

资料来源：http://www.cbgd.cn/。

（二）认定学习成果

（1）学历教育学习成果认定：学习者持国民教育系列学历教育成绩证明提交认定申请，经认定后存入个人账户。

（2）非学历学习成果认定：学习者持非学历学习成果证明提交认定申请，经认定后存入个人账户。

（三）存入学习成果

（1）学习者在线提交学习成果存入申请。

（2）持本人有效证件（如身份证原件）、学习成果证明等相关文件到学分银行认证点办理存入手续。

（3）经审核后存入个人账户。

广东省终身教育学分银行学习成果存入流程如图 11－20 所示。

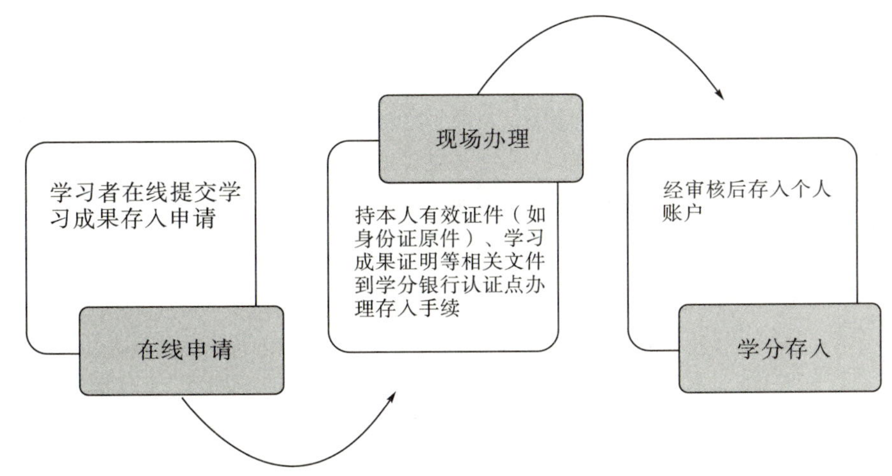

图 11－20　广东省终身教育学分银行学习成果存入流程

资料来源：http://www.cbgd.cn/。

（四）转换学习成果

（1）学习者选择所需转换的证书，提出申请。

（2）系统提取出可供转换的相应学习成果。

（3）进行转换。

（4）审核通过后发出证明文件。

（5）凭证明文件申办学历证书。

广东省终身教育学分银行学分使用流程如图 11－21 所示。

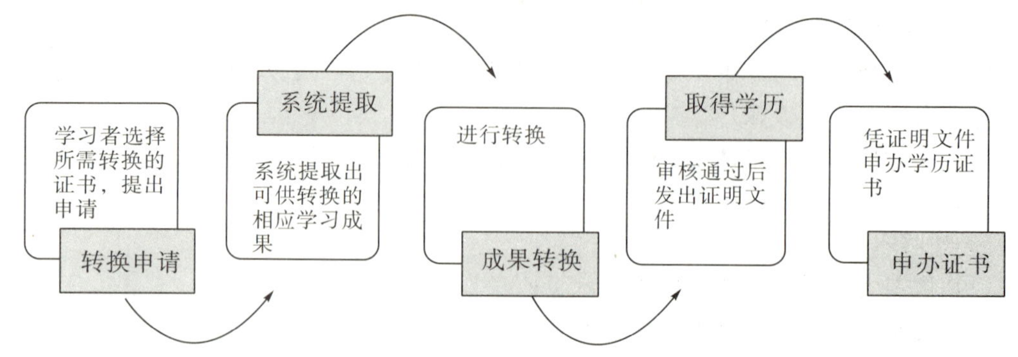

图 11—21 广东省终身教育学分银行学分使用流程

资料来源：http://www.gdrtvu.edu.cn/cb/。

八、实践活动

由于广东省终身教育学分银行尚属于初期阶段，很多功能还未真正发挥。承建者广东开放大学已经建立了自身的课程超市、学分银行和学习成果认证机制，以点带面，从自身学校开始试点，进行对外认证。

（一）广东开放大学建立了课程超市和学分银行

广东开放大学本部公开所有已经开设的优质课程资源（“课程超市”）、详细的课程指导规则和毕业证书规则。学习者根据兴趣、爱好、特长自我组织学习，可跨专业、跨学科自主选课。所选的任何课程经考核合格后，认定学分，在未来的进修或各类培训中有效。当学分积累到一定的程度，可根据各专业的毕业证书规则申请毕业证书和学位证书。目前，学分银行开户数达到 50 多万，入库成果达 2000 多万条。

（二）建立学习成果认证机制

广东开放大学对学习者的各类学习经历依据学习成果认证规则进行认证，对认证通过的学分，采用免修、免考、课程替代相结合的方式在学分银行系统中予以承认。在对非本校取得的学习成果认证中，首先审核课程是否规范化和标准化，再给予相应学分。学习成果认证机制实现了不同类型学习成果的横向贯通，有利于鼓励广东省的学习者跨专业、跨学科地拓展知识。截至 2016 年 10 月，广东开放大学已有 15 个试点专科专业学分认定与转换细则通过了专家的审定。①

（三）构建广东终身教育资历框架等级标准

2016 年 9 月，由广东开放大学牵头，广东省教育研究院、广东机电职业学院、广东交通职业学院、中山大学、华南理工大学、华南师范大学等单位参与的《广东终身教育资历框架等级标准》开始启动制定工作，并将成为国内第一个同类标准。② 广东终身教育资历框架等级标准一旦确立，将成为普通教育、职业教育、培训及业绩之间沟通和

① 广东开放大学 15 个试点专科细则通过专家审定［EB/OL］. http://www.cbgd.cn/main/gykxdetail?id=70. 2016−10−26.

② 广东终身教育资历框架等级标准》立项地方标准［EB/OL］. http://www.cbgd.cn/main/gykxdetail?id=68. 2016−10−26.

衔接的重要基础标准，是各级各类资历成果认定、积累与转换的共同参照依据，也标志着广东省人才成长“立交桥”搭建和学分银行建设取得重大突破。目前，该标准已进入向社会广泛征求意见阶段。

（四）着力完善学分银行信息管理平台

迄今为止，广东终身教育学分银行信息管理平台建设项目在不断完善之中，通过专家论证会议研讨，修改和完善平台建设项目，补充了平台技术路线和典型用例，进一步挖掘和细化平台机构管理和专家管理功能，并按标准模板规范需求，细化了系统安全性内容和经费预算，明确了软硬件系统间的关系。

第五节　江苏省终身教育学分银行

一、建设背景

江苏省从 2012 年 3 月开始开展学分银行的探索实践。2013 年 12 月 9 日，江苏省教育厅印发《江苏省终身教育学分银行管理办法（试行）》，标志着江苏省终身教育学分银行正式成立。学分银行落户江苏开放大学，并于 2014 年 1 月 9 日起开始试运行。

二、建设理念

江苏省终身教育学分银行是面向江苏居民，为学习者提供个性化终身学习服务的学分管理服务机构。它把学历教育、职业培训、文化休闲教育以及竞赛成绩等作为学分银行认定的对象，是学分认定、积累和转换，以及学习咨询、学分查询、学分证明等学习成果管理与服务的信息化公共服务平台。学分银行为学习者搭建终身学习“立交桥”，拓宽终身学习通道，构建江苏终身教育体系，服务学习型社会建设。

三、组织架构

江苏省教育厅成立学分银行管理委员会（简称“管委会”）。管委会是学分银行建设和管理的领导机构，由省教育厅及相关政府部门、有关高等学校的领导和专家参与，主要职能为审定建设方案和发展规划，制定相关政策，宏观指导和监督管理学分银行的运行。管委会之下设立办公室，负责日常工作，具体事务交由江苏开放大学运作。

同时设立专家委员会。专家委员会的主要职能为学术决策和仲裁、专业指导与政策咨询、课程审定和标准制定。专家委员会下设若干专门工作组，负责具体专业的学分认定与转换标准。专家委员会主任、成员的聘期均为五年。

四、管理制度

江苏省教育厅印发《终身教育学分银行管理办法（试行）》和《江苏省终身教育学分银行实施细则（试行）》，明确学分银行的性质、组织架构和服务内容，进一步规范账户注册、学分管理及应用的具体流程。《终身教育学分银行管理办法（试行）》规定，江苏省常住居民及外来人员都可登录江苏开放大学主页（http://210.28.216.200/c_bank_new/Default.aspx，如图11—22所示），向学分银行申请开设学分账户，经实名登记注册后，可取得江苏开放大学的学籍，然后学习江苏开放大学的学历与非学历教育课程。这些课程的学习成果通过线上或线下考核后，都会记录在每位学习者的学分银行账户里，并将存储在账户里的学分兑换成相应学历。

学习者获得六种有效期内的非学历教育证书和成绩证明，所涉及的课程学分可经学分银行认定并转换为相关学历教育对应的课程学分，包括国家级和省级考试颁发的有关专业技能等级证书、国家级和省级有关从业资格证书等。[①]

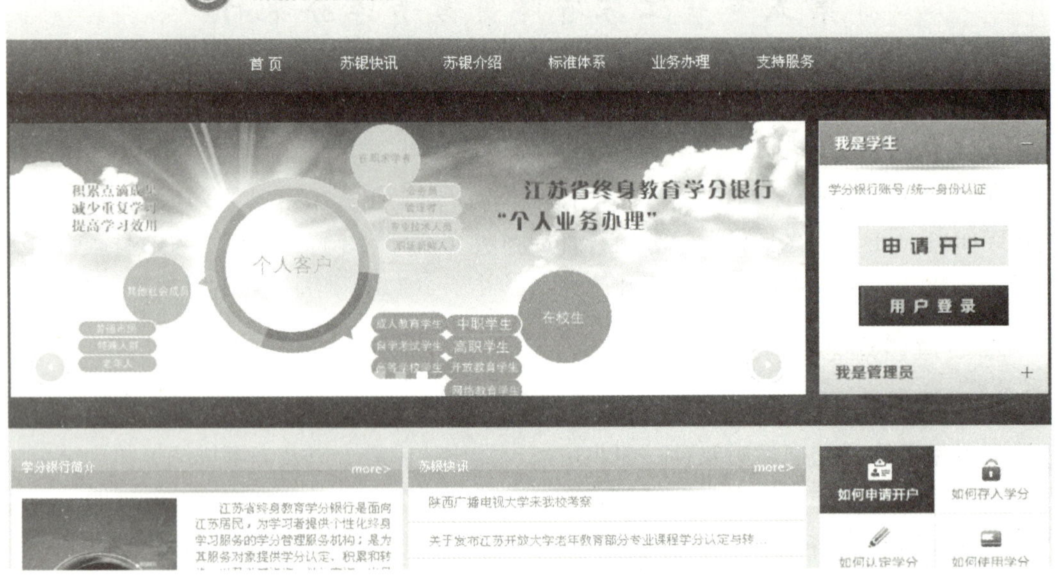

图11—22　江苏省终身教育学分银行网页

2013年，江苏开放大学出台学历教育成绩合格证明、毕业证书、职业资格证书、非学历培训证书等以往学习成果与学历课程学分之间的转换规则151条，覆盖现有本、专科各专业。[②] 同时，江苏省相关部门也正在努力与其他高校沟通，争取扩大学分银行的应用范围。

五、运行机制

（一）学分银行开户

学习者向学分银行申请开设学分账户，经登记注册后可获得相关学分管理服务。学分银行几乎不设“门槛”，无年龄和时间的限制，只要学习者想学习，随时都可以注册。通过实名注册成为江苏省终身教育学分银行的用户之后，均可取得江苏开放大学学籍。

① 肖东. 江苏探索建立终身教育学分银行［N］. 江苏教育报，2013—12—13.

② 构建终身学习立交桥和学分银行系统学术论坛 在宁举办. 中国江苏网［EB/OL］. 2016—11—25.

学分银行为实名注册正式用户和学习者建立终身学习档案，并提供个性化终身学习的学分管理与服务。在此期间，还可以注册学习江苏开放大学的学历教育课程或非学历教育课程。对于老年学习者，也鼓励和支持在学分银行注册。

（二）学分存入

学习者存入学习成果信息并上传相关证明文件，初审通过后携带证明文件进行复审，认证办事处将材料上报认证中心进行终审，终审通过后，学习成果存入学分银行并告知学习者。

（三）学分认定

在江苏开放大学和其他合作高校中学习的课程学分均可存入江苏省终身教育学分银行，只要符合学分认定标准等相关要求，就可以认定其学分。

（四）学分转换

学分银行具有学分认定和转换功能。学分类型包括学历教育学分和非学历教育学分，其中，学历教育学分分为研究生课程学分、本科课程学分和专科课程学分。

江苏省终身教育学分银行学历课程和非学历证书与学分银行学分的转换条件见表11－15。

表 11－15　江苏省终身教育学分银行学历课程和非学历证书与学分银行学分的转换条件

	转换类型	转换方式	转换结果	限制条件
学历教育课程学分	普通高校或成人高校课程学分	学分银行认定	学分银行学历教育课程学分	国家认定
	高等教育自学考试课程学分			
非学历教育证书	国家级和省级水平测试类有关职业资格证书、行业岗位证书	学分银行专家委员会认定	学分银行相关学历教育对应的课程学分	有效期内和国家认定
	专业技能等级证书			
	专业技术职务任职资格对应的考试科目合格证书			
	从业资格证书			
	国际通用的水平测试类成绩证明			
	其他非学历继续教育学习成果			

示例：

江苏开放大学学分认定与转换列表

• 本科/专科部分专业课程学分认定与转换列表（证书对课程）

表 1　工程管理（本科）专业

序号	证书名称	证书等级	发证单位	对应课程
1	建造师	一级	住建部、人事部	房屋建设工程管理与实务（本）
				建设工程法规及相关知识（本）

续表1

序号	证书名称	证书等级	发证单位	对应课程
2	造价工程师	国家级	住建部、人事部	工程造价管理基础理论与相关法规（本）
				工程造价计价与控制（本）
				建设工程技术与计量（本）
				工程造价案例分析（本）
3	监理工程师	国家级	住建部、人事部	建设工程监理基本理论及相关法规（本）
				建设工程质量、投资、进度控制（本）
				建设工程监理案例分析（本）

资料来源：http://210.28.216.200/c _ bank _ new/artical.aspx?articleid=128。

表2　行政管理（专科）专业

序号	证书名称	证书等级	发证单位	对应课程
1	秘书资格证	四级及以上	中华人民共和国人力资源和社会保障部	办公室事务管理（专）
2	秘书资格证	三级及以上	中华人民共和国人力资源和社会保障部	办公室事务管理（专）
				★公文写作与处理（专）
3	通用管理能力证书	综合级	中华人民共和国人力资源和社会保障部	通用管理能力（个人与团队）（专）

注：

1. 课程模块中带“★”的课程为专业基础课程或专业核心课程，依据《江苏开放大学关于对以往学习成果学分认定与转换流程的通知》（苏开大〔2014〕28号）中的时效性原则，用于替代专业基础课和专业核心课的证书从获得之日起6年内有效；证书有年审要求的，有效期限从最近年审之日起计算；替代专业方向课程和职业证书课程则无证书年限要求。

2. 学分认定与转换的原则、办理流程等，仍按《江苏开放大学关于对以往学习成果学分认定与转换流程的通知》（苏开大〔2014〕28号）办理，注册生参照执行。

资料来源：http://210.28.216.200/c _ bank _ new/artical.aspx?articleid=128。

• 老年学历教育部分专业课程学分认定与转换列表（课程对课程）

表3　摄影（专科）专业（老年教育）

<table>
<tr><th rowspan="2">序号</th><th rowspan="2">对应老年大学课程</th><th rowspan="2">开课单位</th><th colspan="3">评估依据</th><th rowspan="2">课程名称</th></tr>
<tr><th>提交评估材料</th><th>评估材料要求</th><th>评估标准</th></tr>
<tr><td rowspan="2">1</td><td>摄影入门（一、二、三、四）</td><td>金陵老年大学</td><td rowspan="2">1. 课程代表作品三张
2. 所在老年大学的毕业证书或相关课程结业证明（须加盖公章）</td><td rowspan="2">1. 所提交代表作品是学习该课程时，为通过该课程提交的作品
2. 作品应用相机拍摄组照或单幅照片，拍摄主题不限，一般不进行后期处理，每幅照片要能体现一定的拍摄手段或技巧，标注拍摄参数、介绍文字，提交数码照片，不少于三张，至少一张为RAW格式
3. 有该课程当时任课教师的评语</td><td rowspan="2">1. 作品规格：数码图片不小于3000×2000像素，JPG格式，至少一张为RAW格式
2. 主题明确，重点突出
3. 构图准确，结构清晰，光线应用合理
4. 视角独特，画面具有一定的创造性
5. 能较为合理地设置相机参数并完成拍摄活动
6. 画面具有较强的表现力、形式感
7. 无明显的拍摄缺陷</td><td rowspan="2">摄影基础（老年专）</td></tr>
<tr><td>摄影基础专业或数码相机专业</td><td>南通市老年大学</td></tr>
<tr><td rowspan="2">2</td><td>摄影提高（一、二、三、四）</td><td>金陵老年大学</td><td rowspan="2">1. 课程代表作品六张
2. 所在老年大学的毕业证书或相关课程结业证明（须加盖公章）</td><td rowspan="2">1. 所提交代表作品是学习该课程时，为通过该课程提交的作品
2. 作品是人像或者风景摄影作品，不少于六张，其中人像主题作品不少于三张，风光主题作品不少于三张，要求标注拍摄参数、介绍文字，提交数码照片
3. 有该课程当时任课教师的评语</td><td rowspan="2">1. 作品规格：数码图片不小于3000×2000像素，JPG格式
2. 人像或者风景拍摄主题明确
3. 构思创意新颖
4. 构图准确，结构清晰
5. 视角独特，画面具有一定的创造性
6. 适当地运用人像摄影的拍摄技巧
7. 较好地兼顾风光摄影的艺术性
8. 画面具有较强的表现力、形式感</td><td>人像摄影（老年专）</td></tr>
<tr><td>摄影题材专业</td><td>南通市老年大学</td><td>风景摄影（老年专）</td></tr>
</table>

续表3

序号	对应老年大学课程	开课单位	评估依据			课程名称
			提交评估材料	评估材料要求	评估标准	
3	数码照片后期处理和数字暗房	金陵老年大学	1. 课程代表作品三张 2. 所在老年大学的毕业证书或相关课程结业证明（须加盖公章）	1. 所提交代表作品是学习该课程时，为通过该课程提交的作品 2. 处理作品的软件应该是Photoshop和Lightroom，所处理的照片应为原创，可以使用素材作为辅助元素 3. 所要提交的材料包括原始照片、处理结果、文字说明，提交作品的数量不少于三张，且至少包含一张以上的RAW图片 4. 有该课程当时任课教师的评语	1. 作品规格：数码图片不小于3000×2000像素，JPG格式，至少包含1张RAW格式，至少包含一张以上的人像照片，至少包含一张室内拍摄照片 2. 拍摄作品为原创，且拍摄作品基本符合拍摄要求 3. 对照片处理的主要目的应为改善作品质量或创作新的作品 4. 文字说明部分应包含照片分析、处理规划、主要操作说明和效果说明四个部分 5. 处理后的图片应具有较强的表现力、形式感	图片后期处理（老年专）
	图像初级专业和图像中级专业	南通市老年大学				

注：

1. 申请多门课程替代的，须提交不重复的课程代表作品/作业。

2. 学习老年大学课程取得的课程学习成果不超过六年。

3. 学分认定与转换的原则、办理流程等，仍按《江苏开放大学关于对以往学习成果学分认定与转换流程的通知》（苏开大〔2014〕28号）办理。

资料来源：http://210.28.216.200/c_bank_new/artical.aspx?articleid=137。

• 老年学历教育部分专业课程学分认定与转换列表（证书对课程）

表4 **文化产业管理（摄影方向）专业（老年教育）**

序号	证书名称	证书等级	发证单位	对应课程
1	国家级、省级摄影家协会会员证	/	国家级、省级摄影家协会	摄影曝光控制（老年本）
				人像摄影实训（老年本）
				室内外环境摄影（1）（老年本）
				室内外环境摄影（2）（老年本）

续表4

<table>
<tr><th>序号</th><th>证书名称</th><th>证书等级</th><th>发证单位</th><th>对应课程</th></tr>
<tr><td rowspan="2">2</td><td rowspan="2">市、县、区级摄影家协会会员证</td><td rowspan="2">/</td><td rowspan="2">市、县、区级摄影家协会</td><td>摄影曝光控制（老年本）</td></tr>
<tr><td>人像摄影实训（老年本）</td></tr>
<tr><td rowspan="2">3</td><td rowspan="2">摄影师</td><td rowspan="2">高级（三级）</td><td rowspan="2">省、市人力资源与社会保障局，省、市职业技能鉴定（指导）中心</td><td>摄影曝光控制（老年本）</td></tr>
<tr><td>人像摄影实训（老年本）</td></tr>
<tr><td>4</td><td>摄影师</td><td>中级（四级）</td><td>省、市人力资源与社会保障局，省、市职业技能鉴定（指导）中心</td><td>摄影曝光控制（老年本）</td></tr>
</table>

注：学分认定与转换的原则、办理流程等，仍按《江苏开放大学关于对以往学习成果学分认定与转换流程的通知》（苏开大〔2014〕28号）办理。

资料来源：http://210.28.216.200/c_bank_new/artical.aspx?articleid=136。

（五）学分应用

学分银行的学分转换后可作为江苏开放大学向学习者颁发毕业证书和学位证书的依据，也可以作为江苏省内各类高校、自学考试机构和资格证书颁发机构为学习者颁发课程学习或培训证书的依据。

六、实践成果

江苏开放大学在学分银行建设中，积极探索学习成果积累、认定与转换系统的构建，着力实施学历继续教育之间、学历继续教育与非学历继续教育之间的衔接与沟通，自2012年3月起边研究边实践，取得阶段性成效。

（1）学分银行门户网站研发并运行。门户网站具有展示学分银行各项规章制度和主要流程，公布学分银行学分认定与转换标准和各类工作动态信息，为学习者提供在线服务导航、注册与服务等功能。

（2）在学分银行用户注册方面：①社会成员注册用户。通过在线网络接收省内社会成员学习者，试运行1个月，已有近千名用户。②学历教育在籍生注册用户。至2013年年底，在江苏开放大学取得学籍的两千余名新生自动成为江苏省终身教育学分银行的正式用户，目前开户人数达1万余人。③非学历教育学习者注册用户。在线注册用户达8万多人，实名注册“江苏学习在线学分银行”的社区教育学习者有3万余人，并自动转为学分银行用户。2013年12月，用户点击量为18000次，2014年3月，用户点击量达到24000次左右（尤佳春，2014）。[①] 建立新的学习认证制度，拓宽应用型人才培养渠道，建立健全普通教育、职业教育、继续教育和自学考试之间的沟通机制已经进入实质性运行轨道。

（3）学分银行已经进入认证转换程序。截至2016年6月底，已有660名学习者提出1653门次的学分转换申请，经审核，已有1252门次课程的学分得到认证转换，累计

① 尤佳春．省域学分银行的构建实践与策略探究——以“江苏省终身教育学分银行”试行为例［J］．江苏开放大学学报，2014，4.

转换学分数达 3856 学分，个人最高申请学习成果转换达 18 学分。[①]

（4）管理机构稳定运行。江苏省终身教育学分银行的管理中心稳定运行，在江苏开放大学办学体系中成立学分银行管理分中心，实施本校在籍生以往学习成果的积累、学分的认定与转换；同时，成立老年教育学习活动成果专家委员会，负责对全省各市、区（县）老年学院、老年大学学员的成果进行认证，再由学分银行复审，复审后存入个人账户。

第六节　云南省学分银行

一、建设背景

2010 年，教育部发布了一批改革人才培养模式、提高高等教育人才培养质量的试点地区和学校。云南省作为唯一一个入围人才成长“立交桥”试点的西部省，建立学习成果认证和学分银行制度试点。2012 年 12 月 28 日，云南省学分银行揭牌成立，并确立“一行两委”的组织架构。

二、政策保障

2015 年，云南省出台《关于推进区域高水平大学建设实施意见》《云南省高等学校布局结构调整的意见》《云南省高等学校退出暂行办法》《关于进一步落实和扩大高校办学自主权完善高校内部治理结构的实施意见》，进一步优化全省高等教育布局结构，完善高校分类管理，同时，云南省学分银行管理中心起草了《云南省教育厅关于推进学习成果积累与转换工作的实施意见（征求意见稿）》和《云南省教育厅关于推进高等教育学分认定和转换工作试点实施方案（征求意见稿）》，计划充分发挥各类高校联盟作用，推进组建高校课程联盟，建设资源共享平台，加快建设学分银行，为高校推进跨校学科学分互认搭建平台。

三、建设理念

云南开放大学作为学分银行的试点单位，成立云南省学分银行和云南省学习成果认证中心，让学分存入“银行”可以兑换正规文凭成为西部开放大学备受瞩目的亮点。“宽进严出”将是云南省学分银行未来办学的特色。“严出”，就是说要积累到一定的学分，才可能拿到学历证和毕业证。愿意学习的人都可以在云南省学分银行注册个人学习账户，学习成绩通过认证后换成学分存入个人账户，用学分可以兑换国家教育部认可的学历证、毕业证，甚至可兑换终身教育补助金。目前，云南省学分银行已建立学习成果账户 12 万户，储蓄学习成果 92 万条。

① 构建终身学习立交桥和学分银行系统学术论坛 在宁举办．中国江苏网［EB/OL］．2016－11－25．

四、建设原则

云南省学分银行采取改革创新、先行先试、整体策划、分步实施、先内后外、先易后难、项目试点探索、单项实施推进的原则来建设云南省学分银行。运行流程如图 11－23所示。

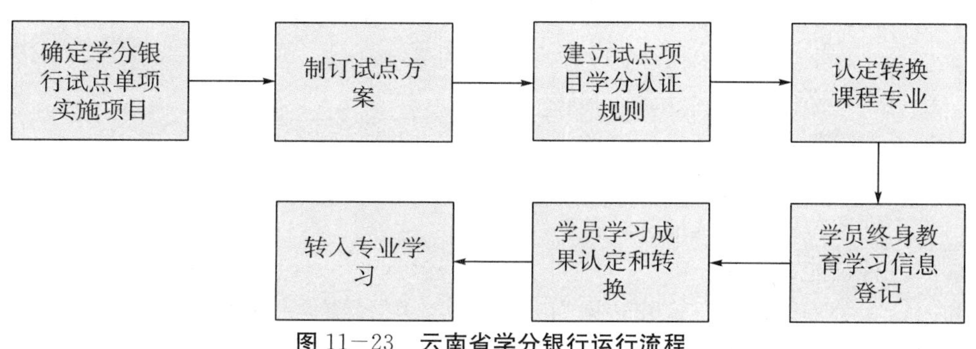

图 11－23　云南省学分银行运行流程

五、建设任务（杨立峰等，2013）[①]

在对学分银行建设内容、功能需求和建设体系等充分分析调研的基础上，云南开放大学提出了学分银行的建设任务，分近期、中期和长期三个阶段实施。

第一阶段：近期任务。

整合云南开放大学的学历与非学历教育资源，探索制定学分认定和转换标准，确立学分银行管理模式和运行机制，为学生建立终身学习档案。同时，以中高职一体化人才培养模式改革项目为试点，选择适合条件的专业，建立纵向衔接学分认证规则。

第二阶段：中期任务。

在云南开放大学体系内试点的基础上，开展校际合作。选择少数普通高校，以合作和协议形式开展学分互认，逐渐推行单向认证和部分校际学分互认，进一步扩大学分银行横向沟通的范围。

第三阶段：长期任务。

把学分银行建设成为云南省学分认证中心、学分积累转换中心、学习档案管理中心，实现云南省内各级各类教育机构学分互认、互换，实现不同类型学习成果的互认和衔接。

云南省学分银行和云南省学习成果认证中心制定总则，然后由专家委员会制定具体专业的转换标准和规则，专家组主要由云南开放大学教师组成。

（1）同等及以上学历的学分认证和转换。

已具有或参加国民教育系列专科及以上学历者，原所学课程名称相同或相近、教学内容不低于云南开放大学对应课程教学要求，且课程学分不低于云南开放大学对应课程学分，可认定并完全转换为云南开放大学该课程学分。学分从学习者获得课程成绩或证

① 杨立峰，张平，李丽娜．开放大学“学分银行”功能研究与实践探索［J］．云南开放大学学报，2013，3.

书之日起8年内有效。

(2) 低一级学历的学分认证和转换。

已具有或已参加国民教育系列中专、技校、职中及同等学历者，进入云南开放大学专科专业学习，原所学课程名称相同或相近，教学内容关联度或衔接性较强，根据课程教学要求（课程标准），可认定并转换为云南开放大学对应课程的部分或全部学分。

学习者在云南开放大学对应课程的学历教育课程学分，最高不得超过云南开放大学相关专业毕业总学分（不包括综合实践学分）的40%。

(3) 职业资格证书的学分认证和转换。

已获得各级各类职业资格证书的学习者，根据证书级别和内容相关程度，可认定并转换为云南开放大学对应课程的部分或全部学分。

(4) 培训课程的学分认证和转换。

参加各种技能、专业、岗位等培训，并获得（课程）培训证书的学习者，根据培训级别和内容相关程度，可认定并转换为云南开放大学对应课程的部分或全部学分。

2014—2015年，云南省学分银行已经完成了400多门课程和1000多个证书的认证。有认证需求的开放大学学生主动申请，经过学分银行审核和认证，这些认证的成绩直接进入开放大学学籍成绩库，成为学生某一门课程的学分。

为确保认证证书的范围和真实性，采用以下原则：①认证的证书范围主要是人力资源和社会保障部、省级或行业协会的证书；②所有被认证的证书都要查验原件，由学分银行管理人员负责查询证书编号并鉴定真假。

六、实践内容

（一）学分银行的制度建设

云南省学分银行成立学分认证委员会，下设各专业认证委员会，制定了相关的操作流程、转换规则和管理文件，如《云南开放大学学分认证委员会章程》《云南省学分银行建设方案》《云南开放大学学分银行管理办法（试行）》《云南开放大学学分认证委员会章程》《学分银行认证转换总则》《各专业转换细则》《学历教育与非学历教育认证规则》《资格证书认证规则》等。

（二）进行职业教育“立交桥”建设

云南省学分银行开展“中高衔接”“专本衔接”试点项目，建立职业教育学习成果层级指标，探索不同层次课程学分、非学历学习成果的沟通与转换。截至2016年10月，已完成4个本科专业、40个专科专业的学分认证细则修订工作，逾10万名学习者参与其中，认证人次达到800多人，认证和转换课程达到138门。

（三）信息平台的推进

云南省学分银行目前正在进行学分银行信息平台的建设，完善、细化平台的功能，满足未来用户需求。

第十二章　结语：问题与展望

第一节　学分银行建设面临的主要问题

一、传统教育体制弊端的阻挠

这里所说的传统教育体制是指我国在计划经济条件下形成的教育体制，是教育组织体系和管理制度的总和。传统教育体制的特征是教育管理权力高度集中，以学历教育为中心，强调制度的、正规的、学术的教育，不重视非学历的、职业的、业余的教育。其主要弊端表现如下：

在办学体制方面，政府仍然是办学的主体，公立、私立学校比例不合理，多元办学格局尚未形成。

在教育投资体制方面，投资渠道较为单一，多元投资体制尚未真正形成或还不够健全。

在教育行政管理体制方面，政府管得过多、统得过死、集权有余、分权不足的现象仍然严重，学校缺乏办学自主权或者说学校办学自主权落实不到位。

在学校内部管理体制方面，政治权力、行政权力、学术权力三者边界与职责划分不清，“官本位”现象在高校仍然严重，非教学科研人员比例过大，机构臃肿，人浮于事，效率不高的现象较为严重。

在教育评估体制方面，政府仍然是评判主体，评估标准和评估类型单一，难以避免主观性与随意性。

在普通高等教育入学机会方面，尽管高等教育毛入学率已达 40%（2015 年）①，进入高等教育大众化阶段，但仍然有许多人无法进入高等学校学习。

所有这些传统教育体制的弊端，与终身教育的理念和目标都格格不入，是终身教育体系建设同时也是学分银行建设的主要障碍。

传统教育体制是在一定的社会历史条件下形成的，它不仅影响着当下社会发展的各个领域，与社会生活交织在一起，而且还制约着一个社会的长期发展进程，有形或无形地左右着社会发展的未来走向。而社会的进步与发展变化、新陈代谢的客观规律，加剧

---

① 2015 年我国高等教育毛入学率达到 40%［EB/OL］. http://gaokao.eol.cn/news/201601/t20160118_1358536.shtml. 2016-01-18.

了教育制度的传统性与创新性之间的冲突。尽管如此，我们也并不能完全抛弃传统，构建一个完全脱离传统的空中楼阁式的教育制度。这是因为，教育制度无论怎样发展变化，都不可能与过去的历史完全割裂。教育的传承功能决定了今天与昨天的历史联系是客观存在的，并且是教育本质属性的一种体现，它不是单凭一道教育法令就可以任意地构建或中断的。教育制度如果不保持与传统的联系，就必然会出现合理性危机，无法获得人们的普遍认同。因此，新的教育制度的推行势必要受到传统的制约。学分银行制度也不例外，它也会受到传统观念、思维模式、教育模式等因素的影响。学分银行制度的推行是为了给学习者提供更多的学习机会，使学习者可以不受时间、空间的制约自由学习。这就意味着可能存在一部分学习者不在传统校园里学习而获得甚至是提前获得某种资格（比如毕业文凭、学位等）。因受传统思维模式及教育模式的影响，社会对这种现象可能会出现认识误区乃至非议，对学习者的社会评价和生涯发展就会产生负面影响。这在一定程度上会阻扰学分银行制度的推行。另外，自由选课是学分银行的精神内核和灵魂。学分银行应该为学习者提供足量质优的学习课程资源，允许学习者根据自己的兴趣、爱好、能力、特长及其他因素，自主选择专业、课程，自主制订学习计划等。这在传统校园学习中就意味着学习者可以自由选择教师，无形中给教师带来压力和挑战，也会遇到来自教师群体的阻力，增加教师管理工作的难度，还会遇到来自管理层的阻力等。学分银行制度的推行涉及许多方面，与传统的入学制度、招生政策、学年制教学管理制度、评价制度等都可能产生冲突和碰撞，必然会遇到阻碍和非议。学分银行制度的推行需要对传统教育体制进行较大的改革和完善，也必然会受到传统教育体制的制约。

二、建设主体模糊

《国家中长期教育改革和发展规划纲要（2010—2020年）》提出："搭建终身学习'立交桥'"."促进各级各类教育纵向衔接、横向沟通，提供多次选择机会，满足个人多样化的学习和发展需要。健全宽进严出的学习制度，办好开放大学，改革和完善高等教育自学考试制度。建立继续教育学分积累与转换制度，实现不同类型学习成果的互认和衔接。"其中的"终身教育体制机制建设试点"提出："建立区域内普通教育、职业教育、继续教育之间的沟通机制；建立终身学习网络和服务平台；统筹开发社会教育资源，积极发展社区教育；建立学习成果认证体系，建立学分银行制度等。"《国家中长期教育改革和发展规划纲要（2010—2020年）》作为我国具有全局性、战略性的规划，把建设学分银行纳入其中，可见国家决策层的高度重视。但是，由谁主办？谁投入？谁建设？谁审批？谁管理？这些重要问题都不是很明确，出现了建设主体模糊的问题。上述问题不明确可能带来两方面的后果：一方面可能导致各地毫不重视，规划只是官样文章，无实施计划落实；另一方面又有可能导致一哄而上，遍地出现名目繁多、各式各样的学分银行，造成无序乃至混乱，影响学分银行的健康和可持续发展。

三、法规保障的缺失

学分银行在国家的全局性、战略性规划中被提出，说明在教育改革和发展愿景中注入了创新元素，但愿景要切实付诸实践，尚需要制度保障，涉及学分银行的许多根本性重大问题，尤其需要具有权威性和强制性的法规制度的保障。目前，此种制度保障尤其缺乏。

四、专门组织机构的缺失

学分银行的建立和建设，若无专门的组织机构和人员，容易成为空中楼阁，落不到实处。但怎样组织？怎样建机构？怎样设岗位？怎样配人员？机构与部门的职能是什么？岗位职责是什么？上述问题由谁决定？是否需要审批？谁来审批？诸如此类，都必须以科学的研究为先导，以研究成果供领导者决策。教育行政部门对此应该有明确的规定和要求。

五、国家资格框架的缺失

为实践终身教育理念，世界上许多国家特别是教育发达国家，纷纷提出并建立国家资格框架，以此作为本国和本地区构建终身教育体系的重要抓手和有效途径。新西兰于1991年发布新西兰资格框架（NZQF），澳大利亚于1995年发布澳大利亚资格框架（AQF），南非于1995年发布南非资格框架（SAQF），英国于1997年发布资格与学分框架（QCF），欧盟于2008年发表欧洲资格框架（EQF）。其目的都是促进各级各类学习成果的融通与互认，促进本国和本地区终身教育体系的构建。我国目前尚缺乏一个全国统一的、层次分明的、能够实现各级各类学习成果融通和互认的国家资格框架。在没有国家资格框架的情况下，为有效开展学习成果认证、积累与转换，可以按照国际上通行的资格框架的机制，建立学习成果框架（Learning Outcomes Framework，LOF）。通过框架建立起各级各类学习成果的共同参照系，并通过一定的标准和规范，促进学术型学历教育学习成果、职业型学历教育学习成果、非学历教育与培训学习成果以及其他成果之间的沟通和衔接，实现学习成果的积累与转换。

六、现行政策的障碍

学分银行是建立在完全学分制管理的基础之上的，但目前教育行政主管部门对高校仍然实施学年制管理，学年制“规定死”了修学年限和学籍有效期，给学分银行的完全学分制管理带来政策性障碍。所以，需要教育行政主管部门在继续做好分类指导的基础上，进一步转变思维定式和行政管理方式，积极推动各级各类教育的衔接与沟通，以学分认证和转换为突破口，构建起终身学习的“立交桥”。

就招生政策而言，成人高等教育的“入学门槛”仍未取消，这也给学分银行的建设和发展带来政策性障碍。

学分银行面向社会公众，必须具有权威性，必须获得政府及教育行政主管部门的明确支持与推动，但政策支持还不十分明确，政策支持力度也还不够，推动的措施与力度还不够明显。

七、学分积累与知识老化的矛盾

在学分银行建设中，会遇到终身性和时效性的矛盾。按照终身教育的理念，学习者的学习成果应该终身有效，学习者所获得的学分，应该可以在学分银行持续地终身积累与转换。但同时又面对知识老化的问题。在知识更新迅速的时代背景下，如果学分银行存储的所有学分都终身有效，学习者早期学习和掌握的知识就会与不断更新的现代学科知识相脱节，造成学习者部分知识老化，不能适应发展变化等新问题。学分积累的过程同时也是知识老化的过程。知识在不断更新，储存在学分银行里的学分要有一定的有效期和贬值率，体现知识的老化折旧与更新周期。怎样确定课程（或认证单元）的折旧系数，折旧的学分又如何进行更新，以何种方式重新生效等，在学分银行认证单元标准体系制定层面和具体的操作运行层面，都会遇到许多困难需要克服。

八、操作性难点

（一）标准统一的难题

学历教育课程、职业技能培训课程（项目）、文化休闲教育类课程（项目、活动等）标准的制定，是异常复杂而庞大的系统工程，难度最大的问题恐怕是对标准认识的统一。无统一的标准，学分银行无法认证多样化的学习成果，建立统一的认证标准（学分标准、单元标准、课程标准、专业标准、资格标准等）是前提。

对学习者的社会实践经验给予认定，折合成有效学分，其操作难度也大。虽然在2001年9月教育部在下发的试点意见中提出了公益活动、军训、入学教育、毕业教育学分折算办法，为学分的折算提供了依据，但是制定一个普遍公认的折算办法还是有一定难度的。通兑更是如此，系数的制定所涉及的范围很大，难度也比较大，这不仅需要整个教育体系的参与和支持，而且还需要强有力的监管体制。

（二）管理难题

学分银行的推行，对学分银行的管理能力是一个严峻考验。学分银行的成功推行，意味着传统学校管理中的以班级管理为基础、以系或专业管理相结合的定量管理将会变为以单个的学习者为主体的变量管理。换句话说，有多少学习者就会有相应数量的终身学习档案及选课方式，难度可想而知。好在现代计算机信息技术已经为这种个别化的管理提供了可能，因而必须构建功能强大的计算机信息化管理平台。

（三）收费问题

学分银行应不应该收费？应该按照何种项目、何种标准收费？认定一项学习成果应收取多少费用？办理学分转换又应该收取多少费用？学习者选课学习又如何收取费用？这是一个涉及面广、政策性非常强的问题。决策部门应该进行广泛深入的调查研究和科学论证，尽快明确并作出具体规定，以有利于学分银行的健康持续发展。

九、利益壁垒的阻碍

学分银行的建构和运行涉及面广，学分银行要真正成为衔接和沟通各种学习成果的“立交桥”，除了政府大力主导、政策法规保驾护航、组织机构健全完善、制度体系科学合理完备、信息化平台功能强大、服务体系高效质优等要素，还需要教育行政主管部门、人社部门、各高等学校、各教育与培训机构、社会各行各业的大力支持与积极参与，目前参与度远远不够。各种不同的利益群体都有各自不同的利益诉求，协调得当，可以调动方方面面的积极性、主动性与创造性，共同为学分银行的建设与发展添砖加瓦；协调不好，各方的利益诉求有可能成为这一新生事物成长发展的阻力与障碍。

比如学分互认问题，理论上大家都认同是好事，但一到实践层面就倍感推动困难，一方面当然有对学分标准认识统一的困难，但毋庸讳言的是，各利益群体都暗自权衡自身的利益诉求是否获得体现是更为重要的深层次原因。探索出各方利益诉求都获得合理回报的共赢机制，是学分银行建设中难以回避且非常重要的课题。

又比如优质课程资源开放共享问题，从理论上讲大家都不否认对全社会是大好事，但一到实践层面却又并非易事。这是因为我国目前各级各类教育和学校之间是分割的，不仅不同类别的教育和学校之间难以沟通，就是同一类别不同层次的教育和学校之间也没有实行课程的一体化设计而存在衔接障碍，同一类别和层次的学校之间目前也只是有限开放。各学校又基本处于狭隘的竞争意识驱动下的准封闭状态，很难做到把更多的优质课程和优秀教师放到学分银行的"课程超市"里让学习者自由选择和全社会共享。因为都放到学分银行的平台上共享，这不仅使得学校之间的竞争更公开透明、更直接而激烈，而且还会产生由竞争加剧而带来的办学成本提升、部分学费流失等经济风险。同样，教师方面也存在障碍。实行课程开放后，教师除了有知识产权保护、经济收入保障等顾虑之外，还担心课程开放后所带来专业水平之间的竞争压力的增加。这些问题的解决，需要通过学分银行的持续良好运行，逐渐促成各级各类学校和整个教师群体观念的转变和习惯的形成，找到竞争和利益的平衡点，从而建构起新的办学形式和人才培养方式。

第二节　学分银行的发展愿景

一、助力克服传统教育体制的弊端

学分银行的建立和发展是一种新的教育制度安排，是对传统教育体制的改革与创新，有助于克服传统教育体制的若干弊端。一方面，传统教育体制的若干弊端会阻碍学分银行这一新生事物的成长和发展；另一方面，新生事物代表着进步，会以其旺盛的生命力逐步克服和冲破阻挠，不断成长和发展，最终战胜弊端而确立其主导地位。

在办学体制改革方面，由于学分银行的建立，学习成果有了较为正式和权威的社会认证机构，这会有效促进各种学校和教育培训机构的诞生与发展，促进社会多元办学格局的真正形成。

在教育投资体制改革方面，学分银行的建立衔接和沟通了各级各类学习成果，会促进社会各种资金投向教育，改变教育投资渠道单一的情况，有利于形成多元教育投资体制。

在教育行政管理体制改革方面，学分银行的建立和发展有利于消除过去政府管得过多、过宽、过细而又管不了、管不好的毛病，把社会对学习成果认证和管理的权力交由专门化的机构行使，政府只管学分银行的方针、政策、规划、标准和制度等重大事项，从具体管理事务中解脱出来，保留检查、监督和宏观调控的权力，这比全部权力由政府揽在手中更能促使社会进步和发展。

在教育评估体制改革方面，随着学分银行认证功能的充分发挥，政府对许多教育培训机构及教育培训项目的评估，可以委托学分银行进行。学分银行这时又可扮演社会评估中介机构的角色，有利于教育评估的科学性、合理性与专门化。

对于终身教育体系而言，学分银行的建立和发展可以有效促进学校教育、社会教育、家庭教育的融通，加快终身教育体系的构建。

二、成为沟通和衔接学习成果的“立交桥”

人们在正规学习、非正规学习、非正式学习中获得的各级各类学习成果，都可以在学分银行获得认定，并以相应的学分存储在学分银行中。

学分银行通过学习成果框架（资格框架），为学习者设计了各种各样的学习成长发展通道。学习者可以根据自己的兴趣爱好和基础，确定学习目标，选择适合自身条件的学习成长发展通道。学习者可以在学分银行的课程超市里选修课程，也可以选择某高校或某教育机构的课程，还可以选修某培训机构的培训课程或项目。其学习成果均可以获得学分银行的认定而获得学分。这些学分既可以在学分银行存储积累，积累到符合一定要求时获得某种资格（证书、文凭、学位），也可以转出学分银行，作为到某高校继续学习的基础学分。

学习者在学分银行积累的非学历教育学分，不仅可以作为终身学习成果的记载，还可作为获取某种终身学习激励或奖励的依据，也可用作学分银行规定的消费项目。

随着学分银行认证标准体系的不断健全和完善，学分银行可以认证的学习成果的种类与形式越来越多，学分银行在学习者心目中、在学术界和全社会的影响力会越来越大，社会公信力会越来越高。到那时，学分银行就真正成为沟通和衔接各级各类学习成果的“立交桥”。全社会人才的垂直流动和水平流动将无制度性障碍，人的成才发展道路宽敞通畅，国家资格框架的建立将使个人学习奋斗的目标更加清晰。目标明确，道路通畅，将有利于激励全社会公民努力学习、自觉学习、主动学习。

三、成为拥有海量数据的标准库、资源库、成果库、人才库

随着学分银行的健康持续发展，其标准的种类和数量积累得越来越多，将形成各个学科、各个领域、各个行业、各种专业、各种职业、各工种、各岗位、各门课程、各认证单元的标准体系，成为门类齐全、品种丰富的标准库，为全社会的学习成果认证、教育培训机构认证提供参照基准。

随着学分银行“课程超市”功能的建构和发挥，将会汇集越来越多的优质课程资源和各种各样非学历教育的优质项目（节目）资源。这些标准化和标签化的优质学习资源将提供给全社会公民共享，让“有教无类”、教育平等的美好理念变为真正的教育现实。“共享”促进了教育起点的公平，从而更有利于社会的公平；“共享”促进了人的自由全面发展，从而也促进了社会的全面发展进步。

随着学分银行各项基本功能的充分发挥，将会聚集越来越多的各种形式的学习成

果，形成数量庞大、种类丰富的学习成果库。依据这些学习成果数据，可以为政府和社会甄选出各级各类人才，形成数量庞大的各类人才库。改变人才选拔的单一评价及选拔标准，不仅有利于促进我国经济、科技和整个社会的健康发展，同时也非常有利于提高我国的综合实力。

概言之，学分银行拥有的海量信息数据，可以形成各种各样的标准库、学习资源库、学习成果库、人才库。利用这些库存，学分银行可以扩展出无数服务功能，向政府、社会和大众提供丰富多彩的服务。

四、终身教育体系与学习型社会的形成

2002 年 11 月，中国共产党第十六次代表大会明确提出，把“形成全民学习、终身学习的学习型社会，促进人的全面发展”作为建设小康社会的重要目标。

在未来的学习型社会里，学习已经成为个体发展的终身需要和自觉需要，成为人们的一种最基本的生活方式，不再是阶段性的、任务性的学习，而是终身性的、主动性的学习。人们总是积极地、主动地随时发现自己的不足，并总是希望通过学习来弥补这些不足从而获得进步，把追求自我完善作为生活的基本目标。

在未来的学习型社会里，人们有一种自我提高的动力。这种动力促进人们融入团体，在社会交往实践中，提倡学习、促进学习和相互学习成为一种社会氛围，为了提高学习效果和相互帮助从而形成各种学习团队、学习型组织、学习型社区。学习成了人们社会交往的目标。

学习型社会作为一种愿景，代表了人们对美好未来的期盼；学习型社会作为一种建构，又是人们建立在理性思维基础之上的被建构的事实。学习型个人、学习型家庭、学习型组织、学习型社区、学习型政府、学习型政党、学习型城市、学习型社会等一系列概念的逐步演进和一步步社会实践，将使美好的期盼成为现实。

终身教育体系包括现代国民教育体系、继续教育系统和补偿教育系统。在学习型社会里，人们终身学习的机会得到充分保障，学习资源获得有效供给和分配。学校教育为人们形成终身学习能力奠定良好的基础，终身教育为人们的终身学习提供必要的、有效的组织保证与资源保证。全社会对学习给予大力支持，每个人在人生的任何时期，只要自己愿意并有能力，都可以获取所希望的学习机会。现代国民教育体系是终身教育体系的重要基础部分，它为全体国民提供平等的文化知识基础的教育机会，实施无差别待遇的教育，使国民养成自主学习的意识和终身学习的能力，以便在今后的终身学习中受益。继续教育系统指所有学校教育后的教育，补偿教育系统指针对特殊人群而设置的教育，它们都是终身教育体系的组成部分。现代国民教育体系、继续教育系统、补偿教育系统构成了终身教育体系，为全体国民提供有目的、有组织、有计划的学习机会，而这些学习机会的提供不是终身学习机会的全部，其他社会组织和机构还可以提供多样化的学习机会。概言之，在学习型社会里，学习机会和学习资源的获得应当是完全平等的、异常方便的，没有人为设置的障碍，主要取决于学习者个体的意愿和学习能力，而学习结果可以及时方便地获得社会承认。

学分银行的建立和发展必将对有效沟通学习者意愿和学习机会起到积极作用，有力

促进学习型社会的建设。正规学习、非正规学习、非正式学习的学习成果能够获得学分银行的认定，必将大大激发广大社会成员的学习动机和兴趣，唤醒其学习的主动性、积极性与创造性，保持和维护广大学习者的学习动力，引领全社会注重学习、尊重学习、崇尚学习、支持学习，使全社会学习蔚然成风，促进“人人皆学、处处可学、时时能学”的学习型社会早日形成。

“前途是光明的，道路是曲折的。”学分银行是新生事物，其成长发展必然会经历各种风风雨雨，必然会遇到各种艰难险阻，“无限风光在险峰”，有生命力的事物一定会从破土而出的嫩芽长成参天大树。

“人们对美好生活的向往，就是我们的奋斗目标。”让我们以习近平同志就职宣言的这句话，作为本课题的结语。

附　录

有关学分银行看法的问卷调查

尊敬的先生/女士：

您好！

我们是教育部“开放大学学分银行功能及建构研究”重点课题组，目前正在对学分银行进行研究。学分银行是借鉴银行的功能特点，对各种学习成果认证后按照标准给予学分，并将学分累积、转换的新型教育制度。我们想了解您对学分银行有些什么样的看法。此次调查为匿名调查，不会对您的工作和生活造成任何影响。请您对下面每道题作出自己的判断，没有对错，您的回答将是我们研究的重要依据。感谢您的真诚合作！

教育部“开放大学学分银行功能及建构研究”课题组

2014 年 1 月

性别：______________年龄：______________省（直辖市）：______________

请在选项后划“√”。

1. 您属于：（单选）

A. 国家机关、党群组织、企业、事业单位负责人

B. 专业技术人员

C. 办事人员和有关人员

D. 商业、服务业人员

E. 农、林、牧、渔、水利业生产人员

F. 生产运输设备操作人员及相关人员

G. 军人

H. 不便分类的其他从业人员

2. 你是否希望您的学习成果获得认证？（单选）

A. 是　　　　B. 否

3. 您是否希望经认证后的学习成果在学分银行中获得学分？（单选）

A. 是　　　　B. 否

4. 您希望您有哪些学习成果能获得教育权威机构认证？（可多选）

A. 正规学习课程

B. 各种技能证书（计算机等级证书、外语等级证书、专项能力合格证书、各种特殊技艺等级证书、各种表演及竞赛获奖证书等）

C. 各种资格证书（岗位资格证书、职业资格证书、执业资格证书等）

D. 有价值的研究成果（调查研究报告、有创见的论文、有价值的实验报告等）

E. 有难度的各类设计（产品设计、工程设计、服装设计等）
F. 专利证书
G. 出版的学术或文艺著作
H. 经验和经历
I. 其他（请注明）＿＿＿＿＿＿＿＿
5. 您认为学分银行应具备哪些功能？（可多选）
A. 登注学分　B. 认证学分　C. 存储学分　D. 借贷学分　E. 兑换学分
F. 查询学分　G. 选课学习　H. 学习测评　I. 其他（请注明）＿＿＿＿
6. 您认为学分银行是否应具备借贷学分功能？（单选）
A. 是　B. 否　C. 看情况
7. 您认为学分银行怎样才能实现借贷学分功能？（单选）
A. 建立个人学习信用评价等级制度　B. 以个人的证书或其他物品作抵押
C. 无条件借贷　D. 其他（请注明）＿＿＿＿
8. 您认为学分银行在哪种层面设立统一的领导管理机构较好：（单选）
A. 国家层面　B. 省（市）层面
C. 大学（高校）层面　D. 其他（请注明）＿＿＿＿
9. 您认为学分银行可以在哪些地方设置服务机构？（可多选）
A. 仿照银行服务设置网点　B. 高等学校
C. 职业院校　D. 成人院校
E. 自考机构　F. 具备资质的教育或培训机构
G. 大中企业　H. 网络
I. 其他（请注明）＿＿＿＿＿＿＿＿
10. 您认为学分银行的学分由哪个层级统一颁发较好：（单选）
A. 国家　B. 省（市）　C. 各高校　D. 单独的系统（自考、电大等）
E. 教育培训机构　F. 其他（请注明）＿＿＿＿
11. 您希望能在学分银行获得哪些服务？（可多选）
A. 信息保密　B. 网上申请及服务　C. 现场申请及服务
D. 领终身学习卡　E. 选学感兴趣的课程　F. 网上学习辅导
G. 认证以前的学习成果　H. 获取某大学文凭　I. 获取某大学学位
J. 获取学习奖励　K. 获取咨询服务　L. 获取某种证书
M. 获取某种能满足成就感的认可　N. 其他（请注明）＿＿＿＿
12. 您希望学分银行的学分最后可兑换为：（可多选）
A. 学历文凭证书　B. 学位证书　C. 课程考试合格证明
D. 课程学习证明　E. 某种资格证书　F. 某种等级证书
G. 某种合格证书　H. 文、艺、体等学习证明或培训合格证
I. 其他学习证明　J. 实物奖励　K. 学费优惠
L. 其他（请注明）＿＿＿＿＿＿＿＿

13. 您希望哪些机构间学分可以互通？（可多选）

A. 职业院校与普通高校　　B. 职业院校与成人院校

C. 职业院校与非学历教育机构　　D. 成人院校与普通高校

E. 成人院校与职业院校　　F. 成人院校与非学历教育机构

G. 普通高校与非学历教育机构　　H. 其他（请注明）________

参考文献

著作

[1] D. C. McClelland. Power：The Inner Experience [M]. New York：Irvington，1975.

[2] Deij，Arjen，Graham，Michael，etc. Global Inventory of Regional and National Qualifications Frameworks. Volume I：Thematic Chapters [M]. *UNESCO Institute for Lifelong Learning*，2015.

[3] 蔡先金，宋尚桂. 大学学分制的理论与实践 [M]. 青岛：中国海洋大学出版社，2008.

[4] 丁家云，谭艳华. 管理学理论、方法与实践 [M]. 合肥：中国科学技术大学出版社，2010.

[5] 杜秋虹. 成人高等教育学分制 [M]. 北京：清华大学出版社，2009.

[6] 范秀成. 服务管理学论 [M]. 天津：南开大学出版社，2006.

[7] 冯增俊. 当代国际教育发展 [M]. 上海：华东师范大学出版社，2002.

[8] 高苏. 服务论 [M]. 北京：中国旅游出版社，2007.

[9] 顾培忠，任岫林. 组织行为学 [M]. 北京：中国人民大学出版社，2008.

[10] 郝克明. 跨进学习社会——建设终身学习体系和学习型社会的研究 [M]. 北京：高等教育出版社，2008.

[11] 胡伟国. 大学生职业生涯发展指导 [M]. 杭州：浙江大学出版社，2010.

[12] 黄霖. 远程教育管理概论 [M]. 成都：天地出版社，2008.

[13] 黄蓉生，白显良，石雪，等. 高等教育发展质量研究 [M]. 重庆：西南师范大学出版社，2010.

[14] 黄希庭. 心理学导论 [M]. 北京：人民教育出版社，2002.

[15] 江历明. 个人职业生涯发展与自我管理 [M]. 福州：福建教育出版社，2007.

[16] 蒋冀骋，徐超富，等. 大众化条件下高等教育质量保障体系研究 [M]. 长沙：湖南师范大学出版社，2008.

[17] 康乃美. 学习型社会新体制教育课程超市 [M]. 北京：高等教育出版社，2006.

[18] 李惠康. 学分银行的探索与构建 [M]. 上海：上海高教电子音像出版社，2011.

[19] 李雪松. 服务营销学论 [M]. 北京：清华大学出版社，2009.

[20] 斯蒂芬·P. 罗宾斯. 管理学 [M]. 李原，孙健敏，黄小勇，译. 北京：中国人民大学出版社，2012.

[21] 刘长明，管斌. 和谐管理之道 [M]. 济南：济南出版社，2009.

[22] 刘雅丽. 终身教育与终身学习的现代思考 [M]. 长沙：湖南人民出版社，2008.
[23] 刘亚臣. 管理学 [M]. 北京：中国电力出版社，2008.
[24] 吕忠民. 职业资格制度概论 [M]. 北京：中国人事出版社，2011.
[25] 马健生. 教育改革论 [M]. 合肥：安徽教育出版社，2007.
[26] 马仁杰，王荣科，左雪梅. 管理学原理 [M]. 北京：人民邮电出版社，2013.
[27] 毛家瑞，孙孔懿. 素质教育论 [M]. 北京：人民教育出版社，2006.
[28] 诺斯豪斯. 卓越领导力：十种经典领导模式 [M]. 王力行，译. 北京：中国轻工业出版社，2003.
[29] 潘懋元. 新编高等教育学 [M]. 北京：北京师范大学出版社，2009.
[30] 彭飞龙. 终身学习体系学分银行的原理与技术 [M]. 北京：高等教育出版社，2012.
[31] R·M·加涅. 学习的条件和教学论 [M]. 皮连生，王学映，译. 上海：华东师范大学出版社，2011.
[32] 皮连生. 教育心理学 [M]. 上海：上海教育出版社，2004.
[33] 上海市成人教育协会院校教育专业委员会. 上海普通高校成人高等教育认定非学历证书的指导手册（2012）[M]. 北京：中国人民大学出版社，2013.
[34] 上海市成人教育协会院校教育专业委员会“学分银行”研究与实践课题组. 上海普通高校成人高等教育认定非学历证书指导手册（一）[M]. 北京：中国人民大学出版社，2011.
[35] 沈勇. 教育服务管理——基于学生满意的视角 [M]. 北京：知识产权出版社，2008.
[36] 斯蒂芬·P. 罗宾斯. 管理学 [M]. 李原，等，译. 北京：中国人民大学出版社，2012.
[37] 孙福万. 远程教育百词辨析 [M]. 北京：中央广播电视大学出版社，2009.
[38] 王洪才. 终身教育体系的建构——全面小康社会的呼唤与回应 [M]. 厦门：厦门大学出版社，2008.
[39] 王丽华. 服务管理论 [M]. 北京：中国旅游出版社，2007.
[40] 王迎. 先前学习认定的理论与实践 [M]. 北京：中央广播电视大学出版社，2012.
[41] 魏所康. 国民教育论 [M]. 南京：东南大学出版社，2008.
[42] 吴遵民，黄欣. 实践终身教育论 [M]. 上海：上海教育出版社，2008.
[43] 熊庆年. 高等教育管理引论 [M]. 上海：复旦大学出版社，2007.
[44] 徐琦. 美国社区学院研究 [M]. 北京：中国社会出版社，2007.
[45] 续润华. 美国社区学院发展研究 [M]. 北京：中国档案出版社，2000.
[46] 学习型社会建设研究课题组. 学习型社会建设的理论与实践 [M]. 北京：高等教育出版社，2010.
[47] 亚当·斯密. 国民财富的性质和原因的研究 [M]. 北京：商务印书馆，1972.
[48] 严冰. 数字化学习港实践探索与研究 [M]. 北京：高等教育出版社，2009.

[49] 杨东平. 2020：中国教育改革方略 [M]. 北京：人民出版社，2010.
[50] 杨亭亭，王晓鸣，李莹，等. 远程教育系统 [M]. 北京：中央广播电视大学出版社，2009.
[51] 张大均. 教育心理学 [M]. 北京：人民教育出版社，2002.
[52] 张有声. 高等教育可持续发展理论研究 [M]. 北京：教育科学出版社，2009.
[53] 周发明. 构建农民终身教育体系研究 [M]. 湘潭：湘潭大学出版社，2010.
[54] 周礼良. 现代远程教育学习论 [M]. 长沙：中南大学出版社，2005.
[55] 周清明. 中国高校学分制研究——弹性学分制的理论与实践 [M]. 北京：人民出版社，2008.
[56] 周三多. 管理学 [M]. 北京：高等教育出版社，2005.
[57] 周宇，等. 构建湖南省终身教育体系战略研究 [M]. 长沙：湖南大学出版社，2012.
[58] 周志群. 美国社区学院课程变革与发展研究 [M]. 福州：福建教育出版社，2012.
[59] 朱其训. 和谐教育论 [M]. 北京：人民出版社，2006.

学位论文

[1] 曹路宝. 知识集群的特征与发展——基于比较和案例的讨论 [D]. 南京：东南大学博士学位论文，2011.
[2] 程士沙. 基于个性化教育的自考学分银行制度研究 [D]. 武汉：华中师范大学硕士学位论文，2011.
[3] 邓澳利. “学分银行”制度研究 [D]. 长沙：湖南大学硕士学位论文，2007.
[4] 杜社玲. 韩国、欧洲学分银行实践及其启示 [D]. 上海：华东师范大学学位论文，2011.
[5] 郭艳霞. 继续教育学分银行制度建设研究 [D]. 太原：山西大学硕士学位论文，2012.
[6] 焦化雨. 澳大利亚资格框架（AQF）下的学分转移与衔接研究 [D]. 上海：上海师范大学硕士学位论文，2013.
[7] 李琳. 基于学分制的企业人才培养研究 [D]. 济南：山东财经大学硕士学位论文，2013.
[8] 亢安毅. 人的全面发展研究 [D]. 北京：中共中央党校博士学位论文，2004.
[9] 刘青. 中国高校学分制改革及发展对策分析 [D]. 南京：南京理工大学学位论文，2005.
[10] 刘素娟. 继续教育人才培养的学分银行机制设计研究 [D]. 长春：东北师范大学博士学位论文，2014.
[11] 苏玉仙. 澳大利亚资格框架体系对我国高职教育“双证书”制度的启示 [D]. 成都：四川师范大学硕士学位论文，2011.

[12] 王春晓. “学分银行”对学生学习方式影响的研究 [D]. 重庆：西南大学硕士学位论文，2012.

[13] 王海杰. 人力资本理论研究——企业权利来源与配置的视角 [D]. 厦门：厦门大学博士学位论文，2006.

[14] 韦雄洋. 广西继续教育学分银行构建研究 [D]. 南宁：广西大学硕士学位论文，2012.

[15] 杨巧云. 大学生信息素质教育及其平台构建研究——以厦门大学图书馆建设为例 [D]. 厦门：厦门大学硕士学位论文，2007.

[16] 曾梅. 美国社区学院转学教育功能研究 [D]. 桂林：广西师范大学硕士学位论文，2008.

[17] 张华胜. 中英职业资格证书制度比较研究 [D]. 武汉：华中师范大学硕士学位论文，2007.

[18] 赵侠. 澳大利亚资格框架体系研究 [D]. 重庆：西南大学硕士学位论文，2014.

[19] 申铁成. 我国高校信息素养教育的问题与对策 [J]. 沈阳：东北大学硕士论文，2008.

期刊论文

[1] Chakroun，Borhene. National Qualification Frameworks：From Policy Borrowing to Policy Learning [J]. *European Journal of Education*，2010，45 (2).

[2] Drowley，Melinda，Marshall，Helen. National Qualifications Frameworks：Local Learning from Global Experience [J]. *Quality in Higher Education*，2013，19 (1).

[3] Fenech，Marianne，Giugni，Miriam；Bown，Kathryn. A Critical Analysis of the "National Quality Framework"：Mobilising for a Vision for Children beyond Minimum Standards [J]. *Australasian Journal of Early Childhood*，2012，37 (4).

[4] Fernie，Scott，Pilcher，Nick. National Qualification Frameworks：Developing Research Perspectives [J]. *Quality in Higher Education*，2009，15 (3).

[5] Larsen，S. The European Credit Transfer System (ECTS)：Introduction and Practical Experience at the Technical University of Denmark [J]. *Water Science and Technology*，2000，41 (2).

[6] Young，Michael. The Educational Implications of Introducing a NQF for Developing Countries [J]. *Journal of Education and Work*，2015，24 (3-4).

[7] 蔡玲玲. 欧盟非正规与非正式学习认证的特征及趋势 [J]. 职教通讯，2011，3.

[8] 陈从建. 老年远程教育学习成果认定与转换策略的研究——以江苏省为例 [J]. 湖南广播电视大学学报，2015，4.

[9] 陈福祥. 论教师专业发展：基于非正式学习的视角 [J]. 现代教育论坛，

2007，10.

[10] 陈海强. 建立“学分银行”，推行学分互认 [J]. 当代文化与教育研究，2011，1.

[11] 陈涛，赵枝琳. 成人高等教育推行学分银行制度的路径探析——基于韩国学分银行体系的发展与运作 [J]. 成人教育，2011，9.

[12] 陈涛. 双向互动系统：“学分银行”运行机制理论模型 [J]. 职业技术教育，2014，1.

[13] 谌晓芹. 博洛尼亚进程之基本构件——学习成果及其意义 [J]. 江苏高教，2012，1.

[14] 程千. 学分银行“学习成果认证”方法研究 [J]. 湖南广播电视大学学报，2012 (1).

[15] 崔昌浩. 通往明日之路：学分银行之机遇与挑战 [J]. 开放教育研究，2012 (1).

[16] 戴国强. 人力资本理论及其对高职教育的意义 [J]. 华中师范大学学报：人文社会科学版，2012，2.

[17] 邓玲芳，江颖. 美国社区学院学分转换制度对学分银行学分认证设计的启示 [J]. 当代继续教育，2015，12.

[18] 丁邦平. 建构主义与面向 21 世纪的科学教育改革 [J]. 比较教育研究，2001，8.

[19] 杜社玲. 学分银行：欧洲 ECVET 系统的启示 [J]. 成才与就业，2010，5.

[20] 杜社玲. 学位证书，轻松拥有不是梦——韩国学分银行特色管理的启示 [J]. 成才与就业，2009，21.

[21] 樊大跃. 国家资格证书体系与终身教育 [J]. 教育探索，2006，6.

[22] 范心忆. 英国资格与学分框架（QCF）对职业教育双证融通的启示 [J]. 职教通讯，2013，28.

[23] 范珍. “资历架构”与“行业主导”谈香港职业教育的特色 [J]. 中国成人教育，2009，5.

[24] 方华，张淑华，等. 论隐性知识 [J]. 沈阳师范大学学报：社会科学版，2004，2.

[25] 高洁，付建军，孙旭. 非正式学习成果认证探析 [J]. 远程教育杂志，2014，4.

[26] 谷峪，李玉静. 国际资格框架体系比较研究——基于对英国、欧盟、澳大利亚的分析 [J]. 职业技术教育，2013，25.

[27] 关晶. 从 NQF 到 QCF：英国资格框架改革的新进展 [J]. 江苏技术师范学院学报：职教通讯，2009，10.

[28] 郭青春. 论开放教育实现终身学习学分银行理念的可行性 [J]. 开放教育研究，2010 (3).

[29] 郭晓君. 人的全面发展理论初探 [J]. 中国人民大学学报，1997，2.

[30] 韩秀娟. 浅谈终身教育背景下学分银行的概念及其功能定位 [J]. 长春教育学院学报，2014，1.

[31] 郝克明. 终身学习与“学分银行”的教育管理模式 [J]. 开放教育研究，2012 (1).

[32] 何宸希，张闻羽，李康杰. 公共关系视角下的度假型酒店形象管理 [J]. 产业与科技论坛，2014，9.

[33] 和学新. 欧洲教育一体化述评 [J]. 天津市教科院学报，2008，10.

[34] 胡泽民，杨雄，杨挚诚. 广西终身教育“学分银行”建设的研究 [J]. 广西广播电视大学学报，2012 (3).

[35] 扈中平. “人的全面发展”内涵新析 [J]. 教育研究，2005，5.

[36] 黄海涛. 美国高等教育中的“学生学习成果评估”：内涵与特征 [J]. 高等教育研究，2010，7.

[37] 黄文军. 非正式学习视角下大学生生涯能力的提升 [J]. 江苏高教，2013，4.

[38] 黄欣，吴遵民，蒋侯玲. 论现代“学分银行”制度的建设 [J]. 开放教育研究，2011 (6).

[39] 江新，郑兰琴，黄荣怀. 关于隐性知识的分类研究 [J]. 开放教育研究，2005，2.

[40] 江颖，黄霖. 资格框架对劳动者职业生涯发展的心理引领和激励——兼论对我国资格框架的构想“资历架构”与“行业主导”谈香港职业教育的特色 [J]. 当代职业教育，2015，6.

[41] 江颖. 比较视角下我国学分银行制度的构建——基于国家职业资格证书制度和香港资历架构的启示 [J]. 高等继续教育学报，2014，11.

[42] 江颖. 学分银行研究三大元问题探讨 [J]. 中国远程教育，2014，9.

[43] 晋银峰. 高效教学：一种破解教育公平理论“解释残余”的思路 [J]. 教育科学，2014，4.

[44] 靳燚. 澳大利亚资格框架存分机制研究 [J]. 才智，2012，10.

[45] 荆宇. 中国高职教育实行学分制管理的再思考——基于对美国社区学院学分制的考察与分析 [J]. 广西广播电视大学学报，2011，9.

[46] 康乃美，叶必锋. 远程教育实施“学分银行”管理模式的思考 [J]. 现代远程教育研究，2009 (4).

[47] 康曙光. 学习成果认定初探 [J]. 教育理论与实践，2013，3.

[48] 孔磊，殷双绪. 欧洲和北美学分积累与转换系统的比较研究——以欧洲 ECTS 与加拿大不列颠哥伦比亚省 BCTS 为例 [J]. 职教论坛，2012，3.

[49] 孔令军. 韩国学分银行建设及其对我国的启示 [J]. 中国医学教育技术，2013，5.

[50] 孔青. 基于人力资本理论的高等教育个人收益分析 [J]. 教育与职业，2010，8 (下).

[51] 寇琳娜，高耀明. 欧洲资格框架与职业教育国际化 [J]. 外国中小学教育，2012，7.

[52] 李锋亮，张非男. 学分银行的收益分析与估计 [J]. 中国远程教育：综合版，2014，6.

[53] 李光先. 广东学分银行建设之势与难研究 [J]. 广东广播电视大学学报，

2014，10.

［54］李惠康. 上海市终身教育学分银行的构建［J］. 开放教育研究，2012（2）.

［55］李建忠. 澳大利亚资格框架的改革与发展［J］. 职教论坛，2010，1.

［56］李建忠. 澳大利亚资格框架等级标准评析［J］. 职教论坛，2011，10.

［57］李建忠. 南非国家资格框架的发展与改革［J］. 比较教育研究，2010，4.

［58］李建忠. 欧洲资格框架的建立及其意义［J］. 职教论坛，2008，1（上）.

［59］李江. 广东终身教育学分银行建设的基本构想［J］. 广东广播电视大学学报，2014，2.

［60］李乐为. 人的全面发展理论的新发展及当代价值［J］. 求索，2009，7.

［61］李林曙，高洁，付建军. 非正式学习成果认证的原则与方法研究［J］. 天津电大学报，2013，2.

［62］李玲玲. 学院高中课程：美国衔接中学与中学后教育的策略［J］. 外国教育研究，2014，7.

［63］李晓新，吴娱. 中外信息素质教育比较研究［J］. 大学图书馆学报，2003，3.

［64］李玉静. 美国社区学院协会发布报告，强调通过社区学院改革实现国家美好未来［J］. 职业技术教育，2014，6.

［65］联合国教科文组织终身学习研究所. 非正规和非正式学习成果的识别：验证与认证指南［J］. 开放教育研究，2012，6.

［66］林艳华. 终身学习网的现状分析及应用促进策略——以五个城市终身学习网为例［J］. 武汉冶金管理干部学院学报，2013，6.

［67］刘安，王海东. 韩国国家学分银行制度及经验［J］. 中国考试，2013，5.

［68］刘超，高益民. 作为终身学习评价体系的澳大利亚资格框架［J］. 比较教育研究，2009，3.

［69］刘超. 简析“澳大利亚资格框架”（AQF）［J］. 吉林省教育学院学报，2009，1.

［70］刘浩. 从澳大利亚资格框架体系看中国职业资格证书的“证出多门”［J］. 高校科技，2012，24.

［71］刘红红，王国辉. 日本终身学习成果评价及认证机制初探［J］. 成人教育，2014，5.

［72］刘萍，宋岱虹. 我国高职教育职业资格证书制度完善策略——基于澳大利亚资格框架体系的启示［J］. 成人教育，2011，1.

［73］刘永权. 资历架构对中国终身学习“立交桥”建设的启示——2013 年香港资历架构国际会议综述［J］. 现代远程教育研究，2013，3.

［74］卢玉梅，王延华，刘志鹏. 英国资格与学分框架（QCF）标准体系探究［J］. 电化教育研究，2013，10.

［75］陆小兵，张必春，占侃. 试论当前高等教育的经济效益及其限制［J］. 教育与经济，2012，4.

［76］吕雪娇，许晓晖. 英国早期教育从业者 QCF 资格认证及其启示［J］. 学前教育研究，2012，7.

[77] 吕忠民. 完善我国职业资格制度的对策研究 [J]. 经济师, 2007, 11.
[78] 马超鸿. 香港"资历架构"的发展及未来走向评析 [J]. 教育导刊, 2011, 5 (上半月).
[79] 马燕生.《欧洲终身学习资格框架》获批准 [J]. 世界教育信息, 2009, 1.
[80] 马永霞. 教育经济学理论基础的拓展——从人力资本理论到新制度经济学 [J]. 教育与经济, 2004, 2.
[81] 米红, 李国仓. 美国大学与社区学院学分互认机制研究——以北卡罗来纳州为例 [J]. 比较教育研究, 2007, 10.
[82] 倪仁华. 职业生涯发展理论对人力资源开发实践的启示 [J]. 现代经济信息, 2012, 10.
[83] 庞世俊, 白汉刚, 王辉. 以职业能力为基准的欧盟职业资格框架 [J]. 中国职业技术教育, 2010, 24.
[84] 彭飞龙, 陆和杰. 构建市民学分银行的理论与实践研究 [J]. 职教论坛, 2009 (28).
[85] 彭飞龙. 全民学习与终身学习之学分银行的构建模式——以慈溪为例 [J]. 中国成人教育, 2011, 1.
[86] 彭飞龙. 数字化助推农村社区教育普及化和现代化 [J]. 中国农村教育, 2011, 7.
[87] 朴仁钟. 终身学习型社会与韩国的学分银行制 [J]. 开放教育研究, 2012, 1.
[88] 丘萍, 张蕊. 韩国"学分银行"成功要素分析及对我国成人高等教育的启示 [J]. 北京广播电视大学学报, 2012, 5.
[89] 邱萍, 刘丹. 美国大学学分转换模式新探——以三所美国公立大学为例 [J]. 比较教育研究, 2012, 11.
[90] 桑新民. 建构主义的历史、哲学、文化与教育解读. 全球教育展望 [J]. 2005, 4.
[91] 邵元君, 匡瑛. 全纳的创新资格框架: 英国的 QCF [J]. 外国教育研究, 2011, 10.
[92] 施丽红. 对教育公平理论和实践的认识 [J]. 教育与职业, 2007, 8 (下).
[93] 宋斌, 闵军. 国外职业生涯发展理论综述 [J]. 求实, 2009, 1.
[94] 宋雁.《日本放送大学 2012 行动计划》研究 [J]. 河北大学成人教育学院学报, 2014, 6.
[95] 苏群, 潘超. 国家学分银行制度雏形初显 [J]. 中国远程教育, 2014, 资讯.
[96] 苏群. 期待国家学分银行的建成——专访国家开放大学校长杨志坚 [J]. 中国远程教育, 2014, 资讯.
[97] 覃兵, 胡蓉. 韩国高等教育学分银行制探析 [J]. 比较教育研究, 2009, 12.
[98] 汤书波, 陈梅艳, 李志平. 开放教育学分银行系统设计方案探讨 [J]. 电化教育研究, 2011, 8.
[99] 万瑶, 忻福良. 美国社区学院中的转学教育对我国专升本之启示 [J]. 职业教育

研究，2013，2.
[100] 王宏．学分银行构建的初步尝试——上海普通高校成人高等教育非学历证书认证研究［J］．开放教育研究，2012，8.
[101] 王家钧．论远程高等教育结构学分银行与模块课程超市管理体制的建立［J］．中国远程教育，2003（6）.
[102] 王立科．南非基于国家资格框架的学分转换与积累制度建设及启示［J］．现代远距离教育，2013，4.
[103] 王琪．南非新版高等教育资格框架（HEQSF）的主要内容与启示［J］．中国高教研究，2014，3.
[104] 王亚萍，刘振平．"学分银行"制度在高校实施中的五大支持系统及其启示［J］．长沙铁道学院学报：社会科学版，2014，2.
[105] 王义．美国社区学院转学教育对我国中高职教育协调发展的启示［J］．现代教育科学，2012，5.
[106] 王迎，张润芝，黄荣怀．国际视野下学分银行建设的实践与分析［J］．中国远程教育，2012（6）.
[107] 王迎．非正式学习成果认定的研究与实践［J］．中国电化教育，2012，1.
[108] 王盈．美国会议员建议政府介入社区学院学生转学问题［J］．世界教育信息，2005，11.
[109] 王宗光，赵文华．促进人的全面发展高等教育创新的使命与挑战［J］．复旦教育论坛，2003，4.
[110] 翁文艳．西方教育公平理论述评［J］．教育科学，2000，2.
[111] 吴农．成人学习成果评价初探——兼谈高自考功能的拓展［J］．北京成人教育，2001，1.
[112] 吴韶华．韩国"学分银行"的负向功能及其引发的思考［J］．中国远程教育，2012，12.
[113] 吴雪萍，马博．澳大利亚资格框架改革探究［J］．比较教育研究，2011，8.
[114] 吴雪萍，张科丽．促进资格互认的欧洲资格框架探究［J］．高等教育研究，2009，12.
[115] 吴遵民．终身学习概念产生的历史条件及其发展过程［J］．教育评论，2004（1）.
[116] 熊惠平．"学分银行"的内在运行机制研究［J］．广东农工商职业技术学院学报，2005（4）.
[117] 许杰，王爱玲．论人力资本理论的最新进展与教育制度创新［J］．教育理论与实践，2005，10.
[118] 江苏开放大学学报编辑部．学分银行——江苏开放大学的探索与实践［J］．江苏开放大学学报，2014，6.
[119] 杨进．对非正规和无一定形式学习成果的认可、核定与认证在推进终身学习中的作用［J］．开放教育研究，2012，1.
[120] 杨黎明．从韩国的学分累积制度——看我国"学分银行"的构建［J］．职教论

坛，2011，9.

[121] 杨黎明. 关于专业和课程的标准化建设——构建我国学分银行系列研究之三 [J]. 职教论坛，2007 (1).

[122] 杨黎明. 论区域合作学分制度的实施——关于构建我国学分银行系列研究之四 [J]. 职教论坛，2007 (14).

[123] 杨立峰，张平，李丽娜. 开放大学“学分银行”功能研究与实践探索 [J]. 云南开放大学学报，2013，3.

[124] 杨敏，孙耀庭，顾风佳. 态势分析法视野下的上海市终身教育学分银行建设研究 [J]. 现代远距离教育，2011，2.

[125] 杨敏，魏志慧，顾凤佳. 终身学习成果的认定与衔接开放大学的新使命 [J]. 云南开放大学学报. 2013，9.

[126] 杨明. 欧洲教育一体化初探 [J]. 比较教育研究，2004，6.

[127] 姚加惠. 美国社区学院学生向本科院校转学的政策机制探析 [J]. 大学：学术版，2011，9.

[128] 易申波. 社会主义初级阶段教育公平理论浅析 [J]. 才智，2008，22.

[129] 殷双绪. 加拿大汤姆逊大学先前学习评价实践对我国学分银行建设的启示 [J]. 现代远距离教育，2012 (4).

[130] 尤佳春. 省域学分银行的构建实践与策略探究——以“江苏省终身教育学分银行”试行为例 [J]. 江苏开放大学学报，2014，4.

[131] 袁松鹤. 欧洲学分体系中 ECTS 和 ECVET 的分析与启示 [J]. 中国远程教育，2011，5.

[132] 张斌贤，李子江. 我国“学术自由”研究的回顾和展望 [J]. 江苏高教，2004，1.

[133] 张创伟. 欧洲资格框架：实践回顾与理论评述 [J]. 比较教育研究，2014，7.

[134] 张润芝，王迎，黄荣怀. 我国学分银行建设模型及其路径探析 [J]. 中国电化教育，2012 (6).

[135] 张胜利. 欧洲学分转换系统 (ECTS) 经验：对我国远程教育学分转换制度的启示与借鉴 [J]. 继续教育，2012，12.

[136] 张涛. 高等教育自学考试认证学习成果：几个基本问题的探讨 [J]. 考试研究，2014，3.

[137] 张伟平，马培峰. 非正式学习中个人隐性知识的构建 [J]. 湘潭师范学院学报：社会科学版，2007，11.

[138] 张秀梅. 美国中等后教育领域学分转移实践机制分析 [J]. 中国远程教育，2009，3.

[139] 赵川平. 重视学生学习成果研究提升高等工程教育质量 [J]. 中国高教研究，2009，7.

[140] 赵红宇. 我国“学分银行”制度建设的构想 [J]. 成人教育，2012，31.

[141] 周杰，刘超球，耿立伟. 广东开放大学教务管理系统设计探析 [J]. 广东广播电

视大学学报，2011，6.

[142] 朱朝霞. 美国社区学院学分转移给中国高职教育改革的启示 [J]. 学术论坛，2010，11.

其　他

[1] 陈力. 云南省广播电视大学改名云南开放大学 [EB/OL]. http://daily.clzg.cn/html/2013-03/08/content_334739.htm. 2013-03-08.

[2] 国家开放大学."国家继续教育学习成果认证、学分积累与转换制度"的研究与实践项目材料汇编 [Z]. 2012.

[3] 国家开放大学."国家继续教育学习成果认证、学分积累与转换制度"课题研究报告汇编 [Z]. 2013.

[4] 国家开放大学."学分银行"建设有关材料汇编 [Z]. 2012.

[5] 国家开放大学课题组. 15 个国家/地区学习成果认证、积累与转换制度案例研究报告汇编 [R]. 国家开放大学课题报告，2013.

[6] 国家开放大学学分银行 [EB/OL]. http://cbouc.ouchn.edu.cn/gkcms/wwwroot/cbank2/bz/rzbz/index.shtml.

[7] 国家中长期教育改革和发展规划纲 (2010—2020 年) [EB/OL]. http://news.xinhuanet.com/edu/2010-07/29/c_12389320_5.htm. 2010-07-29.

[8] 韩晓蓉. 上海"学分银行"昨起"开业" [N]. 东方早报，2012-08-08.

[9] "积累"百度百科释义 [EB/OL]. http://baike.baidu.com/link?url=VcYzzG98oLbaRa-vJWb2nlsrNf6D0lMCDAbla_Nw6WuhzqQe0VvGq7ln_y0ZdigG34g-NEO-r0CyjP9hwrDlSa.

[10] 江苏省教育厅. 江苏省终身教育学分银行管理办法 (试行) [EB/OL]. http://www.ec.js.edu.cn/art/2013/12/12/art_4267_140537.html. 2013-12-09.

[11] 蒋廷玉. 学分银行，期待影响力"快长大" [N]. 新华日报，2015-03-04.

[12] 刘盾，赖红英. 广东建终身教育学分银行 [N]. 中国教育报，2015-06-08.

[13] 罗南. 云南省将试行"学区化"管理高校有望开通"学分银行" [N]. 春城晚报，2015-02-07.

[14] 毛翠. 云南试点"学分银行". [EB/OL]. http://news.sina.com.cn/c/2010-12-16/093421652474.shtml. 2010-12-16.

[15] "认证"百度百科释义 [EB/OL]. http://baike.baidu.com/link?url=wc5sFymnSod-uF8ZyKfSdDCaUBNIfqkQywRzCiXiXWisg5rxey3D-ynvUquWT2A9t6hwuIo2jW7m5lwqwzij0K.

[16] 上海市终身教育学分银行正式成立 [EB/OL]. http://www.shcb.org.cn/supports/supports!newsdetail.action?id=445. 2012-09-27.

[17] 陶西平. 教育评价辞典 [Z]. 北京：北京师范大学出版社，1998.

[18] 王倩，黄伟. 广东要建"学分银行" [N]. 羊城晚报，2015-05-27.

[19] 韦英哲. 不论期限积够分，学历照样拿［N］. 信息时报，2015-05-27.
[20] 香港职业训练局. 香港资历架构引言［EB/OL］. http://www.hkqf.gov.hk/guig/HKQF_intro.asp. 2013.
[21] 香港职业训练局. 质素保证机制［EB/OL］. http://www.hkqf.gov.hk/guig/HKQF_intro.asp. 2013.
[22] 香港职业训练局. 资历级别通用指标［EB/OL］. http://www.hkqf.gov.hk/guig/HKQF_GLD.asp. 2013.
[23] "学分银行"建设切入实质标准制定"问诊"专家［EB/OL］. http://cb.ouchn.edu.cn/?page_id=72. 2012-09-08.
[24] 学分可换证书可抵现金消费——宁波慈溪"市民学分银行"推动终身教育［N］. 中国教育报，2010-11-15.
[25] "资格"百度百科释义［EB/OL］. http://baike.baidu.com/link?url=Ieq1Gicc-q9SJ9jhgQxAlmvruNw_p1ryr86remd0suh0n30icEXEx75t11z7sxLOYhYeNr4nDHX7YuPV4e83BK.
[26] 中共中央关于教育体制改革的决定［EB/OL］. http://www.edu.cn/zong_he_870/20100719/t20100719_497960.shtml. 1985-05-27.
[27] 中央电大正式成立学分银行建设领导小组和学分银行管理办公室（学分认证中心）［EB/OL］. http://cb.ouchn.edu.cn/?p=198. 2012-06-15.
[28] 朱祖林. "学分银行"的多视角观察与若干思考——基于文献的内容分析［EB/OL］. http://www.crtvu.edu.cn/ddsx/file.php?id=14194. 2012-10-08.

后　记

本书受到全国教育科学“十二五”规划教育部重点课题“开放大学学分银行功能及建构研究”（DIA120274）基金的资助，并在该课题的研究基础上撰写而成。课题负责人黄霖提出了全书的框架结构、章节目录，并完成统稿与修改定稿。

本书各章节执笔者：第一章，江颖；第二章，江颖；第三章，江颖；第四章，江颖；第五章，江颖；第六章，黄霖；第七章，黄霖；第八章，黄霖；第九章，黄霖；第十章，黄霖；第十一章，江颖；第十二章，黄霖。

感谢四川大学卢铁城教授，年事已高的他不仅在“开放大学学分银行功能及建构研究”课题开题之初就为课题的研究提供了宝贵意见，还专门拨冗为本书题序。也感谢四川大学张必涛教授，为本课题的研究提出了宝贵意见。

本书在撰写过程中，参考和借鉴了许多研究者的学分银行研究成果，在此表示诚挚的谢意。除特别注明者外，还参考了国家开放大学学分银行管理办公室主任鄢小平副教授提供的大量研究资料，上海开放大学、江苏开放大学、广东开放大学、云南开放大学等有关学分银行的资料以及浙江省慈溪市市民学分银行的有关资料。四川广播电视大学的领导和学习成果认证与考试中心的同志也为本书提供了大量支持与帮助，在此一并致谢。

诚然，受学分银行实践进展以及研究者当时认识水平所限，书中内容定有颇多不足和缺陷。就在本书付梓的前夕，课题组成员赴南京参加了由江苏开放大学主办的“2016构建终身学习立交桥和学分银行系统学术论坛”，有幸聆听了国外以及国内多位专家关于学分银行和资历框架等理论和实践的主题报告，获益甚多，同时也发现学分银行的实践近期又有了新的突破和进展。相较而言，本书中的部分内容特别是案例部分已经落后于现实的发展。笔者想说的是，构建学分银行是一项边研究边做、边做边探索的实践性很强的活动，书的内容可能永远也跟不上现实的变化，但却可以反映前进过程中的痕迹与烙印。在此，本书仅借“导论”身份出现，希望以“陋砖”的抛出，引发更具创新性、操作性和实践性的学分银行研究的“美玉”。

诚请各位专家和学者，以及感兴趣的读者斧正。

著　者

2016年6月30日